房地产估价理论与实务

王直民　主编

彭　毅　鲍海君　桂再援　肖　月　副主编

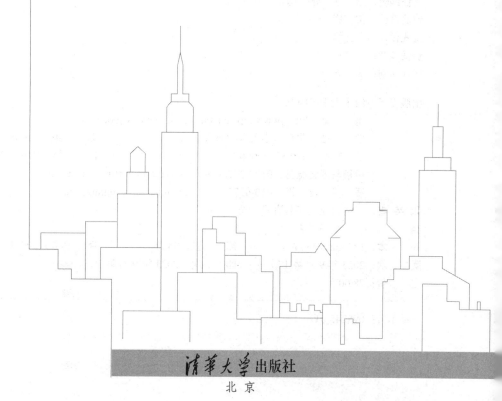

清华大学出版社
北京

内 容 简 介

本教材以经济学理论为基础，以房地产估价实务为导向，以房地产估价规范为依据，以房地产估价方法为重点，系统阐述房地产估价的基础知识、相关理论、估价方法与估价实务，有针对性地阐述房地产估价"是什么""为什么""怎么算""如何做"等问题。本教材主要内容包括基础篇(第一章和第二章)、理论篇(第三章至第六章)、方法篇(第七章至第十二章)和实务篇(第十三章至第十六章)。每章均设置教学要求、关键概念、导入案例、正文、复习题、拓展阅读、在线测试等模块，正文中穿插了大量的思考与讨论题、例题和后台阅读等材料。为更好地支持课堂教学，本教材还建设了配套的网络课堂、视频、课件、案例、题库以及相关的法律法规、标准规范等教学资源库。全书内容丰富、体系完整、理实融合、表现多样、资源立体，是一部数字化背景下的新形态教材。

本教材可以作为房地产类、工程管理类、土地资源管理类、资产评估类等本科和研究生专业的教材，也可作为房地产估价与资产评估等相关从业人员的专业参考书，以及房地产与金融投资等行业和部门了解房地产价格形成与确定的参考资料。

本书封面贴有清华大学出版社防伪标签，无标签者不得销售。
版权所有，侵权必究。举报：010-62782989，beiqinquan@tup.tsinghua.edu.cn。

图书在版编目(CIP)数据

房地产估价理论与实务/王直民主编.北京：清华大学出版社，2023.9
ISBN 978-7-302-64562-7

Ⅰ.①房… Ⅱ.①王… Ⅲ.①房地产价格—估价 Ⅳ.① F293.35

中国国家版本馆 CIP 数据核字(2023)第 169240 号

责任编辑：施 猛 张 敏
封面设计：常雪影
版式设计：孔祥峰
责任校对：马遥遥
责任印制：沈 露

出版发行：清华大学出版社
网　　址：http://www.tup.com.cn, http://www.wqbook.com
地　　址：北京清华大学学研大厦 A 座　　邮　　编：100084
社 总 机：010-83470000　　邮　　购：010-62786544
投稿与读者服务：010-62776969，c-service@tup.tsinghua.edu.cn
质 量 反 馈：010-62772015，zhiliang@tup.tsinghua.edu.cn

印 装 者：三河市龙大印装有限公司
经　　销：全国新华书店
开　　本：185mm×260mm　　印　　张：24.25　　字　　数：560 千字
版　　次：2023 年 9 月第 1 版　　印　　次：2023 年 9 月第 1 次印刷
定　　价：78.00 元

产品编号：098245-01

序　言

　　房地产既是生活必需品，又是关键生产资料，还是重要的投资对象。房地产是如此重要和复杂，它既是美好生活的基础和财富的象征，也是"房奴"压力和负债的来源；既是国民经济的支柱产业，也是经济金融危机的重要诱因。在社会主义市场经济条件下，房地产价格是房地产市场的核心。房地产价格及其变动关系到千家万户的利益、牵动着亿万民众的神经，是个人、家庭、行业、社会和政府关注的焦点。学习和掌握房地产价值及价格的相关概念、形成规律和确定方法，对理解房地产市场运行机制、解释房地产价格现象、评估房地产价格高低、预测房地产市场走势具有重要意义。

　　在长期的教学过程中，我们深刻感受到一部好的教材对提高教学质量的重要性。在互联网泛在化的当下，知识爆炸与课时不足的矛盾需要课堂教学范式改革，知识的碎片化与获取渠道的多元化需要传统教材革新，数字阅读与移动阅读时代呼唤新形态教材。本教材是编者在十多年房地产估价教学实践积累的基础上，吸收其他优秀教材精华编著而成，并在以下几个方面具有鲜明特色：一是内容丰富，既阐述价格发现又探究价格形成；二是体系完整，包括基础、理论、方法与实务四个体系完整、逻辑严密、循序渐进的篇章；三是理实融合，坚持理论为基、方法为重、实践为要的编著思想，从内容、篇幅等方面努力实现理论与实践的融合与平衡；四是表现多样，设置大量导入案例、思考与讨论题、例题和后台资料为读者提供趣味阅读与延伸阅读，尽量提高教材的可读性；五是资源立体，不但书面内容丰富，而且线上资源众多，师生可以通过本教材以及线上资源实现线上线下混合式教与学。

　　本教材是国家级一流本科课程"房地产估价"配套教材，由浙江财经大学、南京大学、浙大城市学院相关教师共同编著，其中浙江财经大学王直民任主编，南京大学彭毅、浙大城市学院鲍海君以及浙江财经大学桂再援和肖月任副主编，浙江财经大学李蔚、王鸿迪、黄莉以及浙大城市学院徐可西参编，浙江财经大学资产评估专业研究生柏煜杰、张维维、徐榕瑶、吴让俊、杨凯等协助完成了许多资料搜集与整理工作。本教材在编著过程中，参考了大量的教材、专著、论文、估价报告以及其他网络资料，特别是中国房地产估价师与房地产经纪人学会编写的全国房地产估价师职业资格考试系列辅导教材，这些优秀成果为本教材的编著提供了重要参考，在此向相关作者和编者一并表示感谢！

　　由于我国房地产估价行业发展时间不长，相关理论与实务还处于发展和完善中，加上编者学识有限，书中难免存在许多疏漏、不当甚至错误之处，恳请各位读者和专家给予批评指正，以便持续完善。若有任何意见和建议，请发至wkservice@vip.163.com，不胜感激！

王直民

2023年1月

教学建议

一、教材结构

本教材共分为四篇、十六章。第一篇为基础篇(第一章和第二章),主要解决"是什么"的问题,即房地产和房地产估价的相关基础知识。第二篇为理论篇(第三章至第六章),主要解决"为什么"的问题,即房地产价值和价格是如何形成和决定的。第三篇为方法篇(第七章至第十二章),主要解决"怎么算"的问题,即如何从房地产市场上将房地产价值和价格发现或揭示出来。第四篇为实务篇(第十三章至第十六章),主要解决"如何做"的问题,即如何高质量完成一个完整的房地产估价业务流程和估价报告。

二、教学安排

本教材的重点内容是第二章、第三章、第六章至第十章和第十五章,对于没有房地产相关课程基础的学生可增加第一章。第四章、第五章、第十一章至第十四章可作为拓展内容。如果教学计划中设置了实训环节,可安排第十六章相关教学内容。

三、教学方法

除传统讲授形式外,本教材还适合采用以下教学方法:一、翻转课堂,可以结合相关网络课堂以及线上资源开展翻转教学;二、案例教学,利用导入案例、算例、实例和报告开展分析与讨论,实现全过程贯通式案例教学;三、研讨式教学,针对思考与讨论题以及拓展阅读材料,开展小组讨论、分组汇报、模拟辩论等研讨式教学与探究式学习;四、实训教学,以问题为导向,以任务为驱动,模拟房地产估价全过程,实现知识巩固、能力锻炼、素养提升和伦理塑造的教学目标。

四、教学资源

本教材相关网络课堂(扫描右侧二维码)可提供视频、课件、案例、题库、法律法规、标准规范、拓展阅读资料等教学资源。读者也可与编者或出版社联系索取相关教学资源。

目 录

基础篇

第一章 房地产概述 ·· 2
    第一节 房地产的内涵 ··· 4
    第二节 房地产的特征 ··· 9
    第三节 房地产的类型 ··· 13
    第四节 房地产状况的描述 ·· 19

第二章 房地产估价概述 ·· 22
    第一节 房地产估价的内涵 ·· 23
    第二节 房地产估价的要素 ·· 27
    第三节 房地产估价的需要 ·· 31
    第四节 房地产估价原则与职业道德 ······································ 33
    第五节 房地产估价行业与估价制度 ······································ 38

理论篇

第三章 房地产价值与价格 ·· 46
    第一节 房地产价值和价格的概念 ·· 48
    第二节 房地产价值和价格的特征 ·· 49
    第三节 房地产价值和价格的类型 ·· 51

第四章 房地产价值形成理论 ·· 65
    第一节 劳动价值理论 ··· 66
    第二节 效用价值理论 ··· 71
    第三节 生产费用价值理论 ·· 78

第五章 房地产价格形成机制 ·· 82
    第一节 地租决定地价机制 ·· 84
    第二节 供求决定价格机制 ·· 89

第三节　预期影响价格机制 …………………………………………… 103
　　　第四节　特征价格形成机制 …………………………………………… 106
　　　第五节　房地产宏观价格形成机制 …………………………………… 110

第六章　房地产价值和价格影响因素 ……………………………………… 119
　　　第一节　影响因素概述 ………………………………………………… 121
　　　第二节　房地产自身因素 ……………………………………………… 122
　　　第三节　房地产外部因素 ……………………………………………… 133
　　　第四节　消费者心理因素 ……………………………………………… 142
　　　第五节　房地产交易因素 ……………………………………………… 147

方法篇

第七章　比较法及其应用 …………………………………………………… 152
　　　第一节　比较法概述 …………………………………………………… 154
　　　第二节　搜集交易实例 ………………………………………………… 156
　　　第三节　选取可比实例 ………………………………………………… 159
　　　第四节　建立比较基础 ………………………………………………… 161
　　　第五节　交易情况修正 ………………………………………………… 163
　　　第六节　市场状况调整 ………………………………………………… 165
　　　第七节　房地产状况调整 ……………………………………………… 167
　　　第八节　计算比较价值 ………………………………………………… 172
　　　第九节　比较法的应用与问题 ………………………………………… 173

第八章　收益法及其应用 …………………………………………………… 179
　　　第一节　收益法概述 …………………………………………………… 180
　　　第二节　选择收益法估价公式 ………………………………………… 182
　　　第三节　测算收益期 …………………………………………………… 190
　　　第四节　测算净收益 …………………………………………………… 192
　　　第五节　测算报酬率 …………………………………………………… 198
　　　第六节　收益法的应用与问题 ………………………………………… 201

第九章　成本法及其应用 …………………………………………………… 207
　　　第一节　成本法概述 …………………………………………………… 209
　　　第二节　房地产的成本构成 …………………………………………… 211
　　　第三节　选择成本法估价公式 ………………………………………… 220
　　　第四节　测算重新购建成本 …………………………………………… 221
　　　第五节　测算房地产折旧 ……………………………………………… 226

        第六节　成本法的应用与问题 ····················· 236

第十章　假设开发法及其应用 ························ 242
        第一节　假设开发法概述 ························· 243
        第二节　选择假设开发经营方案 ··················· 245
        第三节　选择假设开发法估价公式 ················· 248
        第四节　测算假设开发完成的房地产价值 ··········· 252
        第五节　测算扣除项目 ··························· 255
        第六节　假设开发法的应用与问题 ················· 257

第十一章　其他估价方法 ···························· 263
        第一节　基准地价修正法 ························· 264
        第二节　路线价法 ······························· 266
        第三节　价差法 ································· 270
        第四节　损失资本化法 ··························· 272
        第五节　修复成本法 ····························· 274
        第六节　长期趋势法 ····························· 275
        第七节　条件价值法 ····························· 278
        第八节　资本资产定价模型 ······················· 281
        第九节　实物期权定价法 ························· 283

第十二章　房地产批量估价 ·························· 290
        第一节　批量估价概述 ··························· 292
        第二节　标准价调整法 ··························· 296
        第三节　特征价格法 ····························· 299
        第四节　批量估价的应用 ························· 303

实务篇

第十三章　房地产估价业务 ·························· 308
        第一节　房地产估价业务概述 ····················· 309
        第二节　不同目的的房地产估价业务 ··············· 311
        第三节　不同类型的房地产估价业务 ··············· 327
        第四节　房地产估价业务创新与拓展 ··············· 335

第十四章　房地产估价程序 ·························· 343
        第一节　房地产估价程序概述 ····················· 344
        第二节　受理估价委托 ··························· 345
        第三节　确定估价基本事项 ······················· 347

第四节　编制估价作业方案 ·· 349
第五节　搜集估价所需资料 ·· 350
第六节　实地查勘估价对象 ·· 351
第七节　测算估价对象价值 ·· 352
第八节　确定估价结果 ·· 353
第九节　撰写估价报告 ·· 354
第十节　审核估价报告 ·· 354
第十一节　交付估价报告 ··· 355
第十二节　保存估价资料 ··· 356

第十五章　房地产估价报告 ··· 358
第一节　房地产估价报告概述 ··· 359
第二节　封面 ·· 360
第三节　致估价委托人函 ··· 361
第四节　目录 ·· 362
第五节　注册房地产估价师声明 ·· 363
第六节　估价假设和限制条件 ··· 364
第七节　估价结果报告 ·· 366
第八节　估价技术报告 ·· 368
第九节　附件 ·· 370
第十节　文本质量 ··· 371

第十六章　房地产估价实训 ··· 373
第一节　房地产估价实训概述 ··· 374
第二节　居住房地产抵押估价实训 ··· 376
第三节　工业房地产抵押估价实训 ··· 377
第四节　商业房地产租赁估价实训 ··· 377
第五节　在建工程司法拍卖估价实训 ····································· 377
第六节　国有土地上房屋征收估价实训 ·································· 378
第七节　国有土地使用权出让估价实训 ·································· 378
第八节　居住房地产损害赔偿估价实训 ·································· 378

附录 ·· 379
附录一　房地产估价基本术语(中英文对照) ··························· 379
附录二　房地产估价法律法规与技术标准 ······························ 379

参考文献 ··· 380

基础篇

搞清楚"房地产是什么"和"房地产估价是什么"是学习房地产估价理论与方法以及从事房地产估价活动的前提和基础。本篇共分为两章,主要介绍房地产和房地产估价的基础知识,为后续相关教学活动奠定基础。其中,第一章介绍房地产的内涵、特征、类型以及对房地产状况的描述要求;第二章介绍房地产估价的内涵、房地产估价的要素、房地产估价的需要、房地产估价原则与职业道德、房地产估价行业与估价制度。

第一章 房地产概述

明确房地产估价的对象是房地产估价活动的基本事项之一。全面、深入、正确地认识和描述房地产估价对象是科学、准确、合理评估房地产价值和价格的前提。本章介绍房地产的内涵、特征、类型以及对房地产状况的描述要求。

教学要求

1. 了解房地产的类型；
2. 熟悉房地产的特征；
3. 掌握房地产的含义以及对房地产状况的描述要求。

关键概念

房地产，房地，土地，建筑物，其他定着物，实物，权益，区位，位置固定性，独一无二性，产品地域性，供给弹性小，使用耐久性，价值高大性，变现难度大，相互影响性，易受限制性，保值增值性，生地，毛地，熟地，在建工程，现房，期房

导入案例

我国古代房地产趣谈

虽然房地产及房地产业是现代社会才有的概念，但是有关房屋的开发、建造、交易等活动在人类文明的发展过程中早已存在，甚至在中国古代就出现了现代房地产业的雏形。早期的人类将天然洞穴作为自己遮风避雨的居所。随着生产力的发展与建筑技术的进步，

在古代中国的大地上出现了许多因地制宜、就地取材的早期住宅。例如，在新石器时代，陕西半坡等北方干燥少雨地区出现了半穴居式建筑，浙江河姆渡等南方潮湿多雨地区出现了木结构干阑式建筑。这些建筑也成为中国传统建筑的"开山鼻祖"，后世甚至采用其主要建筑材料来代称各类建造活动，如"土木工程"。根据《韩非子·五蠹》记载："上古之世，人民少而禽兽众，人民不胜禽兽虫蛇。有圣人作，构木为巢以避群害，而民悦之，使王天下，号之曰有巢氏。"有巢氏被誉为华夏第一人文始祖，可见建造房屋是人类文明的重要标志之一。

但无论是凿穴为室，还是构木为巢，人类都只是为了求生避险，所以这些行为不能被称为房地产活动。只有在私有制出现以后，土地和房屋开始买卖，房地产活动才初现端倪。在一件考古出土的西周青铜器上，记载了一则关于土地交易的铭文。公元前846年，周厉王为了扩建王宫，向一个叫鬲从的人购买土地，但是没有立即付款。鬲从担心其耍赖，就不愿意立即交付土地。周厉王便发誓："我一定会照价付款的，如果我要赖账的话，就让上天惩罚我被流放好了。"这个誓言在当时是十分狠毒的。事后，周厉王就命人把购买土地建王宫并进行交易一事，刻在了一个叫"㝬"的青铜器上。这段铭文说明，西周时期的土地交易已经非常普遍，就连王室都不能随意强占百姓的土地。

明代冯梦龙主编的《智囊全集》记载了唐代巨富窦义开发房地产的故事。当时长安西市有一块面积十余亩的闲置土地，遍布垃圾和污水坑，窦义以三万钱的价格将这块土地购买下来，雇人填平以后，在上面盖了20多间店铺，然后租给波斯商人做生意，每天收取几千钱的房租。后来窦义日进斗金，成为长安首富，这个地方也逐渐成为繁华闹市并得名"窦家店"。像窦义这样的"房地产开发商"在唐代并不罕见，如宰相裴度就在洛阳北邙购地建房并出卖给朋友与同僚。宋代则出现了由政府部门组织的专门开发机构"修完京城所"。这个机构原本是政府下属负责修缮皇城中的宫殿和城墙的，随着修缮任务的完成，这个机构逐渐转型为"房地产开发企业"，负责建造住宅和店铺，再通过买卖和出租，为朝廷创收。这些事例说明，房地产形态在中国古代已经开始萌芽。

与现代一样，古人也要承受高房价和无房之苦。白居易第一次到长安参加科举考试时，拜会了名士顾况并得到其"长安米贵，居之不易"的忠告。长安作为唐代的"一线城市"，生活成本很高，不仅米贵，房价更高。白居易在考中进士并入朝为官后，每月薪水逐渐从1.6万钱涨到5万钱，但他也无力购房，只能租房，由此感慨道"长羡蜗牛犹有舍，不如硕鼠解藏身"，直到工作20多年后才在长安城外的渭南县买了一套住宅并长期忍受职住分离的通勤之苦。晚年官至吏部侍郎的韩愈曾说："始我来京师，止携一束书。辛勤三十年，以有此屋庐。"大意就是，在京漂泊30年后，他才买了一套房子。杜甫曾在成都浣花溪边自建了一幢茅草房，不料被大风所破，大雨又接踵而至，屋漏偏逢连夜雨！逼得诗人大声疾呼"安得广厦千万间，大庇天下寒士俱欢颜"。北宋经济繁荣，城市人口众多，房价很高，特别是首都开封的房价更是高不可攀。时人王禹偁形容开封"尺地寸土，与金同价，非薰戚世家，居无隙地"。因此，朱熹说："且如祖宗朝，虽宰执亦是赁屋。"意思是说，在北宋初年，房价之高，连宰相都买不起，只能租房居住。著名的政治家、文学家欧阳修进京为官后，长期无力购房，称："嗟我来京师，庇身无弊庐。闲坊僦古屋，卑陋杂里间。"因为没有自己的房子，欧阳修只能蜗居在偏僻、简陋、杂乱的小胡同出租房里，直到17年后才结束租房生活。长期为官的苏轼直到晚年才在朋友的帮助下在江苏宜兴买了房子，由于在首都开封没有自己的住房，苏轼在儿子结婚时，只好从朋友处借了一套住房给儿子做婚房。苏轼的弟弟苏辙官职更高，曾经担任过宰相，但是他也在多首诗中谈及买房的艰难和无房的痛苦，"我生无定居，投老旋求宅""我生发半白，四海无尺椽""我年七十无住宅，斤斧登登乱朝夕""我老未有宅，诸子以为言"。连古代的高官、名士买房都如此不易，更别说是普通百姓了，可见当时大城市的房价之高。

（资料来源：根据网络资料整理）

结合上述材料，谈谈我国古代"房地产"及其价格具有哪些特点。

第一节 房地产的内涵

本节首先介绍房地产的整体含义，然后从实物、权益和区位三个方面阐述房地产的构成及相关概念。

一、房地产的含义

"房地产"一词从字面理解有以下几个含义：第一，房地产包括"房"和"地"，即从实物的角度看，房地产由土地、建筑物和其他定着物构成；第二，房地产的"产"字具有"财产""产权"等内涵，即房地产不仅是实物，还包括相关权益。由于房地产具有位置固定性，其必然与特定的区位相联系，区位成为房地产的内在属性。因此，房地产不仅是土地、建筑物和其他定着物的综合体，还是实物、权益和区位的综合体。此外，房地产一词中的"产"字还具有"产业"的含义，因此房地产通常还具有房地产业的内涵，那些不具有产业属性的土地开发或房屋建造活动通常不属于一般意义上的房地产业。

由于位置固定性，房地产又被称为不动产。广义的不动产是指在空间上不能移动或移动后会改变或损坏其原有状态、性质和功能的财产，如土地、房屋、构筑物等。狭义的不动产通常特指土地。在我国香港地区，通常以物业来指代房地产，特别是房地产单元，如一套住宅、一幢写字楼、一座厂房等。英语中采用real estate或者real property表示房地产。前者一般指土地以及附着在土地上的房屋和构筑物，即不动产；后者不仅指不动产，还包括与不动产相关的权益，其内涵更接近本教材中房地产的概念。

【思考与讨论】农村住房是否属于房地产？

二、房地产的构成

从房地产价值和价格形成的角度来看，房地产可以视为实物、权益和区位的综合体。因此，可以认为房地产由实物、权益、区位三个基本要素构成。

(一) 实物

实物是房地产有形的部分，包括土地、建筑物和其他定着物。以下简单介绍土地、建筑物和其他定着物的概念，更多相关内容详见第六章第二节"房地产自身因素"下的"实物因素"部分。

1. 土地

不同学科对土地的认识和描述具有很大差异。从地理学的角度看，土地是指地球表面某一区域的地形、地貌、地质、水文、土壤、植被等自然要素的综合体。从估价的角度看，土地是地球表面的三维立体空间。在19世纪以前的欧洲，土地所有权是绝对的，其效力范围通常被认为"上达天宇，下及地心""谁拥有土地便拥有土地上下的无限空间"。工业革命以后，由于人口向城市集中，城市地表资源日趋紧张，人们开始寻求土地立体化开发利用，同时随着地铁、飞机等地下和空中交通工具的出现，绝对的土地所有权与公共利益产生冲突，绝对的土地所有权受到限制，土地的范围被局限于地表及其上下一定范围内的空间。具体而言，一宗土地的空间范围包括平面空间范围和竖向空间范围。

【思考与讨论】土地有没有边界？

一宗土地的平面空间范围是该土地地表"边界"所围成的有限区域。该"边界"一般不是指土地的自然地理界线，通常是指土地的权属界线，如用地红线等。

规划控制线

一宗土地的竖向空间范围包括三个部分：一是地球表面，即地表；二是地表以上一定范围内的空间；三是地表以下一定范围内的空间，如图1-1所示。

之所以说土地包括地表上下一定范围内的空间，是因为建造建筑物和构筑物都需要占用地表以上一定范围内的空间，同时建筑物和构筑物的基础以及配套市政的基础设施等也需要往地表以下一定范围内的空间延伸。但是这个"上下一定范围"并不是无限的。

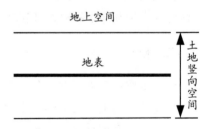

图1-1 土地的竖向空间范围

例如，我国台湾地区"民法"规定"土地所有权，除法令有限制外，于其行使有利益之范围内""如他人之干涉，无碍其所有权之行使者，不得排除之。"我国大陆现行法律对土地的上下空间范围没有明确规定，实践中可以将建筑物或构筑物的规划高度和基础底面分别作为土地的上下空间范围界限，超过该界限的空间分别称为地上空间和地下空间。地上空间不是地表以上的空间，而是指建筑物或构筑物规划高度以上的空间；地下空间不是地表以下的空间，而是指基础底面以下的空间。

《中华人民共和国民法典》(以下简称《民法典》)第三百四十五条规定："建设用地使用权可以在土地的地表、地上或者地下分别设立。"二维的土地没有实际意义，因此该条文中的"地表"可以理解为以地表为中心的三维立体土地，"地上"和"地下"分别指地上空间和地下空间。例如，在屋顶上设置广告牌、在建筑物或者构筑物上空架设电线、在道路上空建设高架路或过街楼等，都是利用了地上建设用地使用权；在建筑物、构筑物或道路基础以下建设地铁、地下快速路、管廊，在公共绿地、广场、公园下面建设地下商场等，则是利用了地下建设用地使用权。

【思考与讨论】划分地上和地下空间范围有何意义？

2. 建筑物

建筑物是指人工建造而成，由建筑材料、建筑构配件和建筑设备等构成的空间和实体，分为房屋和构筑物两大类。房屋一般是指可供人们在里面进行生产、工作、生活等活动的建筑物，如住宅、商场、办公楼、酒店、厂房、仓库等。构筑物是指人们一般不直接在其内部进行生产、工作、生活等活动的工程实体，如道路、桥梁、码头、隧道、水坝、烟囱、水塔、雕塑等。除特别说明外，本教材讨论的建筑物一般是指房屋。

3. 其他定着物

其他定着物是指与土地和建筑物物理上不能分离，或者分离后会破坏房地产的完整性与使用功能，使房地产价值明显受到损害的物体，如建造在地上的围墙、假山、建筑小品，种植在地里的花草、树木，埋设在地下的管线，安装在建筑物中的水暖设备、厨卫设施等。其他定着物通常是土地或建筑物的从物，对房地产的使用功能与价值具有一定影响，因此在房地产估价中，需要说明估价对象的范围是否包括其他定着物。由于其他定着物与土地或建筑物结合在一起，通常可以将其视为土地或建筑物的有机组成部分。因此，除特别说明外，本教材讨论土地和建筑物时，通常包含其相应的其他定着物。

独立估价和部分估价

(二) 权益

权益是房地产无形的部分，是附着在房地产实物上的权利和利益。房地产的权益以其权利为基础，房地产权益的大小取决于相关权利人所拥有的房地产权利状况。根据物权理论，房地产权利可分为物权和债权，物权是指权利人依法对特定的物享有直接支配和排他的权利，债权是指权利人请求特定义务人为或不为一定行为的权利。

【思考与讨论】权利与权益有什么区别？

1. 物权

物权可分为自物权和他物权。

(1) 自物权。自物权是对自己的物依法享有的权利，主要是指所有权。房地产所有权是指房地产所有权人对自己的房地产依法享有占有、使用、收益和处分的权利。根据物权标的不同，房地产所有权可分为土地所有权和房屋所有权。土地所有权分为国家所有权和集体所有权；房屋所有权分为国家所有权、单位所有权和私人(或家庭)所有权。根据所有权类型不同，房地产所有权可分为单独所有、共有和建筑物区分所有权。单独所有是指由一个组织或个人单独享有所有权。共有是指由两个以上的组织或个人共同享有所有权，如夫妻双方的共有房地产、共有产权住房等。房地产共有分为按份共有和共同共有，按份共有是指共有人对共有的房地产按照其份额享有所有权，共同共有是指共有人对共有的房地产共同享有所有权。建筑物区分所有权是业主对建筑物内的住宅、经营性用房等专有部分享有所有权，对专有部分以外的共有部分享有共有和共同管理的权利。

【思考与讨论】 住宅房地产具有哪些共有权利？

(2)他物权。他物权是在他人所有的物上依法享有的权利。他物权是对所有权的限制，会降低物的价值。房地产他物权包括用益物权和担保物权。

① 用益物权。用益物权是对他人所有的物依法享有占有、使用和收益的权利，包括建设用地使用权、土地承包经营权、宅基地使用权、居住权和地役权等。其中，建设用地使用权、土地承包经营权和宅基地使用权属于土地使用权。

建设用地使用权是指建设用地使用权人依法对国家所有的土地享有占有、使用和收益的权利，权利人有权利用该土地建造建筑物、构筑物及其附属设施。建设用地使用权本质上是利用土地空间的权利，分为国有建设用地使用权和集体建设用地使用权。除特别说明外，本教材中的建设用地使用权是指国有建设用地使用权。在我国，取得建设用地使用权的方式有划拨、出让、租赁、作价出资(入股)、授权经营等。

土地承包经营权是指土地承包经营权人依法对其承包经营的耕地、林地、草地等享有占有、使用和收益的权利，权利人有权利用该土地从事种植业、林业、畜牧业等农业生产。随着农村集体土地"三权分置"改革的推进，土地承包经营权又分为土地承包权和土地经营权。

宅基地使用权是指宅基地使用权人依法对集体所有的宅基地享有占有、使用的权利，权利人有权依法利用该土地建造住宅及其附属设施。《中共中央国务院关于实施乡村振兴战略的意见》(2018年中央"一号文件")提出："完善农民闲置宅基地和闲置农房政策，探索宅基地所有权、资格权、使用权'三权分置'，落实宅基地集体所有权，保障宅基地农户资格权和农民房屋财产权，适度放活宅基地和农民房屋使用权。"

居住权是指居住权人按照合同约定，对他人所有的住宅享有占有、使用的权利。居住权无偿设立，设立居住权的住宅不得出租，但是当事人另有约定的除外；居住权不得转让、继承；居住权自登记时设立，居住权期限届满或者居住权人死亡的，居住权消灭。

地役权是指地役权人按照合同约定，利用他人的房地产以提高自己的不动产效益的权利，包括通行地役权、排水地役权、眺望地役权等。利用他人房地产的房地产所有权人或土地使用权人为地役权人，他人的房地产为供役地，自己的房地产为需役地。

② 担保物权。担保物权是就他人的担保物依法享有优先受偿的权利，房地产担保物权主要是指房地产抵押权。房地产抵押权是指为担保债务的履行，债务人或第三人不转移对房地产的占有，将该房地产抵押给债权人，债务人不履行到期债务或者发生当事人约定的实现抵押权的情形，债权人有权就该房地产优先受偿。

2. 债权

房地产债权主要是指房地产租赁权。房地产租赁权是指承租人支付租金，对他人的房地产享有使用、收益的权利。

在特定的房地产上，除法律另有规定外(如"买卖不破租赁")，既有物权又有债权的，优先保护物权；同时有两个以上物权的，优先保护先设立的物权。房地产的权利体系如图1-2所示。更多相关内容详见第六章第二节"房地产自身因素"下的"权益因素"部分。

《中华人民共和国民法典》

图1-2 房地产的权利体系

(三) 区位

区位俗称地段，是指房地产所处的空间位置或场所，既指房地产所处的具体空间位置，又指房地产与其他事物的相对位置与空间联系，前者称为绝对区位，后者称为相对区位。区位本来是房地产的外部因素，但是由于房地产的位置固定性，区位与房地产自身紧密联系在一起，成为房地产的内在属性，因此本教材将区位视为房地产自身构成要素。

根据层次不同，房地产区位可分为宏观区位、中观区位和微观区位。宏观区位主要是指房地产所在城市在世界、国家或区域中所处的地理位置及其政治、经济和文化地位；中观区位主要是指房地产所在区块在该城市中的位置；微观区位是指房地产项目在该城市中的具体位置和周围环境。房地产估价中的区位概念一般是指中观区位和微观区位。

【思考与讨论】为什么房地产估价主要关注中观区位和微观区位？

房地产区位包括地理位置、交通条件、配套设施、周围环境等因素。地理位置又分为方位与坐落、与重要场所的距离、临街(路)状况等。交通条件又分为道路状况、可用交通工具、交通管制情况、停车便利程度以及交通费用情况等。配套设施又分为市政基础设施和公共服务设施。周围环境又分为自然环境、人文环境、景观环境和其他环境。更多相关内容详见第六章第二节"房地产自身因素"下的"区位因素"部分。

房地产区位具有唯一性、动态性和相关性。唯一性是指任何房地产之间的区位状况都是不相同的，"市场上没有两宗一模一样的房地产"，这个说法主要体现在区位状况上，区位的唯一性主要是由房地产作为不动产的性质所决定的。动态性是指房地产的自然地理位置虽然是固定不变的，但是其经济社会环境会随时间变化而发生变化，人们可以在不违背自然规律的前提下通过有意识的人工干预改善房地产的交通条件、配套设施和周围环境。房地产区位的相关性包括两个维度：一是房地产内部区位要素之间具有关联性；二是不同房地产在空间区位上会相互影响，这也是房地产具有显著外部性的体现。

第二节 房地产的特征

与普通商品相比，房地产具有鲜明的独特性。本节从房地产估价的角度，对房地产的位置固定性、独一无二性、产品地域性、供给弹性小、使用耐久性、价值高大性、变现难度大、相互影响性、易受限制性和保值增值性进行介绍。

一、位置固定性

位置固定性是指房地产在空间上不可移动。作为空间场所的土地，其位置是固定的。由于建筑物建造在土地上，建筑物的位置可以被认为是基本固定的[①]。位置固定性是房地产的首要特征，是房地产独一无二性、产品地域性、供给弹性小、变现难度大、相互影响性、易受限制性等特征的基础，也是房地产区别于其他普通商品的重要特征，房地产也因此被称为不动产。位置固定性决定了房地产与重要场所的距离、交通条件、配套设施、周围环境等区位状况。位置固定性要求房地产估价必须充分调查房地产的区位状况并考虑区位因素对房地产价格的影响。从较长的时期来看，位置固定性主要决定的是房地产的自然区位，而交通条件、配套设施等因素可能会随着经济社会发展而发生较大变化。例如，附近开通了地铁、建设了学校和医院，会大大改善住宅的区位状况。

---

① 在建筑工程实践中，虽然也有建筑物被整体移动的成功实例，但是建筑物被移动的数量与现有建筑物的数量相比微不足道，移动的距离也极为有限，因此房地产本质上被认为是不可移动的。

二、独一无二性

独一无二性是指任何房地产之间都存在差异，市场上没有两宗完全相同的房地产。房地产的独一无二性体现在两个方面：一方面建筑物之间通常个体差异很大，很难像汽车、电视机等工业产品那样可以完全标准化生产，每宗房地产通常都有自己的独特之处；另一方面每宗房地产所处的位置不同，即使按照同一套图纸建造的房屋，其方位与坐落、与重要场所的距离、临街(路)状况以及基础、楼层、朝向等因素也会有所不同。房地产的独一无二性对房地产价值和房地产估价的影响主要体现为以下几点。第一，不同房地产之间无法完全替代。房地产市场不是完全竞争的市场，房地产价格容易受交易者个别行为影响，房地产价格千差万别，通常表现为"一房一价"。第二，房地产交易难以采取样品交易和线上交易的方式，通常需要到现场实地查看和体验。房地产估价也应到估价对象所在现场实地查勘。尽管房地产具有独一无二性，但是同类房地产之间仍然具有功能替代性，导致相邻房地产之间存在一定的竞争关系，从而在价格上相互牵掣。

【思考与讨论】如何理解房地产的独一无二性和功能替代性？

三、产品地域性

由于位置固定性，房地产不可能像日用百货、衣帽首饰等一般商品一样任意流通或异地搬运。房地产的位置固定性决定了房地产产品的地域性。产品地域性是指房地产的开发、交易与使用都与其所处地域环境有关。第一，房地产的开发、交易与使用很大程度上受到当地的地理位置、气候条件、经济水平、制度政策、文化传统、风俗习惯、消费行为等因素的影响。第二，房地产的开发、交易与使用只能就地进行。即使房地产交易行为可以在异地进行，但是根据属地管理原则，房地产交易的登记、备案及发证仍然需要在房地产所在地进行。第三，房地产无法在不同地区之间互通有无。因此，房地产市场通常是区域性市场，而不是全国性市场，更不是全球性市场，房地产估价也应重点关注估价对象所在区域的市场状况。

四、供给弹性小

这里的供给弹性指的是供给价格弹性，即在一定时期内某类房地产供给量变动对于影响该类房地产的价格变动的反应程度(更多相关内容详见第五章第二节"供求决定价格机制"下的"弹性"部分)。房地产的供给弹性通常要小于需求弹性，房地产供给弹性较小甚至缺乏弹性的原因在于以下几个方面。一是土地总量的有限性。土地本质上是天然产物，地表面积基本不变，土地供应总量不能增加。虽然通过填海造地等手段能够增加土地面积，但是人工造地的成本高、数量少，很难大规模增加土地供应。二是土地位置的固定性。土地的位置固定性导致房地产供给不能集中到一处，这可以说是房地产供给与一般物品供给的主要区别。例如，大量农村土地不能转移到城市、城市郊区的土地不能转移到市区。三是开发周期长。房地产开发经营活动从获取土地到房屋的设计、施工、竣工、销售以及交付使用通常长达数年，房地产价格变动对房地产供给的影响不能在短时间内显现出来，相对需求的变动存在滞后性。四是制度性因素。土地供给的相对垄断性以及城市土地供给机制的特殊性，某种程度上增加了土地供给的有限性。因为房地产供给弹性较小甚至缺乏供给弹性，房地产价格在短期内很大程度上由需求决定。

【思考与讨论】我国城市土地供给机制有哪些特点？

五、使用耐久性

使用耐久性是指房地产经久耐用、寿命长久。从自然的角度来说，土地不可毁灭，可以长期使用。但是从价值的角度来说，土地又是有"寿命"的，主要体现在以出让方式取得的建设用地使用权是有使用期限的。我国建设用地使用权出让的最高年限分别为居住用地70年，商业、旅游、娱乐用地40年，工业、教育、科技、文化、卫生、体育以及综合或者其他用地50年。《民法典》第三百五十九条规定："住宅建设用地使用权期限届满的，自动续期。""非住宅建设用地使用权期限届满后的续期，依照法律规定办理。"建筑物虽然不像土地那样不可毁灭，但是其寿命也可长达数十年。例如，一般住宅建筑的设计使用寿命为50年左右。房地产使用耐久性一方面可以使其产权人长期使用或者给产权人带来长期持续收益(如房地产租金)，另一方面为房地产的保值增值创造了条件。

【思考与讨论】非住宅建设用地使用权期限届满如何续期？

六、价值高大性

房地产是生活必需品，"衣食住行"和"安居乐业"都需要房地产，房地产又是重要的生产经营资料和投资品，人们对房地产的需求量很大。但是，由于房地产具有开发周期长、开发成本高以及位置固定性等特点，增加了房地产供给的有限性，就突出了房地产的价值高大性，古今中外概莫能外。房地产的价值高大性体现在两个方面：一方面是单价高，如城市房地产单价每平方米动辄几千元甚至几万元，繁华地段的土地价格更是寸土寸金；另一方面是总价大，如城市一套普通住宅的价格通常高达几十万元甚至几百万元，一幢大厦的价格可以高达几千万元甚至数亿元，通常要远高于一台(套/辆)普通的家电、家具和汽车的价格。因此，房地产往往是居民家庭最主要的财富和资产，房地产占社会财富的比例高达70%。但是房地产的价值高大性是从一般意义上讲的，受区位等因素影响，有些房地产的价值较低。

七、变现难度大

变现能力是指在没有产生较大损失的前提下，把非现金资产变换成现金的速度。由于房地产的特殊性，与股票、债券、存款、黄金等金融资产相比，房地产的变现能力较弱。要实现较快变现，通常就要较大幅度降价销售。俗话说"没有卖不出去的商品，只有卖不出去的价格",只要价格足够低,房地产也能较快变现。因此,房地产的变现能力一定要在"没有产生较大损失的前提"下衡量。变现能力会影响资产价格:变现能力强,资产价格高;变现能力弱,资产价格低。影响房地产变现能力的因素主要有该房地产的通用性、独立使用性、可分割转让性、区位、权属关系、开发程度、价值大小以及所处的市场状况等。通用性、独立使用性、可分割转让性强,区位条件好,权属关系清晰,开发程度高,价值量小以及市场交易活跃的房地产,其变现能力强;反之,变现难度大。在房地产抵押估价报告中,注册房地产估价师需要在"变现能力分析与风险提示"中对估价对象在价值时点的变现能力进行分析。更多相关内容详见第十三章第二节下的"房地产抵押估价"部分。

【思考与讨论】房地产变现一般需要多长时间?

八、相互影响性

相互影响性是指房地产与其相邻房地产之间存在的相互联系、相互影响的关系。房地产的价值不仅与其自身状况相关,还受到其相邻房地产状况的影响。房地产的相互影响性源于房地产的外部性,外部性分为正外部性和负外部性。正外部性是指某个行为或活动可以使他人或社会受益,而受益者无须花费成本。例如,建设一座大型高档商场或综合体,可以促使周围房地产价值上升;开发绿色建筑可以改善周围生态环境。负外部性是指某个行为或活动可以使他人或社会受损,而行为或活动主体却没有为此承担代价。例如,建造高层建筑遮挡后面建筑物的采光和视野;建造一座化工厂、变电站、垃圾处理中心等会降低周围居住房地产的价值。房地产的相互影响性使得房地产权利人之间产生了相邻关系。《民法典》第二百八十八条规定:"不动产的相邻权利人应当按照有利生产、方便生活、团结互助、公平合理的原则,正确处理邻里关系。"房地产的相互影响性要求房地产估价必须到现场实地查勘,以了解其周围环境状况。

相邻关系

九、易受限制性

易受限制性是指房地产的开发、交易、使用以及价格等容易受到国家的限制或者管制。房地产易受限制的原因在于房地产的位置固定性、价值高大性、相互影响性以及房地产业对国民经济和人民生活的重要性。国家对房地产进行限制或者管制的手段包括产业政策、城市规划、建筑规范、征收征用以及调控政策等。通过行业发展规划、财政货币、行政审批等产业政策促进或者抑制房地产业发展;通过城市规划规定房地产的土地用途、容积率、绿化率、建筑密度、建筑高度等;通过建筑规范明确建筑使用功能以及与相邻房地产和周围环境的关系,如建筑高度、建筑间距等;为了公共利益需要对单位和个人的房地产进行征收或者征用;通过土地、信贷、利率、价格和交易等各项调控政策实现房地产业的持续稳定健康发展。例如,如果房地产价格上涨过高、过快,政府可能会采用减少土地供应、提高贷款利率和首付比例、增加房地产税收、提高交易门槛甚至采用行政限购等手段抑制房地产需求。

【思考与讨论】当前房地产市场的宏观调控政策是什么？

十、保值增值性

保值增值性是指房地产价值会随着时间推移而保持稳定或者上涨的特性，是房地产区别于一般资产的重要特征。保值是指资产能够保持原有的价值，即房地产具有抵御通货膨胀的功能。增值是指资产在原有价值基础上增加新的价值，即房地产价格上涨会超过其他商品和服务价格的上涨。房地产增值的原因主要有以下几个。一是稀缺性增加。随着经济发展和城镇人口的增长，人们对房地产的需求不断增加，土地供给的有限性以及优质土地的稀缺性决定了房地产供给缺乏弹性，房地产价值会随着稀缺性的增加而上升。二是效用增加。市政基础设施和公共服务设施的不断完善，自然环境、人文环境、景观环境以及其他环境的不断提升，增加了房地产的使用价值，进而促进房地产增值。三是权益价值增加。改变房地产用途、放松对房地产的限制或者管制等能够增加房地产的权益价值。例如，将农用地转为建设用地，将工业用途改为商业用途，提高土地容积率等。房地产的保值增值性是从房地产价格变化的总体趋势来说的，在特殊情况下，房地产贬值甚至房地产价格长期下跌也是有可能的。另外，建设用地使用权价格是有期限的土地使用权价格，从长期看，土地价值会随着土地使用年限的减少而降低，直到建设用地使用权期限届满时土地价值消失。

【思考与讨论】房地产还具有哪些特征？

第三节 房地产的类型

基于房地产经营管理和房地产估价的需要，可以根据不同的标准将房地产划分为不同的类型。本节按照用途、实物形态、开发程度、产权性质、经营方式、收益状况将房地产划分为相应的类型。

一、按照用途划分

常见的房地产用途有居住、商业、办公、工业、旅馆、餐饮、娱乐、体育、农业以及其他等。房地产用途分为法定用途和实际用途两种，法定用途一般是指规划建设文件规定或房地产权属证书和权属档案上记载的用途，实际用途是指实际使用的用途。

【思考与讨论】房地产用途具有多样性吗？

(一) 居住房地产

居住房地产简称住宅，是指用于家庭或个人居住的房地产。根据形态不同，居住房地产可分为普通住宅、公寓、别墅、集体宿舍等。普通住宅主要用于家庭居住，对教育和生活配套设施要求较高；公寓分为普通公寓和商务公寓，主要面向城市青年和商务人群，以小户型全装修为主，不一定有厨房等生活设施，许多商务公寓既可居住又可办公，但是本质上属于商业房地产；别墅是指用于改善型居住的园林式住宅，可分为独栋别墅、双拼别墅、联排别墅等；集体宿舍是指政府机关和企事业单位的职工和学校学生居住的房屋。更多相关内容详见第十三章第三节下的"居住房地产估价"部分。

(二) 商业房地产

商业房地产是指具有商业用途的房地产。广义的商业房地产包括零售、批发、餐饮、旅馆、娱乐、办公等房地产。狭义的商业房地产一般是指零售、批发类房地产，包括商场、超市、商铺、便利店、专业连锁店、专卖店等。本教材的商业房地产主要是指狭义的商业房地产。更多相关内容详见第十三章第三节下的"商业房地产估价"部分。

(三) 办公房地产

办公房地产是指用来集中进行信息收集、决策管理、交流会谈、专业服务、文书处理和其他经营管理活动的场所。办公房地产分为行政办公楼和商务办公房地产，行政办公楼主要以自用为主，商务办公房地产主要用于出租经营，俗称写字楼。房地产估价中常见的是商务办公房地产。更多相关内容详见第十三章第三节下的"办公房地产估价"部分。

(四) 工业房地产

工业房地产是指供工业生产使用或者直接为工业生产服务的房地产，包括工业园区、工业厂房、物流仓储设施、场内办公用房以及泵房、料场、门卫室、围墙等附属设施及其相应的工业用地。其中，按照设计建造标准是否统一，可将工业厂房分为标准化厂房和非标准化厂房。更多相关内容详见第十三章第三节下的"工业房地产估价"部分。

(五) 旅馆房地产

旅馆房地产是指供旅客住宿使用的房地产，如酒店、宾馆、旅馆、旅店、旅社、招待所、度假村、民宿等。更多相关内容详见第十三章第三节下的"旅馆房地产估价"部分。

(六) 餐饮房地产

餐饮房地产是指供顾客就餐使用的房地产，如饭店、饭馆、饭庄、餐馆、餐厅、食堂、酒楼、快餐店、咖啡馆、美食城、大排档、农家乐、酒吧等。

(七) 娱乐房地产

娱乐房地产是指供消费者休闲娱乐使用的房地产，如娱乐城、影剧院、游乐场、演艺广场、水上乐园、康乐中心、洗浴中心、动物园等。

(八) 体育房地产

体育房地产是指供消费者进行体育锻炼、体育观赏等活动的房地产，如体育场、体育馆、游泳馆、健身中心、保龄球馆、滑雪场、高尔夫球场等。

(九) 农业房地产

农业房地产是指供农业生产者使用或者直接为农业生产者服务的房地产，如耕地、农场、林场、草场、畜牧场、养殖场、果园、鱼塘、水泵房、水利设施等。

(十) 其他房地产

其他房地产包括火车站、汽车站、机场、码头、加油站、充电站、医院、学校、文化馆、科技馆、博物馆、美容院、发廊、教堂、寺庙、陵园等。

在实际的房地产市场上，一宗房地产通常具有多种业态和多种用途。例如，商业综合体通常包括商业、餐饮、娱乐、体育等用途，商住楼包括居住、商业等用途，地铁上盖物业可能包括地铁车站、居住、商业等用途，工业房地产包括厂房和办公楼等用途。

【思考与讨论】房地产是按照法定用途还是实际用途估价？

二、按照实物形态划分

房地产具有多种实物形态，包括土地、建筑物、房地、在建房地产、部分或局部房地产、整体资产中的房地产、以房地产为主的整体资产等。

(一) 土地

土地是房地产主要的实物组成部分，是特殊的房地产形态。根据形态不同，土地可分为无建筑物的土地(即空地)和有建筑物的土地。当土地上有建筑物时，评估土地价值时需要考虑地上建筑物对土地价值的影响。地上建筑物对土地价值的影响可能是正向的，也可能是负向的。当地上建筑物状况较好、可继续利用且价值较大时，土地价值会增加；当地上建筑物状况较差或建筑物不可继续利用时，土地价值会下降。

(二) 建筑物

建筑物是房地产主要的实物组成部分，是特殊的房地产形态。根据形态不同，建筑物可分为已建成的建筑物、尚未建成的建筑物和未建建筑物。已建成的建筑物可分为新建建筑物和既有建筑物；尚未建成的建筑物可分为建设中的建筑物和停缓建的建筑物。

(三) 房地

房地是包括土地和建筑物在内的整体房地产的简称，是完整的房地产形态。根据形态不同，房地可分为已经建成的房地(即现房)和尚未建成的房地(即在建房地产)。

(四) 在建房地产

在建房地产是指已经开始建造但尚未竣工的房地产项目，通常称为在建工程。在建房地产不一定是正在开发建设，也可能停工了多年，包括停建、缓建工程或房地产项目。判定建筑物是否为在建房地产，通常以是否完成竣工验收为标志。未完成竣工验收的为在建房地产，已完成竣工验收的为现房，完成竣工验收的应当有竣工验收报告。

竣工验收

(五) 部分或局部房地产

部分或局部房地产是指房地产中的某一部分，或者是房地产的差异部分。例如，房地产征收补偿需要单独评估的装饰装修部分，房地产损害赔偿中损害前后的差异部分。

(六) 整体资产中的房地产

整体资产中的房地产是指作为整体资产组成部分的房地产。例如，一个工业企业中的厂房，一个学校中的教学楼。在这种情况下，估价对象是房地产，而不是整体资产。评估整体资产中的房地产价值时，需要考虑整体资产对房地产价值的影响。

(七) 以房地产为主的整体资产

在这种情况下，估价对象是整体资产，而不是单独的房地产。评估整体资产价值时，应当将其视为一个有机整体，而不应当将其作为各个单项资产的简单集合来考虑。

三、按照开发程度划分

房地产开发程度从低到高依次是生地、毛地、熟地、在建工程、期房和现房。

(一) 生地

生地是指不具有城市基础设施的土地，如农地、荒地。

(二) 毛地

毛地是指具有一定的城市基础设施，但是地上建筑物和构筑物(如房屋、围墙、电线杆、树木等)需要拆除或者迁移但尚未拆除或者迁移的土地。

(三) 熟地

熟地是指具有较完善的城市基础设施且场地平整，可以直接在其上进行房屋建设的土地。根据土地开发程度不同，熟地可分为"三通一平""五通一平"和"七通一平"的土地。"三通一平"一般是指通路、通水、通电以及场地平整；"五通一平"一般是指具备道路、给水、排水、电力、通信等基础设施以及场地平整；"七通一平"一般是指具备道路、给水、排水、电力、通信、燃气、供热等基础设施以及场地平整。

(四) 在建工程

在建工程相关概念见前述"在建房地产"部分。

(五) 期房

期房是指从房地产开发企业取得商品房预售许可证开始至取得房地产权证(大产证)止这一期间的商品房，或者是指目前尚未建成而在将来建成交付使用的房屋及其占用范围内的土地。期房可视为不动产期货，我国港澳地区称之为"楼花"。

(六) 现房

现房是指已经建造完成、可以直接使用的建筑物及其占用范围内的土地。现房按照新旧程度，可分为新房和二手房。其中，按照装饰装修状况，现房可分为毛坯房、简装修房和精(全)装修房。毛坯房是指室内没有装饰装修的房屋；简装修房是指室内进行过简单装修或者普通装修的房屋；精(全)装修房是指室内具有高档(完整)装饰装修的房屋。

【思考与讨论】房地产为何通常采用期房预售？

四、按照产权性质划分

由于土地和房屋产权制度的特殊性，我国房地产产权制度比较复杂。以居住房地产为例，按照产权性质可分为商品住房、保障性住房、农村住房和其他住房等。

(一) 商品住房

商品住房是指由房地产开发企业通过出让方式取得国有建设用地使用权，开发完成后向居民销售或者出租的住房。按照销售时的房地产状况划分，可将商品住房分为新房和二手房，新房是指房地产开发企业开发完成后初次销售的商品住房，二手房是指已经在不动产交易登记部门完成交易备案和权属登记并准备再次上市交易的商品住房。按照销售对象划分，可将商品住房分为内销商品住房和外销商品住房，内销商品住房是指只能出售给境内居民的住房，外销商品住房是指可以出售给境内外居民的住房。新房可采用现房销售或者期房预售，商品住房销售(预售)必须取得销售(预售)许可证。商品住房是我国现行土地和房屋产权制度下权利最充分的住房，理论上由市场形成价格并可在市场上自由交易，但是实践中受调控政策的影响，相关的交易资格、交易条件和交易价格会受到限制或管制。

(二) 保障性住房

保障性住房是指政府为中低收入住房困难家庭所提供的限定标准、限定价格、限定权利的住房。我国各地先后出现过多种类型的保障性住房，如经济适用住房、廉租住房、限价商品住房、拆迁安置住房、人才专用住房、政策性租赁住房、公共租赁住房和共有产权住房等。保障性住房可分为租赁型保障性住房和产权型保障性住房，前者包括廉租住房、政策性租赁住房、公共租赁住房等，后者包括经济适用住房、限价商品住房、拆迁安置住房、共有产权住房等。人才专用住房既有产权型也有租赁型。各地在城镇住房制度改革以后仍然保留的部分国有直管公房和国有自管公房通常作为保障性住房使用并纳入保障性住房管理体制。保障性住房通常由政府定价，其收益权和处分权通常受到限制。

共有产权住房

(三) 农村住房

农村住房是指建造在农村宅基地上的住房。宅基地和农村住房交易受到国家严格管制。根据有关规定，农村住房不得向城镇居民出售，禁止城镇居民在农村购置宅基地，宅基地使用权不得抵押等。这些限制导致农村住房市场化程度低，变现与估价难度大。当前，各地在积极推进农村宅基地"三权分置"改革与农民住房财产权抵押贷款试点。随着农村宅基地制度改革和农村金融改革的不断深化，农村住房抵押等活动将逐步增加。

【思考与讨论】农村住房估价有什么特殊性？

(四) 其他住房

中华人民共和国成立以后，特别是在城镇住房制度改革过程中，我国各地曾经出现过经租房、自建房、集资房和房改房等住房类型。20世纪50年代开始，国家对私人出租的房屋进行社会主义改造，改由城市房管部门统一出租经营，这类房屋称为经租房。改革开放以后，各地开始落实私房政策，经租房逐渐减少。自建房是指20世纪50年代开始，为解决住房困难问题，由单位或者职工个人自行建设的城镇住房。集资房是20世纪70年代以后，通过政府、企业和职工筹集资金建造的房屋，集资形式一般包括公建民助、民建公助等，职工个人可按房价全额或者部分出资，权属按出资比例确定。房改房是20世纪80年代末至90年代城镇住房制度改革的产物，是指城镇职工按照房改政策向所在单位购买的已建公有住房，职工在缴纳相关税费后可取得房改房的产权，并可在达到规定年限后上市交易和继承。

五、按照经营方式划分

房地产的经营方式有出售、出租、自营和自用等，相应地可以将房地产分为出售型、出租型、自营型和自用型等类型。实际上，许多房地产既可以出售也可以出租，既可以营业也可以自用，因此这里按照房地产常见和主要的经营方式进行分类。

(一) 出售型房地产

出售型房地产又称为销售型房地产，是指开发完成后主要用于销售的房地产。常见的出售型房地产有熟地、商品住宅、写字楼、商铺等。

(二) 出租型房地产

出租型房地产又称为租赁型房地产，是指开发或者购买后主要用于出租的房地产。常见的出租型房地产有商场、餐馆、标准厂房、仓库等。

(三) 自营型房地产

自营型房地产是指开发或者购买后自己持有并营业的房地产。常见的自营型房地产有酒店、医院、体育馆、影剧院、加油站、高尔夫球场等。

(四) 自用型房地产

自用型房地产是指开发完成后主要用于开发单位自己使用的房地产，主要是一些特殊用途的房地产。常见的自用型房地产有行政办公楼、特殊厂房、车站、机场、码头、学校、博物馆等。

六、按照收益状况划分

按照能否产生直接收益，可以将房地产分为收益性和非收益性两大类。划分收益性房地产与非收益性房地产的依据主要是其是否具有直接产生经济收益的能力，而不是看它们目前是否有经济收益。例如，某商铺目前处于闲置状态，但仍然属于收益性房地产。

(一) 收益性房地产

收益性房地产是指能够直接产生租金或者其他经济收益的房地产，如租赁住房、商场、写字楼、标准厂房、酒店、餐馆、影剧院、健身中心、加油站、农场等。

(二) 非收益性房地产

非收益性房地产是指不能直接产生租金或者经济收益的房地产，如自用的房屋、政府大楼、公立学校、寺庙、教堂等。

【思考与讨论】如何理解房地产的"直接收益"？

第四节 房地产状况的描述

房地产估价需要对估价对象的状况进行描述和分析，并将描述和分析结果体现在房地产估价报告中。其中，在估价结果报告中的"估价对象"部分，需要对估价对象的基本状况包括空间范围和财产范围进行说明；在估价技术报告中的"实物状况描述与分析""权益状况描述与分析"和"区位状况描述与分析"部分，不仅需要对估价对象的实物、权益和区位状况进行全面、翔实的描述，还要对估价对象的实物、权益和区位状况进行客观、透彻的分析。本节介绍房地产基本状况、实物状况、权益状况和区位状况的内容和描述要求。

一、房地产基本状况的描述

对房地产基本状况的描述一般应包括估价对象的名称、坐落、范围、规模、用途和权属等内容。描述名称时一般需要说明估价对象的全称，如××小区××楼(幢、栋)××单元××号(室)住宅、××商场、××大厦、××酒店等。描述坐落时需要说明估价对象所在的具体地址，如估价对象位于××市××区××路××号。描述范围时需要说明估价对象的空间范围和财产范围，空间范围通常需要说明估价对象特别是土地的界址或者"四至"，如东至××、南至××、西至××、北至××，有时还需要说明估价对象的高度、深度等；财产范围是指估价对象包括哪些类型的财产，即需要说明估价对象是否包含土地、房屋、构筑物、其他定着物，以及动产、债权债务、特许经营权等其他财产。描述规模时需要根据估价对象类型和特点来说明，对于一般的建筑物，需要说明建筑面积；对于旅馆、餐馆、影剧院、医院等房地产，除建筑面积外还要分别说明客房数或床位数、同时能容纳的用餐人数、观众座位数、病床数等；对于停车场(库)，通常说明车位数；对于仓库，一般说明体积。描述用途时需要说明估价对象的法定用途(规划用途)、登记用途和实际用途等。房地产的权属分为土地权属和房屋权属，描述土地权属时需要说明是国有土地还是集体土地，是出让的建设用地使用权还是划拨的建设用地使用权，以及土地使用权年限等；描述房屋权属时需要说明所有权人。

二、房地产实物状况的描述

房地产实物状况的描述内容分为土地实物状况和建筑物实物状况。土地实物状况包括土地的名称、四至、面积、形状、地形、地貌、地势、地质、水文、土壤、开发程度等；建筑物实物状况包括建筑物的名称、建筑规模、建筑外观、层数和高度、建筑结构、空间布局、建筑性能、设施设备、装饰装修、建成时间、维护状况、完损状况、新旧程度等。实物状况可以从有形的实体、该实体的质量以及由该实体组合完成的功能等方面来描述。更多相关内容详见第六章第二节下的"实物因素"部分。

三、房地产权益状况的描述

房地产权益状况包括房地产权利状况、权利限制状况以及其他权益状况。房地产权利包括土地和房屋的所有权、使用权、共有情况、规划条件等。权利限制包括他项权利限制和其他因素限制。他项权利有抵押权、租赁权、典权、地役权、居住权等。其他因素限制主要是指房地产使用管制和相邻关系限制。房地产使用管制包括土地和房屋的用途、容积率、建筑密度、绿地率和建筑高度等；相邻关系限制主要体现在房地产权利人应当为相邻权利人提供必要的使用便利(如通行的便利)，以及房地产权利人使用自己的房地产或行使房地产相关权利时不得损害相邻房地产和相邻权利人的权益(如不得妨碍相邻建筑物的通风、采光和日照，不得危及相邻房地产安全等)。房地产权利限制状况还包括房地产被司法机关或行政机关依法查封、被他人占用和使用等。房地产其他权益包括附着在房地产上的额外利益、债权债务以及其他权利和义务、司法查封、欠税欠费欠款、物业管理等。更多相关内容详见第六章第二节下的"权益因素"部分。

四、房地产区位状况的描述

对房地产区位状况的描述包括地理位置、交通条件、配套设施和周围环境等内容。地理位置包括方位与坐落、与重要场所的距离、临街(路)状况等。对于单套住宅，描述内容还应包括所处的楼幢、楼层、朝向、是否边套等。交通条件包括道路状况、可用交通工具、交通管制情况、停车便利程度以及交通费用情况等。配套设施包括市政基础设施和公共服务设施，市政基础设施包括道路、给水、排水、电力、通信、燃气、供热、绿化、环卫、室外照明等基础设施，公共服务设施包括生活、商业、教育、医卫、文体、休闲娱乐、社区服务等设施。周围环境包括自然环境、人文环境、景观环境以及其他环境等。更多相关内容详见第六章第二节下的"区位因素"部分。

房地产业概述

【思考与讨论】房地产状况描述在估价报告的哪个部分体现？

■ 复习题

1. 什么是房地产？房地产的内涵是什么？
2. 房地产由哪些要素构成？
3. 房地产实物有哪些要素？
4. 土地的空间范围是什么？
5. 房地产的权利体系是什么？
6. 房地产的区位因素有哪些？
7. 房地产有哪些特征？
8. 房地产有哪些分类？具体有哪些类型？
9. 如何描述房地产的实物、权益和区位状况？

■ 延伸阅读

[1] 夏磊，任泽平.全球房地产[M].北京：中信出版集团，2020.

[2] 盛松成，宋红卫，汪恒，等.房地产与中国经济(新版)[M].北京：中信出版集团，2021.

[3] 许宪春，贾海，李皎，等.房地产经济对中国国民经济增长的作用研究[J].中国社会科学，2015(1)：84-101+204.

[4] 何青，钱宗鑫，郭俊杰.房地产驱动了中国经济周期吗[J].经济研究，2015(12)：41-53.

[5] 孙建波，梁芸.揭开房地产的面纱——基于产品特征、市场行为与社会层次的研究[M].北京：中国金融出版社，2010.

本章测试

第二章

房地产估价概述

什么是房地产估价？房地产估价活动有哪些要素？为什么要进行房地产估价？房地产估价需要遵循哪些专业标准和职业要求？房地产估价是一个怎样的职业和行业？这些问题是有志于学习和从事房地产估价的人士所必须了解的基本问题。本章概述房地产估价的内涵、房地产估价的要素、房地产估价的需要、房地产估价原则与职业道德、房地产估价行业和估价制度。

▌教学要求

1. 了解房地产估价的相关概念、房地产估价的需要、房地产估价行业与估价制度；
2. 熟悉房地产估价的特点、房地产估价的要素及其含义、房地产估价师职业道德；
3. 掌握房地产估价的定义、房地产估价的原则。

▌关键概念

房地产估价，资产评估，估价当事人，估价机构，注册房地产估价师，估价委托人，估价目的，估价对象，价值时点，价值类型，估价原则，估价程序，估价依据，估价假设，估价方法，估价结果，估价报告，估价职业道德，估价行业，估价制度

▌导入案例

某涉执房地产处置司法评估纠纷

2022年4月，A人民法院为执行司法拍卖需要，委托B房地产估价机构(以下简称B机构)对C公司的某在建工程的市场价值进行评估。估价对象共有5幢建筑物，总建筑面积为109652.49平方米(其中地上建筑面积为94585.19平方米，地下室建筑面积为15067.30平方

米),其中有2幢建筑物已完成单位工程竣工验收,其余3幢建筑物已完成桩基、土方、结构及墙体工程。估价对象宗地为国有建设用地,土地使用权面积为36 586平方米,建设用地使用权出让合同约定"受让人同意在取得国有建设用地使用权证后十年内,确因经营不善或者其他原因需进行国有建设用地使用权转让的,则××市政府有权作为第一收购人,按原出让价格(不计息)收购,地面建筑物和构筑物按即时重置价收购"。土地和建筑物的规划用途为工业。估价对象已经设定了抵押,抵押权人为D银行,估价时已被人民法院查封。B机构在接受委托后,指派了2名注册房地产估价师对估价对象进行了实地查勘。根据估价对象实际情况以及"在价值时点的近期类似房地产很少发生交易"等市场状况,估价师采用成本法和假设开发法进行估价,并于2022年6月出具了估价报告,评估出的估价对象市场价值为37 646.57万元,折合地上建筑面积单价为3980.18元/平方米。

但是,D银行对估价结果提出异议:第一,估价对象实际市场价值应在10 000元/平方米左右(但并未提供相关依据),评估结果与实际市场价值相差较大;第二,估价对象已基本完工,采用成本法和假设开发法低估了估价对象价值,只有采用比较法进行评估,才能真实反映该在建工程的实际市场价值;第三,建设用地使用权出让合同有关"国有建设用地使用权转让的第一收购方及收购价"的约定对异议人不产生任何法律效力。B机构针对D银行的异议问题进行了回复。但是D银行对B机构的回复意见不服并再次提出异议。A人民法院遂根据《人民法院委托评估专业技术评审工作规范》第七条以及《最高人民法院关于人民法院确定财产处置参考价若干问题的规定》第二十三条的规定,委托Z省房地产估价师与经纪人协会组织专家对相关异议事宜进行专业技术评审并出具评审意见。

(资料来源:根据实际估价案例整理)

你认为D银行的异议是否合理?如果你是评审专家,将如何出具评审意见?

第一节 房地产估价的内涵

房地产估价是一项专业性比较强的工作,具有较强的规范性与专业特点。同时,与房地产估价类似或者相关的概念有很多,需要对其进行充分认识与辨析。

一、房地产估价的概念及相关辨析

(一) 房地产估价的概念

估价是指评估人或事物的价值,实践中通常是指评估商品或物品的价值或价格。房地产估价可分为专业估价和非专业估价。根据《房地产估价基本术语标准GB/T 50899—

2013》的定义，专业的房地产估价是指房地产估价机构接受他人委托，选派注册房地产估价师对房地产的价值或价格进行分析、测算和判断，并提供相关专业意见的活动。具体来说，房地产估价是指房地产估价机构接受估价委托人的委托，选派注册房地产估价师，为了特定的估价目的，设定合理的估价假设，遵循相关的估价原则，按照规定的估价程序，选用合适的估价方法，根据有关的估价依据，在实地查勘的基础上，对具体的估价对象在特定价值时点的价值或价格进行分析、测算和判断，确定估价结果并撰写估价报告的专业活动。除上述专业估价以外的估价活动均为非专业估价。除特别说明外，本教材所指的估价均为专业估价。

专业估价与非专业估价有何区别？

房地产估价可以分为鉴证性估价和咨询性估价。鉴证性估价一般是指估价报告或者估价结果供估价委托人给第三方使用或说服第三方，起到价值或价格证明或者公证作用的估价[①]，如房地产抵押估价、房地产征收征用估价、房地产司法拍卖估价和房地产税收估价等。咨询性估价一般是指估价报告或者估价结果供估价委托人或者第三方作为其决策参考的估价，如房地产转让估价，咨询性估价是房地产价格咨询的一种形式。

(二) 相关概念辨析

为更好地理解房地产估价的概念，需要准确把握房地产估价与房地产评估、资产评估、工程造价等相关概念的区别与联系。

1. 房地产估价与房地产评估

房地产评估的内容除了商品和资产的价值和价格外，还可以是某个(项)人、事、工作、活动、组织的能力、状况、风险、质量、绩效、影响等[②]。房地产估价在实务中通常被称为房地产评估。房地产评估的内容可以是房地产的质量状况、功能水平、价值高低等，而房地产估价主要以房地产的价值或价格为最终评估结果，因此房地产估价比房地产评估更能凸显"价值和价格评估"的特点，表述更加明确和有针对性。

需要注意的是，房地产估价这一表述并不意味着房地产估价机构和注册房地产估价师只能从事房地产价值和价格评估业务。实际上，随着房地产估价服务创新与业务拓展，房地产估价机构和注册房地产估价师还可以从事更多的房地产咨询顾问业务。更多相关内容详见第十三章第四节"房地产估价业务创新与拓展"。

2. 房地产估价与资产评估

资产评估是指评估机构和评估专业人员根据委托对不动产、动产、无形资产、企业价值、资产损失或者其他经济权益进行评定、估算，并出具评估报告的专业服务行为。资产评估有广义和狭义之分，广义的资产评估包括房地产估价在内的各类评估活动，狭义的资

[①] 中国房地产估价师与房地产经纪人学会.房地产估价原理与方法(2021)[M].北京：中国建筑工业出版社，2021.

[②] 中国房地产估价师与房地产经纪人学会.房地产估价原理与方法(2021)[M].北京：中国建筑工业出版社，2021.

产评估通常是指除房地产估价、土地估价、矿业权评估、保险公估和旧机动车评估等专业评估以外的评估活动，包括企业价值评估、机器设备评估、无形资产评估、金融资产评估等。为了规范评估行为，我国于2016年颁布了评估行业首部专门法律《中华人民共和国资产评估法》(以下简称《资产评估法》)。但是由于行业特殊性以及历史原因，各类专业评估领域均有其特定的评估对象并形成了专门的评估人员、行业组织与标准规范。

【思考与讨论】 鉴证性估价与咨询性估价的法律后果有何不同？

3. 房地产估价与工程造价

工程造价是指工程项目从投资决策开始到竣工投产全过程或某个阶段预计或实际支出的建设费用，工程造价有时又被称为工程估价。房地产估价与工程造价具有显著不同。一是价格性质不同，工程造价测算的是"预计或实际支出"的费用，关注建设工程项目"花了多少钱"，而房地产估价通常测算的是市场价值或价格，关注房地产在市场上"值多少钱"。二是费用范围不同，工程造价测算的是工程项目的"建设费用"，而房地产估价成本法考虑的是形成房地产价值或价格的全部费用和利润之和，后者的费用范围要比前者大，因为"建设费用"只是房地产估价成本法中建设成本的一个组成部分。三是价格标准不同，工程造价考虑的是工程项目的个别成本，而房地产估价成本法考虑的是客观成本(即社会平均成本)。

工程造价与造价咨询

二、房地产估价的特点

(一) 房地产估价属于行政许可事项

行政许可是指行政机关根据公民、法人或者其他组织的申请，经依法审查，准予其从事特定活动的行为。依照《中华人民共和国行政许可法》(以下简称《行政许可法》)和行政审批制度改革的有关规定，国务院对所属各部门的行政审批项目进行了全面清理，并制定《国务院对确需保留的行政审批项目设定行政许可的决定》[①](以下简称《决定》)。根据《决定》，由法律、行政法规设定的行政许可项目，依法继续实施。《城市房地产管理法》第五十九条规定："国家实行房地产价格评估人员资格认证制度。"目前我国房地产估价人员继续实行准入类职业资格管理，取得房地产估价师职业资格并经注册后方可从事房地产估价活动。因此，取得房地产估价师执业资格以及注册并执业属于行政许可事项。

《行政许可法》

---

① 2004年6月29日，国务院会议通过《国务院对确需保留的行政审批项目设定行政许可的决定》。2009年1月29日，根据国务院关于修改《国务院对确需保留的行政审批项目设定行政许可的决定》第一次修订。2016年8月25日，根据国务院关于修改《国务院对确需保留的行政审批项目设定行政许可的决定》第二次修订。

(二) 房地产估价具有较强的规范性

房地产估价是专业性很强的技术服务活动。房地产估价的目的、对象与价值类型众多，房地产价格影响因素错综复杂，加上我国房地产权属制度复杂，房地产市场发展不够完善，房地产价格形成机制不够健全，导致我国的房地产估价活动具有很大的复杂性和挑战性。为规范估价活动，提高估价质量，防范估价风险，房地产估价活动应遵循相关的法律、法规、政策、标准、规范以及相应的估价程序。住房和城乡建设部发布的中华人民共和国国家标准《房地产估价规范GB/T 50291—2015》和《房地产估价基本术语标准GB/T 50899—2013》是房地产估价活动的两个重要依据性文件。

《房地产估价规范GB/T 50291—2015》

《房地产估价基本术语标准GB/T 50899—2013》

(三) 房地产估价是科学与艺术的结合

房地产估价的科学性是指估价活动有其内在的规律性，估价时必须遵循一定的估价理论与方法；房地产估价的艺术性要求估价时不能完全拘泥于某个估价理论与方法，还必须结合估价师的实践经验。房地产估价是一项复杂的专业性活动，注册房地产估价师不仅要掌握系统的估价专业知识，还要具备丰富的估价实践经验和市场判断能力，甚至实践经验比专业知识更重要。不同注册房地产估价师的专业知识和实践经验必然存在差异，不可避免地会导致估价活动存在较强的主观性，这在某种程度上体现了房地产估价活动的"艺术性"。尽管如此，真实的房地产价值和价格并不是由注册房地产估价师个人的主观判断所决定的，其高低也不以注册房地产估价师个人的意志为转移，而是在众多市场参与者的价值和价格判断以及市场行为的共同作用下形成的。随着大数据、云计算、人工智能等技术的发展，注册房地产估价师应积极运用数据进行量化估价，尽量减少主观性和"艺术性"，提高客观性和科学性。同时，房地产估价活动往往是在信息不完全、存在不确定性因素以及特定的价值时点与估价假设的情况下进行的，估价结果必然存在误差且具有一定的适用性，不能无条件地做价格实现的保证，只能为相关当事人的价格决策提供参考，无法替代相关当事人的定价决策。当然，这并不意味着房地产估价机构和注册房地产估价师可以不负责任地随意出具估价报告和提供估价意见。同时，估价误差也应该控制在合理的范围内。

房地产估价的合理误差

(四) 房地产估价结果是价值和价格的统一

价值泛指客体对于主体所具有的积极的作用和意义。价值的类型众多，有经济价值、社会价值、政治价值、军事价值、文化价值、艺术价值、科学价值、生态价值、历史价值等。房地产估价主要关注的是房地产的经济价值，具体体现为使用价值和交换价值。使用价值是交换价值的基础，用货币衡量的交换价值就是价格。而价格是价值外在的货币表现，是实际发生、已经完成并可以观察到的事实，因人而异，时高时低，围绕价值上下波动；价值则是价格波动的中心，是内在的和相对稳定的。因此，为了减少估价的主观性与随意性，提高表述的科学性与准确性，有必要明确房地产估价本质上是价值评估。但是，房地产内在的价值是不容易观察到的，甚至是"不可知"的，只能通过外在的价格来推测其内在的价值，因此房地产估价在形式上通常是价格评估[①]。综上所述，在房地产估价中往往对价值和价格不做严格区分甚至混用，有些房地产价值和价格的称谓仅仅是一种使用习惯，实际估价中应根据估价目的等实际情况来确定具体的房地产价值和价格类型。

第二节 房地产估价的要素

房地产估价的要素包括房地产估价机构、注册房地产估价师、估价委托人、估价目的、估价对象、价值时点、价值类型、估价原则、估价程序、估价依据、估价假设、估价方法、估价结果、估价报告等。其中，房地产估价机构、注册房地产估价师、估价委托人称为估价当事人，估价目的、估价对象、价值时点、价值类型称为估价基本事项。

一、房地产估价机构

房地产估价机构是指依法设立并取得房地产估价机构资质，从事房地产估价活动的中介服务机构，简称估价机构或者评估机构(本教材以下除特别说明外，简称估价机构)。估价机构是承接房地产估价业务的主体，是估价当事人之一。估价机构通常以有限责任公司或者合伙企业的形式设立，分为一、二、三级，一级估价机构可按照相关规定设立分支机构，分支机构应当以设立该分支机构的估价机构名义承揽估价业务和出具估价报告。房地产估价报告应由估价机构出具，加盖该估价机构公章，并由2名以上注册房地产估价师签名。有关估价机构的更多内容详见本章第五节下的"房地产估价机构管理制度"部分。

国际知名房地产估价机构

二、注册房地产估价师

房地产估价师是指通过全国房地产估价师职业资格考试或者资格认定、资格互认[②]，

---

① 《城市房地产管理法》也采用"价格评估"的表述，如第三十四条：国家实行房地产价格评估制度。第五十九条：国家实行房地产价格评估人员资格认证制度。
② 我国于1993年、1994年先后认定了两批共346名房地产估价师，1995年开始房地产估价师执业资格实行全国统一考试制度。2004年8月，内地与香港完成首批房地产估价师与产业测量师资格互认。

取得房地产估价师职业资格的人员。1995年以后，参加全国统一考试并取得房地产估价师职业资格证书是取得房地产估价师职业资格的常规途径。经过执业注册，从事房地产估价活动的房地产估价师称为注册房地产估价师，简称估价师(本教材以下除特别说明外，简称估价师)。估价师是具体从事房地产估价活动的主体，是估价当事人之一。2021年开始，原土地估价师与原房地产估价师统一纳入新的房地产估价师职业资格制度。估价师应当具备扎实的专业知识、丰富的实践经验和良好的职业道德。有关房地产估价师的更多内容详见本章第五节下的"房地产估价师职业资格制度"部分。

三、估价委托人

估价委托人是指委托估价机构为其提供估价服务的单位或个人，包括自然人、法人或其他组织，简称委托人。估价委托人是房地产估价服务的对象和客户。估价委托人不一定是估价对象权利人、估价利害关系人和估价报告使用人。估价委托人委托估价、取得估价报告的目的可能是给自己使用，如人民法院委托的司法拍卖估价；也可能是给特定的第三方使用，如借款人委托的抵押估价；也可能是给不特定的第三方使用，如上市公司委托的关联交易估价。无论估价报告给谁使用，估价委托人都应如实向估价机构提供其掌握的估价所需资料，并对其提供的资料的合法性、真实性、准确性和完整性负责，有义务协助估价师对估价对象进行实地查勘及搜集估价所需资料，不得要求估价机构和估价师出具虚假估价报告，不得非法干预估价机构和估价师的估价行为和估价结果。

【思考与讨论】房地产估价有哪些利害关系人？

四、估价目的

估价目的是指估价委托人对房地产估价报告的预期用途。任何估价活动都有估价目的，一个估价项目通常只有一个估价目的。估价目的取决于估价委托人对估价的实际需要，即估价委托人要将估价报告做什么用途。常见的房地产估价目的包括房地产抵押、征收、司法处置、损害赔偿、转让、租赁、税收、保险、分割与合并、房地产纠纷等。估价目的应根据估价委托人的估价需要以及估价报告的预期用途来确定。估价目的是估价基本事项中的首要事项，只有确定了估价目的，才能确定估价对象、价值时点和价值类型。估价目的不同，估价对象、价值时点、价值类型以及估价原则、估价依据等都有可能不同。因此，同一个估价对象在不同估价目的下的估价结果也可能不同。估价目的也限制了估价报告与估价结果的用途，针对某种特定估价目的的估价报告和估价结果，不能随意用于其他用途。有关估价目的的更多内容详见第十三章第二节"不同目的的房地产估价业务"和第十四章第三节"确定估价基本事项"下的"估价目的"部分。

五、估价对象

估价对象是指所评估的房地产及其相关权益，称为被估房地产。估价对象是房地产估价的客体，即估价标的，是估价基本事项之一。房地产估价对象类型丰富，包括土地、建筑物、房地、在建房地产、部分或局部房地产、整体资产中的房地产、以房地产为主的整体资产等财产或相关权益。估价对象及其范围通常是由估价委托人和估价目的决定的。有关估价对象的更多内容详见第一章第三节"房地产的类型"、第十三章第三节"不同类型的房地产估价业务"和第十四章第三节"确定估价基本事项"下的"估价对象"部分。

【思考与讨论】估价对象是否都是实体房地产？

六、价值时点

价值时点是指所评估的估价对象价值或价格对应的某一特定时间，过去通常称为估价时点。不同的估价专业、不同的国家和地区，对价值时点的称呼不尽相同。资产评估行业一般称为评估基准日，土地估价行业一般称为估价期日，在我国台湾地区称为价格日期，在我国香港地区一般称为估值日。由于同一估价对象在不同的时间会有不同的价值和价格，所以估价时必须明确估价结果是估价对象在哪个时间点的价值和价格。价值时点可能是现在、过去或者将来的某个时间，通常为某个日期。价值时点是估价基本事项之一，应根据估价目的来确定，且应在估价测算工作开始前确定。有关价值时点的更多内容详见本章第四节下的"价值时点原则"部分和第十四章第三节下的"价值时点"部分。

七、价值类型

价值类型是指所评估的估价对象的某种特定价值，包括价值的名称、定义或内涵。价值类型主要有市场价值、谨慎价值、投资价值、现状价值、清算价值和残余价值等。其中，市场价值是房地产估价中最基本、最常用、最重要的一种价值类型，其余价值类型被称为非市场价值。同一个估价对象不同类型的价值通常是不相同的，如同一个估价对象在同一个价值时点的抵押价值要低于市场价值。价值类型是估价基本事项之一，应根据估价目的来确定。有关价值类型的更多内容详见第三章第三节"房地产价值和价格的类型"和第十四章第三节"确定估价基本事项"下的"价值类型"部分。

八、估价原则

估价原则是指估价活动所依据的法则或标准。估价原则是人们在反复估价实践和理论探索中，在认识价值和价格形成与变动规律的基础上总结和提炼出来的。估价原则可以规范估价师的估价行为，使不同的估价师对房地产估价的基本前提具有一致性，使得对同一估价对象在同一估价目的、同一价值时点的评估价值趋于相同或近似。常见的房地产估价原则有独立客观公正原则、合法原则、价值时点原则、替代原则、最高最佳利用原则以及谨慎原则等。有关估价原则的更多内容详见本章第四节下的"房地产估价原则"部分。

【思考与讨论】房地产估价是否都遵循相同的估价原则？

九、估价程序

估价程序是指完成估价项目所需做的各项工作进行的先后次序。严格按照规定的估价程序开展估价工作，可以保证估价质量、提高估价效率、防范估价风险、规范估价行为。房地产估价的基本程序包括受理估价委托、确定估价基本事项、编制估价作业方案、搜集估价所需资料、实地查勘估价对象、选用估价方法进行测算、确定估价结果、撰写估价报告、审核估价报告、交付估价报告以及保存估价资料等环节。有关估价程序的更多内容详见第十四章"房地产估价程序"。

十、估价依据

估价依据是指作为估价的前提或基础的文件、标准和资料，主要有五大类：①有关的法律法规和政策，包括有关的法律、行政法规、司法解释、地方性法规、部门规章和政策、地方政府规章和政策等；②有关的估价标准与规范，包括房地产估价的国家标准、行业标准、指导意见、地方标准、技术指南等；③估价合同资料，主要是估价委托书与估价委托合同；④估价委托人提供的资料，主要是估价对象的范围、规模、用途、权属、价格、收益、成本以及相关财务会计信息等资料；⑤估价机构和估价师掌握和搜集的资料。不同的估价目的和估价对象，估价依据应有所不同。因此，房地产估价活动应有针对性地选取估价依据，既不能遗漏，也不得滥列。

【思考与讨论】估价报告中列示的估价依据是否越多越好？

十一、估价假设

估价假设是指针对估价对象状况等估价前提所做的必要、合理且有依据的假定。估价假设主要包括一般假设、未定事项假设、背离事实假设、不相一致假设和依据不足假设。例如，房地产估价要求对估价对象进行实地查勘，但是现实中很多时候估价师难以进入估价对象内部进行查勘，或者即使进入也仅限于对房屋外观等情况进行调查，难以了解结构安全等内部质量状况，此时需要进行依据不足假设。估价假设既是估价测算的前提，也是估价机构和估价师规避估价风险的必要举措，同时还能提醒报告使用人合理使用估价结果，保护估价委托人和报告使用人的合法权益。但是估价假设并非免责声明，估价机构和估价师不得为了高估或低估、规避应尽的审慎检查和尽职调查等义务而滥用估价假设。有关估价假设的更多内容详见第十五章第六节"估价假设与限制条件"。

十二、估价方法

估价方法是指测算估价对象价值和价格的方法。常用的房地产估价方法有比较法、收益法、成本法、假设开发法等。每一种估价方法都有其适用的对象和条件，理论上适用的估价方法在实际估价中不一定适用,实际估价时应根据估价对象及其所在地的房地产市场状况合理选用。《资产评估法》第二十六条规定:"评估专业人员应当恰当选择评估方法,除依据评估执业准则只能选择一种评估方法的外,应当选择两种以上评估方法。"有关估价方法的更多内容详见第七章至第十二章相关内容。

【思考与讨论】估价方法的适用对象与适用条件有何区别?

十三、估价结果

广义的估价结果是指通过房地产估价活动得出的估价对象价值和价格以及提供的相关专业意见,狭义的估价结果仅仅是指评估出的估价对象价值和价格。每一种估价方法测算的结果都有其相应的叫法。例如,比较法测算的结果称为比较价值,收益法测算的结果称为收益价值,成本法测算的结果称为成本价值。在各种估价方法测算结果的基础上确定综合测算结果,对于选用一种估价方法进行估价的,可将其测算结果作为综合测算结果;对于同时选用两种或两种以上估价方法进行估价的,应采用算术平均或加权平均或选择其中之一等合适的方法得到综合测算结果。在综合测算结果的基础上,考虑其他未能在综合测算结果中反映的价值和价格影响因素,调整得到最终估价结果。

【思考与讨论】测算结果和估价结果有何区别?

十四、估价报告

估价报告是指估价机构和估价师向估价委托人所作的关于估价情况和结果的正式陈述。估价报告是估价结果的载体,是估价机构向估价委托人提供的最终成果。房地产估价报告虽然形式多样,但是大多采用书面叙述式报告。书面叙述式估价报告的内容应当包括封面、致估价委托人函、目录、注册房地产估价师声明、估价假设与限制条件、估价结果报告、估价技术报告和附件。其中,估价技术报告可根据估价委托合同约定向估价委托人提供或不提供。有关估价报告的更多内容详见第十五章"房地产评估报告"。

第三节 房地产估价的需要

虽然房地产估价是一项"法定"制度,但是一个行业之所以能够存在并发展壮大,仅仅依靠法律法规及政策的强制性规定和支持是难以持久的。对房地产估价的需要包括源于房地产自身特点的内在需要和经济社会活动中的现实需要。

一、内在需要

对房地产估价的内在需要主要由于房地产具有以下特点。

(一) 房地产产品的异质性

如果一种资产是"同质资产",如批量制造的同一批次汽车、家电、手机等产品,其规格、型号和质量等相对比较均质,价格就会比较透明和相当,或者通过简单市场调查便可获得其市场价格信息,因此不需要专业和专门的估价服务。但是房地产的位置固定性与独一无二性造成房地产的异质性,在房地产市场上通常表现为"一房一价",每个房地产的价值和价格都不完全相同,因此每个房地产的价值和价格都需要单独评估和确定。

(二) 房地产价值的高大性

如果一种资产虽然具有异质性,但是其价值量不大,如旧家电、旧手机等,估价费用可能相对过高甚至超过资产自身的价值,从经济角度看就没有必要进行专业和专门的估价。但是房地产单价高、总价大,房地产估价费用通常占其价值的比例相对较低,进行专业和专门的评估带来的潜在收益可能大大超过不评估造成的潜在损失,因此对房地产进行专业和专门的估价是一项具有经济效益的活动。类似的还有二手车价格评估等。

(三) 房地产市场的不完全性

由于房地产的位置固定性、独一无二性、交易限制性和房地产市场信息不对称等特点,房地产市场是典型的不完全市场,难以自动形成客观合理的价格。市场直接表现出来的价格往往是失真的、扭曲的,不能客观反映房地产的真正价值,需要估价师进行"替代"市场的估价,从而有助于发现正常价格,维护市场秩序,保障公平交易,保护相关当事人的合法权益。例如,为抑制房地产市场过热,许多城市对商品住房进行限购、限售、限价、限贷等,此时的房地产市场就属于不完全市场,其价格也不是正常的市场价格。

完全市场

(四) 对房地产价值和价格判断的主观性

房地产价值和价格的影响因素众多,影响机理复杂,对房地产价值和价格的判断不可避免地存在主观性。只有掌握房地产估价专业知识、受过房地产估价专业训练、具备房地产估价实践经验的估价师,才能更好地站在专业的角度,模拟大多数市场参与者的思维与行为,客观地将房地产价值和价格揭示出来,体现房地产估价活动的科学性。

二、现实需要

在一个国家、社会和家庭中,房地产通常是最主要的财产类型之一。据统计,美国家庭财富的一半以上是房地产,我国城乡居民家庭财富中房地产占比超过六成。在国家和地区总财富中，房地产价值占比一般为50%～70%。庞大的资产规模，为房地产估价行业的生存与发展奠定了基础，足以支撑一个专门的房地产估价行业与估价师队伍。现实中需要房地产估价的情形较多，包括房地产抵押、房地产征收、房地产司法处置、房地产损害赔偿、房地产转让、房地产租赁、房地产税收、房地产保险、房地产纠纷处理等。此外，房地产估价机构还可以提供房地产咨询服务，包括房地产市场调研、可行性研究、项目评估、项目测绘等服务，进一步拓宽房地产估价业务范围。

第四节 房地产估价原则与职业道德

房地产估价作为一个中介服务行业，是房地产市场乃至整个市场经济不可或缺的重要组成部分。房地产估价活动的质量不仅会影响房地产估价利害关系人的利益，还会影响社会公共利益，因此必须对房地产估价活动和房地产估价执业资格提出总体要求。本节主要介绍房地产估价原则和房地产估价师职业道德两方面内容。

一、房地产估价原则

房地产估价原则是指房地产估价活动所依据的法则或标准。估价机构和估价师在估价活动中必须严格遵循相关的房地产估价原则，否则不仅会影响房地产估价的质量，还有可能要承担法律责任。根据《房地产估价规范GB/T 50291—2015》，房地产市场价值评估应遵循独立客观公正原则、合法原则、价值时点原则、替代原则和最高最佳利用原则。

(一) 独立客观公正原则

独立客观公正原则要求估价机构和估价师站在中立的立场上，实事求是、公平正直地评估出对各方估价利害关系人都公平合理的价值和价格。"独立"就是要求估价机构和估价师与估价委托人及估价利害关系人没有利害关系，在估价中不受任何单位和个人的人为干预，而应当凭借自己的专业知识、实践经验和职业道德进行估价。"客观"就是要求估价机构和估价师在估价中不带着自己的个人情感、好恶和偏见，而应当按照事物的本来面目、实事求是地进行估价。"公正"就是要求估价机构和估价师在估价中不偏袒估价利害关系人中的任何一方，坚持原则、公平正直地进行估价。

【思考与讨论】估价师能做到完全客观估价吗？

独立客观公正原则是鉴证性估价活动的最高原则，所有鉴证性估价活动都应遵循该原则，否则就会导致评估出的价值和价格不公平、不合理，就会损害估价利害关系人中某一方的利益，也有损估价师、估价机构甚至整个估价行业的公信力和声誉。

实现独立、客观、公正估价需要做到以下几点：一是估价机构应具有独立的法人地位，不依附于其他组织和个人，这是坚持独立、客观、公正估价的组织基础；二是估价机构和估价师与估价委托人、估价利害关系人和估价对象没有利害关系，否则应回避，这是坚持独立、客观、公正估价的关系基础；三是估价机构和估价师在估价活动中不应受任何单位和个人的人为干预，这是坚持独立、客观、公正估价的行为基础。

(二) 合法原则

合法原则要求评估价值和价格是在依法判定估价对象所处状况下得出的。房地产价值本质上是其权益的价值，即使是实物和区位状况相同的房地产，如果权益状况不同，其价值和价格也会不同甚至存在较大差异。房地产的权益状况不是估价委托人或估价师可以随意假定的，甚至不是根据估价对象实际状况来确定的，而必须依法来判定。因此，房地产估价必须遵循合法原则，所有房地产估价活动都应遵循合法原则。

合法原则并不意味着只有合法的房地产才能成为估价对象，而是指依法判定估价对象是哪种状况的房地产，就应将其作为哪种状况的房地产来估价，即任何权益状况的房地产都可以成为估价对象，只是必须做到评估的价值和价格与依法判定的房地产权利状况相匹配。遵循合法原则可以从以下几个方面来考虑：①依法判定估价对象的所有权，包括估价对象的所有权、共有权和建筑物区分所有权的权利人及其权利状况。判定估价对象的所有权一般应以不动产登记簿、权属证书以及合同等文件为依据。②依法判定估价对象的使用权利，包括土地使用权、房屋居住权、地役权的归属及其具体的权利状况，如土地的用途、容积率、建筑密度、绿地率、建筑高度等。判定估价对象的使用权利一般应以不动产登记簿、权属证书、有关合同文件以及土地用途管制、规划条件等使用管制政策为依据。③依法判定估价对象的处分权利，包括买卖、互换、租赁、抵押、出资、抵债、赠与等权利状况。判断估价对象的处分权利应以法律法规和政策或者合同等允许的处分方式为依据。④依法判定估价对象的其他权益，包括评估出的价值和价格应符合国家的价格政策，如评估政府定价或者政府指导价的房地产，应遵守相应的政府定价和政府指导价。

需要注意的是，合法原则中的"法"是指广义的"法"，即不仅包括相关法律，还包括相关的行政法规、司法解释、部门规章、地方性法规、地方政府规章、各级政府政策、估价对象的不动产登记簿、权属证书、有关批文和合同以及估价标准规范等。当适用的法律文件有冲突时，一般应遵循上位法优先于下位法、新法优先于旧法、特别法优先于普通法、法律文本优先于法律解释、强行法优先于任意法、法不溯及既往等原则。

【思考与讨论】违章建筑可以成为估价对象吗？

(三) 价值时点原则

价值时点原则要求评估价值是在根据估价目的确定的某一特定时间的价值或价格。价值时点是指所评估的估价对象价值或价格对应的某一特定时间。房地产市场、房地产价格的影响因素以及房地产自身都是在不断变化的，同一房地产在不同的时间通常会有不同的价值和价格。同时，价值和价格也具有时间性，即"资金时间价值"。因此，必须明确每一个价值和价格所对应的时间。所有房地产估价活动都应遵循价值时点原则。

价值时点可以是现在（一般将估价作业期中的某一天或者实地查勘估价对象之日确定为价值时点）、过去或将来的某个日期。价值时点应根据估价目的来确定。在实际估价中，要特别注意估价目的、价值时点、估价对象状况和房地产市场状况四者之间的匹配关系，其相互关系如表2-1所示。其中，估价所依据的市场状况始终是价值时点的状况，但估价对象状况不一定是价值时点的状况，要视具体的估价目的而定。

表2-1 估价目的、价值时点、估价对象状况和房地产市场状况的关系

价值时点	估价对象状况	房地产市场状况	常见的估价目的
过去	过去	过去	房地产价格纠纷估价，房地产估价纠纷估价
现在	过去	现在	房地产损害赔偿估价，房地产保险理赔估价
	现在		房地产抵押估价，房屋征收估价，司法处置估价
	未来		期房价值评估
未来	未来	未来	房地产价格预测

(四) 替代原则

替代原则要求估价对象的价值和价格与其类似房地产在同等条件下的价值和价格的偏差在合理范围内。类似房地产是指与估价对象的实物、权益、区位等方面的状况相同或相似的房地产。例如，住宅与工业厂房、普通商品住房与保障性住房等就不属于类似房地产。根据相关经济学原理，在同一个市场上，相同的商品应当具有相同的价格。房地产虽然具有独一无二性，但是类似房地产在功能上具有替代性，在市场机制作用下，类似房地产之间的价格会相互影响，从而互相靠近。因此，如果已知与估价对象具有一定替代性的类似房地产的价格，就可将它们与估价对象进行比较，根据它们与估价对象之间的差异对其价格进行适当的修正或调整，从而推算出估价对象的价值。根据替代原则，估价师还可以将评估价值与附近类似房地产在同等条件下的价格进行比较，以检验估价结果的合理性。从估价方法来看，比较法、收益法、成本法都利用了替代原则。比较法是将估价对象价值用类似房地产的近期成交价格来"替代"，收益法是将估价对象价值用类似房地产未来的净收益来"替代"，成本法是将估价对象价值用类似房地产的重新购建成本来"替代"。可见，房地产估价活动都遵循替代原则。

(五) 最高最佳利用原则

最高最佳利用原则要求评估的结果是在估价对象最高最佳利用状况下得出的。除现状价值评估外，房地产估价都应遵循最高最佳利用原则。根据有关经济人的假定，每个人的行动都以自身利益最大化为目标。因此，可以合理推断，每个房地产权利人都试图采取最高最佳利用的方式以获取最大的经济利益，房地产价格是所有市场主体追求最高最佳利用的结果。房地产估价也必须遵循市场主体有关房地产最高最佳利用的心理和行为。

最高最佳利用状况包括最佳的用途、规模和档次，应从以下几个方面依次进行分析：①法律上允许。对于每种可能的利用方式，首先要判断它是否为法律法规与政策、城市规划和出让合同等所允许，如果是不允许的，则不是最高最佳利用的选择。②技术上可能。对于法律上允许的每种利用方式，要检查它在技术上是否能够实现，如果是不能实现的，则不是最高最佳利用的选择。③财务上可行。对于法律上允许且技术上可能的每种利用方式，还要进行经济可行性研究，只有在财务净现值、财务内部收益率、投资回收期等指标上具有可行性的，才予以考虑，否则不是最高最佳利用的选择。④价值最大化。在所有财务上可行的利用方法中，能够使估价对象的价值达到最大的利用就是最高最佳利用。

当估价对象已经做了某种利用时，应在调查分析其现状利用的基础上，对其最高最佳利用状况和相应的估价前提做出以下判断和选择，并在估价报告中予以说明：①维持现状前提。如果维持现状是最高最佳利用方式，则应选择维持现状前提进行估价。②更新改造前提。如果更新改造后利用是最高最佳利用方式，则应选择更新改造前提进行估价。③改变用途前提。如果改变用途后利用是最高最佳利用方式，则应选择改变用途前提进行估价。④改变规模前提。如果改变规模后利用是最高最佳利用方式，则应选择改变规模前提进行估价。⑤重新开发前提。如果重新开发利用是最高最佳利用方式，则应选择重新开发前提进行估价。⑥其他方式前提。如果上述情况的某种组合或者其他特殊利用是最高最佳利用方式，则应选择上述情况的某种组合或者其他特殊利用前提进行估价。

在考虑估价对象的用途时，当估价对象的实际用途、登记用途、规划用途不一致时，应按下列规定确定估价所依据的用途，并应作为估价假设中的不相一致假设在估价报告中说明及对估价报告和估价结果的使用做出相应限制。第一，政府或其有关部门对估价对象的用途有认定或者处理的，应按其认定或者处理的结果进行估价。第二，政府或其有关部门对估价对象的用途没有认定或者处理的，应按下列规定执行：登记用途、规划用途之间不一致的，可根据估价目的或者最高最佳利用原则选择其中一种用途；实际用途与登记用途、规划用途均不一致的，应根据估价目的确定估价所依据的用途。

房地产估价应"既认房又认人"

(六) 谨慎原则

谨慎原则要求在影响估价对象价值或价格的因素存在不确定性的情况下对其做出判断时，应充分考虑其导致估价对象价值或价格偏低的一面，慎重考虑其导致估价对象价值或价格偏高的一面。房地产抵押估价和抵押净值估价需要遵循谨慎原则。

在房地产抵押贷款活动中，抵押权人处置抵押物的时间与抵押价值时点一般相隔较长，在抵押权实现时的不确定因素较多，房地产市场状况、抵押担保的债权以及实现抵押权的费用、抵押房地产价值等可能会发生较大变化，为保障抵押权人的合法权益，房地产抵押估价应遵循谨慎原则，即在存在不确定因素的情况下做出估价相关判断时应保持必要的谨慎，充分估计抵押房地产在抵押权实现时可能受到的限制、未来可能发生的风险和损失，不高估假定未设立法定优先受偿权下的价值，不低估法定优先受偿款。

《房地产抵押估价指导意见》提出遵循谨慎原则的具体要求：第一，在运用比较法估价时，不应选取成交价格明显高于市场价格的交易实例作为可比实例，并应当对可比实例进行必要的实地查勘；第二，在运用成本法估价时，不应高估土地取得成本、开发成本、有关税费和利润，不应低估折旧；第三，在运用收益法估价时，不应高估收入或者低估运营费用，选取的报酬率或者资本化率不应偏低；第四，在运用假设开发法估价时，不应高估未来开发完成后的价值，不应低估开发成本、有关税费和利润；第五，房地产估价行业组织已公布报酬率、资本化率、利润率等估价参数值的，应当优先选用，而不选用的，应当在估价报告中说明理由；第六，房地产抵押估价报告应对估价对象的变现能力进行分析并做出必要的风险提示；第七，将法定优先受偿权利等情况的书面查询资料和调查记录作为估价报告的附件。

【思考与讨论】谨慎原则要求估价结果越低越好吗？

二、房地产估价师职业道德

房地产估价师职业道德是注册房地产估价师在从事房地产估价活动时应遵守的道德规范和行为准则。它要求估价师以良好的思想、态度、作风和行为去做好房地产估价工作。估价师如果没有良好的估价职业道德，不仅会损害估价利害关系人的合法权益，而且会借着估价这种"公正"的外衣扰乱市场秩序。更有甚者，与有关当事人恶意串通出具虚假估价报告损害他人合法权益。因此，房地产估价师具有良好的估价职业道德是十分重要的。

房地产估价师的操守

《房地产估价规范GB/T 50291—2015》从回避制度、胜任能力、诚实估价、尽职调查、告知义务、维护形象、不得借名、保守秘密等方面规定了估价职业道德要求。

(1) 回避制度。估价机构和估价师应回避与自己、近亲属、关联方及其他利害关系人有利害关系或者与估价对象有利益关系的估价业务。

(2) 胜任能力。估价机构和估价师不得承接超出自己业务能力和范围的估价业务，对部分超出自己业务能力和范围的工作，应聘请相关专家或单位提供专业帮助。

(3) 诚实估价。估价机构和估价师应正直诚实，不做任何虚假估价，不得按估价委托人或其他单位和个人的要求进行高估或低估，不得按预先设定的价值和价格进行估价。

(4) 尽职调查。估价机构和估价师应勤勉尽责，应搜集合法、真实、准确、完整的估价所需资料并依法进行检查或核查验证，应对估价对象进行实地查勘。

(5) 告知义务。估价机构和估价师在估价假设、风险提示等重大估价事项和内容上，应在估价报告上或采用其他书面形式向估价委托人和报告使用人特别说明或提示，使其充分知晓估价的限制条件、估价报告和估价结果的使用限制以及可能的后果。

(6) 维护形象。估价机构和估价师应维护自己的良好社会形象及行业声誉，不得采取迎合估价委托人或估价利害关系人不当要求、恶性压价、支付回扣、贬低同行、虚假宣传等不正当手段招揽估价业务，不得索贿、受贿或利用开展估价业务之便谋取不正当利益。

(7) 不得借名。估价机构和估价师不得允许其他个人和单位以自己的名义从事估价业务，不得以估价者身份在非自己估价的估价报告上签名、盖章，不得以其他房地产估价师、估价机构的名义从事估价业务。

(8) 保守秘密。估价机构和估价师应对估价活动中知悉的国家秘密、商业秘密和个人隐私等信息予以保密。房地产估价师和估价机构应妥善保管估价委托人提供的资料，未经估价委托人同意，不得擅自将其提供给其他单位和个人。

注册房地产估价师的权利和义务

【思考与讨论】估价职业道德与估价原则有何异同？

第五节 房地产估价行业与估价制度

房地产估价行业是重要的房地产中介服务行业。我国房地产估价活动历史悠久，行业发展迅速，制度不断完善，已经成为房地产业和现代服务业的重要组成部分。了解房地产估价行业与估价制度对做好房地产估价服务具有重要意义。本节梳理房地产估价行业发展的历程、现状与趋势，并从估价机构和估价师职业资格两个方面介绍房地产估价制度。

一、房地产估价行业

(一) 房地产估价行业的发展历程

房地产估价行业是一个既古老又年轻的行业。说它古老是因为我国很早就出现了房地产估价活动，说它年轻是因为现代意义上的房地产估价行业的产生与发展才经历了30多年。我国古代社会土地和房屋的买卖、租赁、典当等交易活动非常频繁，作为中介服务的估价活动相伴相生。早在3000多年前，我国就有关于土地价值及其评估思想的萌芽。汉代出现了房地产估价活动以及作为交易中介的"牙人"。唐代中期以后，"牙人"大量介入商业领域。宋朝商品经济发达，土地私有制盛行，市场上有大量经纪人和经纪人组织，其中就有专门从事田地、屋宅买卖的中介者——"庄宅牙"，政府设置了相应官职"官牙"。宋朝法律汇编《宋刑统》卷十三规定"田宅交易，须凭牙保，违准盗论"，即房地产交易必须通过中介，否则按盗窃罪论处。这些"牙人"在市场上居间斡旋、说合交易，同时也发挥了价格评估和咨询等功能。

梁高祖的房地产估价

中华人民共和国成立之初，城市房地产买卖、租赁等交易以及相关的房地产中介服务继续存在。但是20世纪50年代中期以后，随着社会主义改造的完成，城市土地私有制被废止，房地产交易活动也被禁止，房地产估价活动基本消失。改革开放以后，随着城镇住房制度改革和城镇国有土地使用制度改革的推进，房地产估价活动逐步恢复与发展。特别是到20世纪末，随着公房出售以及房改房上市交易的大规模铺开，估价机构也大量出现。

按照时间顺序，我国房地产估价行业的发展历程与关键节点大致如下所述。

1987年，开始城镇土地定级估价工作。

1988年，开始实行房地产估价从业人员持证上岗制度。

1992年，原国家土地管理局通过培训开始认定了第一批土地估价师。

1993年和1994年，原建设部、原人事部分两批共同认定了346名房地产估价师。

1994年，颁布实施的《城市房地产管理法》明确赋予房地产估价的法律地位，使房地产估价成为一项国家法定制度。

1994年，成立全国性土地估价行业组织"中国土地估价师协会"，2014年更名为"中国土地估价师与土地等级代理人协会"。

1994年，成立全国性房地产估价行业组织"中国房地产估价师学会"，2004年更名为"中国房地产估价师与房地产经纪人学会"。

1995年，建立房地产估价师职业资格制度，首次开展全国房地产估价师职业资格考试。

1998年，原建设部发布《房地产估价师注册管理办法》，并于2001年、2006年、2016年进行了修订。

1999年，发布国家标准《房地产估价规范 GB/T 50291—1999》。

2000年，开展经济鉴证类社会中介机构脱钩改制，要求包括估价机构在内的中介机构必须与挂靠的政府部门及其下属单位在人员、财务、业务、名称等方面彻底脱钩。

2001年，发布国家标准《城镇土地估价规程 GB/T 18508—2001》。

2004年，建立内地与香港房地产估价师(产业测量师)资格互认制度。

2005年，发布《房地产估价机构管理办法》，并于2013年、2015年进行了修订。

2006年，原建设部、中国人民银行、中国银行业监督管理委员会联合制定了《房地产抵押估价指导意见》。

2006年，中国房地产估价师与房地产经纪人学会加入国际测量师联合会。

2011年，住房和城乡建设部制定了《国有土地上房屋征收评估办法》。

2013年，发布国家标准《房地产估价基本术语标准GB/T 50899—2013》。

2014年，放开房地产和土地估价服务价格，由原来的政府指导价调整为市场调节价。

2014年，发布国家标准《城镇土地估价规程GB/T 18508—2014》。

2014年，取消土地估价师资格认证制度。

2015年，修订发布国家标准《房地产估价规范GB/T 50291—2015》。

2016年，颁布实施评估行业第一部专门法律《资产评估法》。

2016年，对估价机构开始实行备案管理制度，不再实行资质核准。

《资产评估法》

2021年，原"土地估价师"与原"房地产估价师"执业资格考试制度整合为新的房地产估价师执业资格考试制度。

(二) 房地产估价行业的发展现状

20世纪90年代以来，我国房地产估价行业快速发展，法律法规逐渐完善，标准体系不断健全，理论体系日趋成熟，业务领域稳步拓展，对外交流积极开展，行业影响持续扩大，建立了以《城市房地产管理法》和《资产评估法》为法律依据，以房地产估价师职业资格制度为基础，以《房地产估价规范》为基本准则的政府监管、行业自律、社会监督的房地产估价行业管理机制，形成了全国统一、开放有序、公平竞争、监管有力的房地产估价市场。房地产估价在解决房地产市场失灵、将房地产价格导向正常化、促进房地产交易公平、维护房地产市场秩序、防范房地产相关金融风险、保护房地产交易者合法权益和公共利益、优化房地产资源配置、防范房地产信贷风险、促进社会和谐稳定等方面，发挥着积极而独特的作用。截至2020年底，我国有房地产估价机构和土地估价机构约10 000家，注册房地产估价师和注册土地估价师约9万人，从业人员超过40万人。

房地产估价行业发展还面临一些问题，主要表现为以下几个方面：①独立客观公正性有待加强。估价活动容易受估价委托人或相关利害关系人的影响，迁就甚至迎合估价委托人的不合理要求。②估价活动和估价报告的质量有待提升。例如，市场调查基础薄弱，市场分析缺乏深度，参数取值依据不足，风险提示缺少针对性，甚至存在根据预设结果选择估价参数等"凑结果"现象。③服务创新不够显著。大部分估价机构的估价业务局限于抵押、征收等传统估价服务领域，估价业务创新与拓展有待加强，新兴估价业务和新型估价对象还未成规模，不少估价机构出现业务下滑现象，行业"小散弱"格局长期存在。④同质化竞争现象明显。粗放型经营模式催生了房地产估价的同质化竞争，在服务收费上相互压价，甚至不惜采用一些不正当竞争手段"互挖墙脚"，损害行业健康发展。⑤技术与经营风险较大。市场状况复杂导致估价难度加大，权属证书查验比较困难，估价结果误差与重大差错的界限模糊，存在较大的房地产估价技术风险、质量风险与法律风险等。

(三) 房地产估价行业的发展趋势

经过改革开放以来40多年的快速发展，我国已经进入城镇化中后期，住房供求总量基本平衡，房地产业与国民经济粗放、高速发展阶段已经成为过去，正在转向高质量发展阶段。房地产估价行业发展的内外环境已经发生并还将发生深刻变化，估价机构必须找准市场定位，开展服务创新，谋划转型升级，以迎接行业发展的巨大变革，这些变革主要表现为以下几方面：①估价服务方向转型。房地产估价要从政府主导向市场主导转变，要从传统的以"法定评估"和"鉴证性估价"为主向"自愿评估"和"咨询性估价"转变，要从单纯的房地产价格评估向全方位、全流程的房地产咨询服务转变，使估价服务向市场化、专业化、咨询化发展。②估价业务创新拓展。面向新型城镇化发展，拓展城市更新、老旧小区改造、城市体检、征收咨询等估价服务；面向乡村振兴战略，拓展农村住房、宅基地、土地承包经营权、乡村旅游、美丽乡村等估价服务；面向绿色可持续发展，拓展绿色建筑价值评估、"双碳"咨询等服务；面向资产运作，拓展融资咨询、资产并购、股权转让、投后管理、资产处置等全流程估价服务。③估价业务交叉融合。《资产评估法》实施以后，同时取得房地产估价、土地估价、资产评估等资质的综合性估价机构越来越多。2021年，原土地估价师和房地产估价师纳入新的房地产估价师职业资格制度。今后，估价机构将进一步打破行业壁垒，实现估价业务的交叉融合。④估价技术迭代升级。以新一轮科技革命为契机，将互联网、大数据、人工智能等技术充分引入房地产估价领域，实现远程查勘、批量估价、自动估价等功能。

【思考与讨论】房地产估价行业面临哪些挑战与机遇？

二、房地产估价制度

(一) 房地产估价机构管理制度

1. 房地产估价机构概念与组织形式

房地产估价机构是指依法设立并取得房地产估价机构资质，从事房地产估价活动的中介服务机构。根据《资产评估法》的规定，评估机构可以采用公司制或合伙制。目前，估价机构的组织形式主要是有限责任公司和合伙制企业。

公司制与合伙制

2. 房地产估价机构设立与备案管理

根据《资产评估法》的规定，设立评估机构应当向市场监督管理部门申请办理登记。评估机构应当自领取营业执照之日起30日内向有关评估行政管理部门备案。《房地产估价机构管理办法》规定，设立房地产评估机构应当符合《资产评估法》有关规定。自2016年12月1日起，我国对房地产估价机构实行备案管理制度，不再实行资质核准①。从事房地产估价的机构应当自领取营业执照之日起30日内向所在地省级住房和城乡建设(房地产)主管部门备案，对符合规定的，省级住房和城乡建设(房地产)主管部门应当予以备案并核发备案证明，符合相应等级标准的，在备案证明中予以标注。

《房地产估价机构管理办法》

3. 房地产估价机构等级与分支机构

根据《房地产估价机构管理办法》，房地产估价机构分为一、二、三级。新设立的估价机构等级暂定为三级，暂定期1年。一级估价机构可按照相关规定设立分支机构，二、三级估价机构不得设立分支机构。估价分支机构的名称应当采用"房地产估价机构名称+

---

① 住房和城乡建设部于2016年12月6日以建房〔2016〕275号颁发《关于贯彻落实资产评估法规范房地产评估行业管理有关问题的通知》。

分支机构所在地行政区划名+分公司(分所)"的形式。分支机构负责人应当是注册后从事房地产估价工作3年以上并无不良执业记录的专职注册房地产估价师。分支机构应当具有3名以上专职注册房地产估价师、固定的经营服务场所以及健全的内部管理制度。其中，注册于分支机构的专职注册房地产估价师，不计入设立该分支机构的估价机构的专职注册房地产估价师人数。

房地产估价机构等级标准

4. 房地产估价机构监管与法律责任

扫描下方二维码，可了解房地产估价机构监管与法律责任的相关知识。

房地产估价机构　　房地产估价机构　　房地产估价机构
　业务监管　　　　　禁止行为　　　　　法律责任

(二) 房地产估价师职业资格制度

1. 房地产估价师职业资格的概念

职业资格分为准入类和水平评价类。准入类职业资格具有行政许可性质，必须依据有关法律法规或国务院决定设置，并实行职业资格注册管理制度。水平评价类职业资格不具有行政许可性质，是面向社会提供的人才评价服务，对资格证书实行登记服务制度。根据《城市房地产管理法》"国家实行房地产价格评估人员资格认证制度"的规定，房地产估价师属于准入类职业资格。房地产估价师资格认证的主要方式就是通过职业资格考试并注册。经过执业注册，从事房地产估价活动的房地产估价师称为注册房地产估价师。

职业资格与执业资格

2. 房地产估价师职业资格考试

具备下列考试报名条件的我国公民，可以申请参加房地产估价师职业资格考试：①拥护中国共产党领导和社会主义制度；②遵守中华人民共和国宪法、法律、法规，具有良好的业务素质和道德品行；③具有高等院校专科以上学历。

房地产估价师职业资格考试实行全国统一大纲、统一试题、统一组织。房地产估价师职业资格考试设置"房地产制度法规政策""房地产估价原理与方法""房地产估价基础与实务"和"土地估价基础与实务"4个科目，原则上每年举行1次。住房和城乡建设部会同自然资源部负责房地产估价师职业资格制度的制定以及职业资格考试的相关组织工作。

《房地产估价　　《房地产估价
师职业资格制　　师职业资格考
　度规定》　　　试实施办法》

3. 房地产估价师注册与执业

国家实行房地产估价师执业注册管理制度,取得房地产估价师职业资格的人员,应受聘于一个具有房地产估价机构资质的单位,经注册后方能以注册房地产估价师的名义从事房地产估价活动。房地产估价师的注册条件有以下几个:①取得房地产估价师职业资格;②达到房地产估价师继续教育合格标准;③受聘于房地产估价机构;④无《注册房地产估价师管理办法》第十四条规定不予注册的情形。

房地产估价师注册包括初始注册、变更注册、延续注册和注销注册。房地产估价师注册应当通过"房地产估价师注册系统"向住房和城乡建设部提出申请并提交相应申请材料。注册主管部门应当自受理之日起15日内做出决定。房地产估价师的注册有效期为3年,注册有效期满需要继续执业的,可在注册有效期满30日前,申请延续注册,准予延续注册的,注册有效期延续3年。注册房地产估价师在每一注册有效期内应当达到住房和城乡建设部规定的完成继续教育必修课和选修课各60学时的要求,继续教育合格颁发合格证书。

《注册房地产估价师管理办法》

注册房地产估价师同一时间只能在一个估价机构从事房地产估价业务,由所在估价机构统一接受委托和收费。注册房地产估价师在估价过程中给当事人造成经济损失的,聘用估价机构依法承担赔偿责任后,可依法向负有过错的注册房地产估价师追偿。

4. 房地产估价师监管与法律责任

扫描下方二维码,可了解房地产估价师监管与法律责任的相关知识。

房地产估价师
执业监管

房地产估价师
禁止行为

房地产估价师
法律责任

复习题

1. 什么是房地产估价?有哪些特点?
2. 与房地产估价相关的概念有哪些?
3. 专业估价与非专业估价的区别有哪些?
4. 房地产估价有哪些构成要素?
5. 什么是房地产估价基本事项?
6. 房地产估价的必要性有哪些?
7. 房地产估价原则有哪些?
8. 房地产估价需要遵循哪些职业道德?
9. 为什么估价职业道德比估价技术更重要?

10. 房地产估价行业的发展前景如何？

11. 房地产估价有哪些管理制度？

12. 如何才能成为一名注册房地产估价师？

▌拓展阅读

[1] 黄西勤. 足迹与梦想：评估行业回顾与展望[M]. 北京：中国建筑工业出版社，2019.

[2] 常青. 房地产估价基本理论问题研究[J]. 兰州大学学报(社会科学版)，2010.7，38(4)：153-157.

[3] 余炳文，姜云鹏. 资产评估理论框架体系研究[J]. 中南财经政法大学学报，2013(2)：34-39.

[4] 张玉霞，张顼，韩立民. 探索房地产估价行业发展历程与发展路径[J]. 房地产世界，2022(18)：22-24.

[5] 李杨岚. 房地产评估数据平台构建研究[J]. 建筑经济，2022，43(S1)：781-784

[6] 陈光远. 日本的不动产评估制度[J]. 中国土地科学，2000.3，14(2)：44-47.

本章测试

理论篇

　　房地产估价师不仅要"发现"房地产的价值和价格,还要具备分析房地产价值和价格的形成机理及其影响因素的能力,即不仅要搞清楚房地产价值和价格"是什么",还要搞清楚"为什么"。本篇共分为四章,主要介绍房地产估价的相关理论知识。其中,第三章介绍房地产价值和价格的概念、特征与类型;第四章从劳动价值理论、效用价值理论和生产费用价值理论三个方面介绍房地产价值的形成理论;第五章介绍地租决定地价机制、供求决定价格机制、预期影响价格机制、特征价格形成机制以及房地产宏观价格形成机制;第六章介绍影响房地产价值和价格的自身因素、外部因素、心理因素和交易因素。

第三章 房地产价值与价格

房地产估价评估的是房地产的价值和价格。搞清楚什么是房地产价值和价格以及有哪些房地产价值和价格类型对学习及从事房地产估价具有重要意义。本章首先介绍房地产价值和价格的概念,然后概括房地产价值和价格的几个重要特征,再按照不同标准对房地产价值和价格进行分类并简要介绍各个房地产价值和价格的含义。

▎教学要求

1. 了解房地产价值和价格的分类;
2. 熟悉房地产价值和价格的特征及其对房地产估价的影响;
3. 掌握房地产价值和价格的概念,以及房地产价值和价格的不同类型及含义。

▎关键概念

价值,价格,抵押价值,抵押净值,征收价值,计税价值,保险价值,处置价格,保留价,买卖价格,租赁价格,典当价格,市场价值,谨慎价值,投资价值,现状价值,清算价值,残余价值,挂牌价格,成交价格,正常成交价格,协议成交价,招标成交价,拍卖成交价,挂牌成交价,名义价格,实际价格,市场价格,评估价格,比较价值,收益价值,成本价值,开发价值,土地价格,基准地价,标定地价,建筑物价格,房地价格,在建工程价格,期房价格,现房价格,所有权价格,使用权价格,租赁权价格,无租约限制价格,出租人权益价格,承租人权益价格,市场调节价,政府指导价,政府定价,总价格,单位价格,楼面地价

导入案例

什么原因导致了我国城市的高房价

过去的几十年,我国城市房价快速上涨。据2015年世界银行统计,我国城市房价收入比在主要发展中国家位居第一,一线城市的房价收入比在全球主要城市中位居前列。在租售比方面,我国主要城市的静态租售比为2%~3%,低于国际公认的4%~6%的租金回报率水平。在绝对房价方面,我国城市房价也远高于经济发展水平相当的发展中国家,一线城市的房价更是位居世界前列。因此,有学者认为,我国不少城市存在明显的房地产泡沫。同时,在房价整体居高不下的背景下,房价的区域分化越来越明显。

是什么因素导致了我国城市的高房价呢?通过梳理相关文献和学者观点,主要有以下几个方面的原因。第一,良好的经济社会基本面支撑了房价的快速上涨。改革开放以来,我国经济高速增长,居民收入持续提高,城镇化率快速提升,家庭小型化持续发展,购房人群和家庭不断增加。1978—2021年,我国名义GDP增长了364倍,城镇居民可支配收入增长了205倍,城镇化率从17.9%增长到64.72%。2021年,全国平均每户家庭人数从1982年的4.42人下降到2.62人。这些基本面因素增加了住房需求,促进了房地产业的发展和房价上涨。第二,低利率与货币超发等经济金融政策加剧了房价的不断上涨。除了居住、办公、生产等自然属性和交易等商品属性,房地产还具有投资属性和金融属性,是吸纳超发货币的资产池。1990—2021年,我国广义货币供应量(M2)增加了156倍,年均M2增速与GDP和城镇居民可支配收入的增速差距不断扩大。超发货币大量流入土地和房地产投资循环,在低利率政策的刺激下,我国城市房价自21世纪初以来开启了一轮又一轮的上涨周期。第三,"土地财政"是高房价的重要推手。自20世纪90年代分税制改革以后,土地出让收入成为许多地方政府重要的财政来源甚至是主要来源。地方政府通过"招拍挂"等手段追求土地出让收入最大化,地价推高房价,房价拉动地价,地价和房价形成相互促进、相互推高的正反馈循环。第四,相对稀缺的公共服务与薄弱的社会保障体系是房价上涨的重要背景。当前我国城乡公共服务和社会保障体系还不够完善,住房成了分配稀缺公共资源的重要手段。拥有某个住房,不仅仅拥有该住房的居住权利,还拥有相应的基础设施以及教育、医疗、就业、养老、社保等公共资源。因此,住房价格是包括相关基础设施、公共服务以及社会保障等价值在内的综合性价格,"天价学区房"就是其中的典型代表。第五,传统文化是促使高房价形成的重要原因。几千年的农耕文明塑造了中国人安土重迁、安居乐业的传统观念与文化,对土地及其衍生的房地产的追求深入中国人的文化基因,住房不仅仅是财富,也是社会安全感、城市归属感以及个人成就感的重要来源,只要条件具备,大多数人都会选择购房而不是租房。

(资料来源:根据网络和相关文献资料整理)

根据上述案例材料,请思考我国城市高房价的根本原因是什么?是因为房地产价值高还是因为房地产价格泡沫?结合案例材料,谈谈你对房地产价值和价格概念的理解。

第一节 房地产价值和价格的概念

房地产价值和价格的内涵非常丰富，学习房地产估价首先要厘清房地产价值和价格的概念。本节主要介绍房地产价值和价格的概念以及价值和价格的关系。

一、房地产价值的概念

价值泛指客体对于主体所具有的积极的作用和意义。价值既有客观性，又有主观性，是主客观的统一。价值的客观性源于客体自身的内在属性。客观性决定和制约着主观性，主观性以客观性为基础，是对客观性的反映。价值的主观性源于主体对客体的认知具有相对独立性，即人们对客体价值的判断会随着主观条件的改变而发生很大变化。

【思考与讨论】价值的主观性对房地产估价有何影响？

客体的不同作用和意义形成了不同的价值类型，如经济价值、社会价值、政治价值、军事价值、文化价值、艺术价值、科学价值、生态价值、历史价值等。房地产估价主要关注的是房地产的经济价值和能够影响或转换为经济价值的非经济价值，如文化价值、艺术价值、历史价值等。经济价值是指商品能够满足人们在经济上某种需要的属性。商品的经济价值具体体现为使用价值和交换价值。使用价值是指商品能够满足人们某种使用需要的属性，即商品的有用性，如食品可以充饥、衣服可以御寒、土地可以种植和建房、房地产可以居住和办公等。交换价值是指商品能够与其他商品相交换的属性，具体表现为一种商品与另一种商品交换的量的比例关系，如果用货币来衡量，就表现为价格。

使用价值和交换价值既有联系又有区别。首先，使用价值是商品的自然属性，反映的是人与自然的关系；交换价值是商品的社会属性，反映的是商品生产者之间的社会关系。其次，使用价值是交换价值的基础，没有使用价值的商品就没有交换价值，但是没有交换价值不一定就没有使用价值，使用价值不以交换价值为前提，如空气具有很大的使用价值，但不具有交换价值。作为商品的房地产，既有使用价值又有交换价值。

从"快嘴桂嫂"看商品价值

二、房地产价格的概念

通常认为，价格是商品价值的货币表现，具体是指用货币表示的商品交换价值的大小。房地产具有价格，需要同时具备有用性、稀缺性和有效需求三个条件。有用性由商品的自身因素决定，稀缺性和有效需求反映了商品的供求关系。有用性即商品的使用价值，是价格形成的基础。房地产既是生活必需品，也是生产资料和投资品，具有很大的使用价值。但有用性是商品价格形成的必要条件,而不是充分条件,有用的商品如果数量非常丰富,则不一定会形成价格,如空气等。稀缺性是指商品数量不能完全满足人们欲望的状态,反映了人们欲望的无限性与资源有限性的矛盾。由于土地总量的有限性、位置的固定性以及房地产开发周期长等特点,使得房地产具有稀缺性,尤其是位置较好的房地产。稀缺性是房地产价格形成的重要条件,也是造成房地产价格普遍较高的原因之一。这里的稀缺性是指相对稀缺而不是绝对稀缺。房地产具有价格还需要具备有效需求,有效需求是指有支付能力的需要,即消费者既有购买欲望又有购买能力,两者缺一不可。消费者有购买欲望但无购买能力,则市场会出现"有价无市",这里的"价"不是真正能够实现的价格,而是卖方叫价、挂牌价等标价或要价;消费者有购买能力但无购买欲望,则不会出现需求,也就不能形成价格。

房地产价格不仅是其价值的外在表现形式,还是市场经济条件下房地产市场供求的调节手段。当房地产供不应求时,价格上涨,一方面会将那些需求不怎么强烈的消费者挤出市场,从而减少需求;另一方面会刺激生产,从而增加供给。通过需求和增加供给,房地产市场供求重新趋于平衡。当房地产供过于求时,价格下跌,一方面会吸引那些需求不怎么强烈的消费者进入市场,从而增加需求;另一方面会抑制生产,从而减少供给。通过增加需求和减少供给,房地产市场供求重新趋于平衡。由此可见,价格机制会实现房地产市场的动态平衡,价格是房地产市场运行的中心。

【思考与讨论】绝对稀缺的商品是否具有价格?

三、房地产价值与价格的关系

价值决定价格,价格是价值的货币表现,价格受供求关系等因素影响围绕价值上下波动。价值是内在的、隐性的,价格是外在的、显性的。价值和价格的关系如同人的心理和行为的关系,要了解人的心理活动通常要观察其外在行为。在房地产估价活动中,往往通过房地产外在的价格来了解其内在的价值,通过评估房地产价格来揭示房地产价值。从这个角度看,房地产估价评估的既是价值,也是价格。

第二节
房地产价值和价格的特征

房地产是一种特殊的商品,房地产价值和价格具有不同于一般商品价值和价格的特征。除了第一章第二节已经提到的房地产价值高大性以外,本节从表现形式、价格内涵、影响因素和价格形成等方面对房地产价值和价格的特征进行阐述。

一、表现形式的多样性

房地产价值和价格的类型具有多样性。例如，根据价值内涵不同，房地产的价值和价格可分为市场价值、谨慎价值、投资价值、现状价值、清算价值和残余价值；根据形成方式不同，房地产价值和价格可分为挂牌价格、成交价格、市场价格和评估价格等；根据房地产权利状况不同，房地产价值和价格可分为所有权价格、使用权价格和其他权利价格；根据政府干预程度不同，房地产价值和价格可分为市场调节价、政府指导价和政府定价；根据价格表示方式不同，房地产价值和价格可分为总价、单价和楼面地价等。有关房地产价值和价格的更多内容详见本章第三节下的"房地产价值和价格的类型"部分。

【思考与讨论】为什么房地产价值和价格具有多样性？

二、价格内涵的复杂性

价格内涵是指某个价格所对应的特定房地产状况。由于房地产状况的复杂性和独一无二性，房地产价格必须与其状况相对应。在实际估价中，不同房地产之间的状况各不相同甚至差异很大。例如，住宅有无配套的车位、院落、屋顶露台、阁楼和储藏室等特殊的实物状况，有无落户资格、入学指标、税费拖欠、税费转嫁、税收优惠等附加权益和特殊债权债务状况，交易时采用一次性付款、分期付款还是按揭贷款等。在房地产估价活动中，内涵不同的房地产价格之间无法直接进行比较，需要先对房地产价格进行相应调整。

三、影响因素的特殊性

房地产价值和价格的影响因素众多，既有自身因素，也有外部因素、心理因素和交易因素。房地产自身因素包括实物、权益和区位因素，是影响房地产使用价值的基本要素，三者都能对房地产的价值和价格产生影响。其中，由于房地产的位置固定性，房地产交易的不是房地产实体本身而是房地产的权益，同时区位成为房地产的固有属性，因此房地产的权益和区位成为影响房地产价值和价格的重要因素，甚至可以认为房地产的价值和价格实质上是其权益和区位的价值和价格，这是房地产区别于其他资产的重要特征。影响房地产价值和价格的因素还有经济、社会、制度、政策和规划等外部因素，预期心理、投机心理、从众心理、迷信心理和求吉心理等心理因素，以及交易目的、交易主体、交易方式、交易心态和交易氛围等交易因素。有关房地产价值和价格影响因素的更多内容详见第六章"房地产价值和价格影响因素"。

四、价格形成的主观性

有用性、稀缺性和有效需求是形成房地产价格的三个条件。有用性即使用价值，不仅取决于房地产自身的属性，还受消费者认知和心理感受的影响，具有一定的主观性，房地产价值的主观性决定了价格形成的主观性。稀缺性和有效需求反映了商品的供求关系，而在影响供求关系的因素中,消费心理和市场交易等因素都具有明显的主观性,这些因素通过影响供求关系从而影响房地产价格。因此,房地产价格具有主观性,不同的人对同一个房地产的价格认知存在较大差异。例如,在土地拍卖现场,不同竞拍者对同一块土地的叫价相差很大。房地产价格形成的主观性决定了专业房地产估价的重要性和必要性。

【思考与讨论】房地产价值和价格还有哪些特征?

第三节 房地产价值和价格的类型

在长期的房地产经营管理和估价实践中,形成了不同的房地产价值和价格分类标准。房地产估价活动首先需要明确房地产价值和价格的类型,这是房地产估价活动的基本事项之一。本节从估价目的、价值内涵、形成方式、实物形态、权利类型、干预程度和表示方式等方面对不同类型的房地产价值和价格的含义进行介绍。需要注意的是,本节有关房地产价值和价格的不少称谓来源于房地产行业的传统习惯,不能简单地根据字面意思来理解其属于价值还是价格,某些冠以"价值"的称谓本质上可能仍然是价格。

一、按照估价目的划分

根据估价目的的不同,房地产价值和价格可分为抵押价值、征收价值、计税价值、保险价值、处置价格、转让价格、租赁价格和典当价格等,有些价值和价格的类型还可进行进一步细分,如拍卖处置的价格类型有保留价、起拍价、应价、出价、最高价、成交价等。

(一)抵押价值

房地产抵押是指抵押人凭其合法的房地产以不转移占有的方式向抵押权人提供债务履行担保的行为,是较常见的房地产交易方式之一。房地产抵押价值是指估价对象在假设未设立法定优先受偿权下的价值减去注册房地产估价师知悉的法定优先受偿款。法定优先受偿款是指假定在价值时点实现抵押权时,已存在的依法优先于本次抵押贷款受偿的额度,包括已抵押担保的债权数额、发包人拖欠承包人的建设工程价款以及其他法定优先受偿款,但不包括实现债权的相关费用和税金,如律师费、诉讼费、执行费、评估费、拍卖费、交易税费等,也不包括其他法定优先受偿款,如拖欠的土地使用权出让金、职工工资和福利费等。

建设工程价款
优先受偿权

相关的概念还有抵押贷款额度、初次抵押价值、再次抵押价值和抵押净值等。抵押贷款额度是指贷款金融机构发放给借款人的贷款金额,等于抵押价值与抵押率的乘积。抵率是指抵押贷款额度与抵押价值的比率，由贷款金融机构根据贷款风险来确定，目的是防止抵押物价值不足以抵偿债务，在抵押贷款实务中，抵押率取60%~80%。初次抵押价值是指估价对象第一次抵押时的抵押价值。再次抵押价值是指估价对象再次抵押时的抵押价值，再次抵押价值等于初次抵押价值扣除初次抵押贷款余额与社会平均抵押率相除后的余额。抵押净值为抵押价值减去预期实现抵押权的相关费用和税金后的价值。

抵押权的实现

(二) 征收价值

房地产征收是指国家基于公共利益需要，以行政权取得集体、单位和个人房地产所有权并给予适当补偿的行为，主要包括国有土地上房屋征收和集体土地征收。国有土地上房屋征收价值也称为征收补偿价值，是指为政府与被征收人确定被征收房屋的补偿金额而评估的被征收房屋的价值。被征收房屋价值是指假定被征收房屋没有租赁、抵押和查封以及正常交易情况下，由熟悉情况的交易双方以公平交易方式在房屋征收决定公告之日自愿进行交易的金额，包括被征收房屋及其占用范围内的土地使用权和属于被征收人的其他不动产的价值，是否包括被征收房屋室内装饰装修价值由征收当事人协商确定。集体土地征收价值也称为被征收集体土地补偿价值。被征收集体土地补偿价值应在考虑土地资源条件、土地区位、土地原法定用途、土地平均产值、土地供求关系、经济社会发展水平以及有关集体土地征收补偿的法律法规政策等因素的基础上综合确定。有关征收补偿的更多内容参见第九章第二节"房地产的成本构成"。

与征收对应的概念为征用，房地产征收与征用的区别主要在于被征收或征用的房地产的所有权是否发生了转移。

征用

(三) 计税价值

我国现行的房地产税种有房产税、城镇土地使用税、耕地占用税、土地增值税、契税等专门税种，以及增值税、城市维护建设税、教育费附加、企业所得税、个人所得税、印花税等相关税种。为税务机关核定计税依据提供参考依据而评估的房地产价值或租金称为计税价值，也称为课税价值。计税价值评估应根据不同税种及其税收政策进行。

房产税的立法进程

(四) 保险价值

房地产保险是指以房地产为标的物，对灾害事故造成的经济损失提供资金保障的一种财产保险。保险价值是指为保险目的而评估的价值，通常是在房地产投保时，为确定保险金额提供参考依据而评估的房地产价值。房地产保险估价分为投保时的保险价值评估和保险事故发生后的损失评估。房地产保险价值一般以假定在价值时点因保险事故发生而可能遭受损失的房地产重置成本或重建成本为基础。评估保险价值时，估价对象的财产范围及其价值内涵应根据所投保的险种而定。例如，评估房屋投保火灾险的保险价值，通常是指可能遭受火灾损毁的建筑物重置成本或重建成本，不包括土地的价值。

(五) 处置价格

房地产处置通常是指房地产司法处置，是指人民法院依法对查封的房地产或以房地产为主的财产采取拍卖、变卖、以物抵债等方式予以处置变现的行为。处置价格是指房地产司法处置中涉及的价格。房地产司法处置方式包括拍卖、变卖和以物抵债等。

1. 拍卖

拍卖是以公开竞价的方式将处置房地产转让给最高应价者或最高出价者的行为，是较常见的房地产司法处置方式，相关的处置价格有保留价、起拍价、应价、出价、最高价、成交价等。保留价也称为拍卖底价，是指在拍卖前确定的拍卖标的的最低售价。拍卖分为无保留价拍卖和有保留价拍卖，房地产拍卖一般采用有保留价拍卖，保留价通常参照评估价格或市场价格确定。竞买人的最高应价或最高出价未达到保留价时，该应价或出价不发生效力，拍卖师应当停止拍卖。起拍价也称为起叫价或开叫价，是指拍卖师在拍卖标的时第一次报出的价格。拍卖分为增价拍卖和减价拍卖，房地产拍卖一般采用增价拍卖。增价拍卖的起拍价通常在保留价的基础上结合竞价状况确定，一般低于保留价，也可以是保留价。《最高人民法院关于人民法院网络司法拍卖若干问题的规定》第十条规定，网络司法拍卖应当确定保留价，拍卖保留价即为起拍价。起拍价由人民法院参照评估价确定；未作评估的，参照市价确定，并征询当事人意见。应价是指竞买人在拍卖过程中应允的拍卖师报出的价格。出价是指竞买人在拍卖过程中报出的购买价格。最高价是指竞买人的最高应价或最高出价。成交价也称为落槌价，是指由拍卖师以公开方式确定的竞买人的最高应价或最高出价。

2. 变卖

变卖是指不经过公开竞价而将处置标的以合理的价格予以出卖的活动，包括流拍后的变卖和未经拍卖的变卖。

3. 以物抵债

以物抵债是指人民法院将处置标的作价并交给申请执行人折抵债务的活动。根据最高人民法院有关规定，拍卖、变卖和以物抵债的价格应当参照市场价格确定。《民法典》第四百一十条规定："抵押财产折价或者变卖的，应当参照市场价格。"

(六) 转让价格

房地产转让是指房地产产权人通过买卖或者入股、抵债、赠与、继承等其他合法方式将其房地产转移给他人的行为，是较常见的房地产交易方式之一。其中，买卖是房地产转让的常见方式，如无特别说明，房地产转让价格一般是指房地产买卖价格。买卖价格也称为销售价格，简称售价，是指房地产产权人以买卖方式将其房地产权属转移给他人而得到或由他人支付的金额。房地产入股、抵债、赠与、继承等其他转让行为如需确定转让价格，可以参照买卖价格来确定。

在商品房销售中,买卖价格的具体种类很多,如标价、起价、备案价、成交价、网签价等。标价也称为表格价,是在房地产销售价目表中标出的各个房地产单元的销售价格,实质上房地产开发企业或房地产经纪机构的报价、要价或挂牌价,可能高于也可能低于成交价,但是一般要高于成交价。起价是指一个房地产开发项目中商品房销售的起始价格,一般是该房地产项目中品质最差的房地产单元的售价或者人为设定的最低售价,因此不能反映商品房真实的价格水平。备案价是指房地产开发企业在销售新建商品房之前向有关政府部门报备的新建商品房销售价格,通常为其最高售价。成交价是指买卖双方实际交易的价格,由于实际交易条件千差万别,估价时需要注意具体成交价对应的价格内涵,同时也要关注其价格的真实性。网签价实际上是一种申报的成交价格,是指通过住建部门的房屋网签备案系统办理房地产交易合同网签备案手续时申报的成交价格,或者是网签备案合同中记载的成交价格。在房地产交易中,网签价不一定是真实的成交价。例如,不少为纳税申报的二手房网签价偏低,而为贷款申报的网签价则偏高。

(七) 租赁价格

房地产租赁是指出租人将其房地产出租给承租人使用,由承租人向出租人支付租金的行为,是较常见的房地产交易方式之一。租赁价格是指出租人将房地产出租给承租人使用,由出租人收取或承租人支付的金额,通常称为租金。房地产的租赁价格简称房租,土地的租赁价格简称地租。房地产租赁价格一般包括地租(或土地使用费)、房屋折旧费、房屋维修费、房屋管理费(如物业费)、房地产税(如房产税、城镇土地使用税)、房屋保险费、房地产租赁费用、房地产租赁税费、房地产投资利息和房地产投资利润等。现实中的房地产租金价格构成通常按照租赁合同的约定或当地该类房地产的租赁习惯确定,不一定包括上述房租构成的全部项目,也可能包含更多其他项目。

房地产租赁价格有不同的类型,既有合同租金和市场租金,也有毛租金和净租金等。合同租金也称为租约租金、个别租金,是指房地产租赁合同约定的租金,是实际成交的租赁价格。市场租金也称为客观租金、一般租金,是某种房地产在某一时间的房地产租赁市场上的平均租金。毛租金是指包含房地产运营费用的租金,或者是指由出租人负担房地产所有运营费用的租金。毛租金又分为潜在毛租金和有效毛租金。潜在毛租金是指不考虑空置和收租损失的租金;有效毛租金是指考虑空置和收租损失的租金,等于潜在毛租金减去空置和收租损失后的租金。净租金是指不含房地产运营费用的租金,或者是指由承租人负担房地产所有运营费用的租金,等于有效毛租金减去运营费用后的租金。

(八) 典当价格

房地产典当是指出典人将其房地产作为典物交给典权人,由典权人向出典人支付典金,出典人在约定期限内偿还典金并赎回房地产的行为。出典人通过放弃自己房地产一定时期内的占有、使用和收益的权利而获得典金。典权人通过支付典金获得他人房地产一定时期内的占有、使用和收益的权利。典当是有着悠久历史的传统法律制度和借贷融资方式。典当价格

我国典当业的兴衰

简称典价,是指由出典人收取或典权人支付的典金数额,通常低于市场价值。

二、按照价值内涵划分

房地产价值按照价值内涵可分为市场价值、谨慎价值、投资价值、现状价值、清算价值和残余价值。其中,市场价值是房地产估价中最基本、最常用、最重要的一种价值类型,其余价值类型被称为非市场价值。

(一) 市场价值

市场价值是指估价对象在合法利用、最高最佳利用和继续利用的前提下,由熟悉情况、谨慎行事且不受强迫的典型投资者,经过适当营销后,在供求平衡的公开市场上以公平交易的方式在价值时点自愿进行交易最可能形成的金额。根据定义,市场价值的形成需要在估价对象、交易主体、交易市场等方面满足相应的条件。

在估价对象方面,市场价值的形成需要满足合法利用、最高最佳利用和继续利用的条件。合法利用条件要求市场价值是估价对象在其合法所有、合法使用、合法收益和合法处分下的价值;最高最佳利用条件要求市场价值是估价对象在其最高最佳利用状况下的价值;继续利用条件要求市场价值是估价对象在价值时点之后还能继续使用下的价值,对企业而言,继续利用是指能够持续经营。

在交易主体方面,市场价值的形成需要满足熟悉情况、谨慎行事、不受强迫、公平交易、典型投资者和最可能估价等条件。熟悉情况条件要求买卖双方都很了解估价对象和市场行情,卖者不会盲目出售,买者不会盲目购买;谨慎行事条件要求买卖双方都是理性和客观的,不会感情用事;不受强迫条件要求买卖双方都出于自愿而进行交易,买卖双方都不是对方的特定对象,卖者不急于卖出,买者不急于买入;公平交易条件要求买卖双方都出于自身利益最大化而进行交易,不存在利害关系与关联交易;典型投资者条件要求买卖双方的消费观念和行为符合市场大多数人(即典型投资者)的情况,而不是特定投资者的情况;最可能估价条件要求买卖双方对房地产价值的判断既不过于乐观也不过于保守,按照最可能的情况进行估价。

在交易市场方面,市场价值的形成需要满足公开透明、供求平衡和适当营销等条件。公开透明条件要求买卖双方能够自由进出市场,能够掌握完全的房地产市场、估价对象及其价格信息;供求平衡条件要求房地产市场买卖双方力量大致相当,市场既不火爆也不低迷;适当营销条件要求市场价值是估价对象在价值时点之前以适当的方式在公开市场上进行了展示的价值,展示的时间长度足以引起一定数量的潜在买者的注意。

【思考与讨论】哪些市场价值形成条件不易满足?

(二) 谨慎价值

谨慎价值是指估价对象在其价值影响因素存在不确定性的情况下,遵循谨慎原则所评估的价值。谨慎原则要求,在影响估价对象价值的因素存在不确定性的情况下对其做出判断时，应充分考虑其导致估价对象价值偏低的一面，慎重考虑其导致估价对象价值偏高的一面。谨慎价值可以视为在不符合市场价值形成条件中的"最可能估价"下的价值。就同一个估价对象的市场价值和谨慎价值来说，市场价值是在既不过于乐观也不过于保守(即在最可能)的市场条件下的价值；谨慎价值是在考虑各种不利因素条件下的价值。房地产抵押价值和抵押净值都属于谨慎价值，谨慎价值一般低于市场价值。

(三) 投资价值

投资价值是指估价对象从某个特定投资者的角度来衡量的价值，是根据某个特定投资者的情况评估的房地产价值。由于资源禀赋、经营管理水平、对未来市场的预期和风险偏好不同，不同投资者对同一个估价对象的价值判断大相径庭，即同一个房地产对不同的投资者可能具有不同的投资价值。投资价值可以视为在不符合市场价值形成条件中的"典型投资者"下的价值。就同一个估价对象的市场价值和投资价值来说，市场价值是指估价对象对于典型投资者的价值，是客观的、非个别的价值，在同一个时点具有唯一性；投资价值是指估价对象对于特定投资者的价值，是主观的、个别的价值，会因投资者的不同而不同。投资价值与市场价值的评估方法和估价过程基本相同，不同之处主要在于估价参数的取值。例如，在收益法报酬率取值时，评估市场价值应采用与估价对象投资风险相对应的典型投资者所要求的报酬率(即社会一般报酬率)，而评估投资价值则应采用某个特定投资者所要求的报酬率或期望收益率，这个特定投资者所要求的报酬率可能高于也可能低于与估价对象投资风险相对应的社会一般报酬率。当房地产投资价值大于该房地产价格时，说明该房地产值得投资；当房地产投资价值小于该房地产价格时，说明该房地产不值得投资。因此，投资价值大于或等于该房地产价格是投资人实现投资行为的前提。

(四) 现状价值

现状价值也称为在用价值，是指估价对象在某个特定时间的实际状况下的价值。某个特定时间一般是指现在，但也可能是过去或将来的时间，如在回顾性估价和预测性估价中。实际状况是指某个特定时间的实际状况，包括实际的用途、规模、档次、新旧等。实际状况可能是合法利用，也可能不是合法利用；可能是最高最佳利用状况，也可能不是最高最佳利用状况。现状价值可以视为在不符合市场价值形成条件中的"合法利用"和"最高最佳利用"下的价值。就同一个估价对象的市场价值和现状价值来说，市场价值是指合法利用和最高最佳利用下的价值；现状价值是指实际利用状况下的价值，不一定是合法利用和最高最佳利用。在合法利用下，当实际状况是最高最佳利用状况时，现状价值等于市场价值；当实际状况不是最高最佳利用状况时，现状价值小于市场价值。因此，在合法利用下，现状价值小于等于市场价值；在不是合法利用下，现状价值可能大于市场价值。

(五) 清算价值

清算价值也称为快速变现价值、强制出售价值，是指估价对象在没有充足的时间进行营销情况下的价值，即在不符合市场价值形成条件中的"适当营销"下的价值。例如，卖方因某种原因急于出售或被迫出售房地产而评估的价值。房地产变现难度大，如果要在短时间内将其卖出，那么必然要降价。因此，清算价值通常低于市场价值。

(六) 残余价值

残余价值是指估价对象在非继续利用情况下的价值。残余价值可以视为在不符合市场价值形成条件中的"继续利用"下的价值。在这里要指出，残余价值一般不同于残值，残余价值是估价对象在使用寿命结束、破产倒闭、合同解除、转换经营时的价值，而残值仅是估价对象在使用寿命结束时的残余价值。因此，残余价值大于或等于残值，仅在估价对象使用寿命结束时，残余价值等于残值。残余价值一般低于市场价值。

三、按照形成方式划分

根据形成方式不同，房地产价格可分为挂牌价格、成交价格、市场价格、评估价格等。

(一) 挂牌价格

挂牌价格简称挂牌价，也称为报价或要价，是指拟售房地产的标价。挂牌价格通常由房地产卖方根据市场价格或评估价格、交易心理、交易习惯、定价策略等因素综合确定。挂牌价格可能高于也有可能低于成交价格和市场价格，但一般是高于成交价格和市场价格。由于挂牌价格只是反映了卖方的价格意愿，而不是实际成交价格，且确定过程比较随意，因此挂牌价格不能作为估价依据，挂牌案例也不能作为比较法中的可比实例。但是挂牌价格通常是买卖双方协商谈判的基础，与市场价格之间存在差距，但通常不会太大，同时市场平均挂牌价格与成交价格和市场价格之间存在一定的比例关系且会随着房地产市场行情的变化而变化，因此挂牌价格可以作为了解房地产行情和市场价格变动的参考。

【思考与讨论】挂牌价什么时候会低于市场价格？

(二) 成交价格

成交价格简称成交价，是指在一笔成功的交易中买方支付或卖方收到的实际金额。成交价格是已经完成的事实，是真实的、个别的价格。成交价格的高低除了取决于估价对象、供求关系等状况外，还会受买卖双方的交易情况、议价能力、定价策略等因素的影响。在房地产买卖中，只有当买方的最高出价高于或等于卖方的最低要价时，买卖才能成交。买方的最高出价和卖方的最低要价的差距形成双方议价区间。实际成交价格落在该议价区间内，其具体位置则取决于所处的市场状况以及买卖双方的议价能力和谈判技巧。

房地产成交价格可以按照不同标准划分为不同的类型。

(1) 根据交易情况是否正常，成交价格可分为正常成交价格和非正常成交价格。正常成交价格的形成需要具备以下条件：①公开市场且交易比较活跃；②买卖者数量众多，任何一个买者或卖者对市场价格都没有显著影响力，买卖双方都是市场价格的接受者；③买卖者不受任何压力而完全出于自愿进行交易；④买卖者都是自私且理性的，即追求自身利益最大化；⑤买卖者都具有完全信息；⑥交易活动具有适当的交易时期，卖方不急于卖出，买方不急于买入。在不符合上述条件下形成的价格都称为非正常成交价格。

(2) 根据交易方式不同，成交价格可分为协议出让价格、招标出让价格、拍卖出让价格和挂牌出让价格，分别简称协议价格、拍卖价格、挂牌价格和招标价格。以国有建设用地使用权为例，协议出让是指国家以协议方式将国有土地使用权在一定年限内出让给土地使用者，由土地使用者向国家支付土地使用权出让金的行为；招标出让是指国土资源管理部门发布招标公告或者发出投标邀请书，邀请特定或者不特定的法人、自然人和其他组织参加国有土地使用权投标，根据投标结果确定土地使用者的行为；拍卖出让是指国土资源管理部门发布拍卖公告，由竞买人在指定时间、地点进行公开竞价，根据出价结果确定土地使用者的行为；挂牌出让是指国土资源管理部门发布挂牌公告，按公告规定的期限将拟出让宗地的交易条件在指定的土地交易场所挂牌公布，接受竞买人的报价申请并更新挂牌价格，根据挂牌期限截止时的出价结果或现场竞价结果确定土地使用者的行为。一般情况下，拍卖价格和挂牌出让价格最高，招标价格次之，协议价格最低。

【思考与讨论】为什么协议价格通常最低？

(3) 根据是否属于实际价格，成交价格可分为名义价格和实际价格。名义价格是指表面上的价格，是直接表现出来的价格，一般通过观察可以得到；实际价格是指需要在名义价格基础上进行换算或处理的价格，不能通过观察直接得到。例如，在不同的付款方式下，交易双方在成交日期约定，不在成交日期一次性付清的交易价格为名义价格，在成交日期一次性结清的价格或者把不是在成交日期一次性付清的价格折现到成交日期的价格为实际价格；在存在"阴阳合同"等情况下，申报的成交价或网签价为名义价格，真实的成交价为实际价格；在限价或促销等情况下，未考虑搭售或附赠产品的价格为名义价格，考虑搭售或附赠产品的价格为实际价格。名义价格不能确切地反映房地产价格的真实水平，可能高于实际价格，也可能低于实际价格，估价时通常需要将其转换为实际价格。

(三) 市场价格

市场价格简称市场价，是指某类房地产在某个时间的房地产市场上的平均交易价格。市场价格是一般价格，不是个别成交价格，理论上可以通过对该类房地产的全部成交价格进行统计得到。市场价格与市场价值既有联系又有区别。正常市场状况下，市场价格与市场价值差异不大。但在房地产市场火爆的情况下，市场价格高于市场价值；在房地产市场低迷的情况下，市场价格低于市场价值。由于房地产的独一无二性，市场上"没有两个一模一样的房地产"，更没有大量相同房地产的成交价格，因此实际的房地产市场价格应该以一定区域和时间内、一定数量的类似房地产的成交价格为基础进行测算，但是不能对这些成交价格直接进行平均计算，而是需要在剔除不正常的、偶然的因素造成的价格偏差并消除交易情况、交易日期、房地产状况等不同造成的价格差异后再进行平均计算。平均计算的具体方法有简单算术平均、加权算术平均、选取中位数或众数等。

(四) 评估价格

评估价格简称评估价，是指通过房地产估价活动得到的估价对象某种特定价值和价格的评估值。评估价格根据所采用的估价方法不同而有不同的称呼，采用比较法估价的结果称为比较价值，采用收益法估价的结果称为收益价值，采用成本法估价的结果称为成本价值，采用假设开发法估价的结果称为开发价值。评估价格具有一定的主观性，会因为估价师的经验、认知水平和资料等因素的不同而有所差异。

通常，成交价格围绕市场价格上下波动，市场价格又围绕市场价值上下波动。

四、根据实物形态划分

房地产具有多种实物形态，包括土地、建筑物、房地、在建房地产、期房、现房等，相应的就有土地价格、建筑物价格、房地价格、在建房地产价格、期房价格、现房价格等。

(一) 土地价格

土地价格简称地价，通常是指一宗土地自身的价格，不包括该土地上的建筑物的价格，但是可能包含土地其他定着物的价格。但是当该土地上有建筑物时，需要注意地上建筑物对土地价值的影响。

土地价格可根据土地的开发程度和地价用途进行分类。根据开发程度不同，土地可分为生地、毛地和熟地等，相应的土地价格就有生地价格、毛地价格和熟地价格等。根据地价用途，土地价格可分为基准地价和标定地价等。基准地价是指在国土空间规划确定的城镇可建设用地范围内，对平均开发利用条件下，不同级别或不同均质地域的建设用地，按照商服、住宅、工业等用途分别评估，并由政府确定的某一估价期日法定最高使用年期土地权利的区域平均价格。或者说，基准地价是指在城镇规划区范围内，对不同级别或不同均质地域的土地，根据用途相似、地块相连、地价相近的原则，按照商业、居住、工业等用途评估法定最高年期的土地使用权区域平均价格。标定地价是指政府为管理需要确定的，标准宗地①在现状开发利用、正常市场条件、法定最高使用年期或政策规定年期下，某一估价期日的土地权利价格。

土地价格与特定的用途相联系，当土地使用者改变国有土地用途时，可能需要向国家补缴土地使用权出让金或土地收益，这种行为被称为补地价。出现以下三种情况时，需要补地价：①土地使用者改变土地用途、容积率、建筑高度等城市规划限制条件，补地价的数额等于土地使用条件改变前后的地价之差；②土地使用者延长土地使用年限，包括出让土地使用权到期后的续期；③土地使用者转让、出租、抵押划拨土地使用权的房地产。

(二) 建筑物价格

建筑物价格也称为房屋价格，是指建筑物自身的价格，不包括该建筑物占用范围内的

---

① 标准宗地是指从城市一定区域中沿主要街道的宗地中选定的深度、宽度和形状标准的宗地。

土地价格，但是需要注意土地对建筑物价值的影响。除特别说明外，建筑物价格通常包括部分或全部其他定着物的价格，如安装在建筑物中的水暖设备、厨卫设施等。人们平常所说的房价，很多时候可能是指整体房地产的价格，而不仅仅是建筑物价格。

(三) 房地价格

房地价格简称房价，是指土地、建筑物和其他定着物的价格。若将其他定着物视为土地或建筑物的一部分，则房地价格等于土地价格和建筑物价格之和。但是即使在不考虑其他定着物价格的前提下，房地价格通常也不一定等于各自独立评估的土地价格和建筑物价格之和。在房地产价值分割中，土地价格也不一定等于房地价格减去建筑物价格，建筑物价格也不一定等于房地价格减去土地价格。这是因为整体房地产具有局部所不具备的整体功能和价值，在价值上也要超过独立评估的各个组成部分的价值之和。

【思考与讨论】地价决定房价还是房价决定地价？

(四) 在建房地产价格

在建房地产价格是指在建工程及其占用范围内的土地的价格。

(五) 期房价格

期房价格是指目前尚未建成而在将来建成交付使用的房屋及其占用范围内的土地的价格。因为期房不能立即投入使用或获得收益，还可能面临不能按期交付、品质不如预期等风险，所以对于同一个房地产项目，期房价格通常会低于现房价格。但是在某些特殊情况下，期房价格也有可能高于现房价格，如在现房质量远不如预期时。

(六) 现房价格

现房价格是指已经建造完成、可以直接使用的房屋及其占用范围内的土地和其他定着物的价格。现房价格可分为新房价格和二手房价格，也可分为毛坯房价格和精(全)装修房价格。

五、按照权利类型划分

房地产估价评估的是某种房地产权利下的价值和价格，常见的房地产权利有所有权、使用权、租赁权、抵押权、地役权、居住权等，每个权利都有其对应的价格。

(一) 所有权价格

房地产所有权包括土地所有权、房屋所有权和相应的共有权，相应的房地产所有权价格分为土地所有权价格、房屋所有权价格和相应的共有权价格。目前我国的土地所有权分为国家所有权和集体所有权。由于我国实行土地公有制，土地所有权不能买卖，土地所有权的转移只有一种途径和形式，即通过征收将集体所有权转为国家所有权。因此，我国只有房屋所有权价格，不存在真正意义上的土地所有权价格。或者更准确地说，没有国有土地所有权价格和集体土地所有权的市场价格，只有集体所有权的征收价格。房地产共有价格在土地所有权价格和房屋所有权价格的基础上，根据房地产共有情况确定。

(二) 使用权价格

房地产使用权包括土地使用权和房屋使用权。土地使用权又有建设用地使用权、土地承包经营权和宅基地使用权，建设用地使用权又分为国有建设用地使用权和集体建设用地使用权。由于我国农村土地和宅基地的市场化程度较低，目前常见的土地使用权价格是国有建设用地使用权价格。根据取得方式不同，国有建设用地使用权又可进一步分为出让建设用地使用权、授权经营建设用地使用权、作价出资(入股)建设用地使用权、租赁建设用地使用权、划拨建设用地使用权等，每一种类型分别对应着不同的国有建设用地使用权的内涵与价格。例如，以出让方式取得的国有建设用地使用权的价格通常体现为土地使用权出让金。由于我国实行有偿有期限的土地使用制度，国有建设用地使用权的价格还可分为不同使用期限的价格。房屋使用权价格就是房屋租赁价格，即房屋租金。

(三) 其他权利价格

其他权利价格泛指所有权和使用权以外的其他房地产权利价格，包括租赁权、抵押权、地役权、居住权等的价格。下面简要介绍租赁权价格的概念与内涵。

租赁权是指承租人向出租人支付租金而取得一定期限内的房地产占有、使用和收益的权利，是房地产他项权利。租赁权价格不同于租赁价格：租赁价格是指出租人将房地产出租给承租人使用，由出租人收取或者承租人支付的金额，即租金；租赁权价格是指承租人按照租赁合同约定对他人所有的已出租房地产享有的相关权益的价格，也称为承租人权益价格，即按照合同租金与市场租金的差额所评估的价格。

租赁权价格的计算

与租赁权价格相关的概念还有房地产完全产权价格、无租约限制价格和出租人权益价格等。从理论上讲，完全产权价格是指房地产在未设立用益物权、担保物权以及没有其他权利限制情况下的价格。但是在我国现行的土地产权制度下，完全产权价格是指房屋所有权和以出让方式取得的建设用地使用权在不受任何其他房地产权利限制下的价格。无租约限制价格是指房地产在不考虑租赁因素情况下的价格，即未出租部分和已出租部分均按照市场租金所评估的价格。出租人权益价格也称为有租约限制价格、带租约价格，是指出租人对自己已经出租的房地产依法享有的权益的价格，即已出租部分在剩余租赁期限内按照合同租金、未出租部分和已出租部分在租赁期限届满后按照市场租金所评估的价格。

对于同一个房地产来说，无租约限制价格等于出租人权益价格与承租人权益价格之和。合同租金与市场租金的差异程度，对完全产权价格和无租约限制价格没有影响，但是会影响出租人权益价格和承租人权益价格，即租赁权价格。如果合同租金低于市场租金，则出租人权益价格会低于无租约限制价格，承租人权益价格(即租赁权价格)是正的；如果合同租金高于市场租金，则出租人权益价格会高于无租约限制价格，承租人权益价格(即租赁权价格)是负的。因此，出租人权益价格和承租人权益价格都应以房地产剩余租赁期限内合同租金与市场租金差额的现值之和为基础进行评估。

六、根据干预程度划分

房地产具有易受限制性，其价格经常受到政府的干预或管制，根据政府对房地产价格的干预或管制程度不同，房地产价格分为市场调节价、政府指导价和政府定价。

(一) 市场调节价

市场调节价是指由经营者自主制定，通过市场竞争形成的价格。在目前我国的房地产市场上，商品房价格特别是二手房价格通常实行市场调节价。但是当价格出现非理性上涨或下跌时，政府会对房地产价格进行调控或限制以稳定房地产市场。对于实行市场调节价的房地产，可依据市场供求状况和开发经营成本等情况来进行估价。

(二) 政府指导价

政府指导价是指由政府价格主管部门或其他有关部门，根据定价权限和范围规定基准价及其浮动幅度，指导经营者制定的价格，如基准地价、标定地价、房屋重置价格、经济适用住房销售价格、公共租赁住房租金等都属于政府指导价。对于实行政府指导价的房地产，由于经营者应在政府指导价规定的幅度内制定价格，评估价格不得超出政府指导价规定的幅度。

(三) 政府定价

政府定价是指由政府价格主管部门或其他有关部门，按照定价权限和范围制定的价格。对于实行政府定价的房地产，评估价格应以政府定价为准。

七、按照表示方式划分

根据表示方式不同，房地产价格可分为总价、单价、楼面地价等。

(一) 总价

总价一般是指某宗房地产的整体价格。例如，一套100平方米建筑面积住宅的价格。总价一般不能完全反映房地产价格水平的高低。

(二) 单价

单价是指单位房地产的价格。不同形态的房地产(如土地、建筑物、房地)，其单价形式也有所不同。土地单价是指单位土地面积的土地价格，也称为单位土地面积地价、单位面积地价；建筑物单价通常是指单位建筑物面积的建筑物价格；房地单价通常是指单位建筑物面积的房地价格。除了面积，房地产的单位还有体积(如某些仓库)、个数(如车位)等。房地产单位价格一般可以反映房地产价格水平的高低。但是在比较不同房地产的单位价格时，需要统一计价单位。计价单位一般由货币、面积或体积等要素构成。货币要素包括币种和货币单位。例如，是人民币还是外币，是元还是万元等。面积要素包括面积内涵和计量单位。在面积内涵方面，建筑物面积有建筑面积、套内建筑面积、使用面积、营业面积、可出租面积等，常用的是建筑面积；在面积计量单位方面，不同国家和地区的法定计量单位或习惯用法不同。我国一般采用的是单位面积的价格，土地单价即为单位土地面积的地价，建筑物单价即为单位建筑面积的建筑物价格，房地产单价即为单位建筑面积的房地产价格。

(三) 楼面地价

楼面地价也称为楼面价、楼板价，是一种特殊的土地单价，是指分摊到单位建筑面积上的土地价格，即单位建筑面积地价。楼面地价比土地单价更能反映土地价格水平的高低。楼面地价、土地单价和容积率三者之间的关系可表示为

$$楼面地价=土地总价÷总建筑面积=土地单价÷容积率$$

容积率是指一个房地产项目中地上总建筑面积与总建设用地面积的比率。

此外，在开展为财务报告服务的资产评估和房地产估价时，会涉及财务报告中的相关成本和价格概念，包括历史成本、重置成本、账面价值、现值、可变现净值和公允价值等。

财务报告中的价值术语

复习题

1. 什么是价值？有哪些价值类型？
2. 房地产价值属于什么价值的类型？
3. 什么是使用价值和交换价值？两者有何联系与区别？
4. 什么是价格？价格形成条件有哪些？价格有什么作用？
5. 价值和价格有什么关系？
6. 房地产价值和价格有哪些特征？对估价有哪些影响？
7. 房地产价值和价格有哪些分类方法？
8. 按照估价目的，房地产价值和价格有哪些类型？
9. 按照价值内涵，房地产价值和价格有哪些类型？
10. 按照形成方式，房地产价值和价格有哪些类型？
11. 按照实物形态，房地产价值和价格有哪些类型？
12. 按照权利类型，房地产价值和价格有哪些类型？
13. 按照干预程度，房地产价值和价格有哪些类型？
14. 按照表示方式，房地产价值和价格有哪些类型？

延伸阅读

[1] 白暴力. 价值价格通论[M]. 北京：经济科学出版社，2006.

[2] 李俊晔. 不动产财产权利价值论[M]. 北京：中国人民大学出版社，2016.

[3] 王刚. 试论价值、价格与资产评估值[J]. 国有资产管理，2001(11)：53-55.

[4] 晏智杰. 价格决定与劳动价值论——对一种传统观念的质疑[J]. 学术月刊，1995(8)：34-40.

[5] 束金中. 价格决定是否比价值决定更带普遍性——与晏智杰先生商榷[J]. 学术月刊，1996(11)：74-78.

[6] 梁斐. 中介评估技术产生估价误差的理论根源分析[J]. 财会通讯，2015，(12)：122-126.

本章测试

第四章 房地产价值形成理论

人们在长期的经济活动中认识到，不同的商品之所以能够发生交换，是因为商品中存在一种共同"元素"，这种"元素"决定了商品交换的比例关系，并将其称为价值，这个价值用货币来表示就是价格。价值理论是研究商品价值如何被创造和决定的学说。劳动价值理论、效用价值理论和生产费用价值理论是三种经典的价值理论。其中，劳动价值理论和生产费用价值理论从供给或生产者角度考察商品价值的形成过程，属于客观价值论，劳动价值理论(本教材特指马克思主义劳动价值理论)是价值一元论，生产费用价值理论是价值多元论；效用价值理论从需求或消费者角度考察商品价值的形成过程，属于主观价值论。

▌教学要求

1. 了解各种价值理论的产生与发展；
2. 熟悉各种价值理论的概念与内涵；
3. 掌握利用相关价值理论分析房地产价格的思路与方法。

▌关键概念

劳动价值，劳动价值理论，使用价值，交换价值，价值规律，生产价格，效用，效用价值理论，基数效用，序数效用，边际效用，边际效用递减规律，消费者均衡，消费者剩余，消费者偏好，无差异曲线，生产费用，生产费用价值理论，生产要素，庸俗经济学，生产成本，会计成本，经济成本，总成本，平均成本，边际成本，收益，利润

▍导入案例

商品住宅定价中的楼层和朝向差异

在商品住宅销售中，定价是一个重要的环节。影响商品住宅定价的因素很多，其中楼层和朝向是两个重要因素。对于多层和高层住宅来说，楼层不同，其价格(单价，下同)也不同，通常多层住宅第3层、第4层的价格较高，并随着楼层的高低向上下依次递减，顶楼或底楼最低(顶楼或底楼有特殊配套的除外，如顶楼赠送露台或阁楼、底楼赠送庭院等)；高层住宅的价格通常随着楼层增加而增加，顶楼或次顶楼最高(顶楼有渗漏等质量风险除外)，底楼最低。对于同一幢住宅建筑的同一楼层来说，位置不同其价格也不相同，一般朝南最高、朝东次之、朝西再次、朝北最低，但是北面和西面有其他特殊景观除外。

为什么不同楼层和不同朝向的商品住宅价格会存在差异呢？试用相关价值形成理论分析上述商品住宅楼层和朝向价格差异的成因。

第一节 劳动价值理论

劳动价值不同于"劳动的价值"和"劳动力的价值"。"劳动的价值"和"劳动力的价值"是指劳动力作为一种特殊的商品所具有的价值。"人们说劳动的价值，并把它的货币表现叫做劳动的必要价格或自然价格。另一方面，人们说劳动的市场价格，也就是围绕着劳动的必要价格上下波动的价格。"[①]在资本主义社会，工人劳动的价格就是工资，表现为对一定量劳动支付的一定量货币。劳动是价值的源泉和尺度，其本身没有价值。劳动价值是指由劳动产生的价值。劳动价值理论是关于商品价值是由劳动所创造和决定的学说，简称劳动价值论。本节简要介绍劳动价值理论产生的背景、古典经济学劳动价值理论和马克思主义劳动价值理论，并从劳动价值理论的视角来认识房地产价格。

一、劳动价值理论产生的背景

15世纪末开始的英国"圈地运动"使得大量失去土地的农民进入工场，促进了资本主义商品经济的发展。随着生产和商业的发展，人们逐渐认识到，过去那种仅根据买卖价格之差来解释商品利润形成的方法存在很多问题，进而开始从现实经济现象出发去寻求一种解释价格和利润来源的新理论和新方法。同时，随着资本主义劳动分工的不断深化，劳动生产率得到了极大提高，一些学者开始对劳动与价格和利润的关系进行思考。他们认为，

---

① 马克思.资本论[M].郭大力,译.上海：上海三联书店,2009.

商品交换的价格是由生产商品所耗费的劳动量来决定,从而利润的源泉也必然是劳动。1662年,英国古典经济学家威廉·配第(William Petty)在其著作《赋税论》中首次提出了劳动价值理论的思想,后来亚当·斯密(Adam Smith)、大卫·李嘉图(David Ricardo)等人对该理论进行了发展和完善,马克思和恩格斯在对斯密和李嘉图的劳动价值理论进行批判继承的基础上,发展了劳动价值理论,最终形成了马克思主义劳动价值理论。

圈地运动

二、古典经济学劳动价值理论

(一) 威廉·配第的劳动价值理论

英国古典经济学的创始人威廉·配第最早提出劳动决定价值的思想,并在劳动决定价值思想的基础上考察了工资、地租和利息等范畴。配第把地租看作剩余价值的基本形态,并区分了自然价格和市场价格。他说:"假如一个人生产一蒲式耳谷物所用的劳动时间和从秘鲁银矿中生产一盎司白银并运到伦敦所需劳动时间相等,那么后者便是前者的自然价格。"这里的"自然价格"就是商品的价值。配第通过将生产谷物和生产白银的劳动进行比较来确定商品的价值,说明他已经意识到劳动决定商品的"自然价格",即商品价值是由劳动所决定的。配第提出"劳动是财富之父,土地是财富之母",强调劳动必须与物质资料结合起来才能创造财富。他还提出"政治价格"的概念,且"政治价格"以"自然价格"为中心上下波动,这里的"政治价格"其实就是市场价格,"自然价格"就是商品价值。配第的主要贡献是提出了有关劳动价值理论的基本命题,但是他混淆了价值、交换价值和价格的区别,并未形成完整的劳动价值理论体系。同一时期,法国古典经济学创始人布阿吉尔贝尔(Boisguillebert)提出了"真正价值"的概念,他认为个人劳动时间在各个特殊产业部门间分配时所依据的正确比例决定着"真正价值",并且认为在自由竞争条件下,商品按其所含的劳动量进行交换,而交换价值则取决于生产商品的劳动时间。

(二) 亚当·斯密的劳动价值理论

亚当·斯密是第一个系统论述劳动价值理论的英国古典经济学家,对劳动价值理论的发展做出了重要贡献。他以资本主义商品生产为研究对象,既批判了重商主义者认为对外贸易是财富来源的观点,又矫正了重农主义学者坚持的只有农业劳动才能创造财富的偏见。他在区分了商品的使用价值和交换价值之后,从"分工意味着每个人都是为别人工作"这个基本逻辑关系出发,引申出"商品交换是不同生产者之间劳动的交换"的观点,进而提出"劳动是衡量一切商品交换价值的真实尺度"。斯密指出,创造价值的不是某种特殊形式的劳动,而是生产商品所耗费的"一般劳动"。但是斯密认为,劳动决定价值只适用于没有私有制的"野蛮社会"和简单的商品生产时期,而在出现资本积累和土地私有的"进步社会",劳动产品不再全部属于劳动者,劳动者要与资本家和土地所有者共同分

重商主义

配劳动产品。因而工资、利润、地租是一切收入和一切可交换的价值的三个根本源泉。马克思认为,斯密混淆了价值创造和价值分配的关系,没有区分过去劳动和现在劳动、必要劳动和剩余劳动的关系,因此不能将资本和土地解释为过去劳动的再现,也没有揭示出利润和地租的真正来源是劳动创造的剩余价值。由于无法正确解释价值与利润和地租之间的关系,斯密最终还是被那些表面现象所迷惑,没有走出古典经济学直观分析的藩篱,导致其劳动价值理论陷入混乱和自相矛盾中。

(三) 大卫·李嘉图的劳动价值理论

大卫·李嘉图是英国古典经济学的集大成者,他继承和发展了斯密的劳动价值理论,并将劳动价值理论发展到古典经济学视野中的最高峰。李嘉图始终坚持劳动是价值的唯一源泉,纠正了斯密的价值来源多元论。他认为,决定商品价值的不仅有活劳动,还有投入在生产资料中的劳动(即物化劳动①),不仅有现在投入的劳动,还有过去投入的劳动。商品的全部价值由劳动产生并在三个阶级之间进行分配:工资由工人的必要生活资料的价值决定,利润是工资以上的余额,地租是工资和利润以上的余额。李嘉图的劳动价值理论说明了工资和利润、利润和地租之间的对立,因而揭示了无产阶级和资产阶级、资产阶级和地主阶级之间的对立。李嘉图指出使用价值是交换价值的前提,并将生产不同种类商品的劳动之间质的差别归结为量的差别,指出商品价值量是由耗费在商品生产过程中的社会必要劳动时间所决定。但是由于李嘉图将资本主义生产方式看成超历史的和永恒的,没有看到一般劳动与资本主义劳动的本质区别,看不到在劳动力成为商品、劳动转化为雇佣劳动这个历史过程中劳动所发生的实质性变化,致使他的劳动价值理论存在与资本和劳动之间交换关系、等量资本获取等量利润这两大难以解决的矛盾,因此李嘉图的劳动价值理论并不完整。但是即便如此,李嘉图的劳动价值理论仍然对后世的经济思想和马克思主义劳动价值理论产生了重大影响。

古典经济学

三、马克思主义劳动价值理论

马克思和恩格斯在批判地继承古典经济学劳动价值理论的基础上,运用历史唯物主义对商品价值、劳动和资本主义生产关系进行了深入研究,形成了科学的马克思主义劳动价值理论。马克思主义劳动价值理论是对古典经济学劳动价值理论的继承和超越。马克思主义劳动价值理论认为,劳动是创造价值的唯一源泉,商品价值量的大小由生产该商品的社会必要劳动时间决定。因此,马克思主义劳动价值理论属于客观价值论和价值一元论。

---

① 活劳动与物化劳动是物质资料生产中所用劳动的一对范畴。前者是指在物质资料生产过程中发挥作用的能动的劳动力,是劳动者加进生产过程的新的、流动状态的劳动。后者亦称死劳动,又称为过去劳动或对象化劳动,是指保存在一个产品或有用物中凝固状态的劳动,是劳动的静止形式。

(一) 商品和劳动的二重性

马克思认为,商品是使用价值和价值的统一体。马克思在古典经济学有关使用价值和交换价值等概念的基础上,第一次把价值从交换价值中抽象出来,从交换价值的外在表现(即价格)中揭示出价值的内容和本质。马克思指出,使用价值是商品的自然属性,反映的是人与自然的关系,是构成社会财富的物质内容;价值是商品的社会属性,是凝结在商品中无差异的人类一般劳动。商品的二重性学说是马克思主义劳动价值理论的出发点。马克思从商品的二重性学说中导引出劳动二重性学说,即一切劳动都是具体劳动和抽象劳动的统一。具体劳动和抽象劳动不是作为两种不同的劳动过程而存在,而是作为统一的生产劳动过程的两个方面存在的。劳动的二重性决定了商品的二重性,即具体劳动创造使用价值,抽象劳动形成商品价值,在这个过程中使用价值和价值实现了统一。

(二) 价值规律及价值的本质

价值规律是马克思主义政治经济学关于商品生产和交换的基本规律,即商品的价值量取决于社会必要劳动时间,商品按照价值相等的原则进行交换。从价值的形成来看,劳动是创造商品价值的唯一源泉;从价值的大小来看,商品的价值量取决于劳动时间的长短,商品的个别价值量取决于个别劳动时间,商品的社会价值量取决于社会必要劳动时间,因此商品一旦被生产出来,其价值就是固定不变的;从价值的形式来看,价值是凝结在商品中的抽象的人类一般劳动,它只能通过商品之间的交换并借助另一种商品的使用价值(即交换价值)来表现,如果用货币来表示,就是商品的价格。因此,价值和价格是本质与形式的关系,价值是本质,是相对稳定的,价格是价值的货币表现形式,受供求关系影响围绕价值上下波动。在短期内,价格可能偏离价值,但是从长期来看,价格与价值会趋于一致。由此,劳动价值理论的基本逻辑表现为两点:第一,劳动创造价值,社会必要劳动时间决定价值量的大小;第二,价值决定价格,价格是价值的货币表现。马克思主义劳动价值理论揭示了商品价值关系本质上是人与人之间交换劳动的关系,商品价值体现的是被物的外壳所掩盖的人与人之间的社会关系,尤其是资本主义生产关系中劳动与资本之间的关系。

【思考与讨论】商品价值为何体现了人与人的社会关系?

(三) 商品价值向价格的转化

论述劳动创造价值只是劳动价值理论的第一步,其第二步是论述价值又是如何决定并转化为价格的。马克思用生产价格理论解释了商品价值向市场价格转化的路径。

商品价值包括商品生产中实际耗费的不变资本价值(即生产资料价值)与可变资本价值(即劳动力价值)以及剩余价值,用公式表示即为:$W=c+v+m$,W为商品价值,c为不变资本价值,v为可变资本价值,m为剩余价值。生产价格是商品价值的转化形式,等于商品成本价格与平均利润之和。成本价格是商品生产中实际耗费的不变资本价格(生产资料价格)与可变资本价格(劳动力价格即工资)之和,用公式表示即为:$P=k+p=c+v+p$,P为商品生产价格,k为

预付资本

成本价格，c 为不变资本价格，v 为可变资本价格，p 为平均利润。从整个社会来看，剩余价值总和或利润总和与平均利润总和相等，从而生产价格总和与商品价值总和相等。因此，社会平均利润率等于社会剩余价值总和或利润总和除以社会预付资本总量，各部门的平均利润是该部门的预付资本量与平均利润率的乘积。资本主义各部门之间通过资本的转移展开竞争，竞争的结果形成平均利润率和平均利润，剩余价值转化为平均利润，商品价值转化为生产价格。在价值转化为生产价格的条件下，价值规律也就以生产价格规律的形式发挥作用，商品的市场价格也就不再以商品价值为中心上下波动，而是以生产价格为中心并随供求关系上下波动。从较长时期来看，商品市场价格的上下波动会互相均衡，从而使它与生产价格的偏离逐渐趋于一致；从全社会来看，尽管生产价格是经常变动的，但它最终还是要以商品价值为基础和界限。马克思在劳动价值理论和剩余价值理论的基础上，科学地阐明了平均利润是剩余价值的转化形式，生产价格是商品价值的转化形式，从而解决了李嘉图等古典经济学家难以解决的两个矛盾。

李嘉图学说两大矛盾新解

(四) 马克思主义劳动价值理论的意义

马克思主义劳动价值理论是马克思主义政治经济学的出发点和基石。马克思和恩格斯以他们创立的劳动价值理论为基础，系统分析了资本主义的生产过程及生产关系，深刻揭示了资本主义生产方式的内在规律以及资本主义生产关系的内在矛盾。马克思主义劳动价值理论通过揭示资本主义的剥削本质，为工人阶级斗争和无产阶级革命的历史合理性提供了理论依据，在人类经济思想史上具有极其超凡卓越的学术价值和崇高的历史地位。但是我们也要看到，马克思主义劳动价值理论诞生于19世纪中期工业革命基本完成、野蛮剥削的工厂制度普遍建立、劳动和资本的矛盾极其尖锐的资本主义世界，具有鲜明的历史背景与时代特征。马克思主义劳动价值理论建立后的一百五十多年里，世界经济和资本主义生产方式发生了巨大变化，表现在市场经济活动的形式越来越复杂多样、科技的发展与广泛应用使得劳动在生产经营中的形式、地位和作用发生了深刻变化，资本家获取利润以及剩余价值的形式也在发生变化，因此马克思主义劳动价值理论面临不少理论与现实挑战。在我国建设社会主义市场经济的背景下，我们应结合中国国情与时代要求对马克思主义劳动价值理论进行创新与发展。

【思考与讨论】现代社会有哪些新兴的劳动形式？

四、劳动价值理论与房地产估价

马克思主义劳动价值理论研究的是商品价值的本质，主要在于揭示劳动和资本的关系以及资本主义生产关系的剥削本质，而不是研究市场价格的一般规律，不能直接用于房地产估价，但是其对认识房地产价值和价格的形成仍然具有指导意义。

首先，马克思主义劳动价值理论是房地产估价成本法的理论依据之一。根据马克思主义劳动价值理论的生产价格理论，房地产价格等于成本价格加平均利润，成本价格又包括不变资本价格(生产资料价格)和可变资本价格(劳动力价格即工资)。就房地产而言，不变资本价格包括房地产开发过程中发生的土地、建筑原材料及半成品、建筑机械与设备等费用，可变资本价格包括房地产开发过程中的各种人工费用。

其次，马克思主义劳动价值理论可以用来指导房地产增值收益的合理分配。房地产在开发过程中会产生增值效应，开发完成后的价值通常会超过该房地产按照成本加平均利润测算的成本价值。在房地产开发经营活动中，经常会涉及对房地产增值收益的分配问题。例如，土地或在建工程抵押权实现时对抵押的土地和房屋价值的分配(详见第九章第六节)。房地产开发过程中产生增值收益的主要原因在于市场供求关系的变化、房地产配套设施的完善以及开发建造劳动创造的价值等，房地产增值收益的分配必须考虑不同的价值增值来源，不能全部归因于土地，不能忽略劳动创造价值因素。

【思考与讨论】劳动价值理论在当下有何现实意义？

第二节 效用价值理论

效用价值理论是关于商品价值由其效用所决定的学说，简称效用理论或效用价值论。19世纪40年代以后，随着欧洲工业化的快速发展，工人阶级和资产阶级发生冲突的次数越发频繁，资本主义社会矛盾大量凸显。为了摆脱由劳动价值理论所带来的阶级冲突与社会不和谐，一批资产阶级经济学家开始从主观效用的角度来解释商品价值及其形成过程。本节简单介绍效用和效用理论、基数效用理论与边际效用分析法、序数效用理论与无差异曲线分析法，并从效用价值理论的视角来认识房地产价格和房地产估价等活动。

一、效用与效用理论

(一) 效用的含义

效用的字面意思是指物品对人们的有用性。效用是一个古老的概念，很早就被西方学者用来揭示经济社会中的有关价值问题。根据英国经济学家埃德蒙·惠特克(Edmund Whittaker)的相关研究，效用的概念最早可以追溯到亚里士多德时期，后来又在以托马斯·阿奎那(Thomas Aquinas)为代表的中世纪经院哲学家那里得到传承和发展。

现代西方经济学认为，效用是指商品满足消费者欲望的能力，或者是指消费者消费商品所获得的满足程度。商品满足消费者欲望的能力越大,或者消费者消费某种商品获得的满足程度越高,商品的效用就越大;反之,效用就越小,在极端情况下还可能出现负效用,即消费者消费商品以后获得不适、痛苦或伤害。效用理论经历了不同的发展阶段,19世纪60年代前主要表现为一般效用理论,19世纪70年代后主要表现为边际效用理论。边际效用理论的建立标志着作为西方经济学核心的效用价值理论的形成。

【思考与讨论】房地产有哪些效用?

(二) 一般效用理论

一般效用理论认为,商品价值量的大小由该商品的效用大小所决定。英国早期经济学家尼古拉斯·巴尔本(Nicholas Barbon)认为:"一切物品的价值皆来自于它们的效用;无用之物,则无价值……物品的效用在于满足人的欲望和需求……世界上一切能满足欲望的物品才能成为有用的东西,从而才有价值。"约翰·洛克(John Locke)也有类似的观点,他认为:"任何东西的销路都决定于它的必要性或有用性。"费迪南多·加利亚尼(Ferdinando Galiani)进一步认识到:"价值是一种比例,它由效用和稀缺性的比例构成。"让·巴蒂斯特·萨伊(Jean-Baptiste Say)认为:"人们在认同一件物品的同时,实际上是对物品效用的认可,没有使用效用的物质是不被人认可的,也就是没有效用价值。"英国功利主义哲学家杰里米·边沁(Jeremy Bentham)认为,社会应该按照效用原则进行组织,他将效用原则定义为"任何客体所具有的可以产生满足、好处或幸福,或者可以防止……痛苦、邪恶或不幸……的性质",并尝试采用效用的概念去测量快乐或痛苦的程度。英国经济学家劳埃德(W. F. Lloyd)是效用价值理论的先驱,他指出,商品价值只表示商品的效用,而不表示商品的某种内在属性;价值取决于人的欲望以及人对物品的估价;人的欲望和估价会随物品数量的变动而变化,并在被满足和不被满足的欲望之间的边际上表现出来。18世纪下半叶和19世纪初期,工业革命的发展推动了劳动价值理论的发展和传播,效用价值理论受到斯密和李嘉图等古典经济学家的有力批判而一度陷入停滞。亚当·斯密曾在其著名的《国富论》中写道:"水的用途最大,但我们不能以水购买任何物品,也不会拿任何物品与水交换。反之,金刚石虽然几乎无使用价值可言,但须有大量其他货物才能与之交换。"这就是曾经引起经济学家广泛兴趣的"钻石与水"的价值悖论问题。一般效用理论无法解释这些"价值悖论"现象。

"价值悖论"

(三) 边际效用理论

边际效用理论是效用理论的重要发展。瑞士数学家丹尼尔·伯努利(Daniel Bernoulli)曾在1738年发表的论文《关于风险衡量新理论的阐释》中提出:"效用的增加量同已经占有的物品量成反比。"这里的效用增加量显然就是边际效用的概念。1854年,德国学者海因里希·戈森(H. Heinrich Gossen)在《人类交换规律与人类行为准则的发展》一书中比较系统地论述了边际效用的概念,他认为人的享受过程有以下规律:"如果我们重复以前已满足过的享受,享受量也会发生类似的递减;在重复满足享受的过程中,不仅发生类似的递减，而且初始感到的享受量也会变得更小，重复享受时感到其为享受的时间更短，饱和感觉则出现得更早。"戈森所说的这种连续享受会出现享受量递减的规律，被称为"戈森第一定律"，也就是边际效用递减规律。19世纪70年代初，英国的威廉姆·斯坦利·杰文斯(William Stanley Jevons)、奥地利的卡尔·门格尔(Carl Menger)和里昂·瓦尔拉斯(Leon Walras)几乎同时但又相互独立地系统阐释了边际效用价值理论，引发了一场经济学理论和研究方法的全面革命，史称"边际革命"。他们将边际效用从总效用中区分开来，阐述了边际效用递减规律，同时从边沁的功利主义出发，认为人们要追求欲望满足的最大化，必须遵循边际效用相等原则。

【思考与讨论】如何解释成瘾性消费现象？

(四) 效用的度量

商品效用的大小不仅仅取决于商品的使用价值，它还与人的主观心理感受相联系。一种商品对消费者是否有效用以及效用的大小，不仅取决于商品是否具有满足消费者欲望的属性(即使用价值)，更依赖于消费者是否有消费该商品的欲望以及消费者对其消费该商品所获得的满足的自我感受程度。因此，效用本质上具有主观性，它是消费者对商品满足自己的欲望能力的一种主观心理评价。例如，香烟对烟民来说具有正的效用，但是对不吸烟的人来说就没有效用甚至是负的效用；一顿大餐对于饥肠辘辘的人来说具有极大的效用，但是对于酒足饭饱的人来说可能就兴致缺缺。因此，不同的商品或者同一种商品在不同情况下消费的效用都可能不同。为了描述和度量这种效用差异，经济学家提出了基数效用理论和序数效用理论以及相应的边际效用分析法和无差异曲线分析法。

幸福的衡量

二、基数效用理论与边际效用分析法

(一) 基数效用理论

基数效用理论采用具体数值来衡量消费者的满足程度。基数效用理论认为，效用是可以计量并加总求和的，如同物体的长度、体积、质量等物理属性。所谓效用可以计量，是指消费者消费某一个商品所得到的满足程度可以用定量的效用单位来衡量；所谓效用可以加总求和，是指消费者消费多个商品所得到的满足程度可以一个个相加得到总效用。因此，可以运用具体数值描述和分析消费者效用最大化问题。例如，吃一顿丰盛晚餐可以获得10个效用单位、看一场电影可以获得5个效用单位，则吃丰盛晚餐的效用大于看电影的效用，如果吃了丰盛晚餐再去看电影，则有15个效用单位。运用基数效用理论研究消费者效用最大化的方法一般是边际效用分析法。

从19世纪70年代到20世纪初，基数效用的概念得到广泛接受和使用。但是基数效用理论存在三大缺陷：第一，作为消费者主观的心理感受，效用大小的可测性一直受到质疑；第二，由于效用的主观性，不同

效用最大化

消费者之间的效用更加难以比较；第三，基数效用理论建立在边际效用递减规律的基础上，但是边际效用递减规律是仅凭经验总结得到而不能加以证明的规律，其脆弱的理论基础损害了基数效用理论的科学性。

(二) 边际效用分析法

1. 边际效用递减规律

基数效用理论将效用分为总效用和边际效用。总效用是指消费者在一定时间内从一定数量商品的消费中得到的总满足程度。总效用依赖于所消费商品的数量，在消费者没有得到完全满足之前，消费的商品数量越多，总效用就越大。边际效用是指消费者在一定时间内增加一单位商品的消费得到的增量满足程度。当边际效用为正值时，随着消费的增加，总效用增加；当边际效用递减为零时，总效用达到最大；当边际效用递减为负值时，随着消费的增加，总效用下降。假设效用函数是连续的，则每一个消费量所对应的边际效用值就是效用曲线图上总效用曲线相应的点的斜率。

边际效用递减规律是指在一定的时间内，在其他商品的消费数量保持不变的条件下，随着消费者对某种商品消费量的增加，消费者从该商品连续增加的每一个消费单位中得到的效用增量(即边际效用)是递减的。边际效用递减规律是边际效用分析法的基础，贯穿于基数效用理论的全过程。边际效用递减规律可以从多个角度来加以解释。从心理和生理的角度来说，人们的欲望尽管是无限的，但是就每一个具体的欲望来说却是有限的，随着消费的商品数量的增加，有限的欲望就逐渐得以满足，心理和生理上对商品重复刺激的反应愈来愈迟钝，新增加的商品对消费者的效用也就愈来愈小。从生物进化的角度来看，边际效用递减规律是生物和生态系统的一种自我保护机制。如果边际效用不递减，任何情况下某种消费或满足对生物来说都是越多越好，则生态系统可能很快将面临崩溃。从商品用途的角度来说，商品的用途是多种多样的，并且各种用途对人们的重要程度是不同的，人们总是把它用于最重要的用途，也就是效用最大的用途，然后才用于效用较小的用途。因此，人们消费的后一单位物品的效用一定小于前一单位物品的效用。

【思考与讨论】边际效用递减有例外情况吗？

2. 消费者均衡与消费者剩余

根据边际效用递减规律，假设消费者的收入水平是固定的，市场上各种商品的价格也是已知的，当消费者购买各种商品的最后一元钱所带来的边际效用相等且等于货币的边际效用时，消费者实现了效用最大化，此时消费者既不想增加也不想减少对任何商品的消费，即达到了消费者均衡。在边际效用递减规律的作用下，消费者需要根据商品价格的不断变化，来对商品的最优购买数量做出相反方向的调整。如果商品价格上升，则最优的商品购买数量应该下降；如果商品价格下降，则最优的商品购买数量应该增加。因此，从边际效用递减规律可以推导出需求曲线和需求定理。

根据边际效用递减规律，随着消费者对某种商品消费数量的不断增加，该商品的边际效用逐渐递减，因此消费者对每一单位商品的支付意愿也相应减少。消费者的支付意愿是指消费者对商品愿意付费的程度。但是，消费者在市场上购买商品时实际上是按照市场价格来支付的，这样就在消费者愿意付费的程度和实际支付的市场价格之间产生了一个差额，这个差额被称为消费者剩余。单个消费者剩余是指某个消费者在购买一定数量的某种商品时愿意支付的最高总价格和实际支付的总价格之间的差额。相应地，整个市场的消费者剩余是所有单个消费者剩余之和，在需求曲线上表示为需求曲线以下、市场价格以上的三角形面积，如图4-1所示。其中，横轴表示商品的需求量Q，纵轴表示商品的价格P，$P=f(Q)$表示需求函数，P_0表示市场价格，Q_0是与P_0对应的需求量。消费者剩余是消费者的主观心理评价，它解释了市场上为什么会发生"等价交换"的行为。因此，边际效用递减规律也可以用来解释市场交易的形成过程。

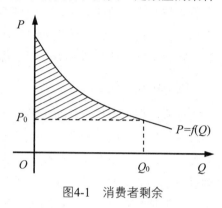

图4-1　消费者剩余

【思考与讨论】"等价交换"中"价"的内涵是什么？

三、序数效用理论与无差异曲线分析法

(一) 序数效用理论

为了弥补基数效用理论的缺陷，维尔弗雷多·帕累托(Vilfredo Pareto)和约翰·希克斯(John R. Hicks)等学者提出了序数效用理论。序数效用理论是指按照序数来反映消费者满足程度的方法。序数效用理论认为，效用作为一种心理现象是无法计量的，也不能加总求和，但是可以将消费者从不同商品得到的满足程度(即效用)的高低进行排序。因此，可以运用顺序或等级来描述和分析消费者的满足程度以及效用最大化问题。例如，吃一顿丰盛晚餐和看一场电影的效用哪个更高？或者哪个效用排第一？运用序数效用理论研究消费者效用最大化的方法一般是无差异曲线分析法。

序数效用理论也存在自身的缺陷，表现如下：第一，消费者不一定能够判断出不同商品组合的偏好顺序。对于不同的商品，如果没有共同衡量的东西，那么消费者如何能加以判断并排序呢？如果存在某种能够共同衡量的东西，那么这种东西又是什么呢？第二，无差异曲线要求不同商品之间可以互相替代，这不一定符合实际。第三，因为效用理论研究的是效用如何决定价格的问题，因此价格没有进入效用函数也不可能进入效用函数。也就是说，价格不影响消费者对商品效用大小的判断，这显然不符合事实。实际上，消费者很难撇开价格因素而单独考虑商品效用的大小。

【思考与讨论】举例说明价格如何影响效用。

(二) 无差异曲线分析法

1. 消费者偏好与无差异曲线

序数效用理论认为，商品给消费者带来的效用无法用具体的数值来衡量，而只能用排序和等级来表示。为此，序数效用理论学者提出了消费者偏好的概念。消费者偏好是指消费者对特定商品的特殊喜好。为科学识别消费者偏好，保罗·萨缪尔森(Paul A. Samuelson)提出了显示偏好理论，他认为消费者在一定价格条件下的购买行为暴露了他内在的消费偏好，可以根据消费者的购买行为来推测他的消费偏好。

【思考与讨论】消费者偏好产生的原因是什么？

序数效用理论指出，对于各种不同的商品组合，消费者偏好是有程度差别的，正是这种程度差别，反映了消费者对这些不同商品组合效用水平的评价。序数效用理论关于消费者偏好有以下三个基本的假定：一是偏好的完全性，即消费者总是可以比较和排列所有不同的商品组合。换言之，对于任何给定的两个商品组合A和B，消费者总是可以明确地说出自己的偏好程度：$A>B$或$A<B$或$A=B$，而且也只能作出这三种判断中的一种。偏好的完全性假定保证消费者对于偏好的表达方式是完备的。二是偏好的可传递性，即对于任何三个商品组合A、B和C，如果消费者对三者的偏好程度是：$A>B$，$B>C$，那么，在A和C这两个商品组合中，必定有$A>C$。偏好的可传递性假定保证了消费者偏好的一致性，因而也是理性的。三是偏好的非饱和性，即两个商品组合A和B的区别仅在于其中一种商品的数量的不同，那么消费者总是偏好商品数量较多的那个商品组合。换言之，对于任何一种商品，消费者总是认为数量多比数量少要好。例如，对于6个苹果和5个香蕉的商品组合的偏好要大于5个苹果和5个香蕉的商品组合的偏好。

序数效用理论利用无差异曲线分析法来考察消费者的选择行为，并在此基础上推导需求曲线和需求定理。为简化分析，以下我们假设市场上只有两种商品可供消费者选择。无差异曲线就是用来表示能够给消费者带来相同效用水平或满足程度的两种商品的所有组合的曲线。在图4-2中，横轴X_1和纵轴X_2分别表示商品1的数量和商品2的数量，U_1、U_2、U_3代表无差异曲线。在无差异曲线上，每一个点都代表商品1和商品2的某个组合，曲线上任何一个点都表示所有组合的效用水平或满足程度相同。用效用函数来表示商品组合给消费者所带来的效用水平，每一个效用水平都有一条对应的无差异曲线。假设效用函数是连续变化的，那么在同一个坐标中的任何两条无差异曲线之间都有无数条无差异曲线，任何两条无差异曲线都不相交，距离原点越远的无差异曲线代表的效用水平越高，反之越低。

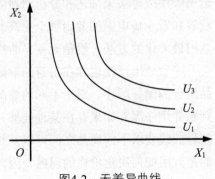

图4-2　无差异曲线

2. 效用最大化的最优购买选择

当消费者在一条无差异曲线上滑动时，两种商品的数量组合不断发生变化，而效用水平却保持不变。这说明，在维持效用水平不变的前提下，消费者在增加一种商品消费数量的同时，必然会放弃一部分另一种商品的消费数量，即两种商品的消费数量之间存在替代关系。在维持总效用水平不变的前提下，消费者增加一单位某种商品的消费数量时所需要放弃的另一种商品的消费数量，称为商品的边际替代率。无差异曲线上某个点的边际替代率就是无差异曲线在该点的斜率的绝对值。随着一种商品的消费数量的连续增加，消费者为得到每一个单位的该商品所需要放弃的另一种商品的消费数量是递减的，这种规律被称为商品的边际替代率递减规律。发生商品的边际替代率递减的主要原因在于，随着一种商品的消费数量的增加，消费者想要获得更多的这种商品的愿望就会降低，从而为了多获得一个单位的该商品而愿意放弃的另一种商品的数量就会越来越小。

无差异曲线描述了消费者对各种不同商品组合的偏好。在实际的市场上，消费者购买商品和进行商品组合时会受到自己的收入水平和市场上商品价格的限制，这就是所谓的预算约束，可以用预算线来说明。预算线是指在消费者的收入和商品的价格给定的条件下，消费者的全部收入所能购买到的两种商品的各种组合，如图4-3所示。

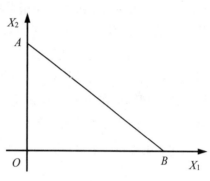

图4-3　预算线

将无差异曲线和预算线结合在一起，就可以用来分析消费者效用最大化的最优购买选择问题。显然，在已知消费偏好和预算约束的前提下，消费者的最优购买选择必须满足以下两个条件：第一，最优的购买组合必须是消费者最偏好的商品组合；第二，最优的购买组合必须位于给定的预算线上。因此，只有预算线与无差异曲线相切的点，才是消费者在给定预算约束下能够获得最大效用的均衡点。在图4-4中，均衡点E对应的最优购买组合为(X_1^*, X_2^*)，其所实现的最大效用水平由无差异曲线U_2表示。在均衡点E，无差异曲线和预算线的斜率相等，无差异曲线斜率的绝对值就是商品的边际替代率，预算线斜率的绝对值可以用两种商品的价格之比P_1/P_2来表示。因此，在一定的预算约束条件下，当两种商品的边际替代率等于两种商品的价格之比时，消费者实现了效用最大化。

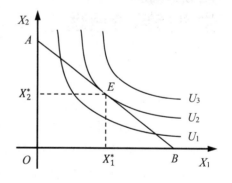

图4-4　消费者的均衡

四、效用价值理论与房地产估价

根据效用价值理论，房地产价值由其效用决定。因此，房地产估价必须关注房地产的效用和效用价值，具体来说需要注意以下几点。

第一，效用价值理论要求房地产估价必须关注估价对象状况。根据效用价值理论，房地产的效用是房地产满足消费者欲望的能力。房地产之所以能满足消费者欲望，主要是因为其具有使用价值。房地产状况是决定房地产使用价值的重要因素，也是形成房地产效用的物质基础，因此房地产估价必须对房地产状况进行充分描述与深入分析，包括房地产实物状况描述与分析、权益状况描述与分析以及区位状况描述与分析。

第二，效用价值理论说明房地产价值包括客观价值和主观价值。根据效用价值理论，房地产效用的大小既取决于房地产满足人们居住、生产、办公等需要的能力，也取决于人们对使用房地产所获得满足程度的主观心理评价。房地产的客观价值来源于其实际使用价值，房地产的主观价值来源于消费者的主观评价。由于偏好及其程度不同，消费者对某一房地产的主观心理评价也大相径庭。因此，房地产估价及其结果具有主观性，主观性主要体现在估价案例选择、估价方法和估价参数的选取以及估价结果确定等环节。

第三，效用价值理论可以用来解释房地产供求与价格的关系。边际效用决定了消费价格，这是形成房地产均衡价格的基础之一(另一个基础是基于生产费用价值的供给价格)。房地产价格的形成可以通过供给和需求的相互作用来解释(详见第五章第二节)。虽然消费者偏好理论假定具有非饱和性，即消费者对拥有商品的数量会感觉多多益善，但是在边际效用递减规律的作用下，消费者每增加一个单位的房地产商品所获得的效用增量逐渐递减。例如，面积过大的房屋单价偏低，过近的邻避设施会降低房地产价值等。

【思考与讨论】效用价值是什么类型的价值？

第三节 生产费用价值理论

生产费用价值理论是指商品价值由其生产所需的费用所决定的理论，又称为生产费用理论、生产费用价值论。生产费用价值理论不仅承认劳动创造价值，同时也肯定资本、土地等非劳动要素对价值创造的贡献和作用。生产费用价值理论属于客观价值论和价值多元论。本节简单介绍生产费用价值理论的起源、对生产费用价值理论的批判以及再认识，并从生产费用价值理论的视角重新认识房地产价格和房地产估价等活动。

一、生产费用价值理论的起源

生产费用价值理论源于古典经济学中的相关思想，由萨伊、托马斯·罗伯特·马尔萨斯(Thomas Robert Malthus)、约翰·穆勒(John Stuart Mill)、阿尔弗雷德·马歇尔(Alfred Marshall)等人正式提出并加以发展。英国古典经济学家配第不仅提出了劳动价值理论的思想，还提出"劳动是财富之父，土地是财富之母"的命题，认为劳动和土地这两种生产要素都创造了财富与价值。这一思想后来被斯密和萨伊等人所继承。斯密认为，在出现资本积累和土地私有的社会里，商品价值由工资、利润、地租这三部分构成，这三部分作为商品的生产费用决定了商品价值。在萨伊等人看来，商品价值的基础是效用，生产不是创造物质而是创造效用。劳动、资本和土地在商品生产过程中都能提供生产性服务，都能够创造商品的效用，是商品生产的三个基本要素，是创造商品效用和价值的基础，"所生产出来的价值都要归因于劳动、资本和自然力这三者的作用和协力"。萨伊认为，工资是劳动的补偿，利息是资本的补偿，地租是使用土地的补偿，即工资、利息和地租是分别由劳动、资本和土地所创造的收入，因此商品价值应由工资、利息和地租组成。

【思考与讨论】生产费用价值理论与马克思生产价格理论有何区别？

二、对生产费用价值理论的批判

马克思认为，斯密有关价值构成的理论混淆了价值创造和价值分配的关系，没有揭示出利润和地租的真正来源也是劳动所创造的剩余价值，因此也没有认识到劳动才是创造价值的唯一源泉。从马克思主义劳动价值理论的角度来看，萨伊的价值理论存在以下问题：第一，错误地将使用价值和价值混为一谈，把使用价值的源泉与价值的源泉相等同，将生产过程片面地看成使用价值的生产和单纯的劳动过程，无视生产过程同时还是价值创造的过程；第二，工资、利润和地租这三种生产费用本质上就是劳动力、资本和土地的价值体现，而萨伊的理论用生产费用来决定价值，逻辑上陷入了"价值决定价值""价格说明价格"的循环论证；第三，萨伊提出的"供给自行创造需求论"(即所谓的"萨伊定律")，把资本主义的商品关系扭曲为物物交换关系，认为一种商品的卖就是另一种商品的买，供需是完全平衡的，市场经济一般不会发生生产过剩危机，更不可能出现就业不足，否认了资本主义经济危机的可能性。因此，在马克思主义者看来，以萨伊理论为代表的生产费用价值理论本质上否认劳动价值理论，把资本主义社会中资本和劳动的对立关系歪曲为协作关系，把资本主义社会描绘成美好的、和谐的、共存的理想社会，掩盖了资本家剥削工人、攫取剩余价值的实质。因此，相关理论被马克思称为庸俗的经济学。

庸俗经济学

三、对生产费用价值理论的再认识

虽然生产费用价值理论采用生产费用来论证商品价值的形成确实在逻辑上存在循环论证之嫌，但是马克思主义对生产费用价值理论最主要的批判在于其认为价值形成的多元性(即劳动、资本和土地共同创造价值)，而否认劳动创造价值的唯一性。

然而，我们也应该看到，在社会主义市场经济条件下，生产费用价值理论具有较强的现实解释力，原因在于以下几个方面：首先，从生产要素的地位来看，资本、土地等劳动以外的生产要素在现代社会生产经营中的地位和作用并不亚于劳动。在早期社会如原始社会中，土地资源非常丰富，相对人类能够支配的能力而言几乎取之不尽，此时劳动是创造财富和价值的最重要甚至是唯一的源泉。在传统农业社会中，随着社会的发展和人口的增加，土地资源逐渐稀缺，土地在生产过程中的地位和重要性日益显著，成为创造财富与价值的重要源泉之一。随着近代大工业和资本主义经济的发展，资本作为一种稀缺生产要素成为价值创造的重要因素。在现代社会中，企业家的经营管理能力日益成为企业生产经营中不可缺少的重要因素，因此与工人的劳动一样，企业家的经营管理也必然要参与价值的创造与分配。其次，从生产关系的角度来看，在以公有制为基础的社会主义社会中，劳动、资本、土地以及其他生产要素并非对立关系，而是统一在社会主义共同富裕的历史进程中。劳动必须与资本、土地和其他生产要素相结合才能创造价值，离开了资本、土地和其他生产要素，仅凭赤手空拳是不可能创造价值的。而且随着现代科技的快速发展和生产经营复杂性的提高，科学技术、企业家才能等要素在企业经营发展中越来越重要。第三，从效用价值的角度来看，劳动、资本、土地以及其他生产要素都是产生效用、形成价值、创造财富的源泉，因此劳动、资本、土地以及其他生产要素的代价(即工资、利息、地租以及其他费用)就构成了商品价值。生产费用价值理论通过工资、利息、地租以及其他费用等形式，将这些费用所代表的过去形成的效用和价值转移到所生产的商品。

【思考与讨论】生产费用价值理论在当下有何现实意义？

四、生产费用价值理论与房地产估价

生产费用价值理论说明，商品价值可以由生产该商品的费用所决定。生产费用价值理论为房地产价值的形成提供了新思路。

第一，房地产的生产费用不仅仅是工资、利息和地租，而应该是全要素生产费用，包括土地成本、建设成本、管理费用、销售费用、投资利息、销售税费和开发利润等，这些费用项目还可进行进一步细分，工资、利息和地租都隐含在相关的费用项目中。

第二，生产费用价值理论是成本法的理论依据之一。根据生产费用价值理论，房地产价值等于开发房地产所发生的成本费用与利润之和，这就是成本法估价的基本思路，也与人们经济活动和生活中的常识和经验相吻合。

第三，生产费用价值理论是房地产定价的理论依据之一。房地产开发企业在决定房地产销售价格时除了考虑市场价格水平外，还要考虑自身的开发成本(即生产费用)的大小。例如，政府在进行保障性住房定价时，往往需要根据开发成本与合理利润并结合保障对象的经济承受能力来综合确定。

复习题

1. 劳动价值理论产生的历史背景是什么？
2. 历史上有哪些劳动价值理论？
3. 马克思劳动价值理论的核心观点是什么？
4. 马克思劳动价值理论有哪些历史和现实意义？
5. 如何利用劳动价值理论来分析房地产价格和估价？

6. 什么是效用？如何衡量效用的大小？

7. 什么是基数效用理论？它的分析方法是什么？

8. 什么是序数效用理论？它的分析方法是什么？

9. 如何利用效用理论来分析房地产价格和估价？

10. 什么是生产费用价值理论？

11. 如何认识生产费用价值理论？

12. 如何利用生产费用价值理论来分析房地产价格和估价？

拓展阅读

[1] 马克思. 资本论[M]. 郭大力，译. 上海：上海三联书店，2009.

[2] 高翔. 价值理论反思与劳动价值论争论[J]. 学术月刊，1997(9)：69-73.

[3] 许成安. 生产要素收入合法化与价值创造——兼与高翔、余陶生两同志商榷[J]. 学术月刊，1999(4)：27-31.

[4] 庄三红. 劳动价值论的时代化研究[M]. 北京：中国社会科学出版社，2016.

[5] 刘晓薇，孙晓霞. 价值的本质与市场价格——评析西方价值论[J]. 改革与战略，2018.1，24(1)：12-14.

[6] 亨利·乔治. 进步与贫困[M]. 吴良健，王翼龙，译. 上海：商务印书馆，2010.

本章测试

第五章

房地产价格形成机制

虽然价值决定价格,但是在市场上人们观察到的是价格而不是价值。价格是价值的表现形式,是传递市场信息的重要载体,是优化资源配置的有效手段,是市场交易和市场运动的中心。了解房地产价格的形成机制,对解释房地产价格现象、评估房地产价格高低、预测房地产价格走势等具有重要意义。本章第一节介绍地租决定地价机制;第二节介绍供求决定价格机制,这是西方经济学价格理论的核心;第三节介绍预期影响价格机制,预期对房地产价格特别是投资性房地产价格具有重要影响,本节对其影响机制进行专门阐述;第四节从异质性商品的角度介绍房地产特征价格的形成机制,为学习特征价格法奠定基础;第五节从宏观市场的角度介绍房地产泡沫、城市间房价分异的形成机制以及售价与租金、新房与二手房价格、房价与地价、房租与地租的互动机制。

▍教学要求

1. 了解地租理论的发展及其主要流派、主要的预期理论、特征价格理论的产生与发展;

2. 熟悉地租和地价的概念,供给、需求、弹性以及均衡价格的概念,预期的概念,特征价格的概念,房地产价格泡沫的形成机制,房地产售价与租金、新房与二手房价格、房价与地价、房租与地租的互动机制以及不同城市间房价分异的形成机制;

3. 掌握马克思主义地租理论的核心观点以及地价决定机制,需求定理、供给定理、供求定理以及均衡价格形成机制,预期影响价格机制,特征价格形成机制。

▍关键概念

地租,绝对地租,级差地租,垄断地租,地价,需求,需求函数,需求曲线,需求定理,需求弹性,供给,供给函数,供给曲线,供给定理,供给弹性,均衡价格,供求定理,蛛网理论,预期,静态预期,外推型预期,适应性预期,理性预期,异质性商品,特征价格,隐含价格,特征价格模型,房地产价格泡沫,房价分异

导入案例

全球五次房地产大泡沫

百年来，全球先后发生过五次比较大的房地产泡沫，对经济社会发展造成深远影响。

1. 1923—1926年美国佛罗里达州房地产泡沫

20世纪20年代初，随着城镇化发展、汽车进入家庭、消费信贷制度的建立以及对第一次世界大战红利的收割，美国经济一片欣欣向荣，对房地产的消费和投资需求激增。佛罗里达州位于美国东南部，濒临加勒比海，气候温暖湿润，是理想的度假胜地和投资地。在当地政府和银行业的大力支持下，当时的佛罗里达州的房地产业超级繁荣，无数资金涌入房地产业，房价飙升，炒房成风，投机盛行。当时人口仅7.5万的迈阿密市出现了两千多家房地产公司和数万名房地产经纪人，房价在3年内上涨了5~6倍。在资金、政策以及预期的推动下，房地产泡沫迅速形成并越来越大，市场风险急剧累积。1926年9月，一场飓风袭击了佛罗里达州，成为引爆房地产泡沫的导火索。随后，房价暴跌，销售受阻，房地产企业资金链断裂，大量房地产企业破产，银行出现巨量坏账，引发美国华尔街股市崩溃，美国出现经济大萧条并影响全世界。

2. 1986—1991年日本房地产泡沫

20世纪80年代初，日本经济经历战后数十年的增长后进入空前繁荣时期，"买下美国""日本可以说不"等乐观思潮盛行。1985年9月，日本与美国等国签订"广场协议"，日元兑美元汇率大幅上升。为减少日元升值对国内经济的负面影响，日本政府推行了经济扩张政策并持续大幅降息。在低利率、流动性过剩、金融自由化、国际资本流入等刺激下，日本经济开始脱实向虚，大量资金流向了房地产市场，房地产价格暴涨，巨大的房地产泡沫逐渐形成。1990年，日本全部房地产市值是美国的5倍，是全球股市总市值的2倍，仅东京都的总地价就相当于美国全国土地价格的总和。为防止经济过热，日本央行从1989年开始连续5次加息，并开始限制房地产贷款和打击土地投机。1991年，在加息、房地产贷款紧缩、资本流出等压力下，日本房地产泡沫骤然破灭。房地产泡沫破灭后，居民财富大幅缩水，企业资产负债表恶化，银行不良贷款率上升，政府债台高筑，在人口老龄化、家庭少子化等社会问题的叠加下，日本经济陷入长期通缩和漫长的下跌周期，政治影响力下降，超级大国梦破灭，经历了"失去的三十年"。

3. 1992—1993年中国海南房地产泡沫

1992年初，邓小平发表南方谈话，海南成为中国最大的经济特区和改革开放的试验田。随着建省和特区效应的全面释放，海南成为全国各地"淘金者"的理想乐园，房地产市场也骤然升温，大量资金被投入到房地产行业。650多万人口的海南岛竟然出现了两万多家房地产公司，很多人热衷于炒地皮、炒楼花等击鼓传花的游戏，投机性需求占当地房地产市场需求的70%以上，房价在短短三年内增长超过4倍，房地产泡沫急速形成。1993年6月，国务院发布16条房地产调控措施，银根全面紧缩，海南房地产泡沫应声破裂。泡沫破灭后，开发商纷纷逃离或倒闭，大量土地闲置和楼盘烂尾，银行不良贷款率一度超过60%以上，当地经济长期低迷。

4. 1991—1997年东南亚房地产泡沫

第二次世界大战以后，东南亚实现了经济持续高速增长，创造了"亚洲奇迹"。1980年以后，东南亚国家和地区受发达国家金融自由化理论和实践的影响，陆续开启以金融自由化为主的金融改革。20世纪90年代初，美国经济表现低迷，大量国际资本流入东南亚地区。在金融自由化、全球低利率、国际资本流入、金融监管缺位以及出口导向型经济下滑、产能过剩、产业投资收益下降的背景下，大量产业资本流入房地产行业，房地产价格急剧上涨，房地产泡沫不断膨胀。例如，印度尼西亚在1988—1991年房地产价格上涨了约4倍，马来西亚、菲律宾和泰国在1988—1992年房地产价格上涨了3倍左右。1997年，在美联储加息、国际资本流出、固定汇率制崩盘等影响下，东南亚经济体汇率崩盘，国际资本大举撤出，房地产泡沫破裂，经济出现断崖式下滑。此后，除韩国等少数国家和地区转型成功外，大多数东南亚国家仍停滞在中等收入阶段。

5. 2001—2008年美国房地产泡沫

20世纪初，美国网络泡沫破灭，经济陷入衰退。为刺激经济增长，美国政府实施"居者有其屋"计划，美联储连续13次降息。但是因为美国富裕阶层的住房需求已经基本饱和，政府把重点转向低收入人群，甚至立法要求金融机构向穷人发放贷款。宽松的货币和低门槛贷款政策刺激了低收入群体的购房需求，促成了次级贷款的大规模发放。在低利率和流动性过剩的刺激下，催生了大规模的投机性需求，美国房价一路攀升。在房价上涨预期的推动下，更多的美国家庭加入抵押贷款购房的行列，进一步刺激房价上涨并迅速催生了房地产泡沫。同时，过度的金融创新扩大了相关金融产品并把次级贷款风险部分转移到资本市场。截至2007年，与次级贷款有关的金融产品总额高达8万亿美元，是抵押贷款额的5倍。2003年，美国经济开始复苏，出于对通货膨胀的担忧，美联储从2004年6月起两年内连续17次调高联邦基金利率。2007年开始，次贷违约大幅增加，次贷危机全面爆发并迅速蔓延成国际金融危机，美国房地产泡沫破灭。此后，全球经济陷入衰退，至今仍未完全走出美国次贷危机引发的金融危机的阴影。

(资料来源：任泽平，夏磊，熊柴. 房地产周期[M]. 北京：人民出版社，2017：139-182.)

阅读上述材料并思考，房地产价格泡沫的形成机理是什么？

第一节
地租决定地价机制

土地是人类赖以生存发展的物质基础，是人类最重要的物质财富之一，在市场上具有很高的价格。从劳动价值理论的角度来看，土地本质上不是劳动产品，所以没有价值，但是高昂的地价又是如何形成的？地租理论是阐述地价形成机制的重要理论基础，揭示了地价的本质。本节介绍地租的概念及其流派、马克思主义地租理论、地租与地价的关系，以及地租理论在房地产估价中的相关应用。

一、地租的概念及其流派

从狭义的角度理解，地租是指土地使用者租用土地而需要向土地所有者支付的租金。威廉·配第提出，地租是劳动产品中扣除生产投入和维持劳动者生活必需后的余额，其实质是剩余劳动的产物和剩余价值的真正形态。亚当·斯密认为，地租是为使用土地的代价，即为使用土地而支付的价格。大卫·李嘉图认为，地租是为使用土地的原有和不可摧毁的生产力而付给地主的那一部分土地产品。马克思认为，地租是农业资本家按照契约规定向土地所有者支付土地使用权的报酬。现代西方经济学家萨缪尔森认为，地租是为使用土地付出的代价，由于土地供给数量是固定的，地租量取决于土地需求者之间的竞争。从广义的角度理解，地租的概念不限于土地的租金，可以泛指土地所有者将其所拥有的土地以及与土地相关的房屋或其他定着物出租给他人使用所获得的报酬，是土地所有人凭借所有权而获得的收益。地租与土地所有权以及土地所有制相关联，是土地所有权借以实现的经济形式。土地所有权和使用权的分离是地租产生的前提。在不同的社会形态下，由于土地所有权性质的不同，地租的内容和形式也会不同，体现了不同的生产关系。可见，地租不仅仅是一个经济概念，还是一个经济、政治和法律的概念综合体。

中国古代的地租形式

地租是一个历史范畴，对其内涵的认识经历了漫长的阶段，形成了不同的地租理论，大致包括古典经济学地租理论、庸俗经济学地租理论、马克思主义地租理论以及现代西方经济学地租理论。古典经济学地租理论是17世纪中叶至19世纪初在重商主义和重农主义的基础上发展起来的地租理论，主要代表人物有威廉·配第、弗朗斯瓦·魁奈(Francois Quesnay)、安·罗伯特·雅克·杜尔阁(Anne Robert Jacques Turgot)、亚当·斯密、大卫·李嘉图等古典经济学家。19世纪上半叶，萨伊、马尔萨斯等政治经济学家发展了古典经济学中的庸俗部分，形成了庸俗经济学地租理论。19世纪下半叶，马克思和恩格斯在批判性地继承古典经济学地租理论的基础上建立和发展了马克思主义地租理论。20世纪初至20世纪下半叶，现代西方经济学中流行的地租理论是地租的边际生产力理论，其主要代表人物有马歇尔、约翰·贝茨·克拉克(John Bates Clark)、赫德(R. M. Huzd)、埃德加·胡佛(Edgar Hoover)、威廉·阿隆索(William Alonso)、萨缪尔森等人。

古典经济学　　庸俗经济学　　现代西方经济
地租理论　　　地租理论　　　学地租理论

二、马克思主义地租理论

马克思主义地租理论认为,资本主义地租是农业资本家为取得土地的使用权而交给土地所有者的超过平均利润的那部分剩余价值,是资本主义土地所有权在经济上的实现形式。资本主义地租的来源是农业资本家雇佣工人创造的超出平均利润以上的那部分剩余价值,是超额利润的转化形式。农产品的社会生产价格决定资本主义地租水平,而农产品的社会生产价格又由劣等地的生产条件所决定,因此,资本主义地租水平不是由社会平均土地生产条件决定,而是由全社会劣等地的生产条件决定。马克思主义地租理论揭示了资本主义地租的实质,是土地所有者以资本主义土地私有制为前提,凭借土地所有权不劳而获的收入,体现的是土地所有者和农业资本家对农业雇佣工人的剥削关系。根据产生的原因和条件不同,资本主义地租可分为绝对地租、级差地租以及垄断地租等。

(一) 绝对地租

绝对地租是指土地所有者凭借土地所有权的垄断所取得的地租,即不管耕作什么样的土地都必须缴纳的地租。只要土地所有权存在,农业资本家就必须支付绝对地租。否则"就意味着土地所有权的废除,即使不是法律上的废除,也是事实上的废除"[1]。既然租用劣等地的农业资本家也必须缴纳地租,而租用劣等地的农业资本家只得到了平均利润,如果让其从平均利润中拿出一部分缴纳地租,那么农业资本家就得不到平均利润,因此绝对地租不是平均利润的一部分,而是农产品市场价格高于生产价格的余额。因此,农产品的市场价格不是由劣等地的个别生产价格来决定,而应该在劣等地的个别生产价格基础上再加上一个可以用来缴纳地租的余额。也就是说,劣等地不仅要提供平均利润,还要在平均利润之上提供一个超额利润以便转化为地租。土地所有权的垄断就是引起农产品市场价格上涨到生产价格以上的原因,也是要在平均利润之上提供超额利润的原因。

【思考与讨论】为什么最差的土地也存在地租?

(二) 级差地租

级差地租是指在某种自然条件(如土地肥力、地理位置等)被垄断的情况下,农产品的社会生产价格高于个别生产价格而产生的超额利润的转化形式,具体是指租用较优土地的农业资本家向土地所有者缴纳的超额利润,级差地租与土地等级相联系。

级差地租形成的条件是土地自身在肥沃程度、地理位置等方面的差异,并以资本在国民经济各个部门之间可以自由转移以及农产品按照社会生产价格出售为前提。由于土地等级有优劣之分,在投入等量劳动和资本的情况下,中等地和优等地的农业生产效率和产量要高于劣等地的农业生产效率和产量,中等地和优等地农产品的个别生产价格就低于劣等地农产品的个别生产价格,而农产品的社会生产价格由劣等地农产品的个别生产价格决定,因此中等地和优等地农产品的个别生产价格也就低于社会生产价格。但是农业资本家

---

[1] 马克思. 资本论(第3卷)[M]. 中共中央马克思恩格斯列宁斯大林著作编译局, 译. 北京: 人民出版社, 2004: 849.

按照社会生产价格出售其农产品，因此租用中等地和优等地的农业资本家就可以获得超额利润。这种在平均利润之上的超额利润就是缴纳给土地所有者的级差地租。土地等级的差异只是级差地租形成的自然条件，土地有限性引起的土地经营的垄断才是级差地租产生的原因。级差地租来源于农业工人创造的剩余价值(即超额利润)，它经由农业资本家再转到土地所有者手中。级差地租的形成与土地私有权没有关系，但是土地私有权是农业超额利润以级差地租的形式从农业资本家转移到土地所有者手中的原因。

农产品的价格决定？

按照形成基础的不同，马克思将级差地租分为两种形式，即级差地租Ⅰ和级差地租Ⅱ。级差地租Ⅰ是指等量资本投在等面积而等级不同的土地上所创造的超额利润而转化成的级差地租，级差地租Ⅱ是指等量资本连续投在同一块土地上所创造的超额利润而转化成的级差地租。级差地租Ⅰ主要是由土地的肥沃程度和位置差异引起的，肥力和位置虽然是自然属性，但是可以通过农业科技的发展和交通条件的改善而得到提升，从而提高级差地租Ⅰ。同时，只要在同一块土地上连续追加投资，所生产的农产品的个别生产价格就会低于该产品的社会生产价格，就可能获得超额利润并转化为级差地租Ⅱ。

【思考与讨论】土地价值中有没有劳动价值的成分？

(三) 垄断地租

垄断地租是指由于某些土地具有特殊的优越性和稀缺性而使农产品能以垄断价格出售从而获得超额利润而转化成的地租。首先，垄断地租产生的自然条件是土地的特殊性质。由于土地具有特殊的性质，能够生产出某些名贵而又稀缺的优越农产品，而这种特殊的性质是其他土地所不具备的。因此，这些农产品就可以按超过其价值的垄断价格来销售，从而使经营这些特殊土地的农业资本家获得超额利润，进而转化成垄断地租。其次，垄断地租产生的原因是某些具有特殊性质土地的稀缺性所引起的经营权垄断。由于具有特殊性质的土地非常稀少，当这些土地被农业资本家租用后，他们就取得了对这些特殊土地经营权的垄断，从而只有这些农业资本家才能生产出相应的珍贵农产品，并卖出垄断高价。但是，由于垄断高价而取得的超额利润并不能被农业资本家留给自己，因为土地所有者会凭借他们的土地所有权以地租形式占为己有，从而形成垄断地租。就农业而言，垄断地租不是来自农业工人创造的剩余价值，而是来自社会其他部门工人创造的价值。

三、地租与地价的关系

在市场经济条件下，土地权利一旦被占有，就可以成为商品，能够买卖并形成价格(即地价)。地价是土地价格的简称，是指买卖土地的价格。由于我国实行土地的社会主义公有制，土地不得买卖，我国的地价通常是指土地所有者出让或土地使用者转让一定使用期限的国有建设用地使用权的价格，其本质是一定期限的土地使用权租金。

地价是地租的资本化，或者说是资本化的地租。马克思指出："土地的购买价格，是按年收益若干倍来计算的,这不过是地租资本化的另一种表现。"如果考虑地租的时间和折现,则地价可视为是未来地租收益的折现和。可见,地价不是土地实体的购买价格,而是土地预期收益的购买价格,地租和地价本质上具有同一性,地租是地价的基础,地价是地租的结果,地租和地价的关系类似于利息和本金的关系。

因此,地价可通过地租还原得到,计算公式为

$$地价 = \frac{地租}{还原利率} \tag{5-1}$$

从地价的构成来看,地价可以视为土地资源价格和土地资本价格之和。土地资源价格是指土地作为未经人类勘测、开发和利用过的自然历史产物的自然资源价格,是土地自身的价格。土地资本价格是指在土地资源的基础上,经过人类勘测、开发和利用,凝结了人类物化劳动和活劳动而创造出的新价值,是人类劳动创造的新增土地价格。在现代社会中,没有凝结任何人类劳动的土地是不多见的。例如,将生地开发成熟地所新增的价格就是土地资本价格。但是作为自然产物,土地资源价格一般要高于土地资本价格。

式(5-1)中的地租包括绝对地租、级差地租Ⅰ和级差地租Ⅱ。绝对地租是指自然条件最差的土地所要求的最低限度的地租;级差地租Ⅰ是指自然条件较好的土地所要求的地租;级差地租Ⅱ是指对土地进行投资所要求的地租。根据地租和地价的含义及其关系,地价中的土地资源价格相当于由绝对地租和级差地租Ⅰ所决定的价格,是绝对地租和级差地租Ⅰ的资本化;地价中的土地资本价格相当于由级差地租Ⅱ所决定的价格,是级差地租Ⅱ的资本化。

四、地租理论与房地产估价

根据马克思主义地租理论,地租是土地所有权在经济上的实现形式。在社会主义社会,以公有制为基础的土地所有权垄断以及土地等级差异仍然存在,这就决定了我国社会主义地租客观存在的必然性。因此,马克思主义地租理论以及其他地租理论中的一些科学观点对分析我国土地和房地产的价格形成以及指导价格评估具有重要意义。

第一,地租理论是我国国有土地有偿使用制度改革的理论基础。在地租理论的指导下,我国在20世纪80年代开始进行城市国有土地使用制度改革,实现了土地所有权和使用权的分离,建立了城市国有土地使用权交易市场,为国有土地所有权和城市地租的经济实现创造了条件,为房地产和城镇化发展奠定了基础。同时,地租理论也为我国土地市场和房地产市场的价格管理和宏观调控以及房地产税费改革提供了理论依据。

第二,地租理论是房地产估价收益法的理论依据之一。根据马克思主义地租理论,地价是地租的资本化,即土地价格本质上是未来一段时间内所获得的地租的现值之和。房地产租金可以视为广义的地租,房地产价格也可以用未来租金收益的折现和来测算。

第三,地租理论可以解释土地和房地产增值收益的来源并指导增值收益的分配。根据马克思主义地租理论,级差地租包括级差地租Ⅰ和级差地租Ⅱ。级差地租Ⅰ来源于土地自然属性的差异,自然属性差异的一部分源于其天然条件,另一部分源于交通条件等外部经济社会环境的改善,这些主要是由社会发展和国家投资所带来的。级差地租Ⅱ主要源于对土地的连

续追加投资,主要是由土地使用者和经营者的投入所带来的。因此,级差地租Ⅰ带来的增值收益应该归国家所有,级差地租Ⅱ带来的增值收益应该归土地使用者和经营者所有。

【思考与讨论】你以为其他地租理论有哪些合理成分?

第二节 供求决定价格机制

西方经济学从供求关系及其变动来解释价格的形成,认为商品价格由供求决定,并利用均衡价格理论来分析商品价格的形成机制。虽然均衡价格理论有时被认为只论现象不顾本质,但是其对解释现实中的价格形成与决定确实相当有力。根据均衡价格理论,边际效用决定需求和需求价格,生产费用决定供给和供给价格,需求和供给共同作用形成商品均衡价格。因此,均衡价格理论和供求决定价格机制本质上是以效用价值理论和生产费用价值理论为基础的。本节首先介绍竞争性市场中同质性商品的需求、供给、弹性、均衡价格以及供求规律等概念,其次介绍均衡价格的形成与变动以及均衡价格理论在房地产估价中的相关应用。

竞争性市场

一、需求、供给与弹性

(一) 需求

1. 需求的含义

需求是指在其他条件不变的情况下,消费者在一定时期内在各种可能的价格水平下愿意且有能力购买的某种商品的数量。需求的内涵可以从以下几个方面来理解:①需求是指对特定商品的需求。需求不是抽象的概念,而是与具体的商品相联系,离开了特定的商品,需求就失去了对象和意义。②需求是指特定时期内的需求。需求不是固定不变的,而是具有时间性,影响需求的各种因素、需求量与价格的关系以及需求量的大小都会随时间的变化而变化。因此,需求是指在特定时期内的需求,而不是指所有时间上的需求。③需求是指有支付能力的需要。需求必须以支付能力为前提,即有效需求,是购买需要与支付能力的统一。如果消费者对某种商品有购买需要但是没有支付能力,或者消费者有购买某种商品的能力但是没有购买该商品的需要,这些都只是潜在需求,而不是有效需求。

需求可以分为个别需求和市场需求。个别需求是指单个消费者或单个家庭在一定时期内在各种可能的价格水平下愿意且有能力购买的某种商品的数量。市场需求是指市场上所有消费者在一定时期内在各种可能的价格水平下愿意且有能力购买的某种商品的数量。个别需求是市场需求的基础，市场需求是所有个别需求的加总。

【思考与讨论】需求与欲望有什么不同？

2. 需求量的影响因素

消费者对一种商品的需求量受到多种因素的影响。需求量的主要影响因素及其影响情况如下所述。

(1) 商品自身的价格。由于存在替代效应和收入效应，正常商品的需求量与该商品自身价格之间呈负相关关系。商品自身价格越高，消费者对该商品的需求量就越小；商品自身价格越低，消费者对该商品的需求量就越大。但是部分商品可能存在例外情况，即在其他条件不变的情况下，价格上升时需求增加，价格下降时需求减少，如吉芬商品。

替代效应与收入效应

吉芬商品

(2) 消费者的收入或财富水平。需求受到支付能力的约束，因此对于大多数商品来说，需求量与消费者的收入或财富水平呈正相关关系。当消费者的收入或财富水平提高时，对商品的需求量会增加；当消费者的收入或财富水平降低时，对商品的需求量会减少。但是对部分低档或劣质商品而言，随着收入或财富水平的提高，消费者对它们的需求反而可能下降。

(3) 相关商品的价格。相关商品分为替代品和互补品，替代品是指可以通过互相替代来满足消费者某种需求的商品，如高层住宅和多层住宅、豪华公寓与别墅、车库和车位等；互补品是指必须相互补充才能更好地满足消费者某种需求的商品，如住宅与车库、工业厂房与仓储设施等。如果是替代关系，则其他相关商品价格上升会引起该商品的需求量增加；其他相关商品价格下降会引起该商品的需求量减少。如果是互补关系，其他相关商品价格上升会引起该商品的需求量减少；其他商品的价格下降会引起该商品的需求量增加。

(4) 消费者偏好。消费者偏好是指消费者对特定商品的特殊喜好，反映在无约束条件下消费者对某种商品的欲望或需要。需求量与消费者偏好呈正相关关系，消费者对某种商品的偏好程度越强，对该商品的需求量就越大；消费者对某种商品的偏好程度越弱，对该商品的需求量就越小或没有需求。消费者偏好取决于消费者个人的兴趣、爱好、性格、审美、习惯以及消费者所处的文化、传统、风俗等社会环境因素。

(5) 消费者对未来的价格预期。需求量与消费者对未来的价格预期呈正相关关系。当消费者预计某种商品的价格可能上涨时，对该商品现期的需求量就会增加；当消费者预计某种商品的价格未来可能下降时，对该商品现期的需求量就会减少。当房地产市场价格持续上涨时，消费者预计房价可能还会上涨，就会增加对房地产的需求；反之，当房地产市场价格持续下降时，对房地产的需求减少，从而出现"追涨杀跌"现象。

影响商品需求量的因素还有很多，不同商品的影响因素也不尽相同，应根据每一种商品的特殊情况进行具体分析。就房地产而言，除上述因素外，影响房地产需求量的因素还有房地产自身因素、外部因素、心理因素等。从短期、中期和长期来看，房地产需求量的影响因素和影响程度会有所不同。更多相关内容详见第六章。

【思考与讨论】"酒香不怕巷子深"说明了什么?

3. 需求函数与需求曲线

需求函数表示一种商品的需求量和影响该商品需求量的各个因素之间的相互关系。在需求函数中，影响商品需求量的各个因素是自变量，需求量是因变量。由于影响商品需求量的因素众多，为简化分析，通常假设在其他影响因素不变的情况下分析其中一个影响因素与需求量的关系。由于价格是影响商品需求量的最基本因素，也是本教材关注的重点，因此可以将商品需求量视为该商品价格的函数，公式为

$$Q_d = f(P) \tag{5-2}$$

式(5-2)中，P为商品的价格；Q_d为商品的需求量，是指消费者在某一特定价格水平愿意且有能力购买的具体商品数量。

式(5-2)表明，在某一特定时期内，某种商品的需求量与其价格之间呈现一一对应关系。如果将式(5-2)用平面几何来表示，则可以得到一条曲线，这条曲线被称为需求曲线。需求曲线是用来描述商品需求量和价格的关系的几何图形。为了进一步简化分析，在不影响结论的前提下，通常假设需求函数为线性关系，其形式为

$$Q_d = \alpha - \beta P \tag{5-3}$$

式(5-3)中，α、β为常数，且α、$\beta>0$，其余参数含义同前。

式(5-3)表示的需求函数在图象上表示为一条直线(见图5-1)。其中，横轴Q_d表示商品的需求量，纵轴P表示商品的价格，D为需求曲线。

价格变动会引起需求量的变动，在图象上表现为沿着需求曲线移动。如图5-1所示，当价格由P_0上升到P_1时，需求量由Q_0减少到Q_1，在需求曲线D上表现为从B点向左上方移动到A点；当价格由P_0下降到P_2时，需求量由Q_0增加到Q_2，在需求曲线D上表现为从B点向右下方移动到C点。

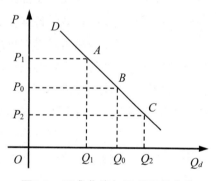

图5-1 需求曲线与需求量的变化

需求的变化是指在一定时期内，在商品自身价格保持不变的情况下，由商品自身价格以外的其他因素变动引起的需求量的变化，在图象上表现为整条需求曲线的位置发生了平移，表示整个需求状况发生了变化。如果其他因素的变动使得该商品的需求量增加，则称为需求的增加；如果其他因素的变动使得该商品的需求量减少，则称为需求的减少。如图5-2所示，假定原有的需求曲线为D_0，在商品价格P_0不变的情况下，当其他因素的变动如消费者收

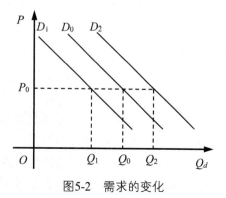

图5-2 需求的变化

入减少或者其他替代商品价格下降时,需求量由Q_0减少到Q_1,在图象上表现为整条需求曲线由D_0向左方移动到D_1,这表明消费者在每一个价格水平上都相应减少了对该商品的需求;当其他因素的变动如消费者收入增加或者其他替代商品价格上升时,需求量由Q_0增加到Q_2,在图象上表现为整条需求曲线由D_0向右方移动到D_2,这表明消费者在每一个价格水平上都相应增加了对该商品的需求。

【思考与讨论】影响需求和需求量的因素有什么不同?

4.需求定理

在图5-1中,需求曲线向右下方倾斜,表示商品的需求量与其价格之间呈现反方向变化关系,这种关系称为需求定理或需求规律。需求定理的具体表述为,在其他条件不变的情况下,一种商品的价格上升,对该商品的需求量减少;反之,对该商品的需求量增加。商品需求量与其价格呈现反方向变化的原因在于,在消费者收入水平不变的情况下,某种商品的价格上升意味着消费者有效购买力的减少,会导致消费者减少消费量或购买价格相对较低的替代品,从而减少对该商品的需求量;某种商品的价格下降意味着消费者有效购买力的增加,消费者可以用等量货币购买更多的该商品,而且过去买不起或购买价格相对较低的替代品的消费者也会被吸引来购买该商品,从而增加对该商品的需求量。

理解需求定理需要注意两点:一是需求定理以一定的假设条件为前提,除了商品自身的价格以外,影响商品需求量的其他因素不变,离开这一假设前提,需求定理不一定能成立。例如,如果收入增加,则商品需求量与其价格不一定呈现反方向变化。二是需求定理针对的是一般的商品,某些特殊商品存在例外情况,如吉芬商品、炫耀性商品和某些投机性商品。吉芬商品是指需求量与价格呈现同方向变化的商品。炫耀性商品是指主要用来炫耀自己的身份、地位、财富的高档商品,如豪宅、名车、名表、古玩以及高档的珠宝、首饰、服饰等,这类商品如果价格下降,就会失去其蕴含的象征意义,需求量反而可能下降;如果价格上升,许多人可能争相购买,需求量反而可能上升。还有一些投机性商品如证券、黄金、房地产等,当价格小幅波动时,需求量与价格之间的关系符合需求定理,但是当价格持续大幅度变化时,人们会因为不同的预期而采取不同的行动,需求量与价格之间呈现不规则变化,不一定符合需求定理。

【思考与讨论】房地产的需求有什么特点?

(二) 供给

1.供给的含义

供给是指在其他条件不变的情况下,生产者在一定时期内在各种可能的价格水平下愿意且能够出售的某种商品的数量。供给的内涵可以从以下几个方面理解:①供给是指提供特定商品的供给。供给不是抽象的概念,而是与具体的商品相联系,离开了特定的商品,供给就失去了意义。②供给是指特定时期内的供给。供给不是固定不变的,而是具有时间性,影响供给的各种因素、供给量与价格的关系以及供给量的大小都会随时间的变化而变化。因此,供给是指在特定时间内的供给,而不是指所有时间上的供给。③供给是指有供给能力的供给。供给必须以供给能力为前提,是供给欲望与供给能力的统一。如果生产者对某种商品有供给欲望但是没有供给能力,或者生产者有供给某种商品的能力但是没有供给该商品的欲望,这些都只是潜在供给,而不是有效供给。

供给可以分为个别供给和市场供给。个别供给是指单个生产者在一定时期内在各种可能的价格水平下愿意且有能力供给的某种商品的数量。市场供给是指市场上所有生产者在一定时期内在各种可能的价格水平下愿意且有能力供给的某种商品的数量。个别供给是市场供给的基础,市场供给是所有个别供给的加总。

【思考与讨论】房地产供给渠道有哪些?

2. 供给量的影响因素

一种商品的供给量受到多种因素的影响。供给量的主要影响因素及其影响情况如下所述。

(1) 商品自身的价格对供给量的影响。商品的供给量与该商品自身的价格之间呈正相关关系。商品自身的价格越高,生产者越有利可图,生产者就会增加产量或吸引新的生产者进入该商品生产领域,商品的供给量就增加;商品自身的价格越低,生产者越无利可图,生产者就会减少产量或退出该商品生产领域,商品的供给量就减少。

(2) 生产经营成本对供给量的影响。商品的供给量与生产该商品的成本之间呈负相关关系。在商品自身价格不变的情况下,生产经营成本上升,利润就会减少,生产者就会减少产量或退出该商品生产领域,商品的供给量就减少;生产经营成本下降,利润就会增加,生产者就会提高该商品的产量或吸引新的生产者进入该商品生产领域,商品的供给量就会增加。

(3) 生产技术与管理水平对供给量的影响。商品的供给量与生产该商品的技术和管理水平之间呈正相关关系。生产技术与管理水平越高,产品的生产与管理成本越低,商品的供给量就多;生产技术与管理水平越低,产品的生产与管理成本越高,商品的供给量就少。

(4) 生产要素的供应对供给量的影响。商品的供给量与生产该商品的生产要素的供应情况关系密切。当土地、资金、原材料、劳动力等生产要素供应充足时,商品的供给量就多;当土地、资金、原材料、劳动力等生产要素供应紧张时,商品的供给量就少。

(5) 其他商品的价格对供给量的影响。商品的供给量与其他商品的价格之间呈负相关关系。如果商品自身价格不变,其他商品的价格提高,生产者会转而生产其他商品,原来生产的商品供给量就会减少;其他商品的价格下降,生产者会转而生产原来的商品,其供给量就会增加。

(6) 未来的价格预期对供给量的影响。商品的供给量与生产者对未来的价格预期有关。当生产者预计某种商品的价格未来可能上涨时,短期内可能会囤积居奇,待价而沽,使得该商品现期的供给量减少,但是长期内可能会扩大生产,增加商品供给量;当生产者预计某种商品的价格未来可能下跌时，短期内可能会急于抛售，使得该商品现期的供给量增加，但是长期内可能会压缩生产，减少商品供给量。

（7）考察时间的长短对供给量的影响。供给是特定时期内的供给，房地产供给量的影响因素以及影响程度在短期、中期和长期内会有所不同。商品的供给量与考察时间的长短总体上呈负相关关系。考察的时间越长，商品的供给量就越多；反之，商品的供给量就越少。考察的时间长短不同，相关影响因素对供给量的影响方向和影响程度也有所不同。

影响商品供给量的因素还有很多，如税收和补贴等，不同的商品其供给量的影响因素也不尽相同，应该根据每一种商品的特殊情况进行具体分析。

【思考与讨论】房地产供给影响因素有哪些特殊性？

3. 供给函数与供给曲线

供给函数表示一种商品的供给量和影响该商品供给量的各个因素之间的相互关系。在供给函数中，影响商品供给量的各个因素是自变量，供给量是因变量。由于影响商品供给量的因素众多，为简化分析，通常假设在其他影响因素不变的情况下分析其中一个影响因素与供给量的关系。由于价格是影响商品供给量的最基本因素，也是本教材关注的重点，可以将商品供给量视为该商品价格的函数，公式为

$$Q_s = f(P) \tag{5-4}$$

式(5-4)中，P为商品的价格；Q_s为商品的供给量，是指生产者在某一特定价格水平下愿意且有能力供给的具体商品数量。

式(5-4)表明，某一特定时期内某种商品的供给量与其价格之间呈现一一对应关系。如果将式(5-4)用平面几何来表示，则可以得到一条曲线，这条曲线被称为供给曲线。供给曲线是用来描述商品供给量和价格的关系的几何图形。为了进一步简化分析，在不影响结论的前提下，通常假设供给函数为线性关系，其形式为

$$Q_s = -\delta + \gamma P \tag{5-5}$$

式(5-5)中，δ、γ为常数，且δ、$\gamma>0$，其余参数含义同前。

式(5-5)表示的供给函数在图象上表示为一条直线(见图5-3)。其中，横轴Q_s表示商品的供给量，纵轴P表示商品的价格，S为供给曲线。

价格变动会引起供给量的变动，在图象上表现为沿着供给曲线移动。如图5-3所示，当价格由P_0上升到P_1时，供给量由Q_0增加到Q_1，在供给曲线S上表现为从B点向右上方移动到A点；当价格由P_0下降到P_2时，供给量由Q_0减少到Q_2，在供给曲线S上表现为从B点向左下方移动到C点。

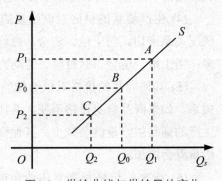

图5-3 供给曲线与供给量的变化

供给的变化是指在一定时期内，在商品自身价格保持不变的情况下，由商品自身价格以外的其他因素变动引起的供给量的变化，在图象上表现为整条供给曲线的位置发生了平移，表示整个供给状况发生了变化。如果其他因素的变动使得该商品的供给量增加，则称为供给的增加；如果其他因素的变动使得该商品的供给量减少，则称为供给的减少。如图5-4所示，假定原有的供给曲线为S_0，在商品价格P_0不变的情况下，当其他因素的变动如生产要素价格下降或者生产技术与管理水平提高时，供给量由Q_0增加到Q_1，在图象上表现为整条供给曲线由S_0向右方移动到S_1，这表明生产者在每一个价格水平上都相应增加了对该商品的供给；当其他因素的变动如生产要素价格上升或者生产技术与管理水平下降时，供给量由Q_0减少到Q_2，在图象上表现为整条供给曲线由S_0向左方移动到S_2，这表明生产者在每一个价格水平上都相应减少了对该商品的供给。

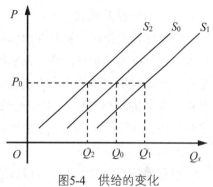

图5-4　供给的变化

【思考与讨论】影响供给和供给量的因素有什么不同？

4. 供给定理

在图5-3中，供给曲线向右上方倾斜，表示商品的供给量与其价格之间呈现同方向变化关系，这种关系称为供给定理或供给规律。供给定理的具体表述为，在其他条件不变的情况下，一种商品的价格上升，则该商品的供给量增加；一种商品的价格下降，则该商品的供给量减少。商品供给量与其价格呈现同方向变化的原因在于，在生产成本和生产技术与管理水平不变的情况下，某种商品的价格上升意味着利润的增加，生产者会增加产量或者吸引新的生产者进入该商品生产领域，从而增加该商品的供给量；某种商品的价格下降意味着利润的减少，生产者会减少产量或退出该商品生产领域，从而减少该商品的供给量。

理解供给定理需要注意两点：一是供给定理以一定的假设条件为前提，除了商品自身的价格以外，影响商品供给量的其他因素不变，离开这一假设前提，供给定理不一定能成立。例如，如果生产要素价格或生产技术和管理成本大幅度下降，则商品供给量与其价格不一定呈现同方向变化。二是供给定理针对的是一般的商品，某些特殊商品存在例外情况，如劳动力商品、数量稀少且无法再生产的商品、投机性商品。当工资水平较低时，提高工资会激励工人延长工作时间，增加劳动供给；但是当持续提高工资至一定水平时，工人更愿意将时间用于休闲娱乐以改善生活，从而降低了劳动供给。古董、文物等数量稀少的商品，无论价格如何变化，其供给量通常也无法增加。证券、黄金、房地产等投机性商品，当价格小幅度变化时，供给量与价格之间的关系符合供给定理，而当价格持续大幅度变化时，供给量则呈现不规则变化，不一定符合供给定理。

【思考与讨论】房地产的供给有什么特点？

(三) 弹性

弹性是指当自变量变动1%时因变量变动的百分比,反映的是因变量对自变量变动的敏感程度。弹性的大小用弹性系数来表示,即弹性系数=因变量的变动率/自变量的变动率。弹性或弹性系数是一个具体的数值,与自变量和因变量的度量单位无关。

1. 需求弹性

1) 需求弹性的概念

需求弹性是指在一定时期内商品需求量变动对于影响该商品需求量的因素变动的反应程度,包括需求的价格弹性、需求的交叉价格弹性、需求的收入弹性等。需求的价格弹性是指在一定时期内商品需求量变动对于影响该商品的价格变动的反应程度,或者说在一定时期内商品的价格变化1%时引起的该商品需求量变化的百分比,简称需求弹性。需求价格弹性的公式为:需求的价格弹性系数=需求量变动的百分比/价格变动的百分比。

2) 需求弹性的情形

根据弹性系数的大小,可以将需求弹性分为五种情形,如图5-5所示。

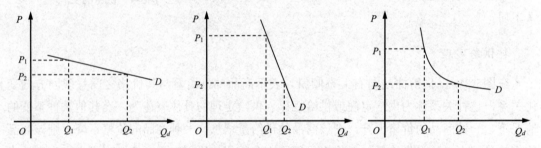

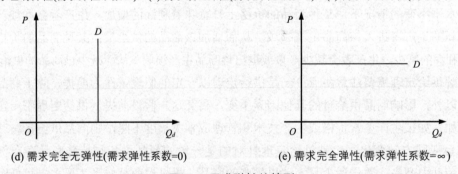

图5-5 需求弹性的情形

(1) 当需求弹性系数大于1时,表示需求量的变动率大于价格的变动率,即需求量对于价格变动的反应比较敏感,称为需求富有弹性,此时需求曲线比较平坦,一般认为奢侈品、珠宝、国外旅游产品等符合这种情况。

(2) 当需求弹性系数小于1时,表示需求量的变动率小于价格的变动率,即需求量对于价格变动的反应不够敏感,称为需求缺乏弹性,此时需求曲线比较陡峭,一般认为粮食、蔬菜等大多数生活必需品符合这种情况。

(3) 当需求弹性系数等于1时,表示需求量的变动率刚好等于价格的变动率,称为单位弹性，此时需求曲线为一条正双曲线，这是一种特殊情况甚至是巧合，在现实中很少发生。

(4) 当需求弹性系数等于0时，表示无论价格如何变动，需求量都不会变动，称为需求完全无弹性，此时需求曲线垂直于横坐标轴，这种情况在现实中比较罕见，通常认为食盐、丧葬等接近完全无弹性。

(5) 当需求弹性系数等于∞时，表示需求量对价格变动的反应非常剧烈，即使是微小的价格变化也可能导致需求量变为无穷大或零，称为需求完全弹性，此时需求曲线平行于横坐标轴，这种情况在现实中几乎不存在。商品的需求弹性也不是一成不变的，会随着价格的变化而发生变化，当商品价格比较高属于高档消费品时，需求比较富有弹性，而随着价格的降低，需求弹性会逐渐变小。

3) 影响需求弹性的因素

影响需求弹性的主要因素有商品对消费者的重要程度、商品的可替代程度、商品的用途、商品支出占消费者全部支出的比重、考察时间的长短等。一种商品对消费者越重要，其需求弹性就越小；反之越大，如生活必需品的需求弹性很小、奢侈品的需求弹性比较大。一种商品的替代品越多，其需求弹性越大；反之越小。一种商品的用途越广泛，其需求弹性越大；反之越小。一种商品的支出占消费支出的比重越大，其需求弹性越大；反之越小。价格变动后消费者调节需求量的时间越长，需求弹性越大；反之越小。此外，商品的质量与耐用程度、人们的消费习惯、商品的系列化和售后服务等也会影响需求弹性。

【思考与讨论】房地产的需求弹性有哪些特点？

2. 供给弹性

1) 供给弹性

供给弹性是指在一定时期内商品供给量变动对于影响该商品供给量的因素变动的反应程度，包括供给的价格弹性、供给的交叉价格弹性、供给的预期价格弹性等。供给的价格弹性是指在一定时期内商品供给量变动对于影响该商品的价格变动的反应程度，或者说在一定时期内商品价格变化1%时引起的该商品供给量变化的百分比，简称供给弹性。供给价格弹性的公式为：供给的价格弹性系数=供给量变动的百分比/价格变动的百分比。

2) 供给弹性的情形

根据弹性系数的大小，可以将供给弹性分为以下五种情形，如图5-6所示。

(1) 当供给弹性系数大于1时，表示供给量的变动率大于价格的变动率，即供给量对于价格变动的反应比较敏感，称为供给富有弹性，此时供给曲线的延长线与横坐标轴的交点位于坐标原点的左边，一般认为劳动密集型产品、轻工业品等属于这种情况。

(2) 当供给弹性系数小于1时，表示供给量的变动率小于价格的变动率，即供给量对于价格变动的反应不够敏感，称为供给缺乏弹性，此时供给曲线的延长线与横坐标轴的交点位于坐标原点的右边，一般认为资本密集型产品、重工业品、农产品等属于这种情况。

(3) 当供给弹性系数等于1时，表示供给量的变动率刚好等于价格的变动率，称为单一弹性或单位弹性，此时供给曲线的延长线与横坐标轴的交点正好位于坐标原点，这是一种特殊情况甚至是巧合，在现实中很少发生。

(4) 当供给弹性系数等于0时,表示无论价格如何变动,供给量都不会变动,称为供给完全无弹性,此时供给曲线垂直于横坐标轴,这种情况在现实中比较罕见,通常认为土地、古玩、名画等不可再生资源或无法复制的珍贵文物的供给弹性接近于完全无弹性。

(5) 当供给弹性系数等于∞时,表示供给量对价格变动的反应非常剧烈,即使价格没有变化或微小的价格变化,也可能导致供给量变化很大甚至无穷大,称为供给完全弹性,此时供给曲线平行于横坐标轴,这种情况在现实中几乎不存在,但是也有经济学家认为有些发展中国家某些时期的农村过剩劳动力接近于供给完全弹性。

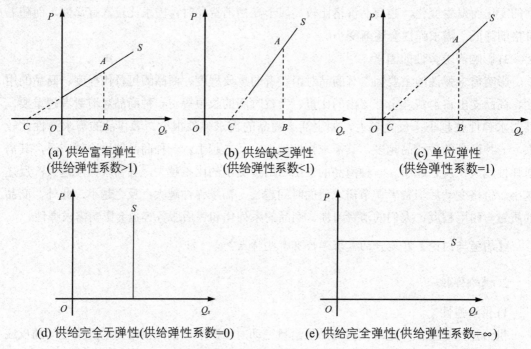

图5-6 供给弹性的情形

3) 影响供给弹性的因素

影响供给弹性的主要因素有商品的生产周期、产量调整难度、生产技术状况、边际生产成本、生产规模等。一种商品的生产周期越长,其供给弹性就越小;反之越大。商品的价格发生变动时,产量调整难度小的商品,其供给弹性大;产量调整难度大的商品,其供给弹性小。对于同一种商品来说,短期内产量调整比较困难,供给弹性就小;长期内产量可以做出充分调整,供给弹性就大。劳动密集型商品的供给弹性比较大,资本密集型、技术密集型和知识密集型商品的供给弹性比较小。如果产量变动引起的边际生产成本变化不大,则供给弹性较大;反之较小。一种商品的生产规模越大,调整周期越长,其供给弹性就越小;反之越大。此外,商品的供给弹性还与生产要素的供给弹性、生产成本等有关。在这些因素的综合作用下,现实中的商品价格弹性表现得相当复杂。

【思考与讨论】房地产的供给弹性有哪些特点?

二、均衡价格的形成与变动

(一) 均衡价格的概念

需求定理说明了商品的需求量与价格之间的反向变动关系,供给定理说明了商品的供给量与价格之间的同向变动关系。但是仅仅依靠单方面的需求或供给,无法确定消费者的需求量和生产者的供给量,也无法确定商品的市场价格。商品的供求量和市场价格必须在需求与供给的相互作用中来确定。一种商品的需求量和供给量相等时的价格称为均衡价格,在均衡价格水平上的供求数量称为均衡数量,需求量和供给量相等的状态称为均衡状态,也称为市场出清状态。从几何图形上看,一种商品的市场均衡出现在该商品的市场需求曲线和市场供给曲线相交的交点上,该交点被称为均衡点,均衡点上的价格和对应的供求量分别被称为均衡价格和均衡数量。如图5-7所示,D为需求曲线,S为供给曲线,需求曲线和供给曲线相交于均衡点E点,对应的均衡价格为P_0、均衡数量为Q_0。

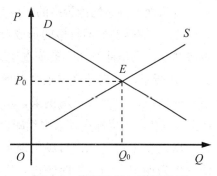

图5-7 均衡价格与均衡数量

(二) 均衡价格的变动与供求定理

商品的均衡价格是需求量和供给量相等时的价格,是需求和供给这两种相反的力量达到平衡时的价格。由于受到各种因素的影响,市场随时有可能出现需求量和供给量不相等的非均衡状态,致使市场价格偏离均衡价格。当市场出现商品供大于求的状况时,需求者会压低价格来得到他需要购买的商品量,同时供给者也会减少商品的供给量。如此,该商品价格必然下降,一直下降到均衡价格的水平。当市场价格低于均衡价格时,市场出现供不应求的商品短缺或超额需求的状况,需求者会提高价格来得到他所需要购买的商品量,供给者也会增加商品的供给量。如此,该商品价格必然上升,一直上升到均衡价格的水平。由此可见,当市场价格偏离均衡价格时,在市场的自发调节下,买卖双方会各自做出调整,最终达到市场均衡状态。在其他条件不变的情况下,需求变动引起均衡价格和均衡数量同方向变动;供给变动引起均衡价格反方向变动,引起均衡数量同方向变动,这就是供求定理,也称为供求规律。在供求规律的作用下,市场价格从长期看会趋于均衡价格。

看不见的手

(三) 房地产均衡价格的形成与变动

假设房地产市场上交易的房地产均为标准化的同质性房地产单元,下面基于局部均衡理论分析在供求关系作用下房地产均衡价格的形成与变动。

1.静态均衡条件下房地产价格的形成与变动

1) 房地产静态均衡价格模型

假定房地产需求和供给函数均为线性关系,则房地产静态均衡价格模型为

$$\begin{cases} Q_d = \alpha - \beta P & (1) \\ Q_s = -\delta + \gamma P & (2) \\ Q_d = Q_s & (3) \end{cases} \quad (5\text{-}6)$$

式(5-6)中，(1)式和(2)式分别表示房地产的需求函数和供给函数，(3)式表示市场供求均衡。式(5-6)中，Q_d和Q_s分别为房地产的需求量和供给量；P为房地产价格；α、β、δ、γ为常系数。将式(5-6)中的(1)式和(2)式代入(3)式，可求得静态均衡价格为

$$P = \frac{\alpha + \delta}{\beta + \gamma} \quad (5\text{-}7)$$

2) 房地产静态均衡价格的形成与变动

(1) 短期静态均衡价格的形成及变动。房地产开发周期一般较长，短期内房地产供给没有弹性，供给曲线为一条垂直线S_0，供给量固定为Q_e，需求曲线为D_0，均衡价格为P_0。如图5-8所示，当房地产需求突然增加时，需求曲线将从D_0向右平移到D_1，市场出现供不应求的情况，为调节市场供求，房地产价格将由P_0上升到P_1。当房地产需求突然减少时，需求曲线将从D_0向左平移到D_2，市场出现供给大于需求的情况，为调节市场发生的变化，房地产价格将由P_0下降到P_2。可见，在市场均衡的条件下，短期内房地产价格的形成完全取决于市场需求状况，房地产价格的变动实际上就是需求价格的变动，这时的房地产均衡价格是一种需求价格。

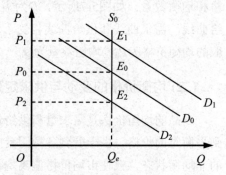

图5-8 短期静态均衡的房地产价格变动

(2) 长期静态均衡价格的形成及变动。如图5-9所示，当房地产需求增加导致房地产价格上涨时，从长期来看，房地产开发企业在利润的驱动下会增加对房地产的投资，随着新开发房地产项目的竣工交付，房地产市场供给不断增加，供给曲线由S_0向右倾斜变为S_1，并和需求曲线D_1相交于E_3，此时房地产均衡价格为P_3，且$P_0<P_3<P_1$。这表明随着房地产需求的增加，房地产供给也将逐渐增加，但是均衡价格仍然高于初始均衡价格。当房地产需求减少导致房地产价格下降时，从长期来看，房地产开发企业由于无利可图会减少对房地产的投资，随着新开发房地产项目的减少，房地产市场供给不断减少，供给曲线由S_0向右倾斜变为S_1，并和需求曲线D_2相交于E_4，此时房地产均衡价格为P_4，且$P_2<P_4<P_0$。这表明随着房地产需求的减少，房地产供给也将逐渐减少，但是均衡价格仍然低于初始均衡价格。因此，从长期来看，房地产均衡价格由房地产市场需求和供给共同决定，房地产价格变动的方向取决于供求力量的对比。

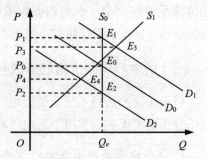

图5-9 长期静态均衡的房地产价格变动

2. 动态均衡条件下房地产价格的形成及变动

1) 房地产动态均衡价格模型

把时间因素纳入静态均衡价格模型中,就能得到房地产动态均衡价格模型,表达式为

$$\begin{cases} Q_{dt} = \alpha - \beta P_t & (1) \\ Q_{st} = -\delta + \gamma P_{t-1} & (2) \\ Q_{dt} = Q_{st} & (3) \end{cases} \quad (5\text{-}8)$$

在式(5-8)中,(1)式和(2)式分别表示房地产的需求函数和供给函数,(3)式表示市场供求均衡。式(5-8)中,Q_{dt}表示t期的房地产需求量,取决于当期的房地产价格P_t;Q_{st}表示t期的房地产供给量,取决于上一期的房地产价格P_{t-1};其余参数含义同前。

将式(5-8)中的(1)式和(2)式代入(3)式,可以求得P_t为

$$P_t = \left(-\frac{\gamma}{\beta}\right) P_{t-1} + \frac{\alpha + \delta}{\beta} \quad (5\text{-}9)$$

式(5-9)为一阶差分方程,其通解为

$$P_t = (P_0 - P_e)\left(-\frac{\gamma}{\beta}\right)^t + P_e \quad (5\text{-}10)$$

式(5-10)中,P_0为初始价格;P_e为静态均衡价格,$P_e=(\alpha+\delta)/(\beta+\gamma)$。当$P_0=P_e$时,$P_t=P_e$,表示每期的房地产价格均等于静态房地产均衡价格;当$P_o \neq P_e$时,则P_t的变动方向可能趋于P_e,也可能背离P_e。

2) 房地产动态均衡价格的形成及变动

房地产动态均衡价格的形成及变动可以采用蛛网理论进行描述。蛛网理论是指商品的价格和产量变动相互影响,进而引起规律性的循环变动的理论。该理论由西奥多·舒尔茨(T. W. Schultz)、简·丁伯根(Jan Tinbergen)和里奇-库尔巴斯托罗(G.Ricci-Curbastro)提出,因价格和产量的连续变动用图形表示犹如蛛网而得名。蛛网理论是基于弹性理论的动态均衡分析方法,它将需求弹性和供给弹性结合起来分析价格波动对下一个周期产品的影响。根据需求弹性和价格弹性的关系,具体可分为以下三种情况。

(1) 当$\left|-\frac{\gamma}{\beta}\right|<1$时,说明供给曲线斜率的绝对值大于需求曲线斜率的绝对值,即供给弹性小于需求弹性,此时$\lim\limits_{t\to\infty} P_t = P_e$,即随着时间的推移房地产价格无限趋近均衡价格,该模型被称为收敛型蛛网模型。如图5-10所示,在收敛型蛛网模型中,当房地产市场受到外力干扰而偏离原有的均衡状态以后,消费者的反应程度比房地产开发企业的反应程度更大,房地产价格和产量会围绕均衡水平上下波动,但是波动幅度越来越小,最后会恢复到稳定的均衡状

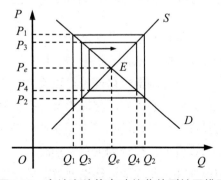

图5-10 房地产价格变动的收敛型蛛网模型

态。这种情况一般出现在政府对房地产市场采取管制政策、房地产开发企业对价格反应不太敏感的时候。

(2) 当 $\left|-\dfrac{\gamma}{\beta}\right|>1$ 时,说明供给曲线斜率的绝对值小于需求曲线斜率的绝对值,即供给弹性大于需求弹性,此时 $\lim\limits_{t\to\infty}P_t=\infty$,即随着时间的推移房地产价格趋向于无穷大,该模型被称为发散型蛛网模型。如图5-11所示,在发散型蛛网模型中,当房地产市场受到外力干扰而偏离原有的均衡状态以后,房地产开发企业的反应程度比消费者的反应程度更大,房地产价格和产量会围绕均衡水平上下波动,但是波动幅度越来越大,容易产生泡沫现象。这种情况一般出现在政府对房地产市场采取鼓励政策、金融部门对房地产贷款较为宽松的时候。

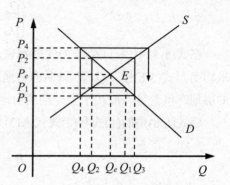

图5-11　房地产价格变动的发散型蛛网模型

(3) 当 $\left|-\dfrac{\gamma}{\beta}\right|=1$ 时,说明供给曲线斜率的绝对值等于需求曲线斜率的绝对值,即供给弹性等于需求弹性,此时 $P_{2n}=P_0$,$P_{2n+1}=2P_e-P_0$,即随着时间的推移房地产价格在 P_0 与 $(2P_e-P_0)$ 之间来回振荡,该模型被称为封闭型蛛网模型。如图5-12所示,在封闭型蛛网模型中,当房地产市场受到外力干扰而偏离原有的均衡状态以后,消费者和房地产开发企业的反应程度一样大,房地产价格和产量既不进一步偏离均衡点,也不逐步趋向均衡点。

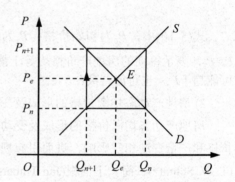

图5-12　房地产价格变动的封闭型蛛网模型

【思考与讨论】试用蛛网模型分析当前房地产市场状况。

三、均衡价格理论与房地产估价

均衡价格理论可以分析房地产价格形成机制,是比较法的理论依据之一,还可以分析投资性或投机性房地产价格、房地产宏观调控以及房地产市场发展等问题,具体表述如下。

第一,均衡价格理论可以用来分析投资性或投机性房地产价格的形成机制。以居住房地产为例,它既有居住属性又有投资属性,既有使用价值又有投资价值,既有居住需求又有投资甚至投机需求,不同属性和需求在某些情况下相互叠加和相互转化。当房地产市场中的投资或投机行为大量增加时,一般的需求定理和供给定理的解释力有限,对此可以采用弹性理论和均衡价格模型对市场价格和供求量的变化做出更为直观的解释。

第二,均衡价格理论可以用来分析房地产宏观调控的影响和效果。房地产宏观调控对房地产市场与房地产业的发展产生了巨大影响。运用均衡价格理论可以对房地产限购、限售、限贷、限价等调控政策的影响和效果进行分析,可以使房地产估价师更好地加深对房地产宏观调控政策的理解,更好地把握房地产市场和房地产价格的发展趋势。

第三,均衡价格理论可以用来分析房地产市场发展中的问题。我国房地产业发展取得了举世瞩目的成就,但是也有许多亟待解决的问题。例如,房地产价格泡沫、"天价"学区房、"阴阳合同"等,这些问题在一定程度上都能利用均衡价格理论予以分析,可以帮助房地产估价师更好地理解房地产市场的发展规律与发展趋势。

【思考与讨论】当前的房地产市场属于均衡市场吗?

第三节 预期影响价格机制

房地产既是消费品,也是投资品。作为投资品的房地产,其当前的价格与未来的价格水平或收益水平有关,由于未来的价格和收益具有不确定性,人们会基于自己所掌握的信息对未来的价格或收益做出预期。预期是影响市场微观主体决策的重要因素,市场微观主体的决策及行为最终又会影响宏观的供求关系,进而影响市场价格。因此,预期通过市场供求对价格产生影响,是一种间接的价格影响机制。本节介绍预期及预期理论、预期影响价格机制以及预期理论在房地产估价中的相关应用。

一、预期及预期理论

预期是指人们对未来变化趋势的主观判断和估计,普遍存在于人们的日常生活和经济活动中。不同学科对预期的概念有不同的解释,在经济学领域,预期是指经济行为主体在做出行动决策前,对与决策有关的未来经济形势和经济变量的变化趋势所做的主观判断和估计。预期作为一种心理活动和心理现象,很早就被经济学家所重视。在马歇尔的均衡价格理论、欧文·费雪(Irving Fisher)的利率期限结构理论、约翰·希克斯的价格预期理论、克努特·维克塞尔(Knut Wicksell)的利息与价格理论、埃里克·罗伯特·林达尔(Erik Robert Lindahl)的计划理论、纲纳·缪达尔(Karl Gunnar Myrdal)的价格形成理论中都包含了预期的思想。而在约翰·梅纳德·凯恩斯(John Maynard Keynes)的宏观经济学中,预期因素成为经济分析的重要条件并占据首要位置。

预期是在客观条件和主观心理相互作用下形成的,是主客观相结合的产物。预期形成后不是一成不变的,而是会根据主客观条件的变化而不断发生变化,信息、不确定性和风险等是影响预期的重要因素。预期来源于主客观环境,但是预期一旦形成,又会反作用于主客观环境。在经济运行中，预期首先影响经济行为主体的投资和消费等微观决策，进而影响市场供给与需求并导致宏观经济变量发生改变，从而影响政府的宏观经济政策，甚至产生溢出效应进一步影响世界经济，因此预期是联系微观经济与宏观经济的桥梁。预期对经济的影响既可能是积极的、乐观的，也可能是消极的、悲观的；既可能是合理的，也可能是不合理的。积极的预期能推动经济增长，促进经济繁荣，但也可能造成经济过热和通货膨胀；消极的预期不利于经济的长期可持续发展，但是适度的消极预期也可能给过热的经济降温。合理的预期有助于保持经济的持续、快速、健康发展；不合理的预期则会引发经济的激烈波动。因此，政府需要通过合理引导预期来实现对经济的宏观调控。

【思考与讨论】房地产估价需要进行哪些预期？

根据预期理论的发展脉络，预期理论有静态预期理论、外推型预期理论、适应性预期理论、理性预期理论以及其他预期理论。

预期理论及其发展

二、预期影响价格机制

(一) 预期对个别需求的影响

需求是指有购买意愿和支付能力的需要。从购买意愿来看，需求与消费者的个人偏好有关，假定消费者是理性的，消费选择遵循效用最大化的原则；从支付能力来看，它受到消费者可用于消费的财富的制约。由此，消费者对于某种商品的需求不仅与该商品的价格有关，还与其所要购买的其他商品的价格以及可用于消费的财富水平有关。上述只是从静态的角度分析了消费者单期需求的情况，没有考虑前后期之间的相互影响。在其他商品的价格和消费者财富水平不变的情况下，当消费者预期未来价格会上涨时，就会增加现期需求；反之就会减少现期需求，即"买涨不买跌"。

(二) 预期对个别供给的影响

假设生产者以利润最大化作为行为准则，同时受到来自技术和市场两个方面的约束，由此生产者对某种商品的供给不仅与该商品的价格有关，还与联合产品中的其他商品价格以及各种投入的价格有关。联合产品是指在同一生产过程中，使用相同的基本制造工艺和相同的基本原材料同时生产的两种或两种以上的产品。上述只是从静态的角度分析了生产者单期供给的情况，没有考虑前后期之间的相互影响。考虑预期对生产者供给的影响，还需要进行跨期分析。在联合产品中的其他商品价格以及各种投入的价格不变且折现率较小的情况下，当生产者预期未来商品价格会上升时，将对现期的商品进行囤积，以便在涨价期出售，使得两期所赚取的利润总和最大化，因此该商品的现期供给将减少；反之，当生产者预期未来商品价格会下降时，现期供给将增加。

(三) 预期对局部均衡价格的影响

假设需求函数和供给函数均为线性函数，且需求方和供给方对未来价格有相同的预期，则预期价格和均衡价格之间的关系表达式为

$$\begin{cases} Q_d = a - \beta P + \theta P^e & (1) \\ Q_s = -\delta + \gamma P & (2) \\ Q_d = Q_s & (3) \end{cases} \quad (5\text{-}11)$$

式(5-11)中，(1)式和(2)式分别表示考虑预期价格的需求函数和供给函数，(3)式表示市场供求均衡。式(5-11)中，Q_d和Q_s分别为需求量和供给量；P为现期均衡价格；P^e为下一期的预期价格；α、β、δ、γ、θ、λ为常系数。将式(5-11)中的(1)式和(2)式代入(3)式，可求得现期均衡价格与预期价格的关系式

$$P = \frac{\alpha + \delta}{\beta + \gamma} + \frac{\theta + \lambda}{\beta + \gamma} P^e \quad (5\text{-}12)$$

可见，现期均衡价格的变化和未来预期价格的变化是同向的，现期均衡价格随着未来预期价格的上升而上升，随着未来预期价格的下降而下降。

(四) 预期对房地产价格的影响

自我实现的预期效应

在房地产市场上，购房者与房地产开发企业根据各自掌握的信息对未来房地产价格的走势进行判断，然后做出相应的消费决策和投资决策，从而对房地产市场的需求和供给产生影响，进而引起房地产市场价格的变动。

假如影响需求的某些因素发生改变，对房地产的需求增大，导致房地产价格上升，具体情况如下所述。一方面，对于以自住为主的购房者，当预期下一期的房地产价格会上涨时，为避免未来更高的房价，他们会选择购买，则房地产需求将进一步增加；对于以投资或投机为主的购房者，当预期下一期的价格会上涨时，为获得更多的投资或投机收益，他们会选择购买，则房地产需求将进一步增加。另一方面，在房地产未来市场走势看好的情况下，房地产开发企业预期未来的房地产价格会上涨，于是就会囤积手中的房地产，待未来价格更高时出售以赚取更大的利润，则市场现期供给将会减少。在需求增加而供给减少的情况下，房地产价格会继续上升，人们再一次受到预期实现的激励。持续上涨的房地产价格让购房者和房地产开发企业在下一期进一步产生再后一期的价格继续上升的预期，而这种预期也将再次导致房地产价格在该期内上升。如此往复，房地产价格会越来越高，甚至引发房地产价格泡沫。

当房地产价格上涨到一定程度时，对于以自住为目的的购房者而言，因无力承担高昂的房价，他们会选择观望或转为租房，对房地产的购买需求减少；对于以投资或投机为目的的购房者而言，一旦受一些突发性利空消息或事件影响，他们就会恐慌性抛售房地产，对房地产的投资或投机需求减少。在需求下降的情况下，房地产价格回落，这种价格下滑趋势一旦出现，消费者就会改变对未来的价格预期，市场参与者尤其是投资者和投机者迅速减少，交易量大幅下滑，房地产出现大量滞销，闲置房地产数量激增，供大于求的状况也使得现期价格进一步下降。这样，房地产价格和需求量可能会越来越低，甚至引发价格崩盘。

三、预期理论与房地产估价

预期理论对房地产估价活动具有重要的理论参考和实际应用价值,主要体现在以下几个方面。

第一,预期理论可以用来分析房地产市场的发展趋势,包括市场供求、市场价格以及相关的收益与成本等信息。预期理论是房地产市场分析的微观经济学基础,可以为房地产市场分析提供理论与方法支撑。人们基于预期理论开发出了很多房地产市场的预测方法,如长期趋势法。预期理论是收益法、假设开发法和长期趋势法的理论依据之一。

第二,预期理论可以用来分析房地产宏观经济政策。宏观经济政策分析是房地产估价报告的重要组成内容,对房地产市场风险研判、估价参数取值以及报告使用人对估价结果的使用等具有重要影响。预期理论尤其是其中的理性预期理论能够加深对宏观经济政策的理解与认知,是用来分析宏观经济政策环境与趋势的有力工具。

第三,预期理论可以用来分析房地产资本市场状况。从供给角度来看,房地产是资金密集型产业,房地产业的发展离不开资本市场的支持,资本市场是房地产金融的核心,对房地产发展具有重要意义。同时,房地产金融资产又是重要的投资对象和投资工具,以房地产为基础的各类金融资产在资本市场中占有重要的地位。预期理论在资本市场的应用比较成熟,可以用来分析房地产贷款、股票、债券等资本市场的发展状况。

【思考与讨论】请利用预期理论分析房地产市场发展趋势。

第四节 特征价格形成机制

均衡价格理论将每一宗房地产都视为同质性的单元,考察的是房地产给消费者带来的整体效用和以房地产的整体效用为基础形成的供求关系及其均衡价格。特征价格理论是将房地产视为多种特征或属性的集合、分析房地产特征价格形成机制的理论,是许多房地产批量评估模型的理论基础。本节介绍特征价格理论的概念、特征价格理论的产生与发展、特征价格模型以及特征价格理论在房地产估价中的相关应用。

一、特征价格与特征价格理论

(一) 特征价格的概念

特征价格的英文为hedonic price,其中hedonic一词源于希腊语hedonikos,意思是愉悦、快乐、享乐。因此,hedonic price有时又翻译成享乐价格。但是在经济学领域,

"hedonic"通常指的是人们在消费产品的某种属性中得到的效用或满足。在这里，产品能够满足人们需要的属性称为"特征"。需要注意的是，特征价格理论中的"特征"与通常意义上的产品特征不完全相同，前者是指产品区别于其他产品的特点，强调的是产品与其他产品之间的差异；后者是指产品本身的某些特性，表示的是产品自身的特质。相应地，hedonic price被称为特征价格，是指产品满足人们需要的某种特征或属性的价格。

传统的消费者理论基于产品同质性的假设，认为消费者的效用直接来源于产品，消费者通过整体消费产品从中获得效用或满足。但是特征价格理论放松了对产品同质性的假设，而是从产品的异质性出发，认为一种产品具有一种或多种特征或属性，每一种特征或属性对应着产品的某种特定用途。这些特征或属性组合在一起，形成影响消费者效用的特征组合，产品是作为其内在特征或属性组合的集合(即特征束或属性束)来出售的。给消费者带来效用的不是产品实体本身，本质上是产品所内含的特征或属性。因此，消费者的需求也不是针对产品本身，而是针对产品所内含的特征或属性。人们购买产品的目的是把产品的特征或属性转化为效用，效用的大小取决于产品所包含的特征或属性的种类和数量。每一个特征都能满足人们特定的需要，因此每一个特征都具有相应的价格，所有特征价格的集合形成产品价格，产品价格是特征变量的函数。因为这些特征价格无法在市场上被直接观察到，而是隐含在产品的总价当中，所以特征价格又称为隐含价格。

(二) 特征价格理论的产生与发展

通常认为，美国学者考特(A. T. Court)是第一个利用特征价格模型对异质性产品进行系统分析的学者。1939年，为应对美国国会对通用汽车公司借助寡头垄断地位抬高汽车价格行为的起诉，考特在美国劳工统计局(Bureau of Labor Statistics，BLS)总统计师西德尼·W. 威尔科克斯(Sidney W. Wilcox)的建议下，建立了汽车价格与汽车净重、轴距、马力这三个特征变量之间的半对数函数，进行了汽车价格与需求关系的分析，构建了美国汽车价格指数，并说明汽车价格上涨主要源于汽车质量的改进。但是在20世纪四五十年代，由于大规模的数据采集与数据处理技术比较落后，计算机分析计算能力也严重不足，再加上当时的计量经济学家更关注宏观经济问题，对特征价格的理论及其应用的研究相对较少。

20世纪60年代以后，有关特征价格理论的研究逐渐开始活跃。这一时期，对特征价格理论构建与发展做出突出贡献的三位学者分别是兰卡斯特(K. J. Lancaster)、罗森(Rosen)和迪沃特(E. W. Diewert)，特别是兰卡斯特和罗森在异质性产品的消费者偏好和产品特征的市场均衡等方面做出了重要贡献，进一步丰富了特征价格理论的内涵。1966年，兰卡斯特对新古典经济学消费者选择理论进行了扩展，改进了其有关同质产品的假设以及以产品整体效用为直接分析对象的做法。与萨缪尔森等经济学家从个体行为出发考察消费者偏好与效用不同，兰卡斯特从产品的异质性出发研究消费者偏好与效用，分析了构成产品的基本特征或属性元素，认为消费者对产品的需求不是基于产品实体本身而是产品所包含的内在特征或属性，产品的内在特征或属性是衍生出消费者效用的关键因素，这些特征或属性结合在一起形成影响产品效用的特征或属性的集合，产品是按照其内在特征或属性的集合来出售的，产品价格由一系列特征价格构成，这些特征价格形成一个与特征或属性对应的

"价格结构"。兰卡斯特消费偏好理论为特征价格理论的构建提供了重要理论框架,对特征价格理论的发展具有重要意义。

1974年,罗森在兰卡斯特消费偏好理论的基础上,从供需双方的市场均衡出发,系统阐释了产品价格与其特征或属性之间的关系,为特征价格理论的发展和完善做出了重要贡献。罗森在完全竞争市场的假定条件下,以消费者效用最大化和生产者利润最大化为目标,建立了异质性产品特征或属性的隐形市场理论,从理论上分析了异质性产品市场的短期均衡和长期均衡,给出了完整的特征价格供需模型,即在完全竞争市场上,具有差异性特征的产品,其市场价值由消费者和生产者相互"出价"和"要价"的竞价行为决定。罗森模型为特征价格分析提供了技术框架,为特征价格模型的构建、特征价格模型参数的估计等奠定了基础。但是迪沃特认为,罗森特征价格模型过于复杂和烦琐,为此他在罗森的研究基础上增加了一些的假设条件,进而简化了特征价格模型,为特征价格理论提供了更直观的微观经济学基础,为不同特征价格模型的选择提供了理论依据。

20世纪80年代以后,许多学者利用计量经济学方法对特征价格模型的函数形式、变量选择、参数估计等问题进行了大量研究,使得特征价格模型技术日趋成熟和完善。20世纪90年代以来,特征价格理论得到了广泛应用,越来越多的人利用特征价格模型开展实证研究,主要针对资源、环境、生态等非市场物品以及房地产等领域,如城市湿地的价值、国家公园的价值、自然保护区的价值、森林与淡水的生态价值、公共物品的价值等。目前,特征价格模型已经成为国际上评估非市场物品价值的主流方法。

二、房地产特征价格的形成机制

(一) 房地产的特征属性

房地产是与人们工作、生活、休闲、娱乐等活动密切相关的复杂产品,具有功能多样性、产品差异性大、权利状况复杂、空间位置固定以及价格影响因素众多等特点,是典型的异质性商品,因此比较适合采用特征价格理论来进行分析。1967年,里德克(Ridker)首次将特征价格理论应用到住宅市场分析,利用特征价格模型计算环境质量改善对住宅价格的影响。根据特征价格理论,房地产是多种特征或属性的集合,常见的房地产特征或属性包括三大类,即建筑特征、邻里特征和区位特征[①]。建筑特征通常包括建筑类型、建筑质量、建筑外观、建筑面积、建筑品牌、住宅年龄、户型布局、房间数目、朝向情况、装修程度、所在楼层、有无阁楼、有无车位等;邻里特征通常包括自然环境、小区环境、治安环境、物业管理、文体设施、生活配套、教育配套、邻近大学、文化娱乐、体育休闲等;区位特征通常包括交通条件、离市中心(或CBD)距离等。上述特征还可进行进一步细分,如生活配套可以分为菜场、超市、医院、银行、邮局等。这些特征或属性组合在一起,形成房地产的特征或效用组合,房地产是作为这些特征或属性组合的集合来出售的,每一个房地产特征都具有相应的价格,所有特征价格的集合形成房地产价格,房地产价格是其特征或属性的函数。

---

① 温海珍. 城市住宅的特征价格:理论分析与实证研究[D]. 杭州:浙江大学,2004.

(二) 房地产特征价格模型

特征价格模型是利用特征价格理论和多元回归技术构建和分析异质性产品价格与其特征变量之间关系的方法，是特征价格理论的具体应用，又称为特征价格法。房地产特征价格模型就是利用房地产价格对其特征的多元回归得到各项特征与房地产价格的关系。应用特征价格模型分析房地产价格问题，首先需要根据房地产估价对象的实际情况识别并选择相应的房地产特征并进行分解，然后根据理论分析与实践经验选择合适的函数关系用于描述房地产价格与其特征变量之间的关系，再搜集房地产价格数据与特征资料并进行量化，最后通过多元回归分析估计并检验参数，从而建立特征价格模型，得到各个房地产特征的隐含价格。更多相关内容详见第十二章第三节"特征价格法"。

三、特征价格理论与房地产估价

特征价格理论在房地产领域得到了广泛应用，具体应用于以下几个方面。

第一，编制房地产价格指数。特征价格理论最初的用途就是编制异质性商品的价格指数，如考特利用特征价格模型来编制美国汽车产业的价格指数。当前，美国、英国、法国、德国等很多国家的官方统计部门都采用特征价格理论和模型来构建全国性的房地产价格指数以及其他异质性产品的价格指数。在实际估价中，房地产估价师和房地产市场分析人员可以利用房地产市场价格的时间序列数据、横截面数据、面板数据等完善房地产价格指数的编制方法，提高房地产价格指数的编制质量。

第二，评估房地产市场价格。评估房地产市场价格是特征价格理论的一个重要用途。特征价格理论将房地产价格定义为其特征变量的函数，通过分析估价对象房地产的特征及其数量来判断房地产的价格，是特征价格法的理论依据之一，广泛应用于存量房交易税收估价、房地产税计税价值评估以及房地产抵押贷款后重估等。

第三，测算房地产特征的隐含价格。特征价格模型能够将构成房地产价格的每个特征价格从房地产总价格中分离出来，为房地产经营管理决策提供依据。例如，利用特征价格模型评估出房地产位置、交通、朝向、楼层、面积、结构、户型、风格、房龄、景观、配套等因素的隐含价格，可以更好地实现房地产定价；评估出通风、采光、噪音等因素对房地产价格的影响，可以为房地产环境损害赔偿决策提供依据。

第四，分析房地产价格的空间分异。传统的城市经济学往往从古典区位理论出发，把整个城市看作一个统一的均质市场，房地产价格随着到城市中心距离的增加而有规律地下降。但是房地产价格影响因素及其影响程度并不是均质的，不仅跟到城市中心的距离有关，还受到环境状况、配套设置以及到城市其他次中心距离等因素的影响，导致房地产价格呈现空间分异的特征。特征价格模型能够分析得到对房地产价格起主导作用的特征及其空间分布特点，揭示房地产价格空间分布的状况与原因。

【思考与讨论】利用特征价格模型进行估价需要具备哪些条件？

第五节
房地产宏观价格形成机制

本章前几节从微观角度分析了房地产价格的形成机制，但是在房地产估价实务中，估价师还需要关注房地产市场宏观价格水平及其变动。房地产市场包括居住、商业、办公、工业、旅馆等细分房地产市场，每个细分房地产市场的特点及其价格变动情况不尽相同。本节以住宅房地产为例，简要介绍房地产价格泡沫的形成机制，房地产售价与租金、新房与二手房价格、房租与地租、房价与地价的互动机制，以及不同城市间房价分异的形成机制。

一、房地产价格泡沫的形成机制

(一) 房地产价格泡沫的概念

根据《新帕尔格雷夫货币与金融学大辞典》，如果资产价格出现突然上升并且这种上升使人们产生对资产远期价格继续上升的预期和持续的购买行为，那么这些资产就出现了泡沫。还有学者将泡沫定义为与经济基本面无关的价格快速上涨，或者说泡沫是资产价格背离价值的暴涨过程。因此，房地产价格泡沫是指在一个连续的周期内，房地产价格持续快速上涨，使得房地产价格严重背离价值的现象，简称房地产泡沫。

(二) 房地产价格泡沫的表现

第一，房价收入比过高。房价收入比是指城市住房价格与城市居民家庭年收入之比，是衡量房地产价格高低的基本指标，住房价格和家庭年收入通常取城市中位数或平均数。不同国家和地区的房价收入比差异很大，但是通常认为房价收入比为6是比较合理的。房价收入比超过合理范围，说明房地产价格偏高，居民家庭的住房支付能力较低，可能存在房地产价格泡沫。第二，房价租金比过高。房价租金比是指每平方米房地产价格与每平方米月租金之比，是衡量房地产销售市场和房地产租赁市场泡沫的国际通用指标。房价租金比简称为售租比，其倒数称为租售比。通常认为房地产售租比超过300或租售比小于1/300时，房地产销售市场出现泡沫。第三，房地产价格快速上涨。除了前两个静态指标外，价格的持续快速上涨是房地产价格泡沫的另一个重要表现。合理的房地产价格上涨速度应当与居民家庭可支配收入的增长速度大致相当，否则房地产价格将出现泡沫且经济增长不可持续。第四，消费者的非理性乐观。消费者对未来房地产价格走势的非理性乐观态度是泡沫形成的心理基础。消费者的非理性乐观主要表现在房地产需求急剧增大，居民家庭住房消费杠杆率快速上升，消费者预期房价还会持续快速上涨，投机性需求超过居住、办公、商业等实际需求。

【思考与讨论】当前房地产市场存在泡沫吗？

(三) 房地产价格泡沫的成因

房地产泡沫形成的原因比较复杂，从不同的角度分析会有不同的观点。从世界历次房地产泡沫以及我国的房地产周期来看，房地产价格泡沫的成因主要有以下几个方面。

第一，良好的经济社会基本面是房地产价格泡沫形成的基础。历次房地产泡沫的形成在一开始通常都有经济持续增长、城镇化快速发展、居民收入不断提高等基本面支撑。例如，1923—1925年美国佛罗里达州房地产泡沫的形成跟美国第一次世界大战后的经济景气和佛罗里达旅游业兴盛有关，1986—1991年日本在房地产泡沫形成之前经历了长达数十年的经济繁荣，1991—1996年东南亚房地产泡沫也与"亚洲奇迹"有关。我国改革开放以来数十年的经济增长以及史无前例的大规模城镇化是房地产价格快速上涨的重要基础。

第二，宽松的货币政策是房地产价格泡沫形成的关键。历次房地产泡沫无一例外都受到了流动性过剩和低利率的刺激。由于房地产是高杠杆部门，房地产市场对流动性和利率极为敏感，长期的流动性过剩和低利率将大大增加房地产的投资投机需求和金融属性，使房地产价格脱实向虚，即脱离经济增长、城镇化、居民收入等基本面。例如，1985年日本签订"广场协议"后为了避免日元升值的负面影响而持续大幅降息，1991—1996年东南亚国家和地区在金融自由化背景下国际资本大幅流入，2000年美国网络泡沫破裂以后为了刺激经济持续大幅降息，我国近二十年的几轮房地产周期也都跟货币超发形成的流动性过剩有关。同时，每一次的房地产泡沫破灭都跟货币骤然收紧和连续加息等经济政策有关。

第三，房地产和国情的特殊性会加剧房地产价格泡沫的形成。房地产开发周期较长，房地产供给弹性通常小于需求弹性，房地产市场的有效供给往往滞后于市场需求的变化，都会加剧房地产价格上涨和泡沫形成。房地产价值量大，房地产预售和按揭制度促进了房地产开发和消费融资，放大了房地产的供给与需求，使消费者可以通过杠杆提前集中释放需求，使房地产开发企业能够尽早收回投资并投入下一轮开发，使房地产市场迅速膨胀。根据前文分析，房地产还具有"自我实现的预期效应"，在经济社会基本面持续向好的背景下，房地产价格与消费者预期容易形成正反馈过程，从而推动房价不断上涨甚至催生房地产泡沫。改革开放以来，随着我国经济的持续增长，居民收入和储蓄大幅度增加，由于居民投资渠道狭窄，社会保障体系不够健全，房地产成为投资保值、养老保障的重要手段，增加了房地产的投资需求，推高了房地产价格。我国特殊的财税制度和土地制度促使地方政府将房地产作为拉动地方经济发展的"发动机"，地方政府成为推动土地和房地产价格上涨的重要力量。

【思考与讨论】房地产泡沫有什么危害？

二、房地产售价与租金的互动机制

(一) 房地产销售市场和租赁市场的结构

房地产市场可分为销售市场和租赁市场,售价和租金分别为销售市场和租赁市场的价格。在房地产销售市场中,市场需求包括居住需求、投资需求和投机需求。居住需求是为了居住而产生的需求,居住是住房的基本属性,因此居住需求又被称为刚性需求;投资需求是为了获得房地产未来持续现金收入而产生的需求,现实中这种持续现金收入表现为租金收入和期末转售收益;投机需求是为了获取交易收益而产生的需求,即投机者只在乎价格上涨带来的短期交易收益,而不在乎长期的租金收入。居住需求、投资需求和投机需求构成了房地产销售市场的总需求。在一个稳健的(即无泡沫的)市场中,房地产需求主要由居住需求和投资需求构成。在泡沫化的市场中,房地产需求主要表现为投机需求。在房地产销售市场中,市场供给由新房供给和二手房供给组成,由于房地产开发周期较长,新房供给在短期内可视为恒定不变。房地产售价是销售市场需求和供给共同作用的结果。在房地产租赁市场中,市场需求通常是真实的居住需求,是另一种形式的刚性需求,市场供给由销售市场中的投资需求和部分投机需求转化而来。房地产租金是租赁市场需求和供给共同作用的结果。居住需求和租赁需求共同构成总的住房需求。从短期来看,一个城市总的住房需求可以认为是基本不变的,因此居住需求和租赁需求存在相互转化的关系。也就是说,如果售价上涨,那么部分潜在购房者会选择住房租赁,而如果租金上涨,那么部分租房者会选择购房;反之亦然。

(二) 稳健市场中的售价与租金互动机制

在一个稳健的房地产销售市场中,市场需求主要由居住需求和投资需求构成。居住需求的价格弹性远小于投资需求的价格弹性。在短期内,假设供给相对恒定,则销售价格的波动主要取决于投资需求的变化。一方面,当投资需求上升时,售价上涨,同时投资需求实现后会迅速转化为租赁供给,导致租赁供给增加,租金下降。随着售价上涨且租金下降,租售比降低,投资回报率下降,进而抑制投资需求。另一方面,当投资需求上升时,售价上涨,部分居住需求会转移到租赁需求,导致居住需求下降,租赁需求增加,从而抑制售价进一步上涨并延缓租金进一步下降。经过两个市场的互动,市场达到新的均衡,此时新的售价要高于原来的售价水平,新的租金要低于原来的租金水平,具体上涨或下降的程度取决于投资需求的大小。当投资需求下降时,相关变化刚好相反。长期来看,随着房地产供给的增加,因投资需求上升引起的房地产售价上涨会进一步受到抑制,房地产售价和租金会达到另一个新的水平。

从房地产租赁市场的角度来看,当租金上涨时,投资者愿意投资房地产用于出租,从而增加租赁市场供给,导致租金下降,但是投资需求增加会推高房地产售价,抑制居住需求,并促使部分居住需求转化为租赁需求,导致居住需求下降,租赁需求上升,从而抑制售价的进一步上涨和租金的进一步下降。经过两个市场的互动,市场达到新的均衡,此时新的售价要高于原来的售价水平，新的租金要低于原来的租金水平，具体上涨或下降的程度取决于增加的投资需求的大小。当租金下降时，相关变化刚好相反。长期来看，随着售价的上升，房地产供给会增加，售价和租金会进一步受到抑制并达到另一个新的水平。

因此，在没有泡沫化的房地产市场上，售价和租金的变化短期内受投资需求推动。通过售价和租金的调节机制，房地产销售市场和房地产租赁市场会重新趋于平衡。

(三) 泡沫市场中的售价与租金互动机制

在一个泡沫化的房地产销售市场中，房地产市场需求主要表现为投机需求。投机需求只在乎房地产价格上涨带来的短期交易收益，不管价格有多高，只要其资金充足且预期房地产价格会持续上涨，就会产生源源不断的投机需求，因此投机需求的价格弹性很小甚至接近于零。此时房地产价格不断上涨，居住需求被不断挤压为租赁需求。由于投机者不在乎租金收入，增加的投机需求不能很好地转化为租赁市场的供给，随着租赁需求的增加，租金将大幅度上涨。此时，不管是售价还是租金，都失去了对市场的调节功能。只要房价上涨的预期不变，房地产售价和租金将持续上涨，直到房地产价格泡沫破灭。

【思考与讨论】为什么会出现房价租金比失衡现象？

三、新房与二手房价格的互动机制

(一) 新房与二手房的概念

新房是指房地产开发企业开发完成后初次销售的商品房。二手房是指已经在不动产交易登记部门完成交易备案和权属登记并准备再次上市交易的商品房。新房交易市场和二手房交易市场分别被称为房地产交易的二级市场和三级市场(土地交易市场为一级市场)。判断新房和二手房的依据不是房屋新旧，而是其是否为首次交易，新房不一定是刚刚完成开发的商品房，二手房也不一定都是旧房。但是从整体上来说，二手房开发完成的时间相对较早，其建筑功能、建筑质量、维护状况等通常不如新房，土地使用年限与建筑物剩余经济寿命也要小于新房，因此二手房价格通常要低于新房价格，但是二手房周边的基础设施和公共配套设施等可能相对比较成熟，一定程度上弥补了二手房的价值缺陷。在市场需求方面，因为新房与二手房在满足居住和投资需求方面具有相似性，两者具有一定程度的替代性，所以对新房和二手房的需求可以部分相互转化。在市场供给方面，新房供给以房地产开发企业为主，开发周期较长，新房供给弹性较小；二手房供给以居民为主，无开发周期，供给弹性较大。

【思考与讨论】新房市场与二手房市场有何差异？

(二) 新房与二手房价格的相互影响

新房与二手房价格的相互影响体现在两个方面：一是二手房价格对新房价格的影响，

二是新房价格对二手房价格的影响。由于新房与二手房之间存在一定的替代性，当二手房价格上涨，二手房与新房的价格差距缩小时，对二手房的需求会部分转移到对新房的需求，对二手房的需求下降，对新房的需求上升，新房价格上涨。反之，当二手房价格下跌，二手房与新房的价格差距拉大时，对新房的需求会部分转移到对二手房的需求，对二手房的需求上升，对新房的需求减少，新房价格下跌。当新房价格上涨，新房与二手房的价格差距拉大时，对新房的需求会部分转移到对二手房的需求，对新房的需求下降，对二手房的需求上升，二手房价格上涨。反之，当新房价格下跌，新房与二手房的价格差距缩小时，对二手房的需求会部分转移到对新房的需求，对新房的需求上升，对二手房的需求下降，二手房价格下跌。因此，新房与二手房的价格之间存在正向的相互影响关系。新房价格变动对二手房价格变动的影响要大于二手房价格变动对新房价格变动的影响，这是因为二手房的供给弹性要大于新房的供给弹性。也就是说，二手房价格变动引起的需求变动容易被二手房供给变动所平衡，因二手房价格变动而溢出到新房市场的需求相对较少；而新房价格变动引起的需求变动不容易被新房供给所平衡，因新房价格变动而溢出到二手房市场的需求相对较多。

以上分析都是基于新房和二手房市场在没有政策干预的条件下，如果政府对新房或二手房的交易进行限制，则新房和二手房价格的关系也可能发生变化。例如，如果对新房实施严格的限购政策，则有大量的住房需求会转移到二手房市场，导致二手房价格大幅上涨，甚至可能超过新房价格，从而出现所谓的新房和二手房价格"倒挂"现象。

四、房价与地价的互动机制

(一) 房价与地价的一般关系

土地需求是引致需求，即对土地产出物或地上建筑物的需求导致了对土地的需求。随着经济社会的发展，土地需求将不断增加。但是相对土地的需求来说，土地供给的变动很小。土地的有限性、异质性和固定性，决定了土地的供给是缺乏弹性的。因此，土地价格的变化主要取决于土地需求，即土地价格是一种需求价格。正如英国古典经济学家李嘉图所说："正是由于谷物价格上涨才使得地租增加。"换言之，在房价和地价的关系中，房价上升导致地价上涨。由于地价是房价的主要组成部分，地价上涨又会推动房价上涨。因此，房价与地价是相互联系、相互影响、相互耦合的有机整体。

(二) 房价与地价的互动过程

房价和地价的互动过程可以采用四象限模型来进行说明，该模型如图5-13所示[①]。

在图5-13中，第Ⅰ象限和第Ⅳ象限代表土地市场，第Ⅱ象限和第Ⅲ象限代表住房市场。第Ⅰ象限描述了土地需求与土地价格变化的关系，不同的土地价格对应着不同的土地需求量。SL表示土地的供给曲线，DL、DL$_1$表示土地的需求曲线。当土地的需求增加时，需求

[①] 孔煜. 城市住宅价格变动的影响因素研究[D]. 重庆：重庆大学，2006.

曲线DL将向右上方移动变为DL_1，从而引起土地价格从P_L上涨到P_{L1}。

第II象限描述了地价与房价的关系，用曲线m表示。曲线m与地价纵轴相交处有一定截距，这是因为，房地产开发企业先获得土地使用权，然后进行住房开发和销售，即先有地价，再产生住房的开发成本和销售费用，最后形成包括开发利润在内的房地产价格。可见，地价是房价的构成要素，地价上涨将导致房价上涨。由图5-13可知，上涨的地价经过房地产开发转化为新的房价，导致房价从原先的P_H上涨到P_{H1}。地价上涨与房价上涨不是在同一时点发生，地价上涨在先，房价上涨需要经过一个房地产建设周期才开始发生。

第III象限描述了房价变化与住房供给的关系，用曲线SH表示。房地产开发企业通常根据当前的房价水平、建设成本、预期收益和未来需求量等因素来决定开发规模。由于房价上涨，房地产开发企业的投资兴趣增加，最终导致住房供给量的增加。

第IV象限描述了住房供给量和土地需求量的关系，用一条过原点的射线n表示。土地需求是住房供给的引致需求，住房供给量与土地需求量呈正相关关系：住房供给量增加，对应的土地需求量就会上升；反之，土地需求量就会下降。因此，在住房供给量增加的情况下，增加的住房供给量通过容积率的作用转变成对土地需求量的增加，从而促使地价产生进一步上涨。

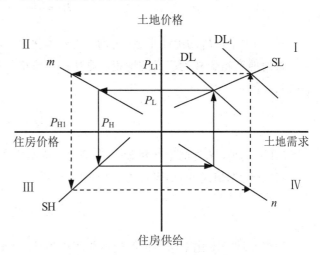

图5-13 房价和地价的四象限模型

由此可见，当土地需求量增加时，地价和房价都将上涨；反之，地价和房价都将下降。地价上升将导致房价上涨，两者变动方向相同，但是变动时序不同。当房地产需求增加时，房价呈上涨趋势，房地产开发动力增强，房地产供给量上升，对土地的需求增加，最后导致地价上涨；反之，地价下降。房价与地价呈正相关关系，地价变动与房价变动互为因果。房价与地价的互动机制可以用来解释许多房地产价格现象，如所谓的"面粉贵于面包"。

"面粉贵于面包"

五、房租和地租的互动机制

(一) 房租与地租的概念

本节所讨论的房租和地租是指经济意义上的房屋租金和土地租金，这里的房租是指包括地租在内的整体房地产租金，即地租是房租的一部分。在房地产经营实务中，有时需要单独测算房租中地租的大小。例如,合作开发房地产时,一方负责购置或提供土地,另一方负责建造房屋,开发完成后出租经营,出租收益需要在两个合作方之间进行分配;又如,划拨土地上的房地产出租,可能需要向政府有关部门缴纳土地部分的出租收益。

(二) 房租与地租的关系

房地产由土地、建筑物和其他定着物组成,因此房地产价格可以认为是土地价格、建筑物以及其他定着物价格之和,其公式为

$$P = P_L + P_B \tag{5-13}$$

式(5-13)中,P为房地产价格;P_L为土地价格;P_B为建筑物和其他定着物价格。

根据本章第一节相关分析,地价是地租的资本化,则

$$P_L = \frac{R_L}{i_L} \tag{5-14}$$

式(5-14)中,P_L为土地租金;i_L为土地资本化率,其余参数含义同前。

将房地产租金视为广义的地租,则房地产价格与房地产租金的关系等同于地价与地租的关系,即

$$P = \frac{R}{i} \tag{5-15}$$

式(5-15)中,R为房地产租金;i为房地产资本化率,其余参数含义同前。

将式(5-14)和式(5-15)代入式(5-13)中,可得

$$R = \frac{i}{i_L} R_L + i P_B \tag{5-16}$$

假设土地资本化率与房地产资本化率相等且均为i,则式(5-16)变为

$$R = R_L + i P_B = R_L + p_B \tag{5-17}$$

式(5-17)中,$p_B = i P_B$,为建筑物和其他定着物价格在建筑物经济寿命内各个年度的分摊额,可以称为建筑年金,其余参数含义同前。

在房地产价格构成中,建筑物和其他定着物的价格P_B主要取决于材料、机械和人工的价格。对于某个房地产而言,建筑物一旦建成,建筑物和其他定着物的价格就固定不变,因此建筑年金p_B为一个常数。由式(5-17)可知,房地产租金等于土地租金与建筑年金之和,房地产租金的变化规律与土地租金的变化规律具有一致性。

需要注意的是,与房地产价格通常要大于土地价格和建筑物价格之和类似,房地产租金通常也要大于土地租金和建筑年金之和,原因在于整体房地产具有各个单独的房地产组成部分所没有的整体效用以及相应的收益。因此,当利用式(5-17)根据土地租金与建筑年金之和来测算房地产租金时,得到的房地产租金可能偏低,原因在于忽略了整体房地产可能产生的增值效应;当利用式(5-17)根据房地产租金与建筑年金之差来测算土地租金时,得到的土地租金可能偏高,原因在于整体房地产的增值效应全部计入了土地租金。

六、城市间房价分异的形成机制

(一) 房价空间分异的概念

空间分异性,全称空间分层异质性,是指事物某一属性在不同空间区域之间存在的差异性,简称空间分异。房价空间分异是指房地产价格在不同空间区域之间存在的差异性,具体表现为区域差异性和空间集聚性。由于房地产在空间上的不可移动性,房地产价格的空间分异特征极为显著,这也是房地产价格的重要特征。房价空间分异体现在区域之间、城市之间以及城市内部等不同的空间层次。房地产估价实务通常比较关注城市内部的房价分异。相关内容详见第六章第二节下的"区位因素"部分。

(二) 城市间房价分异的形成

解释城市间房价分异的理论很多,如从劳动力市场与住房市场互动的角度来解释城市间房价分异的形成过程。该理论假设存在自由的劳动力市场和房地产市场,劳动者在各个城市之间具有高度流动性,房地产能够自由交易,劳动者在各个城市之间进行选择的依据是城市经济发展质量和城市生活质量,而房价是其选择居住在某个城市所需要支付的成本。因此,一个城市的房价水平取决于该城市的经济实力和生活质量,即所谓的"城市价值"。城市价值较高的城市,对居民有更强的吸引力,能够吸引大批移民流入,推升住房价格。当房价上升导致的居住成本增加直至抵消了城市价值的优势时,达到了市场的均衡状态。在均衡状态下,房价在各个城市间的差异就体现了城市价值的差异。

在劳动力市场和住房市场的互动模型中,城市价值由城市经济发展质量和城市生活质量决定。城市经济发展质量由人均GDP、人均收入、财富水平等经济发展指标表示;城市生活质量包括自然环境质量和公共服务质量,自然环境包括气候、空气质量、自然风光等;公共服务主要包括教育资源、医疗资源、交通基础设施、行政资源等。劳动力向城市经济发展质量或城市生活质量高的优势城市流动,推动这些城市房价上涨。当优势城市的高房价完全抵消了城市价值方面的优势时,劳动力不再流动,即达到了均衡。根据相关研究,城市间房价差异的80%左右能够被城市间的城市价值差异所解释[①]。

复习题

1. 什么是地租?有哪些主要的地租理论?
2. 马克思主义地租理论的核心观点是什么?
3. 什么是地价?地租和地价的关系如何?地租是如何决定地价的?
4. 结合生活实例说明什么是需求定理、供给定理和供求定理?
5. 什么是均衡价格?均衡价格是如何形成和变动的?
6. 什么是预期?有哪些主要的预期理论?

---

① 郑思齐,曹洋,刘洪玉.城市价值决定城市房价——对中国35个城市住宅价格的实证研究[C].中国房地产估价师与房地产经纪人学会会议论文集,2007.10:224-231.

7. 理性预期是如何影响房地产价格的？
8. 什么是特征价格和特征价格模型？
9. 特征价格的形成机制遵循供求规律吗？
10. 为什么可以用特征价格模型分析房地产价格？
11. 房地产价格泡沫的表现和成因是什么？
12. 房地产售价与租金如何相互影响？
13. 新房与二手房的价格如何相互影响？
14. 房价与地价如何相互影响？
15. 房租与地租如何相互影响？
16. 为什么不同城市间会有房价分异？

拓展阅读

[1] 晏智杰. 从价值论走向价格论——对西方经济学基础理论的评述[J]. 福建论坛(经济社会版)，2000(11)：3-10.

[2] 叶祥松. 从价值论向价格论的演进[J]. 山东社会科学，2005(10)：49-53.

[3] 周永. 论价值、供求与价格形成——价格形成机理的哲学思考[J]. 云南社会科学，1996(1)：33-38.

[4] 刚建华. 中国房地产市场价格决定机制与房地产金融[M]. 北京：经济科学出版社，2019.

[5] 邢戬. 住房价格决定机制与住房供给制度选择[M]. 北京：中国社会科学出版社，2015.

本章测试

第六章
房地产价值和价格影响因素

房地产价值和价格及其变动是各种影响因素综合作用的结果。要评估房地产价值和价格，就需要全面了解房地产价值和价格的各种影响因素。本章首先介绍房地产价值和价格影响因素的含义与特点，然后从实物、权益、区位三个方面介绍影响房地产价值和价格的自身因素，再从经济、社会、制度、政策、规划五个方面介绍影响房地产价值和价格的外部因素，最后介绍影响房地产价值和价格的心理因素和交易因素。

▎教学要求

1. 了解房地产价值和价格影响因素的概念与特点；
2. 掌握影响房地产价值和价格的实物因素、权益因素和区位因素；
3. 熟悉影响房地产价值和价格的外部因素、心理因素和交易因素。

▎关键概念

自身因素，外部因素，心理因素，交易因素，实物因素，权益因素，区位因素，经济因素，社会因素，制度因素，政策因素，规划因素，行为经济学，消费心理

▎导入案例

房地产周期的决定性因素：短期看金融、中期看土地、长期看人口

房地产周期是指房地产经济随着时间变化而经历的有规律的扩张和收缩过程。研究房地产周期是进行房地产宏观调控的基础。分析房地产周期的经济指标包括房地产销售量、房地产价格、房地产开发投资额、土地购置面积、新开工面积、库存面积等。影响房地产周期的因素包括利率、抵押贷款首付比例、房地产税收等短期变量，以及土地政策等中期

变量，还包括经济增长、收入水平、城镇化进程、人口数量和结构、人口流动等长期变量。任泽平等学者提出，影响房地产周期的决定性因素可以概括为"短期看金融、中期看土地、长期看人口"。

金融因素对房地产市场短期波动的影响比较显著。金融政策通过改变居民的支付能力和预期使得房地产需求提早或推迟。当利率、贷款首付比例下调时，居民支付能力上升，房地产需求增加，房地产库存出清，由于房地产供给的滞后性，市场供不应求，房地产价格上涨，作为抵押物的房地产价值上升，会进一步放大贷款行为，甚至催生房地产泡沫；当利率、贷款首付比例上调时，居民支付能力下降，房地产需求减少，房地产库存增加，市场供过于求，房地产价格下跌，作为抵押物的房地产价值下降，加大抵押贷款违约风险，甚至导致房地产泡沫破灭并诱发金融危机。例如，2001—2003年，美联储连续13次降息，刺激美国住房抵押贷款额大幅度增加，造成房地产泡沫；2004—2006年，美联储又连续17次加息，刺破美国房地产泡沫并引发次贷危机。又如，1986—1987年，日本央行连续5次降息，促进房地产市场的空前繁荣，地价和房价迅速上涨；1989—1990年，日本央行连续5次加息，对日本房地产市场造成巨大打击，日本房地产价格进入十多年的连续下跌。再如，1993年，我国央行两次大幅度加息，是导致海南房地产泡沫破灭的重要直接原因。虽然金融政策对房地产市场短期波动影响比较显著，但是从长期来看却不会改变房地产市场运行的趋势。

土地因素对房地产市场中期波动具有明显影响。房地产开发具有长周期性，从取得土地到竣工或者预售形成房地产供给，通常需要2年左右的时间。同时，土地供给政策还能通过预期传导直接影响当期的房地产市场。因此，土地因素对房地产周期的影响介于金融政策和人口因素之间，属于中期影响因素。土地因素通过影响土地和房地产供给从而影响房地产价格。例如，1985—1991年，日本产生房地产泡沫的一个重要原因是土地供应严重不足而政府对此却未能有效干预；2000—2006年，美国土地供应不足的城市年均房价涨幅是土地供应相对宽松的城市房价涨幅的2倍左右；而德国的房地产价格之所以长期保持稳定，一个重要原因就在于土地供应充足。2015—2016年，我国一线城市和部分二线城市房地产价格暴涨，但是部分三四线城市涨幅不明显，其原因与土地资源错配有关，即一线城市和部分二线城市的房地产用地被严格控制，而部分三四线城市的土地供给则偏多。在人口往大都市集中的背景下，土地错配必然导致一二线城市的高房价和三四线城市的房地产高库存。

人口因素对房地产市场的长期发展具有决定性影响。房地产周期在很大程度上也是人口周期的一部分。在人口周期的前期，人口红利巨大，经济发展迅速，居民收入快速增长，人口从农村向城市转移，城镇化率迅速提升，城镇置业人群增加，不同城市的房地产价格普遍上涨。在人口周期的中期，人口红利逐渐消失，经济发展和居民收入增长放缓，城镇居民住房问题基本解决。随着人口大都市化和郊区化的发展，房地产市场和房地产价格出现结构性分化，大都市房地产价格仍有上涨空间，但是中小城市房地产价格涨幅有限甚至出现下跌，城市内部房地产价格出现空间分异。在人口周期的后期，人口老龄化快速发展，经济增长乏力，置业需求下降，房地产价格出现下跌。例如，西方国家20世纪五六十年代、我国20世纪六七十年代生育高峰期出生的人口对各自国家和地区的房地产市场都产生了显著影响，而日本的低生育率和人口老龄化则是日本房地产长期萧条的根本原因。

(资料来源：任泽平，夏磊，熊柴.房地产周期[M].北京：人民出版社，2017：48-54.)

请思考以上对金融、土地、人口等房地产周期影响因素的分析是否合理？

第一节 影响因素概述

一、房地产价值和价格影响因素的含义

房地产价值和价格的影响因素是指决定或影响房地产价值和价格的各种内外部条件，包括自身因素、外部因素、心理因素和交易因素。房地产的自身因素和外部因素属于客观因素，心理因素属于主观因素，交易因素属于过程因素。房地产自身因素通过影响房地产的开发成本和效用进而对房地产价值和价格产生影响，外部因素通过影响房地产市场供求特别是市场需求进而对房地产价值和价格产生影响，心理因素主要通过直接影响消费者对房地产价值的判断或者影响房地产市场需求进而对房地产价值和价格产生影响，交易因素通过影响房地产交易过程进而对房地产成交价格产生影响。

二、房地产价值和价格影响因素的特点

房地产作为一种特殊的商品，其价值和价格影响因素具有以下特点：①影响因素具有多样性。房地产价值和价格的影响因素众多，某些因素还可以细分为下一级影响因素。例如，区位因素可以分为地理位置、交通条件、配套设施和周围环境，而配套设施又可分为市政基础设施和公共服务设施，公共服务设施又可再分为生活、商业、教育、医疗卫生、文体、休闲娱乐、社区服务等设施。②因素之间具有关联性。部分影响因素之间存在相互关联甚至耦合的关系，即不同因素之间存在"你中有我，我中有你"的关系。例如，地价上升会推高房价，房价上涨又会拉升地价。③影响过程具有非线性。每个因素对房地产价值和价格的影响都不是简单的线性关系，而通常是非线性的。例如，面积过小的住宅，单价相对较低，随着面积的增加，房地产单价通常会逐渐上升，但是如果面积过大，单价可能又会下降。④影响结果具有复杂性。不同影响因素对同一宗房地产的价值和价格的影响以及同一个影响因素对不同房地产的价值和价格的影响在影响的方向、程度、速度、范围、时期等方面均有可能不同。例如，临街距离对商铺来说一般越近越好，但是对住宅来说太近反而会影响居住环境及其价值和价格；朝向对住宅来说很重要，但是对办公楼的重要性就没有那么明显；楼层对高层住宅来说一般越高越好，但对商场来说低楼层价值高。

【思考与讨论】影响房地产价值和价格的因素是否相同？

第二节 房地产自身因素

不同类型的资产，其价值和价格的影响因素会有很大差异。有形资产的价值和价格主要取决于其实物因素，如机器设备、珠宝等；无形资产的价值和价格主要取决于其权益因素，实物因素对其价值和价格影响不大甚至可以忽略不计，如著作权(版权)、专利权、特许权、商誉、有价证券(股票、债券)等。房地产的价值和价格不仅受实物因素影响，还受权益因素以及区位因素的影响。实物因素、权益因素和区位因素都属于影响房地产价值和价格的自身因素。本节介绍影响房地产价值和价格的实物、权益和区位因素。

一、实物因素

实物是房地产有形的部分，包括土地实物因素和建筑物实物因素两大类。

(一) 土地实物因素

影响房地产价值和价格的土地实物因素包括土地面积、土地形状、地形地貌、地势、地质、水文、土壤、开发程度等。

1. 土地面积

由于规模效应和边际收益递减规律的作用，两宗权益状况相同、区位状况相当的土地，如果面积不同，其单价也会有所不同，有时甚至差距较大。一般来说，面积过小的土地，不利于房地产项目的规划布局和内部配套，开发利用条件不佳，土地单价相对较低。但是在土地合并交易等特殊情况下，土地单价也可能高于单独评估的土地价格，原因在于面积过小的土地与相邻土地合并后会提高该土地和相邻土地的价值。土地面积如果过大，一方面会使土地总价过高，减少土地市场需求，另一方面需要建设更多配套设施，增加土地和房地产开发成本，从而降低土地单价。房地产项目的土地面积是否合适与土地所在地区的地价水平、建筑技术、配套设施完善程度以及房地产开发和消费习惯等因素有关。例如，地价高的地区，合适的土地面积相对小一些；反之，合适的土地面积相对大一些。

【思考与讨论】住宅宗地的面积通常多少为宜？

2. 土地形状

土地形状对土地价值和价格具有一定影响。形状规则的土地一般是指正方形或长宽比适当的长方形土地。形状规则的土地，有利于房地产项目的规划布局和土地的有效利用，其单价通常较高，形状不规则的土地的单价则相对较低。

3. 地形地貌

地形是指地表以上高低起伏的各种形态，也称为地貌。地形地貌对房地产开发活动具有重要影响。从大的范围来看，地形地貌分为平原、高原、丘陵、盆地和山地五种类型。房地产开发主要从具体地块的范围和角度关注土地的高低起伏、平坦程度等地形地貌状况。一般来说，地形平坦的土地价值和价格较高，高低不平的土地会增加场地平整等费用，其价值和价格相对较低。但是地形过于平缓的地块可能不利于排水排涝，有些高低起伏的地形地貌则有利于营造房地产景观环境等。特别需要注意的是，由特定的地形地貌和地势等形成的所谓"风水"因素某些时候会对房地产价值和价格产生巨大影响。

4. 地势

地势是指地表形态起伏的高低，包括绝对高度和相对高差。在其他状况相同的情况下，地势高的房地产价值和价格一般要高于地势低的房地产价值和价格，因为地势高的房地产不易积水、受潮、受涝，有更好的日照、采光、视野、景观和气势。例如，中国香港位于中环和太平山山顶之间的半山住宅区的房价相对比较高。但是地势也并非越高越好，随着地势的增高，房地产的交通便捷程度和可达性下降，房地产价值和价格也会降低。

5. 地质

地质泛指地球的性质和特征，包括地球的组成、结构、构造、发育历史等。房地产开发经营中的地质一般是指土地的质地。地质状况会影响地基承载力、房地产基础和建筑形式，影响房地产的开发方案和开发成本，从而影响房地产价值和价格。一般来说，地质坚实，地基承载力大，有利于房地产开发使用，地价就高；反之，地价就低。

6. 水文

水文是指自然界中水的变化与运动等各种现象，具体是指地球上的水的形成、循环、时空分布、理化性质以及水与环境的相互关系等。房地产开发经营需要关注具体地块的地表水和地下水的水文状况，包括房地产项目所在地块周边的水系、水量、水位、水质、汛期、水利设施、水资源管理等。例如，是否存在洪涝隐患、地下水是否有腐蚀性等。

7. 土壤

土壤是指地球表面由岩石风化而成的各种矿物质以及其他有机物、水分、空气、微生物等组成的疏松的颗粒状混合物。影响房地产价值和价格的土壤要素主要包括污染状况、酸碱性和肥力等。土壤如果受到污染，其所在的房地产价值和价格就会降低。土壤酸碱度不平衡不利于植被生长和生存，会增加绿化养护等成本，从而降低土地和房地产的价值和价格。土地肥力只对农牧业用地和部分绿化用地的价值和价格产生影响，肥沃土地的价值和价格高，贫瘠土地的价值和价格低，对其他建设用地的影响相对较小。

8. 开发程度

开发程度主要是指土地的基础设施完备程度和场地平整程度。这里的基础设施是指市政基础设施,包括房地产项目范围以外的基础设施和房地产项目范围以内的基础设施,前者俗称"大市政"配套设施,后者俗称"小市政"配套设施。开发程度高的土地单价相对较高。因此,熟地的价值和价格要高于生地和毛地的价值和价格,"五通一平"土地的价值和价格要高于"三通一平"土地的价值和价格。需要注意的是,这里的基础设施完备程度因素与区位因素中的市政基础设施因素基本相同,分析时不能重复考虑。

(二) 建筑物实物因素

影响房地产价值和价格的建筑物实物因素包括建筑规模、建筑外观、层数和高度、建筑结构、空间布局、建筑性能、设施设备、装饰装修、建成时间、维护状况、完损状况、新旧程度等。这些因素可以分为实体因素、基于实体的质量因素和由实体组合完成的功能因素。需要注意的是,上述某些因素之间存在相互影响和相互包含的关系。

1. 建筑规模

建筑规模通常采用建筑面积来表示,但是某些特殊房地产的规模也可以采用体积(如仓储房地产)、床位数(如医院)、房间数(如酒店)、球道数(如保龄球馆)等指标来表示。建筑规模与房地产价值和价格的关系受到规模效应和边际收益递减规律的支配。一般来说,建筑面积过小,其功能和形象会受到影响,价值和价格相对较低;建筑面积过大,其市场需求就小,房价也会降低;合适的建筑规模的价值和价格相对较高。但是合适的建筑规模在不同用途、不同地区、不同时期会有所不同。例如,沿街商铺的面积不能过大,而综合性超市的面积不能过小,大城市的平均住宅面积通常要小于小城市的住宅面积。

【思考与讨论】你所在城市的住宅主流户型一般有多大?

2. 建筑外观

建筑外观包括建筑物的造型、色彩和风格等,对房地产价值和价格有较大影响。虽然对建筑外观的评价具有较大的主观性,但是也存在一些基本共识。如果建筑造型和谐、色彩丰富,使人感觉稳重、安全和舒适,则其价值和价格一般较高;反之,如果建筑造型和色彩夸张、花哨、庸俗、呆板、单调,风格凌乱,不能给人以舒适感和美感,甚至使人感觉压抑和厌恶,或者让人产生一些不好的联想,则其价值和价格会较低。需要注意的是,不同的用途、不同的地域文化、不同的审美观念,对建筑外观的评价有所不同。就不同用途的建筑来说,写字楼、酒店、商场等公共建筑通常讲究气派、宏伟、可视性好,要让人感觉宽敞明亮和有档次,其外观需要光鲜亮丽;而住宅通常讲究优雅、安静、私密性,要让人感到亲切与温馨,其造型宜稳重端庄、色彩宜素雅简朴。

建筑风格对房价的影响

3. 层数和高度

建筑层数是指建筑的自然层数,为地上层数与地下层数之和,一般是指地上层数。建筑高度是指屋面面层至室外地坪的高度。建筑高度大于27米的住宅建筑和建筑高度大于

24米的非单层厂房、仓库和其他民用建筑称为高层建筑，建筑层数40层以上或者建筑高度超过100米的住宅和公共建筑称为超高层建筑。建筑层数和建筑高度对建造成本、防火防灾、建筑形象等具有重要影响，也会影响房地产价值和价格。例如，高大气派的写字楼能体现企业的实力和形象，其售价和租金通常比一般的办公楼更高。与房屋高度相关的概念还有层高和净高，房屋层高是指下层地面(楼面)至上层楼面之间的垂直距离，一般的住宅层高在2.8米至3.0米之间；房屋净高为层高减去楼板厚度的差。层高和净高会影响建造成本、使用成本、适用性与舒适性，对房地产价值和价格也有一定影响。

【思考与讨论】 一般哪个楼层的住宅房价最高？

4. 建筑结构

建筑结构是指在房屋建筑中由基础、柱、梁、板、墙、屋架等各种构件组成的能够承受各种荷载的体系。房屋建筑结构的类型较多，按照所用材料不同，可分为木结构、砖木结构、砖混结构、钢筋混凝土结构和钢结构等；按照承重体系不同，可分为墙承重结构、排架结构、框架结构、剪力墙结构、框架剪力墙结构、筒体结构以及大跨度空间结构等。建筑结构是影响房屋安全性、适用性、耐久性以及建造成本的重要因素，因而也会影响房地产价值和价格。例如，钢筋混凝土结构比砖混结构的抗震性好，框架结构比墙承重结构使用更加灵活，在同等情况下，钢筋混凝土结构和框架结构的房地产价值和价格相对较高。

5. 空间布局

空间布局是指建筑物内部的平面和竖向空间关系，如开间、进深、柱距、跨度、户型、层间关系等。空间布局关系到建筑物的使用功能和形象档次，对房地产价值和价格有较大影响。一般来说，平面和竖向布置合理、有利于生产生活使用的建筑物，价值和价格较高；反之，价值和价格较低。不同用途的建筑物，如住宅、商场、写字楼等，对内部空间布局的要求有所不同。例如，住宅户型功能分区是否清晰、空间有无浪费、动静是否分区、流线是否合理、是否方便生活、是否有利通风采光等，工业厂房的跨度和柱距是否有利于生产布局，商业用房的开间是否足够大、开间与进深比例是否合理等。

住宅户型

6. 建筑性能

建筑性能主要是指日照、采光、通风、防水、保温、隔热、隔声等方面的性能状况。对于住宅房地产，室内主要房间应能获得一定时间的阳光照射，室内外应能空气流通，屋面、楼板、外墙、门窗、地下室等处不渗漏，冬季能保温、夏季能隔热，室内外之间、上下层之间、隔壁之间隔音良好。考虑日照、采光、通风等建筑性能因素时，需要注意与区位因素中的自然环境因素的联系与区别，不能重复考虑。同时需要注意的是，不同用途的房地产对建筑性能的要求会有所不同。例如，各种用途的房地产对防水都有要求，而住宅房地产对日照、采光和隔声的要求比商业、工业和办公房地产的要求更高。

7. 设施设备

设施设备是指给排水、强弱电、电梯、空调、暖通、网络、燃气以及建筑智能化等建筑附属物。随着生活水平的提高，人们对建筑功能提出了更高要求，需要配置更多更好的设施设备。因此设施设备是否齐全、完好、先进，对房地产价值和价格具有很大影响。但是设施设备的配置也并非越高越好，而需要遵循适合原则，即设施设备的种类、档次等要与建筑物相适应。例如，分体式空调比小型中央空调更适合小户型住宅。不同用途和档次的建筑对设施设备的要求也有所不同。例如，写字楼对智能办公系统要求较高，酒店和写字楼对电梯的数量、速度、品牌等要求较高，集中供热地区对供热、供气等要求较高。

8. 装饰装修

装饰装修能提高房地产的使用功能和舒适性。装饰装修程度高的房地产价值和价格一般较高，精装修的房地产价值和价格要高于简装修的房地产价值和价格，简装修的房地产价值和价格要高于毛坯房的价值和价格。同时，还要关注装饰装修是否与房地产用途相适应，以及装饰装修的风格、品位、质量、新旧等对房地产价值和价格的影响。例如，办公用房的装饰装修不适合作为商业用途，即使装饰装修档次较高，也不能提高房地产价值和价格，还会降低房地产价值和价格，因为可能还要花费一定成本对其进行处理。

9. 建成时间

建成时间通常从建筑物竣工时起计算。建成时间对房地产价值和价格的影响主要体现在两个方面：一是建成时间会影响建筑物剩余使用寿命，建成时间越长，建筑物剩余使用寿命越短；二是建成时间会影响建筑物新旧程度和完损状况，建成时间越长，建筑物越老旧，完损状况越差。因此，建筑物建成时间越长，其价值和价格通常越低。

10. 维护状况

维护状况对房地产价值和价格具有重要影响。维护状况好的房地产其完损状况一般较好，实际剩余使用寿命较长，价值和价格相对较高；反之，价值和价格较低。

11. 完损状况

建筑物完损状况是对建筑物结构、装修、设备三个部分各个项目完好或损坏程度的综合评价。完损状况对房地产价值和价格具有重大影响，完损状况差的房地产价值和价格不高甚至没有价值，或者表现出负的价值，即还需要支付拆除费用等。

房屋完损等级

12. 新旧程度

建筑物新旧程度是一个综合性的指标，与建筑物的建成时间、剩余寿命、工程质量、维护状况、完损状况等因素有关，分析时需要注意不能重复考虑。一般来说，除历史建筑、不可移动的文物建筑外，建筑物的建成时间越短、剩余寿命越长，价值和价格会越高。建筑物的工程质量、维护状况、完损状况越好，价值和价格就越高。

二、权益因素

权益是房地产无形的部分，是影响房地产价值和价格的重要因素，因此有人认为"房地产的价值本质上是其权益的价值"。例如，两套实物、区位状况相似的商品住宅和保障性住房的价值和价格相差很大，造价很高的违法建筑的价值和价格很低或没有价值。权益与房地产的权利状况相联系，而房地产的权利状况又与房地产产权制度密切相关。

我国的房地产产权制度

(一) 房地产相关权利

房地产权利是房地产权益的基础，是影响房地产价值和价格的重要因素。在实际估价中，不仅要了解房地产具有哪些权利，还要搞清楚其权利关系和归属。如果产权不明或权属有争议，则房地产价值和价格必然受到很大影响甚至无法完成交易。房地产相关权利类型见第一章图1-2，实际估价中可根据估价对象具体情况确定其权利状况。

【思考与讨论】什么是完整产权的房地产？

(二) 权利限制的情况

房地产具有较强的外部性，会对周围环境和公共利益产生影响，因此房地产在使用过程中通常会受到诸多限制，这些限制会对房地产价值和价格产生较大影响，房地产估价时需要充分调查房地产所受到的各种权利限制的内容及其程度。

1. 受他项权利的限制

房地产他项权利是指除土地和房屋的所有权和使用权以外的其他权利，如抵押权、租赁权、典权、地役权、居住权等。他项权利是对他人所有的房地产享有的占有和使用的权利，他项权利的存在会降低该房地产的价值和价格。例如，地役权是他人在供役地上设立并享有的一种有限的使用权，供役地所有权人或使用权人的土地权利因此受到限制，供役地的土地价值和价格也会降低。但是如果地役权人要向供役地所有权人或使用权人支付费用，则供役地的价值和价格有可能较高，特别是在地役权人利用的同时也不妨碍自己对供役地的利用。

2. 受其他因素的限制

这里的其他因素主要是指使用管制和相邻关系限制，这些因素的存在会使房地产的使用或处分受到一定的限制，从而影响房地产的价值和价格。房地产使用管制主要体现在城乡规划部门对土地和房屋的用途、容积率、建筑密度、绿地率和建筑高度等方面的限制性规定。例如，农用地不能作为建设用地使用，建设用地的容积率、建筑密度、建筑高度不得大于规定指标等。房地产的相邻关系是指房地产的相邻权利人依照法律法规的规定或按照当地习惯，相互之间应提供必要的便利或接受必要的限制而产生的权利和义务关系。相邻关系对房地产权利人行使其所有权或用益物权的限制体现在两个方面：一方面，房地产权利人应当为相邻权利人提供必要的便利，如通行的便利等；另一方面，房地产权利人使用自己的房地产或者行使房地产相关权利时，不得损害相邻房地产和相邻权利人的权益，如不得妨碍相邻建筑物的通风、采光和日照，不得危及相邻房地产的安全等。此外，房地产如果被司法机关或行政机关依法查封、被他人占用或使用等，也会对价值和价格产生影响。

(三) 其他权益因素

影响房地产价值和价格的其他权益因素包括附着在房地产上的额外利益、债权债务以及司法查封、欠税欠费欠款、物业管理等因素。例如，住宅房地产是否带有落户、入学以及其他社会保障等权利，房地产项目有无高质量的物业管理等。

三、区位因素

房地产具有不可移动性，区位是决定房地产效用和价值的重要因素，在房地产市场上甚至有"地段、地段，还是地段"的说法。根据区位理论，影响房地产价值和价格的主要区位因素有地理位置、交通条件、配套设施和周围环境。

区位理论

(一) 地理位置

影响房地产价值和价格的地理位置因素包括方位与坐落、与重要场所的距离、临街(路)状况等。对于住宅房地产，还应考虑其所处的楼幢、楼层、朝向、是否为边套等。

1. 方位与坐落

方位与坐落是指房地产在某个空间区域中的大致方向和位置。分析房地产的方位与坐落，主要从宏观、中观和微观三个层面进行。

(1) 宏观层面的方位与坐落，是指房地产所在城市在世界、国家或区域中的位置及其政治、经济和文化地位等。例如，杭州市地处长江三角洲南翼、杭州湾西端，是浙江省省会城市以及长江三角洲中心城市、杭州都市圈核心城市、"丝绸之路经济带"和"21世纪海上丝绸之路"的延伸交点、"网上丝绸之路"战略枢纽城市等。经济社会发展具有外溢性和集聚性，同一区域的城市在经济社会发展水平上具有相似性，城市所在区域大致决定了城市宏观基本面。

(2) 中观层面的方位与坐落，是指房地产所在区块在该城市中的位置，重点考虑该区块位于城市中的哪个区域。在历史传承、城市规划、自然条件等因素的共同作用下，城市的不同区域往往会形成不同的发展定位和特色，对房地产价值和价格有较大影响。例如，该区块属于文教区、商业区还是工业区？老城区还是新城区？市中心还是城乡接合部？高档住宅区还是普通居住区？

(3) 微观层面的方位与坐落，是指房地产项目在该城市中的具体位置和周围环境，通常用四至来描述。例如，位于哪条街道？街道的哪一侧？其东南西北分别有哪些道路、建筑物或构筑物？

由于房地产的不可移动性，同一区域内不同位置的房地产价格也可能相差较大。

【思考与讨论】如何理解投资房地产就是投资城市的未来？

2. 与重要场所的距离

与重要场所的距离是影响房地产价值和价格的重要因素，估价时需要注意以下几点。第一，重点关注与相关重要场所的距离。例如，对于住宅来说，学校(幼儿园、小学、初中)、医院、公园、购物中心等是相关的重要场所；对于工业房地产来说，机场、车站、码头、物流中心、配套产业基地等是相关重要场所；对于办公房地产来说，政府机关、银行、机场、高铁站等是相关重要场所。第二，需要区分距离的类型。距离可分为空间直线距离、交通路线距离、交通时间距离和经济距离。空间直线距离是指两地之间的直线长度，但是对于城市内部的两个场所来说，空间直线距离只有地理意义而没有实际意义。交通路线距离是指连接两地的道路长度，但是在路况和交通状况不同的情况下，交通路线距离无法准确反映两地的交通便利程度。交通时间距离是指利用适当交通工具往返两地所需的时间，通常能较好地反映交通便利程度，但需要注意不同交通工具、测算时段等对交通时间的影响。经济距离是指利用包括时间、费用等因素在内的综合交通成本体现的距离，但是测算相对比较复杂。实际估价中通常根据主流的出行方式、出行时段和交通工具选择交通时间距离进行分析。

3. 临街(路)状况

不同用途的房地产，临街(路)状况对其价值和价格的影响状况有所不同。临街(路)的住宅价值和价格要低于不临街(路)的住宅价值和价格，临街(路)的商业房地产价值和价格则要高于不临街(路)的商业房地产价值和价格。在分析临街(路)状况对商业房地产价值和价格的影响时，还要调查清楚该商业房地产是一面临街还是前后两面临街或者为街角地，以及其临街(路)宽度与进深之比等。一般来说，位于街角处、两面临街的商业房地产价值和价格明显高于非街角处、一面临街的商业房地产价值和价格，临街(路)宽度与进深之比大的商业房地产价值和价格高于其他商业房地产价值和价格。

4. 其他位置因素

住宅房地产的价值和价格还应考虑其所处的楼幢、楼层、朝向、是否为边套等因素。

(1) 楼幢因素。在一个住宅小区中，不同位置楼幢的均价会有所差异。例如，面向中心花园或者相对安静的楼幢均价通常更高，靠近车库出入口、临近道路的楼幢均价较低。

(2) 楼层因素。对于多层和高层建筑来说，楼层是影响房地产日照、采光、通风、视野、景观、空气质量、安宁程度、通达性、安全性等的重要因素。但是楼层因素对不同房地产的影响不尽相同，对于无电梯的多层住宅，通常中间楼层的房价最高，往上或往下房价逐渐降低，但是底层和顶层有特殊配套或设施(如底层院落和屋顶露台)的除外；对于有电梯的高层住宅，通常楼层越高房价越高，但是由于存在渗漏等隐患，顶层有时比次顶层稍低；对商业房地产，楼层因素对房价的影响比住宅更大，通常地上一层的价值和价格最高，随着地上或地下楼层的增加，房价依次降低。

(3) 朝向因素。朝向直接决定了房地产日照、采光、通风、景观等的优劣，对住宅的居住环境和居住质量具有重要影响。除了南方热带地区以外，我国大部分地区的住宅朝向通常以整体朝南或南偏东为佳，在其他条件相同的情况下，朝南的住宅价值和价格最高，朝东次之，朝西再次，朝北最低。但是住宅周围有特殊景观等情况的除外。

(4) 是否边套。许多住宅采用一梯多户的设计，在平面布局上存在边套和中间套的情况。由于通风、采光、景观等效果更佳，边套价值和价格要高于中间套价值和价格。

(二) 交通条件

影响房地产价值和价格的交通条件因素包括道路状况、可用交通工具、交通管制情况、停车便利程度以及交通费用情况等。

1. 道路状况

道路状况主要是指出入房地产的道路及其设施状况，包括道路通达程度、道路数量、道路大小、路基路面、附属设施等使用和完损状况，简称路况。此外，住宅小区内部的道路状况对居住的便捷性与安全性也有一定影响，如是否人车分流等。

2. 可用交通工具

出入房地产的可用交通工具可分为公共交通工具和私人交通工具。公共交通工具包括地铁、轻轨、公共汽车、出租车、共享单车等，估价时需要关注公共交通工具的类型、数量、班次、时段以及房地产与最近公交站点的距离等。私人交通工具主要有小汽车和电动自行车等，估价时需要关注停车便利程度等。随着城镇化的发展，城市交通拥堵现象比较普遍，城市居民出行对公共交通的依赖越来越强，估价时需要重点关注公共交通的以下几个方面：①地铁等轨道交通情况。轨道交通对房地产价值和价格的影响较大，不仅现有的轨道交通，正在建设和规划建设的轨道交通对房地产价值和价格均有较大影响。但是轨道交通对房地产价值和价格的影响通常在轨道交通项目立项后至项目投入使用前的阶段就得到释放，其在项目投入使用后对房地产价值和价格的上涨作用不是很显著。②房地产与公共交通站点的距离。随着距离的增大，公共交通工具对房地产价值和价格的影响逐渐下降。超出一定的距离，人们可能就不会选择公共交通工具出行。因此，实际估价中考虑公共交通工具的数量和站点等都需要在一定的范围内进行，如1000米范围内有多少个公交站点等。但是，如果距离公共交通站点过近，公共交通站点产生的噪声、污染等可能会对房地产价值和价格产生负面影响。

3. 交通管制情况

对房地产价值和价格有影响的交通管制措施主要有限制车辆通行、实行单行道、禁止掉头或左拐弯、限速等。交通管制对房地产价值和价格的实际影响结果与具体管理措施和房地产用途有关。实行某种交通管制，对某种用途的房地产来说可能会降低其价值，但对其他用途的房地产来说则可能会提高其价值。例如，在住宅小区周边道路上禁止货车通行，可以减少噪声、尾气污染和行人的不安全感，从而提高住宅价值，但对于商业房地产价值和价格则会有负面影响。

4. 停车便利程度

随着汽车的普及，"停车难"成为很多城市的难题，车位成为很多房地产项目的稀缺资源，有些住宅小区的车位单价甚至超过了住宅单价。停车便利程度主要影响私人交通的便捷程度，包括房地产项目周边及其内部的停车便利程度。对于住宅来说，停车需求主要来自小区内部业主，影响住宅价值和价格的主要是小区内部的车位数量和停车便利程度；对于商业房地产来说，停车需求主要来自客户，需要同时考虑项目内外部所有的车位资源和便利程度。停车便利程度需要考虑两个方面：一是车位资源数量，有车位的比无车位的房价或租金更高，车位多的比车位少的房价或租金更高；二是车位类型和停车方式，地面车位比地下车位使用方便，平面车位比立体车位使用方便，相应的车位和房价也更高。

5. 交通费用情况

交通费用会影响交通成本，进而影响房地产的居住或经营成本，并最终对房地产价值和价格产生影响。交通费用的大小可以体现在公共交通价格(如地铁票价)、车位销售价格、长期车位租金、临时停车收费、道路通行费等方面。一般来说，交通费用越高，房地产使用成本越大，房地产价值和价格越低；反之，房地产价值和价格越高。例如，对于城市住宅来说，车位是住宅的互补品，车位价格是影响房价和交易的重要因素，在其他条件不变且无价格管制的情况下，随着车位价格的上涨，房地产价格可能下降；反之可能上涨。

(三) 配套设施

配套设施指的是在建筑物以外为房地产正常使用而建设的设施设备，包括市政基础设施和公共服务设施两个方面。建筑物内部的设施设备则作为建筑物实物因素予以考虑。

1. 市政基础设施

影响房地产价值和价格的市政基础设施包括两个方面：一是房地产项目以外的道路、给水、排水、电力、通信、燃气、供热等基础设施，俗称"大市政"配套设施；二是房地产项目以内、建筑物外墙1.5米以外的基础设施，俗称"小市政"配套设施。这里的市政基础设施因素与土地实物因素中的基础设施完备程度因素相同，估价时不能重复考虑。

2. 公共服务设施

对于住宅房地产，影响其价值和价格的公共服务设施有生活设施、商业设施、教育设施、医疗卫生设施、文体设施、休闲娱乐设施、社区服务设施等。生活设施包括菜场、便利店、超市、商场、饭店、银行、邮局、快递站点等公共服务设施。教育设施目前包括幼儿园、小学、初中等义务教育及以下阶段的教育设施，高中、大学等义务教育以上阶段的教育设施不属于公共服务设施范围，如有相关设施可将其纳入人文环境因素来加以考虑。

医疗卫生设施包括各类各级医院、卫生服务站、垃圾站等设施。文体设施包括文化活动中心、会所、体育馆、公园等设施。休闲娱乐设施包括影剧院、娱乐城、康乐中心等设施。社区服务设施包括居委会办公场所、托老托幼、物业管理用房等设施。商业、办公、工业等房地产与住宅房地产相比,影响两者价值和价格的公共服务设施有所不同。

【思考与讨论】为什么说"买房就是买配套"?

(四) 周围环境

周围环境因素包括自然环境、人文环境、景观环境以及其他环境等因素,这里的周围环境因素主要是指空间环境,不同于本章第三节中的房地产外部因素。

1. 自然环境

自然环境本义是指由自然事物形成的环境。但是在现代社会,完全由纯自然事物形成的环境极为少见,大多数自然环境也有人类活动的影响和干预。影响房地产价值和价格的自然环境因素很多,包括空气环境、水环境、声音环境、生物环境等。空气环境质量包括有无空气污染、有无异味、是否含有害物质等。空气环境质量越好,房地产价值和价格越高。例如,邻近养殖场、屠宰场、化工厂的房地产价值和价格较低。水环境是指房地产所在地块以外的河流、湖泊、湿地、海洋等环境及其水量、水质等因素。水环境通常可以起到供水排水、调节气候、丰富景观、提供休闲场所等作用,能够提升房地产的价值和价格,但是也有可能导致湿度过大、洪涝灾害等问题。声音环境主要是指房地产所在区域是否宁静安详。噪声会影响人们的生活、工作和学习,周围噪声大的房地产价值和价格通常较低。生物环境包括植物环境、动物环境和微生物环境等。例如,周围是否有绿地和森林,有无蚁害等。

2. 人文环境

人文环境与自然环境相对应,是指由于人类活动而产生的文化环境。人文环境对住宅房地产价值和价格影响较大。人文环境既有社会属性也有自然属性,既包括有形的环境也包括无形的环境。有形的人文环境有文物古迹、名人故居、旅游胜地、革命古迹以及图书馆、博物馆、科技馆、展览馆、大学等场所。无形的人文环境有历史传说、社区声誉、居民素质等。

3. 景观环境

景观环境是指由各类自然景观和人文景观组成的景观资源。令人赏心悦目的山景、江景、湖景以及绿地、森林、水系、公园、知名建筑、城市天际线等景观周围的房地产价值较高,而工厂、烟囱、陵园、垃圾场、破旧建筑等景观周围的房地产价值和价格较低。

4. 其他环境

除了上述环境因素外,房地产项目内外的园林绿化、卫生、电磁辐射等环境,以及房地产周边地区的容积率、建筑间距、建筑密度等建筑环境都对房地产价值和价格有一定影响。例如，小区或周围环境"脏、乱、差"的住宅价值和价格较低。

【思考与讨论】周围环境与外部因素有何区别？

第三节 房地产外部因素

除了房地产自身的实物、权益和区位因素外，房地产价值和价格还受外部因素影响，包括经济因素、社会因素、制度因素、政策因素和规划因素。本节介绍外部因素的内容及其对房地产价值和价格的影响。

一、经济因素

(一) 经济发展

衡量一个国家和地区经济发展状况较常用的指标是国内生产总值(以下简称GDP)，具体可细分为GDP总量、人均GDP以及GDP增速等指标。GDP总量从总体上反映了一个国家和地区经济活动的规模，人均GDP反映了一个国家和地区经济社会发展水平和社会富裕程度，GDP增速反映了国家和地区经济发展的速度。在上述指标中，人均GDP和GDP增速与房地产价值和价格关系比较密切。人均GDP高的国家和地区的房地产价值和价格通常较高。GDP增速较快，说明经济繁荣、投资活跃、需求旺盛，会带动社会对住宅、办公楼、工业厂房、商业房地产和其他房地产的需求，从而推动房地产价格上涨。例如，20世纪80年代的日本、韩国和新加坡，伴随着经济的持续高速增长，房地产价格也快速上涨。GDP下降，说明经济萧条，企业和家庭收入减少，失业率上升，对房地产需求减少，房地产价值和价格也会下跌。

GDP与GNP

(二) 居民收入

居民收入水平及其增长对房地产价格，特别是住宅价格有较大影响。通常情况下，居民收入增加，其对房地产需求的数量和档次也会提高，引起房地产价格上涨；反之，房地产价格降低。收入对房地产价格的影响程度与收入水平和边际消费倾向密切相关。边际消费倾向是指收入每增加一个单位所引起的消费变化量。以住宅房地产为例，低收入阶层的边际消费倾向较大，但是低收入阶层增加的收入大部分甚至全部用于衣食等基本生活的改善，不一定会增加房地产需求，对房地产价格的影响不大；中等收入阶层由于衣食等基本生活需要已经得到较好满足，其所增加的收入可能会用于居住条件的改善，则会导致房地产需求增加，进而带来房地产价格上涨；高收入阶层的一般消费需求和居住需求通常已经得到解决，边际消费倾向较小，增加的收入如果用于其他投资，则对房地产价格的影响不大，增加的收入如果用于房地产投资或投机，则会导致房地产价格上涨。

(三) 利率

利率是指一定时期内利息与借贷本金的比率，反映了资金的供求关系和使用成本。房地产业是资金密集型产业，房地产开发与消费通常需要融资。利率实质上是使用资金的价格，对房地产供求会产生很大影响。从需求方面来看，由于房地产价值量大，无论是自用、投资还是投机需求，购房资金很大一部分来源于金融机构的贷款。利率上升会增加消费者购房成本，导致房地产需求量下降，房地产价格可能下跌；反之，利率下降会推动房地产价格上涨。从供给方面来看，利率变动会影响房地产开发成本和开发利润。利率上升会增加房地产开发企业融资成本，减少开发利润，导致房地产供给减少和价格上涨；反之，利率下降会导致房地产供给增加和价格下跌。因此，利率变动对房地产价格的最终影响还取决于其对房地产需求和供给的影响程度。从房地产价值的角度来看，房地产价值与折现率(利率)负相关，利率上升会使房地产价值下降，利率下降会使房地产价值上升。由于房地产供给缺乏弹性，利率升降对房地产需求的影响大于对房地产供给的影响，综合来看，房地产价格与利率负相关。利率上升，房地产价格会下降；利率下降，房地产价格会上涨。从房地产市场来看，房地产价格的持续上涨都与长期的低利率政策有关，而房地产价格下降甚至房地产泡沫破灭很多时候都是受到连续、快速加息的刺激。

(四) 物价

反映物价变动的指标是物价指数，包括居民消费价格指数(consumer price index，CPI)和生产资料价格指数(producer price index，PPI)。CPI是反映一定时期内居民生活消费品及服务项目价格变动趋势和变动程度的相对数；PPI是反映一定时期内生产资料价格变动趋势和变动程度的相对数。在我国目前的统计口径中，房地产价格没有被纳入CPI和PPI的统计中。因此，CPI和PPI的变动并不直接反映房地产价格的变动，但是具有间接联系。当物价普遍上涨(即发生通货膨胀)时，房地产价格也会随之发生变动，在其他条件不变的情况下，其上涨幅度与通货膨胀率相同。但是由于房地产的保值增值性，在通货膨胀率较高时，人们对房地产的需求可能增加，从而推动房地产价格的进一步上涨，此时房地产价格的上涨幅度可能高于通货膨胀率。其他物价水平的变动也可能会引起房地产价格的变动。例如，土地、建筑原材料与构配件、建筑设备和建筑人工等价格上涨会增加房地产开发成本，从而引起成本推动型房地产价格上涨。

(五) 汇率

汇率变化会影响房地产投资收益,从而影响房地产价格。汇率是指一种货币折算成另一种货币的比率,或者说是一种货币以另一种货币表示的价格。例如,一个A国投资者购买了B国的一宗房地产,此后当出售该房地产时,如果B国货币相对于美元或A国货币发生了贬值,那么该房地产在B国当地市场的升值可能会被B国货币的贬值所抵消,即以美元或A国货币计价的房地产投资收益可能下降甚至亏损。相反,如果B国货币相对于美元或A国货币发生了升值,那么即使该房地产在B国当地市场没有升值甚至价格下跌,但是以美元或A国货币计价的房地产投资可能没有亏损甚至获得盈利。因此,当预期某个国家或地区的货币未来会升值时,国际资本特别是国际游资会趋于购买该国的房地产,导致该国房地产需求增加,推动房地产价格上涨;反之,则会导致房地产价格下跌。

二、社会因素

(一) 人口因素

房地产的需求主体是人,从长期来看,人口因素是决定房地产需求进而影响房地产价格的终极因素,包括人口的数量、结构和素质等方面。

1. 人口数量

一个城市的人口可分为常住人口和流动人口,常住人口包括户籍常住人口和非户籍常住人口。影响房地产价值和价格的人口因素主要是人口增长因素。人口增长包括人口自然增长和人口机械增长,人口自然增长是指在一定时期内因出生和死亡导致的人口数量的增加或减少,人口机械增长是指在一定时期内因迁入和迁出导致的人口数量的增加或减少。衡量人口数量变化的主要指标是人口增长量和人口增长率。影响一个城市房地产价值和价格的人口数量因素主要是人口增长因素,其中又以人口机械增长因素为主,特别是城镇化和都市化带来的人口流动。一般来说,在其他因素不变的情况下,人口增长将导致房地产需求上升,从而推动房地产价值和价格上涨。但是,如果人口增长过快、人口密度过高也会造成生活、治安等环境变差,从而有可能降低房地产价值和价格。

2. 人口结构

人口结构是指一定时期内按照性别、年龄、家庭、职业、文化、民族等因素划分的人口构成状况。在人口总量不变的情况下,人口结构的变化会对房地产需求进而对房地产价值和价格产生重要影响,其中人口老龄化、家庭数量等因素尤为重要。随着我国人口老龄化的快速发展,房地产需求结构发生了相应变化,对老年住宅、老年公寓、养老地产以及住宅适老化改造等需求增加,但是对普通商品住宅以及商业、办公、娱乐等房地产的需求减少。住宅需求的基本单位是家庭,家庭数量的变化会引起所需住宅套数的变化。目前,我国城镇居民家庭结构呈现复杂的变化趋势。整体上从大家庭向以夫妇为核心的小家庭转变,平均家庭人口数量减少,家庭数量增加。同时,随着二孩和三孩政策的推行,部分家庭人口规模又增大。这些变化对住宅的需求数量、需求结构都产生了新的影响。

【思考与讨论】 多孩政策对房地产市场有何影响?

3. 人口素质

人口素质包括人们的受教育程度、文化水平、公民意识、守法程度、道德品质等,是一个社会经济发展水平和文明程度的重要标志,也是构成一个地区人文环境的重要组成部分,对房地产价值和价格具有一定影响。例如,在国外的一些贫民窟,由于人员构成复杂、居民素质较低、环境脏乱差、公共秩序欠佳、犯罪率较高,人们不大愿意在此居住和生活,其房地产价值和价格必然低落。相反,在一些高档住宅区,居民整体素质较高,环境优美,秩序井然,治安良好,其房地产价值和价格也会相应提高。

第七次全国
人口普查公报

根据第七次全国人口普查数据,我国的人口数量、人口结构和人口素质均发生了不少变化。

(二) 城镇化发展

城镇化也称为城市化,是指社会生产和生活方式由乡村型向城市型转化的历史过程。城镇化的具体内涵包括以下几点:一是产业由以农业为主向以工业和服务业为主转变;二是人口从分散的乡村向城镇集聚,衡量一个国家或地区城镇化水平的指标通常是城镇化率,即一定时期内一个国家或地区的城镇人口占总人口的比重;三是城镇建设与公共服务设施得到大规模拓展与更新;四是城市文明和城市生活方式得到快速传播和扩散。城镇化是一个国家和地区发展的必然过程,它从需求和供给两个方面促进了房地产业的发展。在需求方面,大量农民进城以及第二、第三产业的发展创造了对住宅、工业、商业、办公等房地产的巨大需求;在供给方面,工业、建筑业、房地产业等相关产业的发展为房地产大规模供给创造了条件。在城镇化快速发展阶段,人口主要从乡村向城镇流动、从城郊向城区流动,城镇房地产业快速发展,房地产价值和价格快速上升;在城镇化发展成熟时期,人口主要从中小城镇向经济发达的中心城市和都市圈集聚或者从城区向城郊流动,表现为都市化或逆城镇化进程,城镇之间和城镇内部的发展出现分化,房地产价值和价格也出现分化。截至2022年底,我国城镇常住人口城镇化率达到了65.2%。

(三) 社会稳定

社会稳定因素包括政治安定状况和社会治安状况两个方面。政治安定状况是指政治冲突和政权稳固等状况。政治安定和社会稳定有助于人们形成良好的预期,促使人们生产投资和购房置业,推动经济发展与房地产价值和价格上涨;政局动荡会使人们无心生产和发展经济,影响人们投资和置业的信心,导致经济萧条与房地产价值和价格下跌。社会治安状况是指社会秩序和公共安全等状况。社会治安较好的城市或地区,公共秩序良好,居民的人身权利不受侵犯，财产得到良好保护，有助于房地产的保值增值。社会治安较差的城市或地区，社会秩序混乱、犯罪率高，居民的人身及财产安全缺乏保障，会严重影响房地产价值和价格。

(四) 行政隶属关系

行政隶属关系是指行政主体之间的法律关系，其变更会影响当地的房地产价值和价格。例如，将相对落后地区管辖的某个地方划归相对发达地区管辖，通常会使这个地方的房地产价值和价格上涨；相反，会使这个地方的房地产价值和价格下降。将非建制镇升格为建制镇，将乡镇转设为街道，将县转设为市，将较低级别的市升格为较高级别的市，如县级市升为地级市、省辖市升为直辖市，通常也会使这些地区的房地产价值和价格上涨。

三、制度因素

(一) 土地制度

土地制度是关于土地所有以及占有、使用、收益、处分等方面的法律规范和制度体系，包括土地所有制度、土地使用制度、土地规划制度、土地保护制度、土地征收征用制度、土地交易制度和土地管理制度等。土地制度对房地产业的发展具有决定性的影响，也是房地产价值和价格的重要影响因素。例如，在中华人民共和国成立以来很长的一段时间内，土地使用权不能买卖，不存在现代意义上的房地产市场与房地产业，也不存在土地价格和地租等。从20世纪80年代中后期开始，随着土地使用制度和城镇住房制度改革的不断推进，土地使用权可以出让、转让、出租、抵押，房屋也可以买卖和出租，此后房地产市场蓬勃发展，土地和房地产价值逐渐显现。又如，如果提高土地征收征用的补偿价格，则会增加房地产开发成本，在卖方市场条件下会推动房地产价格上涨；反之，如果降低土地征收征用的补偿价格，则会减少房地产开发成本，在买方市场条件下会降低房地产价格。再如，随着农村集体经营性建设用地与国有建设用地同等入市、同权同价改革的不断推进，农村集体经营性建设用地的价值和价格必将大大提升；随着农村集体经营性建设用地的入市，会增加土地市场供给，有助于抑制房地产价格上涨。

(二) 住房制度

住房制度是指有关城镇住房的建设、分配、交易、管理等方面的法律、法规及其他制度安排。中华人民共和国成立以后，城镇住房制度经历了从公有化和福利化向社会化、市场化、商品化、私有化的转变。城镇住房制度及其改革对房地产市场及房地产价值和价格具有重要影响。例如，20世纪90年代末期实行的"停止住房实物分配，逐步实行住房分配货币化"的住房制度改革，极大地释放了城镇住房需求，在促进房地产业快速发展的同时也推高了房地产价格。住房保障的内容与形式不同，对房地产价格的影响方向和程度也存在差异。当住房公积金贷款利率相对较低时，如果扩大住房公积金覆盖面，提高公积金贷款支持力度,那么将有助于降低购房成本、扩大住房需求,房地产价格可能上涨;反之,购房成本增加会抑制住房需求,房地产价格可能下降。政府如果增加廉租住房、经济适用住房、限价商品住房、公共租赁住房、共有产权住房等实物保障性住房供给,会对商品住房造成挤出效应,减少对商品住宅的买卖和租赁需求,会抑制商品住宅的价格和租金;反之,商品住宅的价格和租金可能会上涨。政府如果加大发放住房补贴和老旧小区改造(如棚户区、城中村、危旧房改造等)的力度,会提高居民的住房支付能力,扩大商品住房需求,推动房地产价格上涨;反之,会抑制房地产价格上涨。房地产交易制度会影响房地产交易成本与交易过程,进而对房地产供求与成交价格产生影响。其中,房地产预售制度既有助于促进房地产供给,抑制房地产价格上涨;同时也会增加房地产炒作机会,推动房地产价格上涨。但是一般认为,如果取消预售制度,会提高房地产开发成本,减少房地产供给能力,短期内会造成房地产价格上涨。

(三) 税收制度

税收制度简称税制,是国家各项税收法律、法规、规章和税收管理体制等的总称,包括纳税人、课税对象、计税依据、税率或税额标准、附加和减免、违章处理等要素。我国现行的房地产税种有房产税、城镇土地使用税、耕地占用税、土地增值税、契税等专门税种,以及增值税、城市维护建设税、教育费附加(可视同税金)、企业所得税、个人所得税、印花税等相关税种。从征收环节来划分,房地产税收可分为开发环节的税收、流转环节的税收和持有环节的税收。开发环节的税种有耕地占用税;流通环节的税种有增值税、城市维护建设税、教育费附加、土地增值税、个人所得税、契税和印花税;持有环节的税种有房产税、城镇土地使用税。企业所得税既可能发生在开发环节,也可能发生在流通环节。

新开征或恢复征收、暂停征收、取消某种税收,调整计税依据,提高或降低税率,实行、提高或取消、降低税收优惠等,都会对房地产价格产生影响。但是不同种类的房地产税收及其纳税人、计税依据、税率、征收方式、减免税规定等不同,税制变化影响房地产价格变动的方向和程度不尽相同。房地产开发环节的税收相当于商品生产环节的税收。一般情况下,增加房地产开发环节的税收,会增加房地产的开发成本,推动房地产价格上升;相反,会使房地产价格下降。但是房地产开发环节税收的变动在短期内是否会导致房地产价格的上升或下降,还取决于房地产市场处于卖方市场还是买方市场。房地产流转环节的税收相当于商品流通环节的税收。一般情况下,增加卖方流转环节的税收,会使房地产价格上升,反之,会使房地产价格下降;增加买方流转环节的税收,会抑制房地产需求,使房地产价格下降,反之,会促使房地产价格上升。但是房地产流转环节税收的变动在短期内会导致房地产价格如何变化,还取决于房地产市场处于卖方市场还是买方市场。房地产持有环节的税收相当于商品使用环节的税收。增加房地产持有环节的税收,会增加持有或使用房地产的成本,抑制房地产投资和投机需求,导致房地产价格下降;反之,会导致房地产价格上升。

【思考与讨论】全面开征房地产税会对房地产市场产生哪些影响?

(四) 户籍制度

户籍制度也称为户口制度,是指国家有关部门对公民实施的以户为单位的人口管理制度。我国现行的户籍制度出现在计划经济时期并整体延续至今,除了被用于人口管理外,还被广泛用于教育、医疗、就业、养老、社保等公共服务分配及其他社会管理活动中,深刻影响着城镇化进程与居民的社会融入。我国的户籍制度将户口分为农业户口和非农业户口,反映了经济社会"二元结构"的特征。随着市场经济、城镇化与城乡一体化的快速发展,传统户籍制度的弊端逐渐显现,许多城市正在积极稳妥推进户籍制度改革。户籍制度改革从两个方面对房地产价值和价格产生影响:一方面有助于提升户籍人口城镇化率,缩小与常住人口城镇化率的差距,增加房地产需求,推动房地产价值和价格上涨;另一方面有助于促进人口流动,提升城镇人口的数量和质量,提高城镇创新发展活力,促进城镇经济发展,增加房地产的租赁和购买需求,导致房地产价值和价格上涨。

四、政策因素

我国的房地产市场是一个政策性很强的市场。房地产相关政策是实现房地产市场宏观调控的重要手段,也是影响房地产价格的重要因素。影响房地产价格的政策因素很多,主要有土地政策、信贷政策、交易政策和价格政策等。

(一) 土地政策

土地价格是房地产价格的重要组成部分,土地政策对土地价格和房地产价格具有重要影响。这里的土地政策主要是指土地的供应政策,包括土地的供应方式、供应数量和供应结构等。土地供应方式包括划拨和出让两种,土地出让方式又分为招标、拍卖、挂牌、协议等。不同供应方式的土地,其价格形成机制与价格水平有所不同。土地供应方式通过影响土地价格进而影响房地产价格。例如,招标地价反映了一定的市场供求关系,市场化程度和地价水平相对较高;拍卖地价基本反映了市场供求情况,市场化程度和地价水平最高;协议地价不是市场决定的价格,主观性较强,具有很大的不确定性。土地供应量减少,会导致土地价格上升以及房地产供给减少,进而引起房地产价格上升;土地供应量增加,会导致土地价格下降以及房地产供给增加,进而引起房地产价格下降。土地供应结构包括土地用途结构、空间分布等,会对不同用途和区域的房地产价格产生影响。

(二) 信贷政策

房地产信贷政策是指中央银行和金融机构有关房地产贷款投向、贷款规模、贷款比例、贷款期限等相关规定。信贷政策是房地产金融政策的重要组成部分,对房地产市场供求以及房地产价格具有很大影响。房地产信贷政策分为房地产开发贷款政策和个人购房贷款政策两个部分,具体内容包括调整房地产信贷投向、增加或缩小房地产信贷规模、上调或下调金融机构贷款基准利率、提高或降低个人购房最低首付款比例和房地产抵押贷款成数、延长或缩短最长购房贷款期限等。例如，严格控制房地产开发贷款，会减少未来的房地产供给，从而使房地产价格上升，反之会使房地产价格下降；提高个人购房最低首付款比例、降低最高贷款额度、缩短最长贷款期限，会提高购房门槛、增加购房支出、降低购房支付能力，从而抑制房地产需求，进而使房地产价格下降，反之会使房地产价格上涨。

(三) 交易政策

房地产交易政策是指政府对房地产销售、转让、租赁、抵押等交易活动进行管控或限制的方式和措施。房地产交易政策能够直接改变房地产市场供求状况，对房地产价格具有明显影响。例如，"房住不炒"等严格的商品住房限购、限售政策减少了投资性和投机性需求，有效抑制了住房价格的非理性上涨；对购买以后未达到规定年限和条件的房地产的转让进行限制，也是防止房地产炒作的重要措施，有利于缓解房地产价格上涨压力。

(四) 价格政策

房地产价格政策是指政府对房地产价格的高低和涨落进行干预或管控的方式和措施。根据政策目标，房地产价格政策可分为低价政策和高价政策，还可分为抑制价格政策和刺激价格政策等。低价政策一般是指采取某些措施使房地产价格处在较低水平，高价政策一般是指采取某些措施使房地产价格处在较高水平，抑制价格政策一般是指采取某些措施来控制房地产价格上涨，刺激价格政策一般是指采取某些措施来促使房地产价格上涨。政府对房地产价格的干预或管控的具体措施有制定指导价、价格波动区间、最高限价、最低限价或直接定价等。例如，规定新建商品房的销售价格不得突破某个价格，会对房地产价格产生影响。

五、规划因素

国民经济和社会发展规划、国土空间规划、住房发展规划以及其他发展规划的编制和修改，会影响未来的房地产市场供求和预期等，从而对房地产价值和价格产生影响。

(一) 国民经济和社会发展规划

国民经济和社会发展规划是全国或者某一地区经济社会发展的总体纲要，统筹安排和指导全国或某一地区的经济、社会、科教、文卫等各项事业发展，对房地产业发展也具有非常重要的战略指导意义。例如，《国民经济和社会发展第十四个五年规划和2035年远景目标纲要》对房地产和住房事业发展提出相应要求："实施房地产市场平稳健康发展长效机制，促进房地产与实体经济均衡发展。""推进房地产税立法。""加强房地产金融调控，发挥住房税收调节作用，支持合理自住需求，遏制投资投机性需求。""坚持房子是用来住的、不是用来炒的定位，加快建立多主体供给、多渠道保障、租购并举的住房制度。""坚持因地制宜、多策并举……稳定地价、房价和预期。""加快培育和发展住房租赁市场。""有效增加保障性住房供给。""因地制宜发展共有产权住房。"这些规定均会对我国房地产市场和房地产价值和价格的发展产生深远影响。

(二) 国土空间规划

国土空间规划是对一定区域国土空间开发保护在空间和时间上做出的安排,是各类开发保护建设活动的基本依据。国土空间规划包括总体规划、详细规划和相关专项规划。国土空间总体规划是详细规划的依据、相关专项规划的基础。详细规划是对具体地块用途和开发建设强度等做出的实施性安排,是开展国土空间开发保护活动、实施国土空间用途管制、核发城乡建设项目规划许可、进行各项建设等的法定依据。相关专项规划是在特定区域(流域)、特定领域,为体现特定功能,对空间开发保护利用做出的专门安排,是涉及空间利用的专项规划。国土空间规划对房地产特别是土地的价值和价格有着较大的直接影响。例如,国土空间规划如果将某个区域列为重点发展区域,则该区域的房地产价值和价格一般会上涨。国土空间规划所确定的建设用地规模、用途,以及容积率、密度等控制指标,高度、风貌等空间形态控制要求等,对房地产价值和价格的影响会更加直接和明显。

(三) 住房发展规划

住房发展规划确定的住房发展目标、供应规模、结构比例、空间布局和建设时序等,特别是普通商品住房、保障性住房的供应规模或在住房供应总量中的比重,对商品住房价格有较大影响。例如,住房供应增加,特别是保障性住房供应增加或在住房供应总量中的比重提高,商品住房的价格一般会下降。但是,如果住宅建设用地供应总量一定,则保障性住房供应增加会挤占商品住房建设用地,从而使商品住房供应减少,但如果希望购买商品住房的需求并未相应减少,就可能导致商品住房价格上涨。

(四) 其他发展规划

改革开放以来,国家先后制定实施了多个发展战略和重大决策,包括创办经济特区、沿海和沿边开放、西部大开发、振兴东北地区等老工业基地、促进中部地区崛起、鼓励东部地区率先发展、京津冀协同发展、长三角一体化发展、粤港澳大湾区发展、长江经济带发展、新型城镇化发展、乡村振兴以及设立经济技术开发区、自由贸易区、城市群、都市圈等。伴随着相关发展战略、发展规划和发展决策的制定与落地,一些特殊的体制、机制与政策得到实施,国家的支持得到加强,有助于相关地区更好地吸引产业、资金和人才,有助于促进经济发展与社会进步,有助于增加房地产需求,推进房地产价值和价格上涨。

外部因素如何在估价报告中体现?

第四节 消费者心理因素

除了房地产内外部客观因素以外,消费者的心理因素对房地产价值和价格会产生很大影响。心理因素主要通过直接影响消费者对房地产价值的判断或者影响房地产市场需求进而对房地产价值和价格产生影响。心理因素对这两个方面的影响可以分别运用行为经济学理论和消费者偏好理论来分析。本节首先从行为经济学的角度介绍影响房地产价值判断的心理机制,然后从消费者偏好的角度介绍影响房地产市场需求的消费心理。

一、影响房地产价值判断的心理机制

根据西方经济学理论,商品价值主要是指其效用价值。效用的大小不仅取决于商品的自然属性,还取决于消费者的主观心理感受。因此,消费者的主观心理评价对房地产价值具有很大影响。行为经济学发现了许多影响人们价值判断的心理机制,如前景理论、锚定效应、禀赋效应、心理账户、公平偏好等。许多行为实验和神经科学实验证明,行为经济学揭示的这些心理机制具有坚实的心理学和生物学基础。

行为经济学与诺贝尔经济学奖

(一) 影响价值判断的心理机制

1. 前景理论

前景理论是用来描述和分析人们在面对风险时的决策行为的理论,也有国内学者将其翻译成展望理论。该理论从人的心理特质和行为特征出发揭示了影响人们决策行为的几种非理性心理因素。一是确定效应,是指面对确定的收益时,人们是风险厌恶者,大多数人倾向于规避风险、见好就收、"落袋为安"。例如,有100%的概率获得100元,有60%的概率获得200元但有40%的概率什么也得不到,按照预期理论,理性的选择应该是后者,因为后者的期望收益更高,而实际上参与行为实验的人大多选择前者。二是反射效应,是指面对确定的损失时,人们是风险偏好者,大多数人倾向于冒险"搏一把"。前面的例子如果改为,有100%的概率损失100元,有60%的概率损失200元但有40%的概率不会损失,按照预期理论,理性的选择应该是前者,因为前者的预期损失更小,而实际上人们大多选择后者。三是损失规避,是指人们对损失比对获得更加敏感,损失和收益曲线具有不对称性,比起得到,人们更害怕失去,即具有损失厌恶的倾向。在著名行为经济学家丹尼尔·卡尼曼(Daniel Kahenman)和阿莫斯·特沃斯基(Amos Tversky)建立的模型中,损失造成的伤害是收益带来的快乐的两倍。四是小概率迷恋,是指人们具有强调小概率事件的倾向。与前述确定效应和反射效应不同,在小概率事件面前,人们对待风险的态度发生了反转:

当面对小概率收益时,大多数人是风险偏好者;当面对小概率损失时,大多数人是风险厌恶者。例如,买彩票几乎不会中奖,但是很多人仍然乐此不疲;保险事故发生的概率很低,但是许多人还是会购买保险。解释人们面对小概率事件风险偏好的理由还是损失厌恶心理,即人们真正厌恶的是损失而不是风险。

2. 锚定效应

锚定效应是指人们通常不是依据结果而是依据结果与参照点的差距来进行判断与决策,也称为参照点效应。锚定效应来源于人们比较的心理,比较的对象是某些参照点。随着参照点的变化,人们的决策行为也会发生变化。距离参照点越近,人们的敏感度越高,越容易选择风险规避。例如,同样要投资10万元,对拥有100万元资产和1000万元资产的人来说,其感受到的风险和选择冒险的概率是不同的。所以,在现实中富人比穷人更具有投资的魄力。面对同样的情形,人们往往会根据不同的条件设置不同的参照点,所以即便是对于同一件事情有时也会得出不同的结论,而这个不同的参照点可能仅仅是不同的描述方式。例如,针对某种病毒侵袭有两种防治方案:采取方案一,会有60%的人得救;采取方案二,会有40%的人死去,这两种方案实际上完全一样,但是更多人选择的是方案一。这种锚定效应完全是一种心理错觉,因为前者有得到的感觉,而后者有损失的感觉。

"助推"

3. 禀赋效应

1980年,理查德·塞勒(Richard Thaler)在前景理论的基础上提出禀赋效应。禀赋效应是指与还没有得到的东西相比,人们更看重已经拥有的东西。人们一旦拥有某件物品,那么他们对该物品价值的评价就会高于未拥有这件物品时的评价,即自己拥有的是最好的,正如成语"敝帚自珍"所反映的那样。禀赋效应的心理机制也可以用前面所说的损失厌恶心理来进行解释。在损失厌恶心理的驱使下,人们在决策过程中对利害的权衡是不均衡的,对"避害"的考量远大于对"趋利"的考量。出于对损失的畏惧,人们对所拥有的东西格外珍惜,以至于会自动放大其价值,在出卖商品时往往索要过高的价格。这一理论挑战了传统的消费者选择理论,即效用取决于客观的资产价值,它还冲击了科斯定理①有关当交易成本为零时产权的初始配置与效率无关的观点。根据禀赋效应,最初的产权配置会影响资源的配置效率。禀赋效应说明资产不仅仅具有客观价值,其对特定主体来说还具有主观价值。

4. 心理账户

重视心理因素是行为经济学与主流经济学的最大区别之一。心理账户是塞勒于1980年提出的行为经济学概念,具体表述为以下几方面。一是人们对待收入和支出容易受到心理感受的影响,正如成语"朝三暮四"所反映的那样。二是人们会从心理上自动地将金钱或

---

① 新制度经济学的鼻祖罗纳德·哈里·科斯(Ronald H. Coase)把毕生精力用于分析影响生产的产权制度结构上并总结出著名的"科斯定理",即当交易费用为零时,只要允许自由交易,不管产权初始界定如何,通过市场交易最终都能实现资源的最优配置和市场的帕累托最优状态。

资产归入不同的"心理"账户并给予区别对待。例如,人们对辛苦工作赚来的钱要比买彩票中奖得来的钱更珍惜一些,存在"庄家的钱"效应,认为"赢的钱不是钱"。三是沉没成本效应,是指为了不浪费沉没成本而继续浪费更多成本的现象,也称为沉没成本谬误。但是随着时间的推移,沉没成本对后期经济行为的影响会逐渐降低。四是交易效用。人们在消费时获得的效用包括两个部分:第一部分是获得效用,是指获得商品和服务以后得到的满足感,相当于消费者剩余,其大小等同于商品和服务带来的效用减去机会成本之差;第二部分是交易效用,是指消费者期望价格与实际支付的价格之差。行为经济学认为,人们之所以会有心理账户,是跟自我控制机制有关。如果说禀赋效应仍然假设人们都会试图使其偏好最大化,心理账户理论则进一步偏离了主流经济学,但是与现实更为接近。

5. 公平偏好

主流经济学认为人是"自私自利"的,会按照自身利益最大化行动。但是现实中的人不仅是"经济人",也是"社会人",不仅关心自己的利益,也会关心其他人的利益,关心利益分配是否公平,甚至会为了实现公平而甘愿放弃自己的部分利益。行为经济学家通过大量的行为实验,证明人类在大多数情况下都没有选择令自己获得最大利益的结果,即存在公平偏好。公平偏好一方面来源于利己主义,即如果自己得到的太少,宁可大家都得不到,对我们好的人,我们也会对他们好,对我们不好的人,我们也会"以其人之道还治其身";另一方面,公平偏好不仅仅源于利己主义,很多时候还体现了一定程度的利他主义,这种利他倾向无关任何情感因素,而仅仅出于对公平本身的追求。公平偏好理论充分说明,自私和公平在人类身上普遍存在,人们既自私自利也追求公平,自私和公平不是非此即彼,如果将自私和公平视为两个极端,则大部分人处于这两者中间的位置,具体位置与个人特质有关。自私和公平也不是水火不容,而是相辅相成的。作为"社会人",要实现自己的目的和保障自身的安全,最好的办法就是保证公平,甚至可以说正因为个体的自利才导致了群体的公平,即对公平的追求本质上还是源于个体的自利心理,从这个角度来说,自私和公平是统一的。

【思考与讨论】上述理论可以解释哪些房地产投资交易行为?

(二) 行为经济学与房地产估价

上述有关行为经济学心理机制的研究虽然是在以美国为代表的西方社会完成的,但是相关研究成果与理论具有一定的普适性,可以用来分析与解释我国房地产市场活动和房地产价值判断等问题。例如,可以利用前景理论和心理账户分析房地产投资决策与房地产泡沫等问题,利用锚定效应分析房地产销售定价与房地产估价参数选择等问题,利用心理账户分析房地产营销策略等问题,利用禀赋效应和公平偏好理论分析房屋征收补偿估价等问题。下面以禀赋效应为例,阐述其对房屋征收补偿估价和征收冲突等问题的影响。

根据禀赋效应理论,人们一旦拥有某项物品,那么对该物品价值的评价要比未拥有之前大大提高。禀赋效应的大小与物品的不可替代性、人们拥有该物品的时间、用途以及与该物品的情感联系等密切相关。物品的不可替代性越强、拥有该物品的时间越长、使用该物品越频繁、与该物品的情感联系越紧密，禀赋效应就越强烈，人们对该物品的主观价值也就越大，反之则越小。通常认为人格财产的禀赋效应最为强烈。人格财产是指与人格密切相关的财产，通常直接来源于人的劳动或智慧，能够象征人格或寄托情感，具有不可替代性，如婚戒、"传家宝"、祖宅等。房地产尤其是住宅不仅是物理意义上的建筑物，更是家庭成员共同生活的空间载体，凝聚着家庭成员的劳动与智慧，承载着家庭或家族的情感或历史，维系着邻里交往的社会关系，彰显着主人的个性与喜好，体现着个人的能力与群体认同，与其家庭成员之间有着千丝万缕的情感联系。这些情感联系都会成为家庭成员对住宅主观价值的组成部分，是同等市场价值的其他住宅所无法替代的，正如谚语所言"金屋银屋不如自己的草屋"，因此住宅通常被认为是典型的人格财产，其禀赋效应比较强烈。但是在房屋征收过程中，征收补偿价格虽然"不低于房屋征收公告之日被征收房屋类似房地产的市场价格"，但是忽略被征收房屋强烈的禀赋效应及其所带来的主观价值，导致征收补偿价格与被征收人的心理预期存在巨大差距，这可能是产生或加剧征收冲突的重要原因之一。

二、影响房地产市场需求的消费心理

(一) 消费者偏好与消费心理

消费者偏好是指消费者对特定商品的特殊喜好，反映在无约束条件下消费者对某种商品的欲望或需要，决定了消费者在一定价格条件下的消费行为。消费者偏好与商品的需求量呈正相关关系：消费者对某种商品的偏好程度越高，对该商品的需求量就越大；消费者对某种商品的偏好程度越低，对商品的需求量就越小或没有需求。消费者偏好既取决于消费者个人的兴趣、爱好、性格、审美、习惯等个体心理状况，同时也受消费者所处的文化、传统、风俗等环境因素影响。文化、传统、风俗等因素具有相对稳定性和影响广泛性，因此在一定时期和一定地域范围内，某些消费群体的消费者偏好具有一定的相似性，甚至成为市场参与者普遍的心理倾向与消费心理，对房地产市场供求产生影响，进而对房地产价值和价格产生影响。

(二) 常见的房地产消费心理及其影响

房地产消费中的预期心理、投机心理、从众心理、迷信心理和求吉心理等，都会对房地产市场需求产生重要影响，从而影响房地产价值和价格。

1. 预期心理

预期对房地产市场供求和房地产价格变动具有重要影响。由于房地产市场信息离散且不够透明，房地产消费者和房地产开发企业需要根据过去或现在的房地产市场状况及价格来预测未来的房地产市场及价格变动趋势，并决定当期的房地产消费或投资。有关预期与预期理论、预期影响价格机制以及预期理论的相关应用等更多相关内容详见第五章第三节"预期影响价格机制"。

【思考与讨论】 预期如何影响房地产估价活动？

2. 投机心理

房地产市场需求包括居住需求、投资需求和投机需求。投机需求是为了获取交易差价而产生的需求，投机者追求的是价格上涨带来的短期交易收益，其持有房地产的期限一般较短。分析投机对房地产价格的影响需要结合房地产市场的供需状况。当市场处于供不应求、房地产价格不断上涨的繁荣时期时，投机者被过度乐观情绪所驱使，预期房地产价格还会继续上涨的投机者会选择购买房地产，制造大量虚假需求，甚至人为哄抬价格，导致房地产价格进一步上涨，甚至产生房地产泡沫。当市场处于供大于求、房地产价格不断下跌的萧条时期时，投机者被悲观情绪所驱使，预期房地产价格还会继续下跌的投机者会选择抛售房地产，增加市场恐慌，促使房地产价格进一步下跌，甚至导致市场崩盘，引发房地产金融危机或经济危机。但是在某些情况下，当房地产价格上涨或下跌到一定程度时，理性的投机者认为后期房地产价格难以继续上涨或下跌而出售或购买房地产，导致房地产供给或需求增加，减缓房地产价格的进一步上涨或下跌，从而平抑房地产价格。

3. 从众心理

从众心理是指个体受到外界人群行为的影响，而在自己的知觉、判断、认识上表现出符合公众舆论或多数人的行为方式，即按照多数人的意见、流行的做法、追随某种风尚或潮流行事的心理。从众心理在房地产市场上普遍存在，主要表现有群体非理性抢购、群体恐慌性抛售以及对某种流行建筑风尚的追求等。群体非理性抢购会快速抬升房地产价格，群体恐慌性抛售会加速房地产价格下跌，而对某种流行建筑风尚的追求会提高该类房地产的价值和价格。具有从众心理的消费者会模仿市场中其他消费者的购买行为，并将这种模仿行为不断传递给其他消费者，形成"羊群效应"。"羊群效应"会促使"追涨杀跌"的非理性抢购和抛售，催生房地产价格泡沫或导致房地产价格暴跌，引发市场剧烈震荡。

4. 迷信心理

迷信是指盲目的信仰崇拜。在房地产领域，迷信心理突出表现为讲究房地产风水。风水一般是指住宅基地、坟地等地物的地理位置和形势，如坐落位置、周围的地形、山脉、水流方向等。有人认为，风水是封建迷信和文化糟粕，其作用也是无稽之谈；有人认为，风水的好坏能够影响自己、家庭、家族和子孙的盛衰吉凶；还有人认为，风水是研究和调整人与自然关系的学说，是传统文化在建筑选址中的应用。虽然对于风水的性质和作用众说纷纭，但是不可否认的是，房地产市场上确实有相当一批人在购买房地产时会考虑风水因素或者"抱着宁可信其有"的心理，这种心理客观上会导致风水对某些房地产的价格产生较大影响。同时需要注意的是，对于房地产风水中可能掺杂的一些超出正常民间习俗范畴的封建迷信内容,应当提高警惕并谨慎加以辨别。

【思考与讨论】房地产有哪些所谓"风水"因素?

5. 求吉心理

我国民间普遍存在追求吉祥、忌讳死亡和趋利避害的心理和习俗。求吉心理讲究房地产的名称、外观、楼层数、房号等的寓意与联想,以及房地产的历史状况。例如,对于住宅、写字楼、酒店等房地产,部分消费者比较忌讳某些寓意"不吉利"的楼层数或房号,相应房地产的价格可能比相邻楼层或房间低,有时甚至需要用其他楼层数或房号来代替;相反,对于某些寓意"吉利"的楼层数或房号,部分消费者愿意为相应房地产支付更高的价格。又如,消费者对曾经发生过凶杀、意外死亡等事件的"凶宅"或"凶楼"的认可程度低,其售价或租金通常低于普通的房地产价格。

"凶宅"的价格

第五节 房地产交易因素

房地产交易过程中的一些特殊因素会对房地产成交价格产生影响,从而使得房地产成交价格偏离正常的价格水平。影响房地产成交价格的交易因素较多,本节主要介绍交易目的、交易主体、交易方式、交易心态、交易氛围等因素。

一、交易目的

交易目的是指交易者进行房地产交易的目标和结果。对于购房者来说,购买房地产的目的有自用、投资、投机以及其他。购买房地产的目的不同,购房者对房地产价格的判断和接受程度会有所差异。一般来说,对于自用需求的购房,购房者能够接受的成交价格相对较高。对于投资购房,购房者对价格比较敏感,无法接受过高的成交价格,因为房地产价格过高就缺少投资价值。对于投机购房,购房者更关心房地产价格的短期增值趋势而不是当前的价格水平,如果购房者预期未来房地产价格会上涨,那么即使当前的房地产价格已经很高也会购买;反之,如果购房者预期未来房地产价格会下跌,那么即使当前的房地产价格水平较低也不会购买。购买房地产可能还有其他特殊目的。例如,房地产开发企业购买某宗土地或者企业购买某个写字楼的目的是追求广告宣传效应,此时的成交价格可能会偏高;又如,与相邻房地产合并交易的成交价格通常高于其单独成交的价格。

二、交易主体

交易主体是指参与房地产交易的个人、企业、政府以及其他组织。影响房地产成交价格的交易主体因素主要体现在以下三个方面。第一，交易主体之间是否存在利害关系。亲朋好友、关联企业、企业和员工等利害关系人之间的交易有可能使成交价格偏高，也有可能使成交价格偏低，需要根据具体交易情况进行分析判断。第二，是否只有特定的买方或卖方。如果只有特定买方，则卖方缺乏议价能力，成交价格往往偏低；如果只有特定卖方，则买方缺乏议价能力，成交价格往往偏高。第三，交易主体是否熟悉市场行情或交易对象。在房地产交易中，如果买方不熟悉市场行情或交易对象而盲目购买，成交价格往往偏高；反之，如果卖方不熟悉市场行情或交易对象而盲目出售，则成交价格往往偏低。

三、交易方式

交易方式是指交易双方实现房地产交易的具体形式。房地产交易包括土地交易和房屋交易，土地交易主要是指建设用地使用权的交易。房地产交易方式包括房地产转让、抵押和租赁等，房地产转让方式又可分为买卖、赠与、互换、继承、遗赠等，房地产买卖又可分为协议、招标、拍卖、挂牌等方式。交易方式对房地产成交价格会产生一定影响。例如，在正常的市场行情下，房地产拍卖的成交价格通常要高于协议成交的价格。

四、交易心态

交易心态是指交易者在房地产交易过程中的心理状态，包括急售心态、惜售心态、急买心态、必得心态、观望心态等。在急售心态下，售房者急于回笼资金，缺少与购房者充分讨价还价的时间和耐心，房地产成交价格通常低于正常市场价格，如果此时购房者处于观望心态，则成交价格更低；在急买心态或者必得心态下，购房者急于获得房地产或者担心房地产被他人买走或者对房地产志在必得，通常愿意以较高的价格购买房地产，房地产成交价格通常高于市场价格，如果此时售房者处于惜售心态，则成交价格更高。

五、交易氛围

交易氛围是指房地产交易市场的情绪和气氛。房地产成交价格容易受到交易市场的情绪和气氛影响。例如，在房地产拍卖的情境下，如果竞拍者众多且竞争激烈，则房地产拍卖成交价格往往会远超拍卖底价，产生较大的房地产溢价；反之，如果竞拍者不多且缺乏竞争，则房地产拍卖成交价格不会高出拍卖底价太多，甚至无人应价，从而造成流拍。

【思考与讨论】如何在估价中考虑交易因素的影响？

复习题

1. 房地产价格的影响因素有哪些类型与特点？
2. 影响房地产价格的土地实物因素有哪些？
3. 影响房地产价格的建筑物实物因素有哪些？
4. 我国房地产产权制度的内容有哪些？
5. 影响房地产价格的权益因素有哪些？
6. 什么是区位？有哪些主要的区位理论？
7. 影响房地产价格的区位因素有哪些？
8. 影响房地产价格的外部因素有哪些？
9. 影响房地产价格的经济因素有哪些？
10. 影响房地产价格的社会因素有哪些？
11. 影响房地产价格的制度因素有哪些？
12. 影响房地产价格的政策因素有哪些？
13. 影响房地产价格的规划因素有哪些？
14. 行为经济学有哪些理论？对房地产价值判断有何影响？
15. 常见的房地产消费心理有哪些？如何影响房地产价格？
16. 影响房地产价格的交易因素有哪些？如何影响房地产价格？

拓展阅读

[1] 任泽平，夏磊，熊柴.房地产周期[M].北京：人民出版社，2017.

[2] 孔煜.城市住宅价格变动的影响因素研究[D].重庆：重庆大学，2006.

[3] 李善燊.我国货币政策的房价传导机制与效应研究[M].北京：中国纺织出版社，2021.

[4] 严金海.转型期土地供给管制政策对房价波动的影响机制与政策效果评估研究[M].厦门：厦门大学出版社，2019.

[5] 杨帆，李宏谨，李勇.泡沫经济理论与中国房地产市场[J].管理世界，2005(6)：64-75.

[6] 刘轩.日本房地产泡沫形成及"崩溃"的实像剖析[J].现代日本经济，2018(1)：1-9.

[7] 张川川，贾珅，杨汝岱."鬼城"下的蜗居：收入不平等与房地产泡沫[J].世界经济，2016(1)：120-141.

[8] 张炜.房地产泡沫的财富效应和收入分配效应[M].天津：南开大学出版社，2021.

[9] 毛丰付.住房政策与城市劳动力市场[M].北京：中国社会科学出版社，2013.

[10] 丁如曦，倪鹏飞.中国经济空间的新格局：基于城市房地产视角[J].中国工业经济，2017(5)：94-112.

[11] 董志勇.生活中的行为经济学[M].北京：北京大学出版社，2018.

[12] 王玥. 行为经济学视角下房屋征收补偿研究[M]. 北京：中国社会科学出版社，2019.

[13] 赵华平，张所地. 房地产的预期评估研究[J]. 城市问题，2014(1)：54-62.

本章测试

方法篇

估价方法是指测算估价对象价值和价格所采用的方法。房地产估价方法众多，包括比较法、收益法、成本法、假设开发法等常用估价方法，还包括针对特定估价对象和特殊估价目的的其他估价方法。近年来，与传统个案估价相对应的批量估价得到了广泛应用。

估价方法的选择与运用是房地产估价活动中的关键一环。《资产评估法》第二十六条规定，评估专业人员应当恰当选择评估方法，除依据评估执业准则只能选择一种评估方法的外，应当选择两种以上评估方法。《房地产估价规范 GB/T 50291—2015》第4.1.1条规定："选用估价方法时，应根据估价对象及其所在地的房地产市场状况等客观条件，对比较法、收益法、成本法、假设开发法等估价方法进行适用性分析。"第4.1.3条规定："当估价对象仅适用一种估价方法进行估价时，可只选用一种估价方法进行估价。当估价对象适用两种或两种以上估价方法进行估价时，宜同时选用所有适用的估价方法进行估价，不得随意取舍；当必须取舍时，应在估价报告中说明并陈述理由。"综上所述，估价对象适用几种估价方法进行估价，就应选用几种估价方法进行估价。某种估价方法不适用于某估价对象，是指该估价方法在理论上不适用或客观条件不具备导致其不能用，而不包括估价机构、注册房地产估价师不掌握该估价方法所需要的资料数据等非客观原因导致的不能用。

本篇共分为六章，主要介绍各类房地产估价方法及其应用。其中，第七章介绍比较法及其应用；第八章介绍收益法及其应用；第九章介绍成本法及其应用；第十章介绍假设开发法及其应用；第十一章介绍其他估价方法；第十二章介绍房地产批量估价。

不同估价方法之间存在什么关系？

第七章

比较法及其应用

比较法是传统的三种基本估价方法之一,也是基准地价修正法、路线价法、价差法以及标准价调整法等基于比较的估价方法的基础。本章介绍比较法的含义、理论依据、适用对象与条件、基本步骤与重点难点、具体应用以及相关问题。

▎教学要求

1. 了解比较法的理论依据、适用对象与条件以及相关问题;
2. 熟悉比较法的步骤以及搜集交易实例、选取可比实例、建立比较基础的具体要求;
3. 掌握比较法的含义,掌握交易情况修正、市场状况调整以及房地产状况调整的具体操作。

▎关键概念

比较法,交易实例,可比实例,建立比较基础,交易情况修正,市场状况调整,房地产状况调整,价格指数法,价格变动率法,实物状况调整,权益状况调整,区位状况调整,总价调整,单价调整,金额调整,百分比调整,因素比较,比较价值

▎导入案例

次贷危机与房地产估价

次贷危机是指2007年始于美国进而席卷全球的金融危机。次贷即次级抵押贷款(subprime mortgage loan),是指向信用等级较低或还款能力较弱的人群发放的贷款。次贷

违约率较高、风险大，因此贷款利率相对较高，属于高风险、高回报业务，正常情况下占金融机构全部住房抵押贷款的比例不超过10%。当房价不断上涨时，借款人如果无法偿还贷款，金融机构可以通过处置抵押房地产来获得债权保障；当房价不涨或下跌时，借款人如果无法偿还贷款，金融机构的债权就难以保障，从而可能形成坏账。因此，房价的不断上涨是保证金融机构次贷资产安全的前提。

20世纪90年代末至21世纪初，随着互联网科技股泡沫破裂和9·11事件的冲击，美国经济处于衰退边缘。为刺激经济增长，从2001年1月至2003年6月，美联储连续13次下调联邦基金利率至1%的历史最低水平，造成流动性过剩。由于彼时股市泡沫已经破灭，大量资金涌入房地产市场，推动房价持续快速上涨，房地产泡沫逐渐形成。房价高涨的"造富运动"鼓励了数以百万计的美国人以超过自身能力的贷款来购买高价住房。房价的不断上涨也刺激了金融机构扩大住房抵押贷款特别是次级抵押贷款的规模。在供需两个方面的共同推动下，次贷规模急剧扩大，2005年新增次贷占新增住房抵押贷款比例的20%以上。

为扩大贷款业务并转移风险，金融机构通过金融创新将次贷进行组合与包装后形成抵押贷款证券化资产(mortgage-backed security, MBS)，以高额利息在二级市场向投资银行、投资基金销售，并将回笼资金再投入次贷业务，投资机构再将MBS包装成金融衍生品如债务担保凭证(collateralized debt obligation, CDO)投放市场供投资者投资，如此形成一个击鼓传花式的正反馈循环。在这个过程中，为追逐高额利润、争抢市场份额，金融机构不断降低借款人的信贷标准，甚至不需要其提供首付和财务证明等，从而埋下巨大的风险隐患。为抑制通胀压力和经济过热，2004年6月起，美联储连续17次加息，联邦基金利率从1%上升到5.25%，导致借款人还款压力陡增。受加息影响，美国楼市从2006年初开始降温，房价从2007年初开始下跌，从而出现大量次贷违约和坏账。随后二级市场次贷产品价格也出现恐慌性下跌，投资机构为减少损失强行平仓沽货套现，导致股市暴跌等连串的骨牌效应，许多金融机构和投资机构出现财务危机甚至破产，次贷危机全面爆发并迅速波及全球主要金融市场。次贷危机是美国自1930年经济大萧条以来最严重的金融危机。危机发生后，美国信贷规模大幅度紧缩，失业率居高不下，贫富分化加剧，有近千万家庭失去了住房。次贷危机还造成全球经济陷入衰退，影响深远。

造成次贷危机的根本原因是西方放任自流、寅吃卯粮的新自由主义经济政策与消费文化，直接原因是金融政策失当、过度金融创新和监管失职等，而房地产估价在其中也起到了推波助澜的作用。在美国的住房抵押贷款业务中，通常由经纪人居间为借款人和贷款金融机构提供服务。由于次级借款人信用不高，直接申请贷款难度很大，委托经纪人代为申请几乎是唯一的选择，而依靠佣金生存的经纪人和贷款质量之间不存在内在的利益纽带。为促使贷款成功从而获得佣金，经纪人往往通过放大收入、隐瞒债务、篡改信用等手段，不但可以帮助次级借款人贷到款，甚至可以贷到利率低、首付比例低的贷款。同时，为获得更高佣金，经纪人通常会要求房地产估价师进行溢价评估。在监管缺失的环境下，循规蹈矩的估价师逐渐被淘汰出局，劣胜优汰的结果是估价师失去了独立性，成为依附于经纪人的利益工具，低值高估成为普遍现象。在这些溢价估值基础上形成的价格又成为下一轮评估的基础，这个过程不停地自我复制，成为推动美国房价狂飙的加速剂。同样的情形也发生在MBS和CDO等次贷证券化市场上,金融机构和投资机构通过低值高估等手段将高风险的次贷和次贷证券化资产包装成优质资产向投资人销售,进一步放大了市场风险。

(资料来源:根据网络资料整理)

根据上述资料,请思考房地产估价成为助推美国房价飙升甚至加剧次贷危机形成的原因是什么?这对我国房地产估价有何启示?

第一节
比较法概述

本节介绍比较法的含义、理论依据、适用对象与条件、基本步骤以及重点难点。

一、比较法的含义

比较法是指选取一定数量的可比实例,将它们与估价对象进行比较,根据其间的差异对可比实例成交价格进行修正或调整后得到估价对象价值的方法。比较法又称为市场比较法、市场法,是以市场为导向来求取估价对象价值的方法。采用比较法测算出的估价对象价值称为比较价值。比较法除了直接用来测算估价对象价值外,其原理和技术还经常用于收益法、成本法、假设开发法中有关参数和数据的测算,是应用最广泛的估价方法。

为什么比较法应用最为广泛?

二、比较法的理论依据

比较法的理论依据体现在估价原理和估价技术两个层面。

(1) 在估价原理层面,比较法的理论依据是均衡价格理论。从较长的时期来看,均衡是市场运行的内在趋势,均衡价格是市场价格波动的中心,也是其市场价值的外在表现。当房地产供不应求时,买方会相互竞争,推动房地产价格上涨并高于均衡价格,从而吸引更多卖方进入市场,房地产供给增加,从而导致房地产价格下降并趋于均衡价格。当房地产供大于求时,卖方会相互竞争,推动房地产价格下跌并低于均衡价格,部分卖方会退出市场,房地产供给减少,从而导致房地产价格下降并趋于均衡价格。房地产市场价格的波动就是在供求双方共同作用下不断偏离均衡价格又逐渐回归均衡价格的过程。既然房地产价格以均衡价格为中心上下波动,那么只要拥有足够多的成交实例,就可以利用实际成交价格并经过一定的修正或调整反算出均衡价格,并以此作为确定估价对象市场价值的基础。

有效市场假说

(2) 在估价技术层面，比较法的理论依据是替代原理。虽然房地产具有独一无二性，但是类似房地产在功能上具有替代性。例如，住宅都可以居住，写字楼都可以办公。房地产功能的替代性实质上反映了类似房地产效用的相似性。根据效用价值理论，人们购买房地产实质上是购买房地产的效用，房地产价值实质上是其效用的价值。当某个房地产价格高于附近其他类似房地产价格时，在效用最大化的驱使下，消费者会更多地选择其他价格相对较低而效用相似的房地产，从而减少对该房地产的需求，导致该房地产价格下降、其他类似房地产价格上涨；当某个房地产价格低于附近其他类似房地产价格时，在效用最大化的驱使下，消费者会更多选择该房地产而放弃其他价格相对较高而效用相似的房地产，从而增加对该房地产的需求，导致该房地产价格上涨、其他类似房地产价格下降。如此循环反复，会促使类似房地产的价格逐渐趋于接近。因此，估价时就可以根据类似房地产的成交价格来推算估价对象价值。

三、比较法的适用对象与条件

比较法是根据类似房地产价格的相似性来确定估价对象价值的方法。类似房地产数量和交易较多的房地产适合采用比较法估价，如普通住宅、商铺、办公楼、标准厂房、商品房用地等。《房地产估价规范GB/T 50291—2015》第4.1.2条规定："估价对象的同类房地产有较多交易的，应选用比较法。"以下房地产不适合采用比较法估价：机场、码头、车站、博物馆、体育馆、教堂、寺庙、文物建筑等数量很少的房地产，学校、医院、行政办公楼等很少发生交易的房地产，非标准厂房、在建工程等可比性较差的房地产。

比较法的适用条件是在距离价值时点较近的一段时间和同一供求范围内存在较多类似房地产的交易实例。如果估价对象附近缺少近期交易实例，则难以采用比较法估价。需要注意的是，如果估价对象附近存在较多类似房地产的交易实例，但是由于估价机构和估价师没有尽职而没有搜集到必要的交易实例，这不能成为不选择比较法估价的理由。

四、比较法的基本步骤

运用比较法估价主要有以下七个基本步骤：①搜集交易实例；②选取可比实例；③建立比较基础；④交易情况修正；⑤市场状况调整；⑥房地产状况调整；⑦计算比较价值。其中，第③至第⑥个步骤分别对可比实例成交价格进行换算、修正与调整，是比较法的核心步骤。

价格换算、价格修正与价格调整

五、比较法的重点难点

比较法估价的重点是可比实例成交价格的修正或调整，特别是交易情况复杂、成交日期较早、房地产状况差异和市场波动较大的价格修正或调整，这是影响估价结果准确性的关键。比较法估价的难点在于获取足够多的真实交易实例和可比实例及其相关信息。当前,我国房地产市场还不够规范,房地产交易和价格等信息不够公开透明,甚至市场上还存在一些虚假交易信息,获取足够多的高质量交易案例与可比实例是比较法估价的难点。

第二节　搜集交易实例

交易实例是指真实成交的房地产等财产或相关权益,是比较法估价的基础资料。估价机构与估价师必须按照要求尽可能多地搜集交易实例。

一、搜集交易实例的途径

在当前的房地产市场环境下,搜集房地产交易实例的可能途径有以下几种。

(1) 通过房地产交易相关机构与人员搜集交易实例。房地产交易相关机构包括房地产开发企业、经纪机构、销售代理商、物业管理公司等,房地产交易相关人员包括销售人员、经纪人、交易当事人、律师、物业管理人员以及其他相关人员。房地产交易相关机构与人员掌握房地产交易的第一手资料和信息,通过房地产交易相关机构与人员可搜集交易实例、了解交易实例状况、交易情况、成交价格以及其他相关交易信息。随着房地产市场的发展,绝大多数二手房交易和越来越多的新房交易是通过经纪机构和经纪人促成的,通过经纪机构和经纪人可以获得大量及时、真实的房地产交易实例,是估价机构和估价师获取交易实例的首要途径。估价机构和估价师应与房地产交易相关机构尤其是经纪机构建立长期、稳定的合作关系,保证房地产交易实例的可得性。

(2) 通过房地产行业主管部门与统计部门搜集交易实例。《城市房地产管理法》第三十五条规定:"国家实行房地产成交价格申报制度。房地产产权人转让房地产,应当向县级以上地方人民政府规定的部门如实申报成交价,不得瞒报或者作不实的申报。"因此,房地产行业主管部门掌握大量的房地产成交价格以及相关交易信息。同时,统计部门也掌握大量的房地产价格和房地产市场统计数据,并会定期发布有关房地产价格或价格指数等信息。鉴于行业主管部门和统计部门的权威性,这些相关部门掌握的房地产价格和交易实例信息可作为估价机构交易实例的重要来源。但是需要注意的是,由于现实中存在"阴阳合同(又称黑白合同)"等不规范市场行为,行业主管部门掌握的房地产备案价格信息的真实性需要估价师进行核实。

"黑白合同"

(3) 通过房地产数据服务商和研究机构搜集交易实例。随着房地产市场的发展，市场上出现了许多市场化的房地产数据服务商和研究机构。这些房地产数据服务商和研究机构以营利为目的，专门从事房地产价格、房地产市场等数据的搜集、整理、分析、研究与服务。估价机构可以向有关的数据服务商和研究机构购买房地产价格信息与服务。

(4) 通过估价委托人搜集交易实例。通过估价委托人搜集交易实例主要有以下几种情况：一是通过估价委托人了解估价对象周边类似房地产的交易实例与交易情况，为估价师搜集交易实例提供线索；二是通过估价委托人获取估价对象的历史交易情况，以此来预测估价对象在价值时点的价格状况或者为估价结果提供参考；三是可以要求估价委托人提供估价对象后续交易的情况，估价对象的后续交易实例可以作为其他估价对象的可比实例。

(5) 通过媒体搜集交易实例。房地产相关媒体包括网站、报刊、公众号等。但需要注意的是，媒体上的房地产价格通常是挂牌价等非成交价格。根据房地产估价规范相关规定，挂牌案例不能作为可比实例，只能作为估价师了解房地产价格行情的参考。

(6) 通过同行共享交易实例。每个估价机构和估价师所掌握的房地产交易实例的数量总是有限的。估价机构和估价师应发挥各自优势，通过与同行之间的共享，提高搜集交易实例的效率，降低估价经营成本。但是由于估价机构之间的竞争性，交易实例共享难度较大，需要行业协会或头部估价机构牵头建立健全相关机制，共同推进交易实例的共建共享。

搜集交易实例还可采用实地走访、面谈、电话交谈、问卷调查、查阅资料等方式。

【思考与讨论】如何保证交易实例的真实性？

二、搜集交易实例的内容

搜集交易实例的内容主要包括交易实例状况和交易基本情况。交易实例状况包括交易实例基本情况、实物状况、权益状况和区位状况，具体内容详见第一章第四节"房地产状况的描述"。交易基本情况包括交易双方基本情况、交易目的、成交日期、交易方式、成交价格、付款方式、融资条件、税费负担方式以及其他特殊情况等。交易双方基本情况包括交易双方的名称及其关系；交易目的是买卖双方实施交易的目的，如卖方为何而卖，买方为何而买；成交日期是指交易合同签订的日期；交易方式包括买卖、互换、租赁等方式，买卖又分为协议、招标、拍卖、挂牌等方式；成交价格包括总价、单价及计价单位等信息；付款方式包括一次性付款、分期付款、按揭贷款等；融资条件包括首付款比例、贷款利率、贷款期限等；税费负担方式主要有各自缴纳自己应缴纳的交易税费或全部交易税费都由买方或卖方负担；特殊交易情况如是否有急售、急买等。

估价机构和估价师在搜集交易实例时应填写事先制作的"房地产交易实例调查记录表"(见表7-1)，可以现场填写纸质表格，也可以直接在电子设备中录入相关信息。

表7-1 房地产交易实例调查记录表

交易实例基本情况	名称			坐落		
	范围			建成时间		
	规模	建筑面积		土地面积	其他	
	用途			权属		
交易实例状况	实物状况					
	权益状况					
	区位状况					
	位置示意图					
	内外部照片	内部照片				
		外观照片				
		周围环境照片				
交易基本情况	交易双方基本情况	买方			卖方	
		买卖双方关系				
	交易目的				成交日期	
	成交价格	总价		单价	交易方式	
	付款方式				融资条件	
	税费负担方式				其他特殊情况	
调查基本情况	调查机构				调查方式	
	调查地点				调查时间	
	被调查者(签名)					
	调查人员(签名)					

三、搜集交易实例的要求

(1) 尽可能多地搜集交易实例,这是采用比较法估价的前提条件。只有搜集足够多的交易实例,才能掌握估价对象所在地的房地产市场行情,才能从中选出一定数量的符合规范要求和实际需要的可比实例,才能保证估价结果不会超出合理的范围。

(2) 保证交易实例信息的全面、真实和准确,这是保证比较法估价结果合理性和准确性的基础。为了保证所搜集的交易实例信息的全面、真实和准确,估价机构和估价师需要对所搜集到的每个交易实例的每项内容依法进行审慎检查或核查验证。

(3) 搜集交易实例重点在于平时工作中的积累。估价机构和估价师可以在具体估价项目开始时有针对性地搜集相关交易实例,但是更重要的在于平时工作中的日积月累。估价机构还可以安排有关人员专门从事交易实例等估价所需资料的搜集工作。

【思考与讨论】为什么说获取交易实例的能力是估价机构的核心竞争力之一?

第三节 选取可比实例

估价机构和估价师搜集或存储的相关交易实例数量可能较多，为提高房地产估价效率与估价质量，需要根据一定的要求与条件从搜集或存储的相关交易实例中选取若干个最符合条件的交易实例作为可比实例。可比实例是指交易实例中交易方式适合估价目的、成交日期接近价值时点、成交价格为正常价格或可修正为正常价格的估价对象的类似房地产等财产或相关权益。估价师也可以在搜集交易实例时直接确定可比实例。

一、可比实例的数量要求

从理论上讲，即使只有一个可比实例，只要能对其成交价格进行合理的修正或调整，就可以得出估价对象的价值。但由于存在信息不完全等情况，对可比实例成交价格的修正或调整不可能做到完全科学、客观、全面。因此，为了减小估价误差，提高估价结果的准确性和合理性，需要选取多个可比实例。但是在实际估价中，增加过多的可比实例数量会提高估价工作量和估价成本，另外市场上也不一定有足够多的交易实例可供选择，因此可比实例的数量应当适当。《房地产估价规范GB/T 50291—2015》第4.2.3条规定："可比实例应从交易实例中选取且不得少于3个。"

【思考与讨论】"可比实例应从交易实例中选取"意味着什么？

二、可比实例的质量要求

(一) 可比实例的房地产状况应与估价对象相似

可比实例应是估价对象的类似房地产，即可比实例的实物、权益、区位状况与估价对象相同或相似。选择可比实例时应重点关注以下几个方面。

(1) 与估价对象的类型相同。这里的类型包括用途、权利性质、建筑结构等。用途不仅是指大类用途如居住、商业、办公、旅馆、工业、农业等，还指小类用途如居住用途中的公寓、别墅、集体宿舍等，当缺少小类用途相同的可比实例时，可视实际情况适当放宽到与大类用途相同。一般情况下，权利性质不同的交易实例不能作为可比实例。例如，划拨土地上的交易实例不能作为出让土地上的估价可比实例，集体土地上的交易实例不能作为国有土地上的估价可比实例，保障性住房的交易实例不能作为普通商品房的估价可比实例。建筑结构主要是指大类建筑结构如钢结构、钢筋混凝土结构、砖混结构、砖木结构、简易结构等,如果能实现小类建筑结构相同则更好。

(2) 与估价对象的区位相近。可比实例与估价对象应在同一供求范围内,不同城市之间或城市中相距较远且价格影响较少的区域中的房地产交易实例不能作为可比实例。

(3) 与估价对象的规模相当。规模主要体现在建筑面积、土地面积、体积等方面。在实际估价中,可比实例的规模通常应控制在估价对象规模的0.5~2倍的范围内为宜。

同一供求范围

(4) 与估价对象的档次相似。档次主要体现在配套设施、建筑设备、装饰装修、周围环境、评定等级等方面。例如,豪华住宅不能作为普通住宅的可比实例,五星级酒店不能作为经济型酒店的可比实例。

(二) 可比实例的成交日期应与价值时点相近

房地产市场价格经常处于波动中,如果成交日期与价值时点相差过长,房地产价格变化较大,市场状况调整可能会出现较大偏差。同时,房地产价格的发展变化具有一定的内在联系,过去的价格是当前价格的基础,当前的价格又是未来价格的基础,成交日期越近的房地产交易价格越具有参考价值。因此,可比实例的成交日期与价值时点应尽量接近。《房地产估价规范GB/T 50291—2015》第4.2.3条规定:"可比实例的成交日期应接近价值时点,与价值时点相差不宜超过1年,且不得超过2年。"当房地产市场变化较大时,可根据实际情况进一步缩短可比实例成交日期与价值时点的时间差距要求。

(三) 可比实例的交易方式应与估价目的适合

不同的交易方式下,房地产成交价格的类型与结果会有所差异。不同的估价目的,房地产估价的要求与结果也会有所不同。为了保证交易实例的成交价格类型与估价对象的价格类型保持一致,要求特定估价目的的估价应选择相应交易方式的可比实例。例如,为买卖提供参考的估价,应选取买卖实例作为可比实例;为租赁提供参考的估价,应选取租赁实例作为可比实例;为抵押、折价、变卖、房屋征收补偿等提供参考的估价,通常要求选取买卖实例作为可比实例,而且一般应选取协议方式的买卖实例;建设用地使用权出让,一般不宜选取协议方式的出让实例,而应选择"招拍挂"方式的出让实例。

【思考与讨论】为什么不宜选用协议出让的建设用地使用权出让实例?

(四) 可比实例的成交价格应尽量为正常价格

正常价格是指不存在特殊交易情况下的成交价格,或者成交价格经交易情况修正后的价格。如果缺少正常价格的交易实例,则可以选择能够修正为正常价格的交易实例。

第四节 建立比较基础

建立比较基础就是对可比实例成交价格的形式和内涵按照估价对象价值的标准进行统一化和标准化处理，使各个可比实例成交价格之间以及可比实例成交价格与估价对象价值之间的比较口径一致。建立比较基础的具体内容包括统一财产范围、统一付款方式、统一融资条件、统一税费负担方式以及统一计价方式。

一、统一财产范围

当可比实例与估价对象的财产范围不完全相同时，需要消除因财产范围不同而造成的房地产价值差异。这里的财产范围不同是指可比实例与估价对象"有与无"某种财产的差别，而不是可比实例与估价对象都有的财产的"好与坏""优与劣""新与旧"等不同程度的差别，后者的差异在房地产状况调整中才予以考虑。

可比实例与估价对象财产范围不同的情形有四种。一是可比实例和估价对象的实物财产范围不同。例如，估价对象是毛坯房，而可比实例是精装修房；或者相反。当房地产实物财产范围不同时，统一财产范围一般是统一到估价对象的房地产实物财产范围，相应地对可比实例的成交价格进行加价或减价处理。二是可比实例或估价对象含有房地产以外的资产。例如，估价对象是毛坯房，而可比实例则是包含家具、家电等动产的房地产；或者相反。当可比实例或估价对象含有房地产以外的资产时，统一财产范围一般是统一到只有房地产资产的范围，即需要将可比实例或估价对象扣除房地产以外的其他资产价值，得到"纯粹"的房地产价值。三是可比实例或估价对象带有债权债务。例如，估价对象是有水电费等余款或欠费、欠缴房产税费、拖欠建设工程价款的房地产；而可比实例是"干净"的房地产；或者相反。当可比实例或估价对象带有债权债务时，统一财产范围一般是统一到不带债权债务的房地产范围。四是可比实例或估价对象带有其他权益或负担。例如，估价对象是附带入学指标、户籍指标或设定地役权、租赁权的房地产，而可比实例是不带这些权益或负担的房地产；或者相反。当可比实例或估价对象带有其他权益或负担时，统一财产范围一般是统一到不带其他权益或负担的房地产范围。如果估价对象含有房地产以外的资产或带有债权债务和其他权益或负担，在求出不含房地产以外的资产和不带债权债务和其他权益或负担的房地产价值以后，再加上房地产以外的资产价值、债权和其他权益价值，然后减去债务和其他负担价值，即可得到估价对象价值。

二、统一付款方式

房地产价值量大，购买房地产有时需要采取分期付款方式，而且付款期限、付款次数、每次付款金额等可能均有所不同。由于资金具有时间价值，不同时间的付款不能直接进行比较，需要对其进行转换。统一付款方式就是要消除可比实例和估价对象因付款方式不同而造成的价值差异。实际估价中，一般以在成交日期时一次性付清的价格为基准进行换算，将不在成交日期时一次性付清的可比实例的价格换算成在成交日期时一次性付清的价格，大多是通过折现的方法来进行换算的。

【例7-1】一次付清的价格计算

三、统一融资条件

房地产价值量大，购买时通常需要进行融资。房地产的融资条件包括首付款比例、贷款利率、贷款期限等。统一融资条件就是要消除可比实例和估价对象因融资条件不同而造成的价值差异，将不在该种类型房地产交易的常规融资条件下的价格调整为在该种类型房地产交易的常规融资条件下的价格。

【思考与讨论】常规融资条件一般是什么？

四、统一税费负担方式

房地产的正常成交价格是在交易双方承担各自应当承担的税费情况下的价格。在实际房地产市场上，因双方约定、交易习惯等原因，房地产交易税费可能在交易双方之间进行部分甚至全部转嫁，从而形成买方实付价或卖方净得价。房地产的正常成交价格为买方实付价扣除应由买方负担的税费之差或者是卖方净得价与应由卖方负担的税费之和。

统一税费负担方式就是要消除可比实例和估价对象因税费负担方式不同而造成的价值差异，一般情况下是将可比实例在非正常税费负担情况下的价格调整为在交易双方正常负担情况下的价格。根据估价目的和市场实际情况，也可将可比实例的价格调整为买方承担全部税费的卖方净得价或者卖方承担全部税费的买方实付价，目前城市二手住宅成交价格基本上是卖方净得价。卖方净得价等于正常成交价格减去应由卖方负担的税费，买方实付价等于正常成交价格加上应由买方负担的税费。

当税费均由买方负担时，正常成交价格的计算公式为

$$正常成交价格 = 卖方净得价 \div (1 - 卖方负担的税费比率)$$

当税费均由卖方负担时，正常成交价格的计算公式为

$$正常成交价格 = 买方实付价 \div (1 + 买方负担的税费比率)$$

【例7-2】买方实付价和卖方净得价的计算

【例7-3】税费正常负担的价格计算(一)

【例7-4】税费正常负担的价格计算(二)

五、统一计价方式

统一计价方式包括统一价格表示方式、统一币种和货币单位、统一面积内涵、统一面积计量单位等。

(1) 统一价格表示方式。价格表示方式通常有单价和总价，一般为单价。在统一为单价时，房地产和建筑物通常采用单位建筑面积价格，土地可采用单位土地面积价格，也可采用单位建筑面积价格(即楼面地价)。根据估价对象的具体情况，还可以采用其他非面积的比较单位。例如，仓储房地产可以用体积如立方米为比较单位，停车场以个为比较单位，旅馆房地产以间(客房)或床(位)为比较单位等。

(2) 统一币种和货币单位。通常将以外币表示的房地产价格换算为以人民币表示的房地产价格，汇率宜按国家有关部门公布的成交日期的市场汇率中间价进行换算。但是如果先按照原币种的价格进行市场状况调整，则对进行了市场状况调整后的价格采用价值时点的汇率进行换算。货币单位按照使用习惯采用"元"或"万元"。

(3) 统一面积内涵。面积内涵有建筑面积、套内建筑面积、使用面积等，常用的是建筑面积，统一面积内涵就是在这些面积内涵之间进行换算。

(4) 统一面积计量单位。面积计量单位有平方米、公顷、亩、平方英尺、坪等，统一面积计量单位就是要在上述单位之间进行换算。

"千尺豪宅"

第五节 交易情况修正

由于房地产的位置固定性、独一无二性以及房地产市场的不完全性，房地产成交价格容易受交易当事人特殊交易情况的影响，从而偏离正常价格，房地产估价需要将其修正为正常价格，即进行交易情况修正。交易情况修正是比较法估价的核心步骤之一。

一、交易情况修正的含义

房地产交易双方不存在特殊交易情况而形成的价格称为正常价格，否则为非正常价格。可比实例的成交价格可能是正常价格，也可能是非正常价格，房地产估价通常考虑的是正常价格。交易情况修正就是将可比实例的非正常价格修正为正常价格，即消除特殊交易情况造成的可比实例成交价格与正常价格的差异。交易情况修正后，可比实例的非正常价格就转换成为正常价格。

二、特殊交易情况的类型

可能造成可比实例成交价格偏离正常价格的特殊交易情况有以下几种。

(1) 特殊的交易目的。一般来说,自住或自用购房的成交价格相对较高,投资性购房的成交价格相对较低,投机性购房的成交价格要根据购房时的市场状况来综合判断,追求广告宣传效应的房地产交易的成交价格可能偏高,与相邻房地产合并交易的成交价格通常高于其单独成交的价格。

(2) 特殊的交易主体。一是利害关系人之间的交易。例如,亲朋好友之间、关联公司之间、公司与其员工之间的房地产交易,成交价格通常会偏离正常市场价格。二是只有特定买方或卖方的交易。如果只有特定买方,则卖方缺乏议价能力,成交价格往往偏低;如果只有特定卖方,则买方缺乏议价能力,成交价格往往偏高。三是交易主体不熟悉市场行情或估价对象的交易。如果买方不够了解市场行情或交易对象而盲目购买,成交价格往往偏高;反之,成交价格往往偏低。四是买方或卖方具有特殊偏好的交易。例如,买方或卖方对所买卖的房地产具有特别爱好或特殊情感和意义,成交价格往往偏高。

(3) 特殊的交易方式。房地产交易有协议、招标、拍卖、挂牌等不同方式。一般情况下,拍卖价格和挂牌价格最高,招标价格次之,协议价格最低。

(4) 特殊的交易情形。例如,急售或急买的交易、迫于压力出售或购买的交易、冲动情况下的交易、税费转嫁的交易、不公平的交易、竞争激烈或者缺乏竞争的交易、人为哄抬价格的交易等,急售和被迫出售的成交价格通常偏低,急买和被迫购买的成交价格通常偏高。

(5) 特殊的交易心理。例如,投机心理、从众心理、迷信心理和求吉心理等都会对房地产成交价格产生影响。

"杀熟"现象

三、交易情况修正的方法

交易情况修正的方法有总价修正法和单价修正法,还有金额修正法和比率修正法。总价修正法是基于总价对可比实例的成交价格进行修正,单价修正法是基于单价对可比实例的成交价格进行修正,实际估价中一般采用单价修正法。金额修正法是采用某个金额对可比实例的成交价格进行修正,比率修正法是采用百分比对可比实例的成交价格进行修正,实际估价中一般采用比率修正法。以下主要介绍比率修正法。

比率修正法的基本公式为

$$可比实例正常价格 = 可比实例成交价格 \times 交易情况修正系数 \qquad (7\text{-}1)$$

交易情况修正系数应以正常价格为基准来确定。假设可比实例成交价格比正常价格高 $S\%$(或低 $S\%$),则

$$可比实例成交价格 = 可比实例正常价格 \times (1 \pm S\%) \qquad (7\text{-}2)$$

$$可比实例正常价格 = 可比实例成交价格 \times \frac{1}{(1 \pm S\%)} \qquad (7\text{-}3)$$

式(7-3)中，$\dfrac{1}{(1\pm S\%)}$ 相当于交易情况修正系数。在实际估价中，交易情况修正系数应由估价师根据交易情况、市场行情及估价经验来综合确定。确定交易情况修正系数以后，将其与可比实例成交价格相乘即可得到可比实例正常价格，从而完成交易情况修正。

【例7-5】房地产正常价格的计算

第六节 市场状况调整

可比实例成交价格是其成交日期时的价格，而比较法估价所需要的可比实例价格是价值时点的价格，房地产估价需要将可比实例成交日期时的价格调整为价值时点时的价格，即进行市场状况调整。市场状况调整是比较法估价的核心步骤之一。

一、市场状况调整的含义

市场状况调整就是将可比实例在其成交日期的价格调整为在价值时点的价格，也称为交易日期调整。市场状况调整就是要消除因成交日期与价值时点之间的市场状况不同造成的可比实例成交价格的差异。市场状况调整后，可比实例在其成交日期的价格就转换成为在价值时点的价格。

在可比实例成交日期至价值时点期间，随着时间的推移，房地产市场以及房地产市场价格可能发生了变化，或平稳或上涨或下降。当房地产市场价格平稳发展时，可不进行市场状况调整。当房地产市场价格上涨或下降时，则应进行市场状况调整。因此，市场状况调整的关键是把握估价对象和可比实例这类房地产的市场价格自成交日期以来的变化情况。具体应在市场背景描述与分析的基础上，找出该类房地产市场价格随着时间的变化而变动的规律，再据此对可比实例的成交价格进行相应的市场状况调整。

【思考与讨论】市场状况差异的核心是什么？

二、市场状况调整的方法

(一) 一般调整思路

市场状况调整的方法有总价调整法和单价调整法，还有金额调整法和比率调整法。总价调整法是基于总价对可比实例的成交价格进行市场状况调整,单价调整法是基于单价对可比实例的成交价格进行市场状况调整,实际估价中一般采用单价调整法。金额调整法是采用某个金额对可比实例的成交价格进行市场状况调整,比率调整法是采用百分比对可比实例的成交价格进行市场状况调整,实际估价中一般采用比率调整法。以下主要介绍比率调整法。

比率调整法的基本公式为

$$可比实例在价值时点的价格 = 可比实例在成交日期的价格 \times 市场状况调整系数 \quad (7\text{-}4)$$

市场状况调整系数通常以成交日期的价格为基准确定。假设从成交日期到价值时点,可比实例的市场价格上涨了$T\%$(或下跌$T\%$),则

$$可比实例在价值时点的价格 = 可比实例在成交日期的价格 \times (1 \pm T\%) \quad (7\text{-}5)$$

式(7-5)中,$(1 \pm T\%)$相当于市场状况调整系数。在实际估价中,市场状况调整系数往往难以直接判断,需要通过房地产价格指数或价格变动率等指标来求取。

(二) 具体调整方法

1. 价格指数法

房地产价格指数分为定基价格指数和环比价格指数。定基价格指数是以某个固定时期为计算基期的价格指数,环比价格指数是以上一期为计算基期的价格指数。

70个大中城市住宅价格指数

采用定基价格指数进行市场状况调整的公式为

$$可比实例在价值时点的价格 = 可比实例在成交日期的价格 \times (价值时点的定基价格指数 \div 成交日期的定基价格指数) \quad (7\text{-}6)$$

式(7-6)中,价值时点的定基价格指数与成交日期的定基价格指数之比相当于市场状况调整系数。

采用环比价格指数进行市场状况调整的公式为

$$可比实例在价值时点的价格 = 可比实例在成交日期的价格 \times (成交日期下一时期的环比价格指数 \times 再下一时期的环比价格指数 \times \cdots \times 价值时点时的环比价格指数) \quad (7\text{-}7)$$

式(7-7)中,(成交日期下一时期的环比价格指数×再下一时期的环比价格指数×…×价值时点时的环比价格指数)相当于市场状况调整系数。

【例7-6】房地产市场状况调整(一)　　【例7-7】房地产市场状况调整(二)

2. 价格变动率法

房地产价格变动率分为逐期递增或递减的价格变动率和期内平均上升或下降的价格变动率。采用逐期递增或递减的价格变动率进行市场状况调整的公式为

可比实例在价值时点的价格＝可比实例在成交日期的价格×$(1±价格变动率)^{期数}$ (7-8)

式(7-8)中，$(1±价格变动率)^{期数}$相当于市场状况调整系数。

采用期内平均上升或下降的价格变动率进行市场状况调整的公式为

可比实例在价值时点的价格＝可比实例在成交日期的价格×(1±价格变动率×期数) (7-9)

式(7-9)中，(1±价格变动率×期数)相当于市场状况调整系数。

【例7-8】房地产市场状况调整(三)

【例7-9】房地产市场状况调整(四)

需要注意的是，上述价格指数和价格变动率不是一般的物价指数和物价变动率，而必须是房地产的价格指数和价格变动率，因为房地产价格与一般的物价变动规律通常不完全一致。房地产的价格指数和价格变动率类型较多，有全国房地产价格指数和变动率、某地区房地产价格指数和变动率、全国某类房地产价格指数和变动率以及某地区某类房地产价格指数和变动率等，实际估价中应选用某地区某类房地产的价格指数或变动率。

【思考与讨论】为什么实际估价中要选用某地区某类房地产的价格指数和变动率？

第七节 房地产状况调整

由于房地产的独一无二性，可比实例与估价对象必然存在差异。可比实例成交价格是在其自身房地产状况下的价格，而比较法估价所需要的可比实例价格是在估价对象状况下的价格。房地产估价需要将可比实例在其自身房地产状况下的价格调整为在估价对象状况下的价格，即进行房地产状况调整。房地产状况调整是比较法估价的核心步骤之一。

一、房地产状况调整的含义

房地产状况调整是将可比实例在其自身房地产状况下的价格调整为在估价对象状况下的价格，包括实物状况调整、权益状况调整和区位状况调整。房地产状况调整就是要消除因可比实例与估价对象之间的房地产状况不同造成的价格差异。房地产状况调整后，可比实例在其自身房地产状况下的价格就变成了在估价对象状况下的价格。

二、房地产状况调整的内容

房地产状况调整的内容包括实物状况调整、权益状况调整和区位状况调整。更多相关内容详见第六章第二节"房地产自身因素"。

(一) 实物状况调整的内容

实物状况是指对房地产价格有影响的实物因素的状况。实物状况调整是将可比实例在其自身实物状况下的价格调整为在估价对象实物状况下的价格。

影响房地产价格的实物状况包括土地实物状况和建筑物实物状况。土地实物状况包括土地的面积、形状、地形、地貌、地势、地质、水文、土壤、开发程度等，建筑物实物状况包括建筑规模、建筑外观、层数和高度、建筑结构、空间布局、建筑性能、设施设备、装饰装修、建成时间、维护状况、完损状况、新旧程度等。

(二) 权益状况调整的内容

权益状况是指对房地产价格有影响的权益因素的状况。权益状况调整是将可比实例在其自身权益状况下的价格调整为在估价对象权益状况下的价格。

影响房地产价格的权益状况包括房地产权利状况、权利限制状况以及其他权益状况。房地产权利状况包括土地和房屋的所有权状况和使用权状况。权利限制状况包括他项权利限制状况和其他因素限制状况。他项权利有抵押权、租赁权、典权、地役权、居住权等。其他因素限制主要是指房地产使用管制和相邻关系限制。房地产使用管制主要表现为对土地和房屋的用途、容积率、建筑密度、绿地率和建筑高度等的管制。房地产相邻关系限制主要体现在房地产权利人应当为相邻权利人提供必要的使用便利，如通行的便利；房地产权利人使用自己的房地产或者行使房地产相关权利时不得损害相邻房地产和相邻权利人的权益，如不得妨碍相邻建筑物的通风、采光和日照，不得危及相邻房地产的安全等。房地产权利限制状况还包括被司法机关或行政机关依法查封、被他人占用或使用等。其他权益状况包括附着在房地产上的额外利益、债权债务以及其他权利和义务等，如落户、入学以及其他社会保障权利状况，物业管理状况，欠税欠费欠款状况等。由于在选取可比实例时就要求可比实例权益状况中的权利性质和用途与估价对象的权利性质和用途相同，所以权益状况调整的内容可以不包括权利性质和用途等因素。

(三) 区位状况调整的内容

区位状况是指对房地产价格有影响的区位因素的状况。区位状况调整是将可比实例在其自身区位状况下的价格调整为在估价对象区位状况下的价格。

区位状况调整的内容包括地理位置、交通条件、配套设施和周围环境。地理位置包括方位与坐落、与重要场所的距离、临街(路)状况等。对于单套住宅,地理位置还应包括所处的楼幢、楼层、朝向、是否边套等。交通条件包括道路状况、可用交通工具、交通管制情况、停车便利程度以及交通费用情况等。配套设施包括市政基础设施和公共服务设施,市政基础设施包括道路、给水、排水、电力、通信、燃气、供热、绿化、环卫、室外照明等基础设施,公共服务设施包括生活、商业、教育、医疗卫生、文体、休闲娱乐、社区服务等设施。周围环境包括自然环境、人文环境、景观环境以及其他环境等。

【思考与讨论】房地产状况因素是否等同于房地产价格影响因素?

三、房地产状况调整的方法

(一) 一般调整思路

房地产状况调整的方法包括直接比较调整法和间接比较调整法、总价调整法和单价调整法、金额调整法和比率调整法、加法调整法和乘法调整法等。直接比较调整法是以估价对象状况为基准,将可比实例与估价对象进行比较,根据其间的差异对可比实例成交价格进行调整;间接比较调整法是选定或设定标准房地产,将估价对象和可比实例分别与标准房地产进行比较,根据其间的差异对可比实例成交价格进行调整。总价调整法是基于总价对可比实例的成交价格进行房地产状况调整,单价调整法是基于单价对可比实例的成交价格进行房地产状况调整。金额调整法是采用某个金额对可比实例的成交价格进行房地产状况调整,比率调整法是采用百分比对可比实例的成交价格进行房地产状况调整。加法调整法是采用累加的方法考虑房地产状况差异对可比实例成交价格的影响,乘法调整法是采用相乘的方法考虑房地产状况差异对可比实例成交价格的影响。在实际估价中,通常综合运用直接比较调整法、单价调整法、比率调整法和乘法调整法,其基本公式为

可比实例在估价对象状况下的价格=可比实例在自身状况下的价格×房地产状况调整系数 (7-10)

房地产状况调整系数通常以估价对象状况为基准确定。假设可比实例在其自身状况下的价格比在估价对象状况下的价格高$R\%$(或低$R\%$),则

可比实例在自身状况下的价格=可比实例在估价对象状况下的价格$\times(1\pm R\%)$ (7-11)

可比实例在估价对象状况下的价格=可比实例在自身状况下的价格$\times\dfrac{1}{(1\pm R\%)}$ (7-12)

式(7-12)中，$\dfrac{1}{(1 \pm R\%)}$ 相当于房地产状况调整系数。由于房地产状况复杂，在实际估价中，房地产状况调整系数往往难以直接判断，需要通过房地产状况因素比较来确定。

(二) 具体调整方法

房地产状况调整的具体方法是将可比实例与估价对象的房地产状况因素逐一进行比较，以估价对象房地产状况为基准对可比实例的房地产状况因素进行赋分，经过转化并汇总得到房地产状况调整系数的方法，又称为因素比较法。在实际估价中，因素比较法可通过三个表格来完成。

(1) 房地产状况比较因素说明表(见表7-2)。第一，列出可能影响房地产价格的房地产状况因素；第二，采用层次分析法等方法确定各个房地产状况因素的重要程度(即权重)；第三，对估价对象和可比实例的各个房地产状况因素的具体情况进行说明并填入相应表格，因素说明既不能过于简单，如"好""很好""一般"等，也不应"长篇大论"。

表7-2　房地产状况比较因素说明表

比较因素		权重	估价对象	可比实例A	可比实例B	可比实例C
实物状况因素	因素1					
	因素2					
	因素3					
	...					
权益状况因素	因素1		在每个空格中，对估价对象以及可比实例的各个比较因素情况进行简明扼要的说明			
	因素2					
	因素3					
	...					
区位状况因素	因素1					
	因素2					
	因素3					
	...					

(2) 房地产状况比较因素指数表(见表7-3)。第一，将估价对象的各个房地产状况因素全部赋予100分，即比较因素以估价对象的房地产状况为基准进行比较；第二，确定每个可比实例房地产状况因素的赋分规则，赋分规则应明确且可量化。例如，在周边500米范围内，可比实例比估价对象每多一条公交线路则加若干分；第三，根据赋分规则，以估价对象的房地产状况为基准，对各个可比实例的房地产状况因素进行赋分，可比实例房地产状况因素优于估价对象房地产状况因素的进行加分，可比实例房地产状况因素劣于估价对象房地产状况因素的进行减分，得到房地产状况比较因素指数表。

表7-3　房地产状况比较因素指数表

比较因素		权重	估价对象	可比实例A	可比实例B	可比实例C
实物状况因素	因素1					
	因素2					
	因素3					
	...					
权益状况因素	因素1					
	因素2					
	因素3					
	...					
区位状况因素	因素1					
	因素2					
	因素3					
	...					

（在每个空格中，以估价对象为基准，对可比实例的各个比较因素进行赋分）

(3) 房地产状况调整系数表(见表7-4)。第一，以可比实例房地产状况因素指数为分母、以100为分子，将各个可比实例房地产状况因素指数转换为房地产状况调整系数；第二，将各个可比实例房地产状况因素的调整系数与相应的权重相乘，汇总得到实物状况调整系数、权益状况调整系数和区位状况调整系数，也可进一步综合得到房地产状况调整系数。

表7-4　房地产状况调整系数表

比较因素		权重	可比实例A	可比实例B	可比实例C
实物状况因素	因素1				
	因素2				
	因素3				
	...				
实物状况调整系数					
权益状况因素	因素1				
	因素2				
	因素3				
	...				
权益状况调整系数					
区位状况因素	因素1				
	因素2				
	因素3				
	...				
区位状况调整系数					
房地产状况调整系数					

确定房地产状况调整系数以后，将其与可比实例在自身状况下的价格相乘，即可得到可比实例在估价对象状况下的价格，从而完成房地产状况调整。

第八节 计算比较价值

经过交易情况修正、市场状况调整和房地产状况调整,可分别求得交易情况修正系数、市场状况调整系数和房地产状况调整系数,在此基础上即可计算可比实例比较价值。

一、计算单个比较价值

当房地产状况调整系数采用综合房地产状况调整系数来表示时,单个可比实例比较价值的计算公式为

$$单个可比实例的比较价值 = 可比实例成交价格 \times 交易情况修正系数 \times 市场状况调整系数 \times 房地产状况调整系数 \tag{7-13}$$

当房地产状况调整系数采用分项房地产状况调整系数(即实物状况调整系数、权益状况调整系数和区位状况调整系数)来表示时,单个可比实例比较价值的计算公式为

$$单个可比实例的比较价值 = 可比实例成交价格 \times 交易情况修正系数 \times 市场状况调整系数 \times 实物状况调整系数 \times 权益状况调整系数 \times 区位状况调整系数 \tag{7-14}$$

进行交易情况修正、市场状况调整、实物状况调整、权益状况调整、区位状况调整时,单项修正或调整的幅度不宜超过20%,综合修正和调整的幅度不宜超过30%;经过修正和调整后的可比实例比较价值中,最高价与最低价的比值不宜大于1.2。当幅度或比值超出上述规定时,宜更换可比实例。当因估价对象或市场状况特殊,没有更合适的可比实例替换时,应在估价报告中说明并陈述理由。

【思考与讨论】为什么要限定价格修正和调整的幅度?

二、计算最终比较价值

经过上述修正或调整,各个可比实例都得到一个相应的比较价值。在实际估价中,通常还需要将各个比较价值综合成一个比较价值,以得出比较法的最终比较价值或测算结果。一般可选用各个比较价值的平均数或中位数或众数作为最终的比较价值。

平均数又分为简单算术平均数和加权算术平均数。简单算术平均数是把修正或调整得出的各个比较价值直接相加后除以比较价值的个数,得到综合的比较价值。加权算术平均数是根据重要程度不同,赋予每个比较价值不同的权重,然后通过加权平均得到综合的比较价值。通常根据可比实例与估价对象的相似程度赋予相应比较价值不同的权重,相似性

较高的,赋予较大的权重;反之,赋予较小的权重。

中位数是把修正或调整出的各个比较价值按由低到高的顺序排列,如果是奇数个比较价值,则处在正中间位置的那个比较价值为综合的比较价值;如果是偶数个比较价值,则处在正中间位置的那两个比较价值的简单算术平均数为综合的比较价值。

众数是一组数值中出现频数最多的那个数值,即出现最频繁的那个数值就是众数。在实际估价中,通常采用简单算术平均数或加权算术平均数来计算最终的比较价值。

第九节 比较法的应用与问题

本节先从算例和实例两个方面介绍比较法在房地产估价中的应用,然后总结比较法自身的局限性以及比较法在实际估价应用中的常见问题。算例主要针对建立比较基础、交易情况修正、市场状况调整和房地产状况调整等内容,实例主要展示比较法在某住宅房地产抵押估价中的实际应用及其问题。

一、比较法的应用

(一) 比较法应用算例

【例7-10】某估价机构接受委托测算某宗住宅房地产的市场价值。估价师在该住宅房地产附近选取了三宗与其类似的交易实例A、B、C作为可比实例,有关交易情况、成交日期、成交价格、付款方式以及房地产状况等信息如表7-5所示。

表7-5 可比实例相关信息

相关信息	可比实例A	可比实例B	可比实例C
成交价格	20 000元人民币/平方米	3000美元/平方米	18 000元人民币/平方米
付款方式	一次性付款	一次性付款	首付50%,余款半年后付清
交易情况	+5%	-3%	-2%
成交日期	2022年1月1日	2021年10月1日	2022年4月1日
房地产状况	+5%	-5%	-10%

表7-5中,交易情况正(负)值表示可比实例成交价格高(低)于其正常价格的幅度,房地产状况正(负)值表示可比实例状况优(劣)于估价对象的幅度。假设2021年1月1日以来的贷款年利率为5%,2021年10月1日美元兑人民币的汇率中间价为1:6.25,2022年5月1日美元兑人民币的汇率中间价为1:6.65,该类房地产以人民币为基准的市场价格从2021年1月1

日至2021年12月1日每月比上月上涨1%，以后每月比上月下降0.5%。采用比较法测算该住宅房地产于2022年5月1日的市场价值。

【解】该住宅于2022年5月1日的市场价值测算如下所述。

(1) 建立比较基础

① 可比实例A的成交价格=20 000(元人民币/平方米)

② 可比实例B的成交价格=3000×6.25=18 750(元人民币/平方米)

③ 可比实例C的成交价格=$18\,000\times[50\%+\dfrac{50\%}{(1+5\%)^{0.5}}]\approx17\,783.10$(元人民币/平方米)

(2) 计算可比实例的比较价值

① 可比实例A的比较价值=$20\,000\times\dfrac{1}{1+5\%}\times(1-0.5\%)^4\times\dfrac{1}{1+5\%}\approx17\,780.49$(元人民币/平方米)

② 可比实例B的比较价值=$18\,750\times\dfrac{1}{1-3\%}\times(1+1\%)^2\times(1-0.5\%)^5\times\dfrac{1}{1-5\%}\approx20\,242.50$(元人民币/平方米)

③ 可比实例A的比较价值=$17\,783.10\times\dfrac{1}{1-2\%}\times(1-0.5\%)\times\dfrac{1}{1-10\%}\approx20\,061.43$(元人民币/平方米)

(3) 计算估价对象比较价值

估价对象比较价值=(17 780.49+20 242.50+20 061.43)÷3=19 361.47(元人民币/平方米)，该比较价值就是所要求取的房地产市场价值。

(二) 比较法应用实例

【例7-11】某住宅房地产抵押估价，估价对象坐落于××市××区××街道××小区×幢×单元×××室，建筑面积为111.21平方米，分摊的土地使用权面积为16.46平方米。采用比较法和收益法进行估价，确定该房地产于2022年8月2日的抵押价值为总价人民币135万元、单价人民币12 139元/平方米，估价报告可扫描下方二维码查看。本项目估价技术路线合理、估价方法选择正确，估价测算过程详细，估价报告内容丰富、完整。本估价报告以及比较法运用中存在的问题有以下几个：估价假设中仅表述对估价委托人提供的资料进行了检查，未披露是否对相关资料或原件进行了核查验证；价值类型表述不准确，抵押价值不是市场价值而应为谨慎价值；风险提示针对性不强；估价对象权益状况描述和分析不够详细；可比实例的来源不够详细、价格内涵不够清晰、可比实例状况描述不够完整、交易情况说明不够清楚、比较因素考虑不够全面、比较因素权重未设置、部分比较因素调整理由不够充分等。

比较法应用
估价报告

二、比较法相关问题

(一) 比较法自身的局限性

1. 不一定能完全反映市场价值

比较法是利用类似房地产的成交价格来推算估价对象价值的方法。在实际估价中,比较法比较的是房地产的实际成交价格,不是市场价格,更不是市场价值。由于成交价格围绕市场价格上下波动、市场价格围绕市场价值上下波动,在市场供求平衡、交易活跃且成交数量足够多时,成交价格接近市场价格,市场价格接近市场价值。但是当房地产市场供求失衡(即市场过于火爆或低迷)时,市场价格会被高估或低估,造成成交价格偏离市场价格,市场价格偏离市场价值,此时比较法估价结果与估价对象价值存在较大偏差。

2. 难以全面反映未来市场风险

比较法是利用过去的成交价格来推算估价对象价值,难以全面考虑未来的市场风险。在房地产价格虚高时,比较法的估价结果存在较大市场风险。当房地产市场变化较快,在估价报告尚未出具或出具后不久,市场价格就发生了明显变化,此时比较法的估价结果难以让人接受甚至产生估价纠纷。例如,价值时点为征收决定公告之日的房屋征收估价,当房价上涨较快时,按照价值时点评估的房屋征收补偿价值可能明显低于被征收房屋现时的市场价值。又如,在房地产抵押估价中,价值时点大多是"现在",但抵押权的实现是在未来。在价值时点至抵押权实现的时间段内,房地产市场可能会发生较大变化,房地产价格存在下跌风险。为减少风险,《房地产抵押估价指导意见》第十五条规定:"在运用市场比较法估价时,不应选取成交价格明显高于市场价格的交易实例作为可比实例。"但是当市场价格整体偏高时,即使选择成交价格相对较低的可比实例也难以完全避免抵押权实现的风险。

【思考与讨论】如何规避比较法自身的局限性?

(二) 比较法估价中的常见问题

1. 可比实例的真实性存疑

在某些估价报告中,某些可比实例的真实性存疑,具体表现为以下几点:①可比实例的来源、名称、坐落不明确、不具体或不清晰;②估价报告未附可比实例外观或周围环境照片,特别是缺少与估价对象相近的可比实例照片;③可比实例成交价格内涵未说明或说明不清晰;④对可比实例的描述与分析过于简单,缺少具体、定量和有针对性的描述与分析;⑤多个可比实例之间以及与估价对象之间高度雷同,差异性分析严重不足;⑥有关可比实例的说明和数据前后矛盾,特别是比较因素说明表、指数表、系数表之间的内容与逻辑不一致。如果某个估价报告同时存在上述所列多项情况,则估价师需要关注是否存在虚构案例的可能。若属实，则为房地产估价的原则性错误。

2. 比较因素不全或缺少针对性

理论上需要将所有可能影响房地产价格的房地产状况因素都进行比较和分析，实际估价中应重点关注影响该类房地产价格的主要房地产状况因素以及可比实例与估价对象不一致的房地产状况因素。在考虑比较因素时，既要保证不能遗漏重要的影响因素，又要根据该类房地产的特点保证比较因素的针对性。例如，对于居住房地产，未考虑户型、外观、建筑性能等实物状况因素，或者未考虑落户、入学、物业管理、相邻关系限制等权益状况因素，或者未考虑楼幢、是否边套等区位状况因素；对于工业房地产，未考虑产业集聚、配套产业链等因素；而对于商业或工业房地产，却考虑了幼儿园、中小学、大学等教育设施因素和公园等景观因素。

3. 因素权重没有考虑或不合理

根据第六章的内容，房地产状况因素对房地产价格的影响具有复杂性。不同的房地产状况因素对同一宗房地产以及同一个房地产状况因素对不同房地产的价值和价格的影响程度是不相同的。例如，对于成套住宅，朝向、楼层、层高、面积、户型等因素对价格的影响并不完全相同。在实际估价中，需要通过权重来体现不同的房地产状况因素对同一宗房地产以及同一个房地产状况因素对不同房地产的价值和价格的影响程度，但是许多估价报告未设置比较因素权重或者权重设置不够合理。实际上，未设置比较因素权重相当于默认为各个比较因素具有相同权重，这显然不符合实际情况。

4. 价格修正和调整理由不充分

在比较法估价中，需要对可比实例成交价格进行修正或调整的理由在于，可比实例成交价格为非正常价格或者可比实例成交日期至价值时点的市场状况发生了变化，或者可比实例与估价对象状况存在差异。在实际估价中，许多估价报告对上述价格修正和调整的理由阐述不够充分，存在为修正而修正、为调整而调整的情况，主要表现为以下几种情况：对交易情况以及成交价格与正常价格的差异未进行分析或分析不够充分，简单假设交易情况正常从而直接给出交易情况修正系数；简单假设市场状况未发生变化或者直接给出市场状况调整系数或者市场状况调整的方向与大小与市场背景分析结论不一致；房地产状况调整不到位。

5. 计算过程不够清晰或不正确

在确定每个房地产状况调整系数以后，理论上可以通过系数连乘、系数累加、系数算术平均、系数加权平均等方式得到综合房地产状况调整系数进而求得可比实例的比较价值。采用不同的计算方式得到的综合房地产状况调整系数以及可比实例比较价值相差较大，因此需要选择合理的计算方式。在实际估价中，大部分估价报告选择系数连乘的方式进行计算，但是没有说明相应理由以及计算过程。实际上，系数连乘的方式存在人为放大或缩小个别比较因素影响程度的问题，合理的方式是选择加权系数平均的计算方式。

6. 价格修正和调整的幅度过大

根据《房地产估价规范GB/T 50291—2015》第4.2.15条规定，交易情况修正、市场状况调整、实物状况调整、权益状况调整、区位状况调整的系数单项修正和调整幅度不宜超过20%，综合修正和调整幅度不宜超过30%。当可比实例的修正和调整幅度超过了上述规定，说明相关可比实例与估价对象的相似性不够强或者修正和调整幅度过大。

7. 可比实例比较价值相差过大

经过价格修正和调整后，各个可比实例成交价格均转换为在价值时点估价对象状况下的正常价格，各个可比实例比较价值理应趋于一致。因此，《房地产估价规范GB/T 50291—2015》第4.2.15条规定，经修正和调整后的可比实例比较价值中，最高价与最低价的比值不宜大于1.2。在实际估价中，某些经过修正和调整后的可比实例比较价值不仅没有收敛反而更加发散，其最高价与最低价的比值超过1.2，或者即使比值没有超过1.2，但是大于修正和调整前的比值，说明修正和调整过程不到位或者可比实例选取不合理。

▋ 复习题

1. 什么是比较法？其理论依据是什么？
2. 比较法适用于哪些房地产估价？其适用条件是什么？
3. 比较法的基本步骤有哪些？其中的重点难点是什么？
4. 搜集交易实例的途径有哪些？需要搜集哪些内容？
5. 房地产估价对可比实例的数量和质量有何要求？
6. 为什么要建立比较基础？如何建立比较基础？
7. 什么是交易情况修正？为什么要进行交易情况修正？
8. 造成成交价格偏离正常价格的因素有哪些？如何进行交易情况修正？
9. 什么是市场状况调整？为什么要进行市场状况调整？
10. 市场状况调整的整体思路和具体方法是什么？
11. 什么是房地产状况调整？为什么要进行房地产状况调整？
12. 房地产状况调整的内容有哪些？因素比较法如何运用？
13. 确定最终的比较价值有哪些要求？
14. 比较法自身存在哪些问题？如何防范？
15. 比较法运用中有哪些常见问题？

▋ 拓展阅读

[1] 钟汉明.市场比较法估价的理论依据[J].中国房地产，1995(8)：26-28.

[2] 张协奎，陈伟清，成文山，等.基于模糊数学的市场比较法研究[J].中国管理科学，2001，(3)：37-42.

[3] 王秀丽，李恒凯，刘小生.基于GIS的房地产市场比较法评估模型研究[J].中国土地科学，2011，25(10)：70-76.

[4] 李宝强,纪蕾,宋岩磊,等.基于OWA算子赋权的房地产估价市场比较法研究[J].财会通讯,2016,(23):9-12.

[5] 纪蕾,宋岩磊,李宝强,等.基于GRA和三标度AHP的房地产估价市场比较法[J].土木工程与管理学报,2017,34(1):143-148.

[6] 蔡剑红,朱道林.市场比较法的不确定性传播研究[J].中国土地科学,2015,29(4):57-64.

[7] 袁琳.叶青,叶勇.次贷危机对我国房地产估价业的启示[J].福建建筑,2011,154(4):117-120.

[8] 刘洪玉,张宇.美国次贷危机的形成与房地产评估的畸形作用[J].城乡建设,2008(11):73-74.

[9] 张志军,张文锋.美国次级债危机与我国商业银行抵押价值评估管理[J].金融理论与实践,2009,357(4):72-78.

[10] 俞松.商业银行住房抵押贷款证券信用风险评估与管理——基于美国次级债危机启示的视角[J].发展研究,2008(3):21-23.

本章测试

第八章
收益法及其应用

收益法是传统的三种基本估价方法之一,也是损失资本化法等基于收益的估价方法的基础。本章介绍收益法的含义、理论依据、适用对象与条件、基本步骤与重点难点、具体应用以及相关问题。

▍教学要求

1. 了解收益法的理论依据、适用对象与条件以及相关问题;
2. 熟悉收益法的步骤以及具体估价方法选择,熟悉收益法应用要求;
3. 掌握收益法的含义,掌握收益期、净收益、报酬率以及其他参数的测算要求。

▍关键概念

收益法,报酬资本化法,直接资本化法,资本化率法,收益乘数法,全剩余寿命模式,持有加转售模式,收益期,持有期,潜在毛收入,有效毛收入,收益增减比率,期间收益,期末转售收益,实际收益,客观收益,合同租金,市场租金,运营费用,净收益,剩余经济寿命,报酬率,累加法,市场提取法,投资收益率排序插入法,安全利率,资本化率,收益乘数,出租人权益价值,承租人权益价值,收益价值

▍导入案例

房地产估价师的困惑

某房地产估价机构接受委托评估某住宅房地产的抵押价值,于是指定两名注册房地产

估价师负责该项目的评估工作。估价对象位于东部沿海某省会城市，建成于2015年，建筑面积128平方米，三室二厅二卫，中档装修，权属清晰。经实地查勘与分析，估价师选择比较法与收益法来测算估价对象的抵押价值，价值时点为2021年4月25日。比较法测算的结果为788万元，收益法测算的结果为226万元。为了使收益法的测算结果更接近比较法的测算结果，估价师将报酬率从6%调低到1.5%，从而将收益法的测算结果调整为450万元。由于两种测算结果差距仍然巨大，估价师采用加权平均的方法(比较法和收益法的权重系数分别设定为0.7和0.3)，综合得到估价结果为653万元并提交给估价委托人。但是委托人却认为，该估价结果还是远远低于该类房地产的实际市场行情，因此对该估价结果不予认可并要求估价机构重新评估。估价师根据委托人的要求，以收益法估价结果误差较大为由舍弃了收益法的测算结果，将比较法测算结果作为新的估价结果并得到委托人的认可。

半年以后，该报告被该估价机构所在省级房地产估价行业主管部门抽查。抽查报告的评审专家以收益法报酬率取值偏低且舍弃收益法测算结果理由不充分为由判定该估价报告质量为不合格。对此，估价机构和估价师深感困惑并提出异议，认为该城市该类房地产的实际租售比不到2%，故报酬率取1.5%基本符合房地产租赁市场状况，而且即使在该取值情况下收益价值仍然大大低于比较价值，所以估价结果如果考虑收益价值则不符合实际情况，也得不到委托人认可。该估价机构同时向房地产估价行业主管部门提出，希望以后在类似估价业务中给予更多指导，以帮助估价机构和估价师消除困惑，提高估价服务质量。

(资料来源：根据实际估价案例整理)

你认为，上述估价活动中存在哪些问题？收益法与比较法测算结果的巨大差异是如何产生的？应如何消除估价师的困惑？针对上述情况应如何更好地开展估价？

第一节
收益法概述

本节介绍收益法的含义、理论依据、适用对象与条件、基本步骤以及重点难点。

一、收益法的含义

收益法是预测估价对象的未来收益，利用报酬率或资本化率、收益乘数，将未来收益转换为估价对象价值的方法，又称为收益资本化法、还原法、收益现值法。收益法是以收益为导向来求取房地产价值的方法，具体是将预测的估价对象所有未来正常净收益折现到价值时点后累加以确定估价对象的价值。采用收益法测算出的估价对象价值称为收益价值。收益法除了直接用来测算估价对象的收益价值以外，其原理和技术还经常用于比较法中因可比实例与估价对象的土地使用期限、收益期不同而进行的价格调整，也经常用于成本法中不可修复的建筑物折旧测算，以及房地产价值减损或价值增加的评估等。

二、收益法的理论依据

收益法的理论依据体现在估价原理和估价技术两个层面。

(1) 在估价原理层面，收益法的理论依据是预期原理。收益法估价的预期原理是指决定当前房地产价值的是未来的收益而不是过去或现在的收益，是预期的收益而不是实际发生的收益。未来的预期收益可以利用预期理论来测算，常见的预期理论有静态预期理论、外推型预期理论、适应性预期理论、理性预期理论以及其他预期理论(更多相关内容详见第五章第三节"预期影响价格机制")。由于收益发生在未来，而不是价值时点，需要考虑收益的资金时间价值。资金时间价值是指等量资金在两个不同时间点的价值之差，即现在的资金比未来的等量资金更有价值，或者未来的资金不如现在的等量资金有价值。衡量资金时间价值大小的绝对指标和相对指标分别是利息和利率。房地产的收益价值是指价值时点的价值，因此，采用收益法估价时，必须将未来的各项收益和费用折现到价值时点。

资金时间价值

(2) 在估价技术层面，收益法的理论依据是地租理论。根据马克思主义地租理论，地价是地租的资本化，或者说是资本化的地租，即地价等于地租与土地报酬率或还原利率之比。房地产作为不动产，其价格特征在很大程度上取决于土地的特征，房地产租金可以视为广义的地租。因此，房地产价格也可以理解为是房租的资本化，或者说是资本化的房租。由于收益性房地产能够为出租人带来持续的租金收益，可以将购买收益性房地产视为一种投资行为，人们购买它不是为了获得房地产本身，而是为了获得持续的房地产租金收益。这种投资行为与将一笔资金存入银行来获得利息收益的作用基本相同，都是以现在的一笔固定资金来换取未来一系列收益。因此，房地产价值就可认为等同于能够带来与房租等量利息收入的本金。换句话说，如果现在购买一宗有收益的房地产，意味着未来收益期内可以不断获取净收益，如果现有一笔资金可与未来一系列净收益的现值之和等值，那么这笔资金就是该房地产的收益价值。

【思考与讨论】如何理解"地价是地租的资本化"？

三、收益法的适用对象与条件

收益法适用于具有直接收益的房地产，具体包括两类：一类是目前就有直接收益的；另一类是虽然目前没有收益但是同类房地产有直接收益的。例如，住宅、商铺、卖场、写字楼、旅馆、酒店、度假村、餐馆、娱乐城、影剧院、停车场(库)、加油站、厂房、仓库、农地等均可采用收益法估价。《房地产估价规范GB/T 50291—2015》第4.1.2条规定："估价对象或其同类房地产通常有租金等经济收入的，应选用收益法。"收益法一般不适用于公立学校、公立医院、行政办公楼、公园等公益性或只有间接收益的房地产估价。

【思考与讨论】如何理解直接收益和间接收益？

收益法的适用条件是房地产未来的收益和风险都能够较准确地预测。如果与估价对象类似房地产的未来市场行情变化很大，则难以采用收益法进行估价。对未来房地产市场和收益的预测要在充分调研的基础上，根据过去和现在的市场状况以及估价师的经验来判断。需要注意的是，不采用收益法的理由只能是客观上不适合采用或未来收益难以预测，不能是估价师因为能力和水平问题无法预测未来收益而不采用收益法进行估价。

【思考与讨论】当前市场的房地产收益与风险能够准确预测吗？

四、收益法的基本步骤

运用收益法估价主要有以下五个基本步骤：①选择收益法估价公式，即选择报酬资本化法还是选择直接资本化法，选择报酬资本化法时，是选择全剩余寿命模式还是选择持有加转售模式，并确定具体的估价公式；②测算收益期或持有期；③测算净收益；④测算报酬率或资本化率、收益乘数；⑤利用选择的估价公式计算收益价值。其中，第②至第④个步骤分别测算收益法的三个估价参数，是报酬资本化法的核心步骤。

五、收益法的重点难点

收益法估价的重点在于估价公式的选择和估价参数的确定。同时，估价参数的确定也是收益法估价的难点，包括对未来收益的预测和报酬率的确定等。当房地产市场发展不够平稳、房地产价格波动较大时，预测房地产未来收益变化规律难度较大。

第二节 选择收益法估价公式

将未来收益转换为价值的过程类似于根据利息倒推出本金的过程，称为资本化。根据将未来收益转换为价值的方式不同，收益法分为报酬资本化法和直接资本化法两大类。报酬资本化法又分为全剩余寿命模式和持有加转售模式，直接资本化法又分为资本化率法和收益乘数法。在实际估价中，应根据估价对象及其类似房地产的过去和现在的收益变动情况，判断估价对象未来的收益特征，选择相应的估价公式。一般应优先选用报酬资本化法，当收益期较长、预测收益期内各期净收益难度较大时，宜选用持有加转售模式。

一、报酬资本化法

报酬资本化是指预测估价对象未来各年的净收益,利用报酬率将其折现到价值时点后相加得到估价对象价值的方法,是一种现金流量折现法,分为全剩余寿命和持有加转售两种模式。报酬率是指将估价对象未来各年的净收益转换为估价对象价值的折现率。

现金流量

(一) 全剩余寿命模式

全剩余寿命模式是指在估价对象的全部剩余寿命内均以租金作为收益的收益模式。根据租金变化规律不同,全剩余寿命模式分为以下七类具体的估价公式。

1. 报酬资本化法基本公式

$$V = \frac{A_1}{1+r_1} + \frac{A_2}{(1+r_1)(1+r_2)} + \cdots + \frac{A_N}{(1+r_1)(1+r_2)\cdots(1+r_N)} = \sum_{i=1}^{N} \frac{A_i}{\prod_{j=1}^{i}(1+r_i)} \quad (8\text{-}1)$$

式(8-1)中,V 为估价对象在价值时点的收益价值;A_i 为估价对象相对于价值时点的未来第 i 期的净收益,且假设其发生在每一期的期末,如果实际的净收益不是发生在期末,而是发生在期初或期中,则应对净收益或报酬资本化法公式进行相应的调整;r_i 为估价对象相对于价值时点的未来第 i 期的报酬率,也称为折现率;N 为估价对象的收益期。收益期可以根据实际情况以年、半年、季、月等为单位。A_i 和 r_i 的时间单位要与 N 的单位一致,如果不一致,则应对净收益或报酬率、报酬资本化法公式进行相应的调整。

【思考与讨论】 如果 A、r 与 N 的时间单位不一致,应如何处理?

式(8-1)右边部分是 N 项分式之和,且每一项分式的分母又是 N 项乘积。如果 N 较大,则上述公式将变得极为烦琐复杂。因此,上述公式只是收益法基本原理的公式化,是收益法的原理公式,主要用于理论分析,不适用于具体的估价测算,需要对其进行简化。

假设报酬率长期不变,即 $r_1 = r_2 = \cdots r_N = r$,则式(8-1)可简化为

$$V = \frac{A_1}{1+r} + \frac{A_2}{(1+r)^2} + \cdots + \frac{A_N}{(1+r)^N} = \sum_{i=1}^{N} \frac{A_i}{(1+r)^i} \quad (8\text{-}2)$$

式(8-2)中的分式得到了简化,但整个公式仍然是 N 项分式之和,还需要对 A 和 N 做进一步的简化。根据 A 和 N 简化方式的不同,可以推导出后续其他各类估价公式。

2. 净收益每年不变的公式

净收益每年不变的公式可分为收益期为有限年和收益期为无限年两类。

1) 收益期为有限年的公式

假设净收益每年不变且收益期为有限年,则式(8-2)可转化为

$$V = \frac{A}{r}\left[1 - \frac{1}{(1+r)^N}\right] \quad (8\text{-}3)$$

式(8-3)中，报酬率 r 不等于0。报酬率本质上也是一种资金时间价值或资金机会成本，在现实中一般大于0。若 r 等于0，则 $V=NA$。

2) 收益期为无限年的公式

假设净收益每年不变且收益期为无限年，则式(8-2)可转化为

$$V = \frac{A}{r} \tag{8-4}$$

式(8-4)的应用前提是报酬率 r 大于0；若 r 等于0，则式(8-4)没有意义。

【思考与讨论】房屋具有使用寿命，为何还要考虑收益无限年的情况？

3) 净收益每年不变的公式的应用

净收益每年不变的公式具有以下用途。

(1) 直接用于测算房地产的收益价值。式(8-3)可以直接测算净收益每年不变的房地产收益价值。由例8-1和例8-2可见，当报酬率为8%时，收益期为50年和无限年的房地产收益价值已经非常接近，两者相差仅2.18%。随着收益期的增加以及报酬率的增大，收益期为有限年和无限年的收益价值越来越接近。

【例8-1】收益价值的计算(一)　【例8-2】收益价值的计算(二)

(2) 用于不同收益期房地产价格的换算。根据式(8-3)和式(8-4)，可以得到不同收益期房地产价格的换算公式

$$V_{N_1} = V_{N_2} \frac{(1+r)^{N_1} - 1}{(1+r)^{N_2} - 1} (1+r)^{N_2 - N_1} \tag{8-5}$$

式(8-5)中，N_1 与 N_2 分别为不同的收益期。式(8-5)的应用前提是：①V_{N_1} 与 V_{N_2} 对应的报酬率 r 相同且大于0，当 r 等于0时，$V_{N_1} = V_{N_2} \times \frac{N_1}{N_2}$；②$V_{N_1}$ 与 V_{N_2} 对应的净收益 A 相同或可转化为相同，如单位面积的净收益相同；③如果 V_{N_1} 与 V_{N_2} 对应的是两宗房地产，则两宗房地产除收益期不同外，其他方面均应相同或可调整为相同。

【例8-3】不同年限土地价格的换算

根据式(8-3)和式(8-4)可以得到不同收益期房地产价格换算公式的一种特殊情况：

$V_\infty = V_N \times \frac{(1+r)^N}{(1+r)^N - 1}$，即可以将 N 年收益期下的价格换算成无限年收益期下的价格。当两宗房地产的报酬率不相同时，也可以根据式(8-3)和式(8-4)推导出不同收益期房地产价格的换算公式。

【思考与讨论】上述例题中，具有30年使用期限的土地使用权价格为何不是3000万元？

(3) 用于比较不同收益期房地产价格的高低。如果两宗类似房地产的土地使用期限或房地产收益期不同，则无法直接比较两宗房地产的价格高低，需要将它们转换为相同收益

期下的价格才能进行比较。由例8-4可见，表面上看乙土地的单价低于甲土地的单价，但是实际上乙土地的单价高于甲土地的单价。因此，当收益期不同时，不能直接比较两宗房地产的价格高低。

(4) 用于比较法中因收益期不同进行的房地产价格调整。在比较法中，可比实例和估价对象的土地使用期限、收益期等可能有所不同，需要对可比实例价格进行换算，使其成为与估价对象相同的土地使用期限和收益期等状况下的价格。此时，需要利用上述不同收益期房地产价格的换算方法。

【例8-4】不同年限土地价格的比较

3. 净收益按一定数额递增的公式

净收益按一定数额递增的公式可分为收益期为有限年和收益期为无限年两类。

1) 收益期为有限年的公式

假设净收益按一定数额递增且收益期为有限年，则式(8-2)可转化为

$$V = \left(\frac{A}{r} + \frac{b}{r^2}\right)\left[1 - \frac{1}{(1+r)^N}\right] - \frac{b}{r} \times \frac{N}{(1+r)^N} \qquad (8-6)$$

式(8-6)中，b为净收益逐年递增的数额；A为未来第一年的净收益，其余参数同前。

2) 收益期为无限年的公式

假设净收益按一定数额递增且收益期为无限年，则式(8-2)可转化为

$$V = \frac{A}{r} + \frac{b}{r^2} \qquad (8-7)$$

式(8-7)中的参数同前。

4. 净收益按一定数额递减的公式

净收益按一定数额递减的公式只有收益期为有限年一种，具体公式为

$$V = \left(\frac{A}{r} - \frac{b}{r^2}\right)\left[1 - \frac{1}{(1+r)^N}\right] + \frac{b}{r} \times \frac{N}{(1+r)^N} \qquad (8-8)$$

【例8-5】收益价值的计算(三)

【例8-6】收益价值的计算(四)

【例8-7】收益价值的计算(五)

式(8-8)中，b为净收益逐年递减的数额，收益期$N \leqslant A/b+1$，其余参数同前。

【思考与讨论】为什么净收益按一定数额逐年递减没有无限年的公式？

5. 净收益按一定比率递增的公式

净收益按一定比率递增的公式可分为收益期为有限年和收益期为无限年两类。

1) 收益期为有限年的公式

假设净收益按一定比率递增且收益期为有限年，则式(8-2)可转化为

$$V = \frac{A}{r-g}\left[1-\left(\frac{1+g}{1+r}\right)^N\right] \quad (8\text{-}9)$$

【例8-8】
收益价值的
计算(六)

式(8-9)中，g为净收益逐年递增的比率，$g \neq r$，当$g=r$时，$V=NA/(1+r)$，其余参数同前。

2) 收益期为无限年的公式

假设净收益按一定比率递增且收益期为无限年，则式(8-2)可转化为

$$V = \frac{A}{r-g} \quad (8\text{-}10)$$

【例8-9】
收益价值的
计算(七)

式(8-10)中，g应小于r，其余参数同前。

【思考与讨论】为什么式(8-10)中的g应小于r?

6. 净收益按一定比率递减的公式

净收益按一定比率递减的公式可分为收益期为有限年和收益期为无限年两类。

1) 收益期为有限年的公式

假设净收益按一定比率递减且收益期为有限年，则式(8-2)可转化为

$$V = \frac{A}{r+g}\left[1-\left(\frac{1-g}{1+r}\right)^N\right] \quad (8\text{-}11)$$

【例8-10】
收益价值的
计算(八)

式(8-11)中，g为净收益逐年递减的比率，其余参数同前。

2) 收益期为无限年的公式

假设净收益按一定比率递减且收益期为无限年，则式(8-2)可转化为

$$V = \frac{A}{r+g} \quad (8\text{-}12)$$

【例8-11】
收益价值的
计算(九)

式(8-12)中的参数同前。

7. 净收益前后变化不同的估价公式

净收益前后变化不同的情况可以按照两个阶段来考虑。前段考虑净收益无规律变化、每年不变、按一定数额递增、按一定数额递减、按一定比率递增、按一定比率递减等变化情况；后段净收益通常假定每年不变，但也可根据具体情况设定为按一定数额递增、按一定数额递减、按一定比率递增、按一定比率递减等情形。根据收益期的不同，又可分为收益期为有限年和收益期为无限年两种。考虑前段和后段不同变化规律的组合情形，相应的估价公式种类繁多。下面以净收益前段无规律变化、后段每年不变的情形来说明。

1) 收益期为有限年的公式

假设前t年(含t年)净收益无规律变化,此后净收益每年不变且收益期为有限年,则式(8-2)可转化为

$$V = \sum_{i=1}^{t} \frac{A_i}{(1+r)^i} + \frac{A}{r(1+r)^t}\left[1 - \frac{1}{(1+r)^{N-t}}\right] \qquad (8\text{-}13)$$

【例8-12】
收益价值的
计算(十)

式(8-13)中,t为净收益有变化的期限,其余参数同前。

2) 收益期为无限年的公式

假设前t年(含t年)净收益无规律变化,此后净收益每年不变且收益期为无限年,则式(8-2)可转化为

$$V = \sum_{i=1}^{t} \frac{A_i}{(1+r)^i} + \frac{A}{r(1+r)^t} \qquad (8\text{-}14)$$

【例8-13】
收益价值的
计算(十一)

式(8-14)中,t为净收益有变化的期限,其余参数同前。

根据式(8-1)至式(8-14),房地产收益价值的高低取决于以下几个因素:①未来净收益的大小,包括净收益增减比率大小等,未来净收益和净收益递增比率越大,房地产当前的收益价值就越高,反之就越低;②收益期的长短,获取净收益的期限越长,房地产当前的收益价值就越高,反之就越低;③获取净收益的可靠程度,获取净收益越可靠,报酬率就越小,房地产当前的收益价值就越高,反之就越低。因此,在收益法估价中,需要重点关注净收益(含净收益增减比率)、收益期、报酬率等收益参数的大小。

(二) 持有加转售模式

持有加转售模式是指投资人购买房地产并持有一段时间后转售,通过持有期间的租金收益和转售时的转售收益来获得投资回报。持有加转售模式符合一般的房地产投资人的投资行为,也是收益性房地产估价的常用测算方法。采用持有加转售模式的前提是,可以比较准确地预测持有期结束时的房地产市场行情以及持有期的期间收益情况。

持有加转售模式的公式为

$$V = \sum_{i=1}^{t} \frac{A_i}{(1+r_i)^i} + \frac{V_t}{r(1+r_t)^t} \qquad (8\text{-}15)$$

式(8-15)中,第一大项是预计在持有期间各年可获得的净收益折现和,称为期间收益;第二大项是期末转售收益的净现值。式(8-15)中,t为持有期;A_i为第i年持有期的净收益;r_i为持有期间第i期的报酬率,r_t为第t期末的报酬率,通常假设持有期间的报酬率与期末转售时的报酬率相等,即$r_i=r_t=r$,r为报酬率;V_t为估价对象在第t期末的转售收益。

根据期间收益变化规律不同,式(8-15)又可分为若干种类型,包括期间收益每年不变的公式、期间收益按一定数额递增的公式、期间收益按一定数额递减的公式、期间收益按一定比率递增的公式以及期间收益按一定比率递减的公式。

【思考与讨论】为什么收益法估价"宜选用持有加转售模式"?

二、直接资本化法

直接资本化法是预测估价对象未来第一年的收益,将其除以资本化率或乘以收益乘数得到估价对象价值的方法。直接资本化法分为资本化率法和收益乘数法两种类型。

【例8-14】
收益价值的
计算(十二)

(一) 资本化率法

资本化率是指房地产未来第一年的净收益与其价值的比值,通常用百分比表示。利用资本化率将未来第一年的净收益转换为价值的方法称为资本化率法,其公式为

$$V = \frac{A}{R} \tag{8-16}$$

式(8-16)中,V为估价对象在价值时点的收益价值;A为估价对象相对于价值时点的未来第一年的净收益,简称年净收益;R为资本化率。

资本化率法中的未来第一年的净收益A通过预测得到,当难以预测时,可以用近期的年净收益或近几年的平均年净收益来代替。资本化率R采用市场提取法求取,即通过市场上近期交易的与估价对象的净收益流模式(包括净收益的变化、收益期的长短)等相同的若干个类似房地产的相关资料,反算出资本化率。

当估价对象是某种投资组合时,如土地和建筑物的组合、抵押贷款与自有资金的组合等,估价对象的综合资本化率可看成各组成部分资本化率的线性组合。

1. 土地和建筑物的投资组合

$$R = \frac{V_L \times R_L + V_B \times R_B}{V_L + V_B} \tag{8-17}$$

式(8-17)中,R为综合资本化率,是指用于将全部房地产的净收益转换为房地产价值的资本化率;R_L为土地资本化率,是指用于将归属于土地的净收益转换为土地价值的资本化率;R_B为建筑物资本化率,是指用于将归属于建筑物的净收益转换为建筑物价值的资本化率;V_L为土地价值;V_B为建筑物价值。

2. 抵押贷款与自有资金的组合

$$R = M \times R_M + (1-M)R_E \tag{8-18}$$

式(8-18)中,R为综合资本化率;M为贷款价值比,是贷款金额与房地产价值的比率;R_M为抵押贷款资本化率,等于抵押贷款常数;R_E为自有资金资本化率。

抵押贷款常数一般采用年抵押贷款常数,即年还款额与抵押贷款金额的比率。如果抵押贷款是按月偿还的,则年抵押贷款常数是将月还款额乘以12,再除以抵押贷款金额;或者将月抵押贷款常数(月还款额与抵押贷款金额的比率)乘以12。

(二) 收益乘数法

收益乘数是指房地产价值与其未来第一年的收益的比值。利用收益乘数将未来第一年的收益转换为价值的方法称为收益乘数法，其公式为

$$V = A \times M \tag{8-19}$$

式(8-19)中，V为估价对象在价值时点的收益价值；A为估价对象相对于价值时点的未来第一年的收益，简称年收益；M为收益乘数。

收益乘数法中的年收益可以是年净收益，也可以是年有效毛收入或年潜在毛收入，相应的收益乘数称为净收益乘数(与资本化率R互为倒数)、有效毛收入乘数或潜在毛收入乘数，相应的收益乘数法称为净收益乘数法、有效毛收入乘数法或潜在毛收入乘数法。

收益乘数法中的未来第一年的收益A通过预测得到，当难以预测时，可以用近期的年收益或近几年的平均年收益来代替。收益乘数M采用市场提取法求取，即通过市场上近期交易的与估价对象的收益流模式(包括收益的变化、收益期的长短)等相同的若干个类似房地产的相关资料，反算出收益乘数。

三、报酬资本化法与直接资本化法的比较

(一) 报酬率与资本化率的关系

报酬率和资本化率虽然都是将房地产的预期收益转换为价值的比率，但两者有实质性区别。报酬率是在报酬资本化法中采用的，是通过折现的方式将房地产的预期收益转换为价值的比率，与利息率、折现率、内部收益率的性质相同，能表示房地产的获利能力。在报酬资本化法中，如果净收益流模式不同，具体的计算公式会有所不同。资本化率是在直接资本化法中采用的，是一步就将房地产的预期收益转换为价值的比率。资本化率是房地产的某种年收益(通常是未来第一年的净收益)与其价值的比率，仅表示从收益到价值的比率，并不明确地表示房地产的获利能力。资本化率不区分净收益流模式，在所有情况下的未来第一年的净收益与价值的比率都是资本化率。资本化率与净收益的变化、收益期的长短有直接关系，而报酬率与其无直接关系。

(二) 报酬资本化法的优缺点

报酬资本化法的优点有以下几个：①报酬资本化法既是预期原则的形象表述，又体现了资金的时间价值，具有较强的理论基础；②未来各期的净收益或现金流量都是直观、明确和易于理解；③可以通过其他具有同等风险的投资收益率来求取报酬率。

报酬资本化法的缺点有以下几个：①简化的收益流模式和相应的收益法公式不一定符合实际情况，甚至可能存在较大的误差；②对未来各期净收益的预测具有较强的主观性。

(三) 直接资本化法的优缺点

直接资本化法的优点有以下几个：①不需要预测未来各期的(净)收益，只需要预测未来第一年的(净)收益，甚至还可用近期的年(净)收益或近几年的平均年(净)收益来替代，估价测算过程相对比较简单，减少了估价工作量；②资本化率或收益乘数直接来源于市场上所显示的收益与价值的关系，能较好地反映市场的实际情况。

直接资本化法的缺点有以下几个：①该方法仅仅利用未来第一年的(净)收益来资本化，所以要求有较多与估价对象的(净)收益流模式相同的房地产来求取资本化率或收益乘数，对可比实例的要求较高、依赖性强；②估价过程比较粗略，误差可能较大。

在实际估价中，对报酬资本化法的应用更为常见，因此以下针对报酬资本化法进行介绍。

第三节 测算收益期

收益期是报酬资本化法的主要估价参数之一，是影响房地产收益价值的重要因素。本节主要介绍收益期的概念及其测算方法。

一、收益期的概念

对于全剩余寿命模式而言，收益期是指预计在正常市场和运营状况下估价对象未来可获取净收益的时间，即从价值时点起至估价对象未来不能获取净收益时止的时间。

收益期应根据估价对象的土地使用权剩余期限和建筑物剩余经济寿命综合判断。土地使用权剩余期限是指从价值时点起至土地使用权使用期限结束时止的时间。建筑物经济寿命是指建筑物对房地产能够产生正经济价值贡献的时间，即建筑物自竣工时起至其不再有正经济价值贡献时止的时间，通常要短于其自然寿命。建筑物剩余经济寿命是指从价值时点起至建筑物经济寿命结束时止的时间。对收益性房地产来说，建筑物经济寿命具体是指建筑物自竣工时起，在正常市场和运营状况下，房地产产生的收入大于运营费用(即净收益大于零)的持续时间。建筑物经济寿命主要由其自身状况和市场状况来决定，同类建筑物在不同地区的经济寿命可能不同。建筑物经济寿命一般在建筑设计使用年限的基础上，根据建筑物的工程质量、使用维护和更新改造等状况，以及周围环境、房地产市场状况等进行综合分析得出。

对于持有加转售模式而言，收益期具体表现为持有期，就是指预计正常情况下持有估价对象的时间，即自价值时点起至估价对象未来转售

建筑设计
使用年限

时止的时间。持有期应根据典型投资者对同类房地产的持有时间以及能够预测期间收益的一般期限来确定，通常可设定为5年至10年。

二、收益期的测算

根据估价对象类型不同以及同一个房地产中建筑物剩余经济寿命与土地使用权剩余期限的关系不同，可以将收益期的测算概括为以下几种情形。

(1) 估价对象是单独的土地，则收益期就是土地使用权剩余期限。

(2) 估价对象是单独的建筑物，则收益期就是建筑物剩余经济寿命。

(3) 估价对象是房地，这种情况又可以分为以下三种情形。

① 建筑物剩余经济寿命与土地使用权剩余期限同时结束。在这种情形下，收益期为土地使用权剩余期限或建筑物剩余经济寿命。

② 建筑物剩余经济寿命早于土地使用权剩余期限结束，或者说土地使用权剩余期限超过建筑物剩余经济寿命(见图8-1)。在这种情形下，房地产的收益价值由两部分组成：一部分是以建筑物

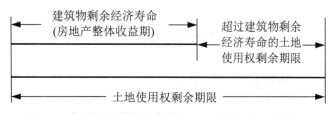

图8-1　建筑物剩余经济寿命早于土地使用权剩余期限

剩余经济寿命为整体收益期计算的房地价值；另一部分是从整体收益期结束时起计算的剩余期限土地使用权的价值。后者可以用自价值时点起计算的剩余期限土地使用权在价值时点的价值，减去以整体收益期为使用期限的土地使用权在价值时点的价值来计算。例如，某宗收益性房地产的建筑物剩余经济寿命为20年，土地使用权剩余期限为30年，则该房地产当前的收益价值等于前20年收益期的房地价值的现值加上后10年的土地使用权的现值，后10年的土地使用权的现值等于30年的土地使用权的现值减去前20年的土地使用权的现值。求取自整体收益期结束时起计算的剩余期限土地使用权在价值时点的价值，还可以先预测其在整体收益期结束时的价值，再将其折现到价值时点。

③ 建筑物剩余经济寿命晚于土地使用权剩余期限结束，或者说建筑物剩余经济寿命超过土地使用权剩余期限(见图8-2)。这种情况又分为两种情形：第一，土地使用权出让合同等约定土地使

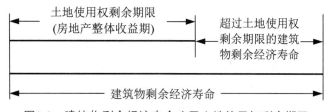

图8-2　建筑物剩余经济寿命晚于土地使用权剩余期限

用权不可续期或土地使用权期限届满后政府无偿收回土地使用权及地上建筑物的，则房地产收益价值等于以土地使用权剩余期限为整体收益期计算的价值。第二，土地使用权出让合同等未约定土地使用权期限届满后政府无偿收回土地使用权及地上建筑物的，若土地使用权可以续期到建筑物剩余经济寿命结束时止，如《民法典》第三百五十九条规定："住宅建设用地使用权期限届满的，自动续期。"则房地产的收益价值等于以建筑物剩余经济

寿命为整体收益期的房地价值减去土地使用权续期的费用；若土地使用权不可或不再续期，则房地产的收益价值等于以土地使用权剩余期限为整体收益期计算的房地价值加上建筑物在整体收益期结束时的价值折现到价值时点的现值。

当评估承租人权益价值时，收益期应为剩余租赁期限。

第四节
测算净收益

净收益是报酬资本化法的主要估价参数之一，是影响房地产收益价值的重要因素。本节主要介绍净收益的概念及其测算方法。

一、净收益的概念

净收益全称净运营收益，是指有关收入减去相应费用后归属于估价对象的收益。净收益是相对于估价对象财产范围而言的，其数量要与估价对象财产范围相匹配，不包括其他资产、资本或经营的收益。根据"有关收入"和"相应费用"的类型不同，收益性房地产可以分为出租型房地产、自营型房地产、自用型或未用房地产、混合型房地产，并因此形成不同的净收益测算公式。

(1) 出租型房地产。出租型房地产是收益法估价的典型对象，如出租的住宅、写字楼、商店、旅馆、酒店、餐馆、娱乐城、影剧院、停车场(库)、加油站、厂房、仓库等。出租型房地产的净收益通常为租赁收入扣除由出租人负担的运营费用后的余额。

(2) 自营型房地产。自营型房地产是指业主与经营者、租金与经营利润均合二为一的房地产，如自营的商场、酒店、工业厂房、影剧院、娱乐中心、高尔夫球场、度假村、汽车加油站、农地等。自营型房地产的净收益通常为经营收入扣除经营成本后的余额。

(3) 自用型或未用房地产。自用型或未用房地产是指目前为业主自用或暂时空置的房地产，其净收益可以参照类似有收益的房地产来测算，或者通过类似房地产的净收益直接测算估价对象的收益价值。自用型或未用房地产不包括酒店和写字楼的大堂、管理用房等必要的"空置"或自用部分以及免费使用的停车场地等配套设施，这部分房地产的价值已经通过客房、办公室、会议室等其他用房的收益体现出来了，不应重复计算。

(4) 混合型房地产。混合型房地产是指包含多种收益类型的房地产，如商业综合体、大酒店等。混合型房地产的净收益可视具体情况采用下列方式进行求取：一是将混合型房地产看成各种单一收益类型房地产的简单组合，先分别求取各种单一收益类型房地产的净收益，再将各净收益相加得到混合型房地产的净收益；二是将混合型房地产看成一个整体,先测算各种类型的收入和费用,再将总收入减去总费用得到混合型房地产的净收益;三是将混合型房地产看成一个整体并将费用分为变动费用和固定费用,先将测算出的各种类型的收入分别减去相应的变动费用后加总,再减去总的固定费用得到混合型房地产的净收益。变动费用是指其总额随着业务量的变动而变动的费用;固定费用是指其总额不随业务量的变动而变动的费用,即不论业务量发生什么变化,都固定不变的费用。

【思考与讨论】收益性房地产有哪些固定费用和变动费用?

在房地产市场上,许多收益性房地产既可以出租经营,也可以自营或自用。由于从包括房地产在内的整体资产收益中剥离非房地产收益难度比较大,在实际估价中,只要能够通过租赁收入来求取净收益,就应优先采用此方法,通过租赁收入来求取房地产净收益和收益价值是收益法的主要形式。

二、净收益的测算

(一) 出租型房地产的净收益测算

1. 净收益测算公式

$$
\begin{aligned}
净收益 &= 有效毛收入 - 运营费用 \\
&= 有效毛租金收入 + 其他收入 - 运营费用 \\
&= 应收毛租金收入 - 收租损失 + 其他收入 - 运营费用 \\
&= 潜在毛租金收入 - 空置损失 - 收租损失 + 其他收入 - 运营费用 \\
&= 潜在毛收入 - 空置损失 - 收租损失 - 运营费用
\end{aligned} \tag{8-20}
$$

式(8-20)中,有效毛收入等于有效毛租金收入加上其他收入;其他收入是租赁保证金或押金或预订金的利息收入以及自动售货机、洗衣房等附属商业设施的收入;有效毛租金收入等于应收毛租金收入扣除收租损失;收租损失是因承租人不付租金、少付租金、拖延支付租金以及免租期等造成的租金收入损失,通常按照应收毛租金收入的一定比例(即收租损失率)测算,收租损失率是收租损失与应收毛租金收入的百分比;应收毛租金收入等于潜在毛租金收入扣除空置损失;空置损失是指因空置造成的租金收入损失,通常按照潜在毛租金收入的一定比例(即空置率)测算;潜在毛租金收入等于估价对象所有可出租数量与市场租金水平的乘积;潜在毛收入是估价对象在充分利用、没有空置损失和收租损失的情况下所能获得的归属于估价对象的总收入,出租型房地产的潜在毛收入等于潜在毛租金收入加上其他收入;运营费用是指维持估价对象正常使用或营业的必要支出。上述各项收入和费用通常以年度计,并假设在年末发生。

【例8-15】各种收益的计算

测算净收益时,价值时点为"现在"的,应调查估价对象至少最近三年的各年实际收入、费用或净收益等情况,并将其与类似房地产在正常情况下的收入、费用或净收益进行比较，当与正常客观的数据有差异时，应进行分析并予以修正。

2. 运营费用的确定

房地产估价上的运营费用不同于会计上的成本费用，通常是指按照当地租赁习惯确定或租赁合同约定由出租人负担的维持房地产正常使用或营业的必要支出以及房地产收益中不归属于估价对象其他资产的收益，不包括房地产抵押贷款还本付息额、房地产长寿命项目折旧费、房地产改扩建费用以及房地产所得税，具体说明如下。

(1) 运营费用包括由出租人负担的房地产税、房屋保险费、房屋维修费、房屋短寿命项目折旧费、租赁费用、租赁税费等。房地产税包括房产税、城镇土地使用税等，根据相关法律法规规定的税率求取；房屋保险费是指为保障火灾、水灾、爆炸、雷击等自然灾害和意外事故造成的房屋财产损失能够得到相对的赔偿而支付的费用，根据房屋保险金额与市场上一般的保险费率求取；房屋维修费是指由出租人负担的房屋门窗、水暖设备、厨卫设备、照明设备等可修复项目的维修费用，根据市场上一般的维修费用标准求取；房屋短寿命项目是指剩余寿命短于整体建筑物剩余经济寿命的建筑构件、设施设备、装饰装修等项目，房屋短寿命项目折旧费一般根据其重新购建成本、寿命和年龄，采用直线法计算；租赁费用也称为租赁成本，是指出租人出租房地产的必要支出，包括广告费、资料费、办公费、租赁管理人员的工资及福利费、委托房地产经纪机构出租的代理费或佣金等，根据市场上一般的费用标准求取；租赁税费是指出租人出租房地产需要缴纳的增值税、城市维护建设税、教育费附加、印花税以及向房屋租赁管理部门缴纳的租赁管理费等，根据相关法律法规规定的税率和费率求取。

运营费用还应包括不归属于估价对象的其他资产的收益。换言之，净收益应扣除房地产收益中归属于其他资产的收益。其他资产是指房地产以外的其他资产，如工业房地产中的机器设备、商超百货中的货柜货架、酒店办公房地产中的家具等，但不包括为实现房屋建筑正常使用功能而必需的建设设备，如电梯、中央空调、建筑管道等。在房地产租赁市场上，房地产租金收益通常含有上述其他资产带来的收益，如果测算的是房地产自身的收益价值，则需要在房地产总的出租收益中扣除这些非房地产资产的收益。

(2) 运营费用不包括抵押贷款还本付息额。如果估价对象是包含自有资金和抵押贷款价值在内的整体房地产价值时，运营费用不包括抵押贷款还本付息额。换言之，房地产净收益应包括抵押贷款还本付息额。这样测算的原因有两个：第一，此时测算的是房地产的整体价值，而不是房地产中自有资金权益的价值，抵押贷款并不影响房地产整体的正常收益，因此测算净收益时无须扣除抵押贷款还本付息额。实际上，抵押贷款还本付息额本质上也是房地产所带来的收益，只不过是被房地产抵押贷款人用来偿还贷款而已，是房地产收益在贷款人和借款人之间的分配。第二，运营费用如果包含抵押贷款还本付息额，则会使不同抵押贷款与偿还方式下的净收益出现差异，从而导致同一个房地产的整体收益价值会有所不同，影响房地产估价结果的客观性。但是，如果评估房地产自有资金的权益价值，则需要在净收益的基础上扣除抵押贷款还本付息额。

(3) 运营费用不包括房地产长寿命项目折旧费。这里的房地产长寿命项目折旧费是指主体建筑物折旧费和土地折旧费(土地费用摊销),不含房屋短寿命项目的折旧费或重新购置费。房屋短寿命项目在其经济寿命结束后需要重新购置或更换才能继续维持房地产的正常使用,因此它们的折旧费或重新购置费是真实发生的成本,应包含在运营费用中。主体建筑物折旧费和土地折旧费(土地费用摊销)在房地产经济寿命期内并非实际发生的成本,其本质上也是房地产为其权利人带来的收益,只不过是进行了相关的会计处理而已。

(4) 运营费用不包括房地产改扩建费用。一方面,房地产改扩建费用的支出金额通常比较大,不是维持房地产正常使用或营业或获得房地产正常收益所必要的常规支出,因此通常不将它作为运营费用的一部分;另一方面,房地产改扩建是一种带有"投资"性质的活动,通常能够较大幅度增加房地产收益、提高房地产价值,因此需要将该房地产作为可重新开发建设的房地产,采用假设开发法进行估价。

(5) 运营费用不包括房地产所得税。房地产所得税的大小取决于经营所得的多少,与特定投资者的经营状况直接相关。如果评估的是非特定投资者的客观价值(如市场价值),则不能将房地产所得税作为运营费用的一部分,即采用税前现金流量测算净收益。因为,如果运营费用包含了房地产所得税,那么同一个房地产理论上会有不同的收益价值,这会导致房地产估价失去作为客观价值指导的普遍适用性。实际上,房地产所得税本质上也是房地产所带来的收益,只不过是被国家以税收的形式占有而已。但是如果评估的是特定投资者的投资价值,则需要在净收益的基础上扣除房地产所得税,即采用税后现金流量测算净收益。

在房地产经营管理中,某些房地产运营费用和净收益的比例相对比较稳定。在实际估价中,为简化计算,对该类房地产可以采用运营费用率或净收益率乘以有效毛收入来计算运营费用或净收益。运营费用率是指运营费用与有效毛收入的百分比,净收益率是指净收益与有效毛收入的百分比,净收益率是运营费用率的补集,即净收益率=1-运营费用率。运营费用率和净收益率都可以采用市场提取法来求取,即调查同一市场上较多类似房地产的运营费用、净收益和有效毛收入,分别求其运营费用、净收益与有效毛收入的百分比,再综合得到某一类房地产运营费用率和净收益率或者其合理区间。

以上介绍的都是评估出租人权益价值的情况。如果评估的是承租人权益价值,则净收益等于市场租金减去合同租金。因此,承租人权益价值可能是正的,也可能是负的。

【例8-16】净收益的计算

(二) 自营型房地产的净收益测算

1. 净收益测算公式

$$净收益=经营收入-经营成本 \tag{8-21}$$

式(8-21)中,经营收入是指房地产经营者所获得的营业收入,但是需要扣除归属于其他资产和经营的收益,或者说经营成本应包含其他资产和经营的收益。其他资产的收益同前所述;经营的收益是指归属于经营者的正常利润,这是房地产业主投入经营管理应当得到的报酬,不属于房地产自身的收益,需要在总的房地产经营收入中予以扣除。

2. 经营成本的确定

自营型房地产可分为商服经营型房地产、工业生产型房地产和农地等类型。

(1) 商服经营型房地产。商服经营型房地产的经营成本包括经营费用、经营税金及附加、管理费用、财务费用以及应归属于其他资产的收益和商服经营者的利润。

(2) 工业生产型房地产。工业生产型房地产的经营成本包括生产成本、销售费用、销售税金及附加、管理费用、财务费用以及应归属于其他资产的收益和工业生产者的利润。

(3) 农地。农地的经营成本包括种苗费、肥料费、农药费、水电费、人工费、畜工费、机工费、运输费、农具折旧费、农舍折旧费、投资利息、农业税和农业利润等。

【思考与讨论】如何扣除经营收入中其他资产和经营的收益？

(三) 其他房地产收益参数的测算

1. 期末转售收益的测算

期末转售收益是指在持有加转售模式中，预计在持有期末转售房地产时可获得的净收益。期末转售收益等于持有期末的转售价格减去转售成本后的收益。持有期末的转售价格可采用直接资本化法、比较法等方法测算；持有期末的转售成本是指转售方(卖方)转售房地产时应负担的转售费用，包括销售费用、销售税费等。

2. 收益增减比率的测算

净收益递增或递减比率需要在充分调研和分析当地同类房地产市场背景的基础上，结合估价对象及其同类房地产近几年的收益状况综合确定。从过去和未来比较长的周期来看，我国大部分城镇的房地产价格和租金均有上涨趋势，因此估价实务中对估价对象设定适当的收益递增比率是合情合理的。但是考虑到未来市场的不确定性和风险，特别是对于抵押估价而言，对收益递增比率和递增期间都不能过于乐观，因为任何房地产的收益都不可能以较快速度无限递增下去。当设定了较高的收益递增比率和较长的收益递增期间时，意味着存在较大风险，报酬率中的风险补偿率相应增大，报酬率也应适当提高。

三、净收益测算的几个问题

(一) 实际收益和客观收益

房地产收益可分为实际收益和客观收益。实际收益是估价对象在某个特定投资者或经营者实际经营状况下所获得的收益，与该特定投资者或经营者实际经营管理水平等因素相关；客观收益是估价对象在一般投资者或经营者正常情况下所能获得的收益，或实际收益经剔除特殊的、偶然的因素所造成的收益偏差后的收益。实际收益很大程度上取决于特定投资者或经营者的经营管理水平以及经营管理状况，不完全是房地产自身收益的体现。如果选择实际收益进行估价,则房地产收益价值中包含了经营管理的因素在内。因此,收益法估价一般应采用客观收益,但是有租约限制的房地产除外。在实际估价中,应选择该类房地产正常情况下客观的潜在毛收入、有效毛收入、运营费用或净收益等数据进行估价。如果利用估价对象自身的资料直接测算,还应将它们与该类房地产正常情况下的客观收益进行比较,如果估价对象的收益状况与客观收益状况不符,则应将其修正为客观收益。

【思考与讨论】什么时候可以采用实际收益估价?

(二) 有租约限制的房地产

有租约限制的房地产是指在估价收益期内已经出租且受租赁合同限制的房地产。评估有租约限制的房地产价值,首先应明确评估的是无租约限制的权益价值还是出租人或承租人的权益价值。根据"买卖不破租赁"原则以及《房地产估价规范GB/T 50291—2015》第4.3.10条等相关规定,有租约限制且评估出租人权益价值的,已出租部分在租赁期间应按照合同租金和合同约定的运营费用测算净收益,未出租部分和已出租部分在租赁期间届满后应按照市场租金和根据当地租赁习惯确定的运营费用测算净收益。有租约限制且评估承租人权益价值的,净收益等于市场租金减去合同租金。合同租金是指租赁合同约定的租金;市场租金是指某种房地产在市场上的平均租金,即客观租金。

买卖不破租赁

上述有关"已出租部分在租赁期间应按照合同租金确定租金收入"的规定给人为的低值高估或高值低估提供了可能。因此,估价师应当对租约的合法性与真实性以及租金的合理性进行甄别。①租约的合法性,如租约是否符合《民法典》有关"租赁期限不得超过二十年"的规定、是否进行了登记备案等;②租约的真实性,包括租赁合同的形式与内容上的真实性;③租金的合理性,包括租金是否是纯粹的房地产收益、是否与市场租金一致等。当合同租金明显高于或低于市场租金时,估价师应调查租赁合同的真实性,并分析解除租赁合同的可能性及其对收益价值的影响。在进行抵押价值和抵押净值评估时,为体现谨慎原则,当合同租金低于市场租金的,假定未设立法定优先受偿权下的价值应为出租人权益价值,即按照合同租金测算收益价值;当合同租金高于市场租金的,假定未设立法定优先受偿权下的价值应为无租约限制价值,即按照市场租金测算收益价值。估价师在处理有租约限制房地产的估价时,必须保持必要的职业谨慎,相关租赁合同情况应在估价报告中予以披露,同时应另行说明估价对象在无租约限制条件下的市场价值。

(三) 有形收益和无形收益

房地产收益包括有形收益和无形收益。有形收益一般是指估价对象带来的直接货币收益。无形收益是指估价对象带来的间接收益,包括间接经济收益和非经济收益,如提高融资能力、品牌形象、社会信誉、成就感等。在求取净收益时,既要考虑有形收益,又要考虑无形收益。但是无形收益通常难以货币化,在测算净收益时不易量化,在实际估价中可以通过适当选取较低的报酬率或资本化率予以体现。需要注意的是,有些房地产的无形收益已经通过有形收益得到体现，则不应再单独考虑其无形收益，以免重复计算。例如，品牌、形象较好的高档写字楼，其无形收益通常已经体现在较高的租金中了。

【思考与讨论】如何量化房地产的无形收益？

(四) 乐观估计、保守估计和最可能估计

根据收益法的预期原则，房地产未来净收益是估价师预测的结果。由于未来的不确定性和预测的主观性，通常存在乐观估计、保守估计和最可能估计三种预测结果。在实际估价中，除了抵押价值和抵押净值评估需要遵循谨慎原则而应选用保守估计外，其他估价目的的估价一般应选用既不乐观也不保守的最可能的估计值。为了提高预测的客观性，对未来净收益的预测应以估价对象过去一定年限(如3年以上)的实际净收益为基础，不得脱离实际，同时还应给出未来净收益的较乐观、较保守和最可能的估计值。

(五) 净收益与报酬率的匹配问题

在实际估价中，需要注意净收益与报酬率的匹配问题：名义净收益应与名义报酬率匹配；实际净收益应与实际报酬率匹配；税前净收益应与税前报酬率匹配；税后净收益应与税后报酬率匹配；自有资金净收益应与自有资金报酬率匹配。

第五节 测算报酬率

报酬率是报酬资本化法的主要估价参数之一，是影响房地产收益价值的重要因素。本节主要介绍报酬率的概念及其测算方法。

一、报酬率的概念

报酬率的本义是投资回报与所投入资金的比率，也称为回报率、收益率，与利率、内部收益率等概念的性质和内涵相似。收益法中的报酬率是指将估价对象未来各年的净收益转换为估价对象价值的折现率。从较长的时间和全社会的角度来看，投资必然遵循收益与风险相匹配的原则，即投资报酬率和投资风险呈正相关关系。投资风险大的，报酬率就高，反之报酬率就低，即"高风险高回报，低风险低回报"。例如，购买国债的投资风险较小，因此回报率较低；购买房地产的投资风险较大，因此回报率较高。房地产投资报酬率也与投资风险正相关，估价对象的报酬率应等同于与获取估价对象净收益具有同等风险

的投资的报酬率,这是求取房地产报酬率的基本思路。由于不同地区、不同时期、不同用途、不同类型的房地产投资风险大小不同,其报酬率也不尽相同,在实际估价中并不存在一个统一不变的报酬率。没有一个统一不变的报酬率并不意味着估价师可以随意选取报酬率,而是需要针对具体的估价对象,根据相应的市场环境和市场依据来科学确定报酬率。收益法中的报酬率一般是指名义报酬率,即已经包含通货膨胀因素的影响。

【思考与讨论】房地产投资为什么属于高风险投资?

二、报酬率的测算

测算报酬率的方法有累加法、市场提取法、投资收益率排序插入法以及资本资产定价模型等。资本资产定价模型的相关内容详见第十一章第八节。

(一) 累加法

累加法又称为安全利率加风险调整值法,是将报酬率分解为无风险投资报酬率和风险投资报酬率两部分,分别求取每一部分再相加得到报酬率的方法,其计算公式为

$$
\begin{aligned}
报酬率 &= 安全利率 + 风险调整值 \\
&= 安全利率 + 投资风险补偿率 + 管理负担补偿率 + \\
&\quad 缺乏流动性补偿率 - 投资带来的优惠率
\end{aligned} \quad (8-22)
$$

式(8-22)中,安全利率是指无风险或极小风险的投资报酬率,实践中不存在无风险的投资,只能取相对无风险的投资报酬率,在实际估价中可选取国家金融主管部门公布的同一时期一定年期国债收益率或定期存款利率。由于房地产投资周期通常较长,相应的安全利率可以取3年期或5年期的国债利率。风险调整值是指投资者为补偿所承担的较高风险所要求的额外报酬率,即超过安全利率部分的投资报酬率,应根据估价对象及其所在地区、行业、市场等风险状况来确定,具体包括投资风险补偿率、管理负担补偿率、缺乏流动性补偿率和投资带来的优惠率。投资风险补偿率是指与无风险投资或相对无风险投资相比,投资者投资于风险较高的房地产时要求额外补偿的报酬率。管理负担补偿率是指与无风险投资或相对无风险投资相比,投资者投资于管理负担较重的房地产时要求额外补偿的报酬率。缺乏流动性补偿率是指与无风险投资或相对无风险投资相比,投资者投资于变现能力较弱的房地产时要求额外补偿的报酬率。投资带来的优惠率是指与无风险投资或相对无风险投资相比,投资者投资于房地产可能获得某些额外利益和优惠(如获得融资便利、降低融资成本等)而降低要求的报酬率。例如,假设3年期和5年期国债利率分别为3.3%和3.5%,某类房地产的投资周期平均为5年,该类房地产的投资风险补偿率、管理负担补偿率、缺乏流动性补偿率和投资带来的优惠率分别为3%、0.5%、1.5%和1%,则该类房地产的投资报酬率为7.5%。

(二) 市场提取法

市场提取法是选取不少于三个与估价对象具有相同用途和相似收益特征的可比实例,利用其成交价格、净收益、收益期或持有期等数据,选用相应的收益法公式计算各个可比实例的报酬率并进行简单或加权算术平均得到估价对象报酬率的方法。

国债

例如,调查得到某估价对象三个可比实例近期的成交价格分别为230万元、250万元和218万元,年净收益分别为25万元、28万元和21万元,若采用净收益每年不变且收益年限为无限年的收益法公式进行计算,则三个可比实例的报酬率分别为10.87%、11.2%和9.63%,如果采用简单算术平均计算,则该估价对象的报酬率为10.57%。

市场提取法所求取的报酬率反映的是估价对象同类房地产当前或者过去的收益水平,不一定能够准确反映估价对象未来的收益水平。收益法中的报酬率是市场上典型投资者所预期或期望的报酬率,因此还应着眼于可比实例的典型买者和典型卖者对该类房地产的预期或期望报酬率,对市场提取法求取的报酬率进行适当的调整。

(三) 投资收益率排序插入法

由于报酬率与投资风险正相关,可以通过与获取估价对象净收益具有同等风险的投资的收益率来求取估价对象的报酬率。投资收益率排序插入法是找出有关不同类型的投资及其收益率和风险程度并按照风险大小进行排序,将估价对象与这些投资的风险程度进行比较,判断并确定估价对象报酬率的方法(见图8-3)。具体步骤如下:①调查搜集各类投资特别是金融资产投资的收益率资料,如银行存款利率、政府国债利率、政府债券利率、公司债券利率、股票收益率、基金收益

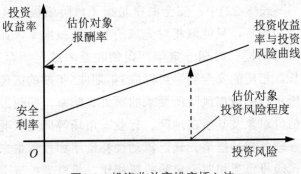

图8-3 投资收益率排序插入法

率、估价对象所在地房地产投资和其他投资的收益率等;②调查各类投资的风险资料,采用专家评分法等方法对各类投资风险进行量化打分,确定各类投资的风险程度,并按照投资风险大小对各类投资进行排序;③根据各类投资的收益率和风险程度,在直角坐标系(横轴是投资风险,纵轴是投资收益率)中绘制各类投资的散点图;④根据散点图的分布特点,以投资风险为自变量、投资收益率为因变量,对散点图进行曲线拟合,建立投资收益率与投资风险的函数与曲线;⑤将估价对象房地产与上述各类投资的风险程度进行分析比较,确定估价对象投资风险程度以及在坐标轴上的位置;⑥根据估价对象的风险程度,在图中找出对应的投资收益率,并以此作为估价对象的报酬率。

【思考与讨论】上述报酬率测算方法在实际应用中有哪些问题?

第六节
收益法的应用与问题

本节先从算例和实例两个方面介绍收益法在房地产估价中的应用,然后总结收益法自身的局限性以及收益法在实际估价应用中的常见问题。算例主要针对收益法估价公式的选择、收益期、净收益和报酬率的测算以及收益价值的计算等内容,实例主要展示收益法在某住宅房地产抵押估价中的实际应用及其问题。

一、收益法的应用

(一) 收益法应用算例

【例8-17】某办公楼总建筑面积为1万平方米,可出租面积占80%,2年前建成投入使用。建设单位于5年前以出让方式取得该办公楼40年土地使用权。该办公楼主体设计使用寿命为50年。据调查,该办公楼目前已经出租,租赁期还有10年,合同租金为每月每平方米建筑面积150元,租赁押金利息、洗衣房等其他收入平均每月为1万元,目前该类办公楼的市场租金为每月每平方米建筑面积180元。目前该类办公楼年平均空置率为10%、收租损失率为5%、运营费用率为30%。假设目前银行存、贷款利率分别为3%、6%,该类房地产投资的风险报酬率为4%,折现率为8%,土地出让合同约定土地使用权不可续期,该类办公楼的净收益按每年2%的速度递增。试采用收益法测算该办公楼目前的市场价值。

【解】该办公楼目前的市场价值测算如下所述。

(1) 选择估价公式

根据题意,估价对象适合采用报酬资本化法中的全剩余寿命模式进行估价。估价对象为有租约限制的房地产,则整个收益期可分为两个阶段:租赁期间的收益价值按照合同租金采用净收益每年不变、收益期为有限年的公式进行测算;租赁期间届满后应按市场租金采用净收益按一定比率递增、收益期为有限年的公式测算。

(2) 测算收益期

估价对象土地使用权剩余期限为35年,建筑物剩余经济寿命为48年,土地使用权剩余期限小于建筑物剩余经济寿命且不可续期,则收益期为土地使用权剩余期限,即35年。其中,有租约限制的收益期为10年,无租约限制的收益期为25年。

(3) 测算年净收益

① 有租约限制的收益期年净收益=[1×80%×150×12×(1-10%)×(1-5%)+1×12]×(1-30%)=870.24(万元)

② 租赁期间届满后第1年(相对于价值时点第11年)的年净收益=[1×80%×180×12×(1-10%)×(1-5%)+1×12]×(1-30%)×(1+2%)¹⁰≈1270.93(万元)

(4) 计算报酬率

报酬率=安全利率+风险投资报酬率=3%+4%=7%

(5) 计算收益价值

① 租赁期间的收益价值=$\frac{870.24}{7\%} \times \left[1 - \frac{1}{(1+7\%)^{10}}\right] \approx 6112.20$(万元)

② 租赁期届满后的收益价值=$\frac{1270.93}{(7\%-2\%) \times (1+8\%)^{10}} \left[1 - \left(\frac{1+2\%}{1+7\%}\right)^{25}\right] \approx 8214.76$(万元)

综上，该办公楼的收益价值=6112.20+8214.76=14 326.96(万元)，单价为14 326.96(元/平方米)，该收益价值就是所要求取的房地产市场价值。

(二) 收益法应用实例

【例8-18】 某住宅房地产抵押估价，估价对象坐落于××市××××花园×号楼×××室，建筑面积为178.5平方米，分摊的土地使用权面积为10.24平方米。采用比较法和收益法进行估价，确定该房地产于2019年12月26日的抵押价值为总价人民币174.93万元、单价人民币9800元/平方米，估价报告可扫描下方二维码查看。本项目估价技术路线合理，估价方法和公式选择正确，估价测算过程详细，估价报告内容丰富、完整。本估价报告以及收益法运用中存在的问题有以下几个：估价对象财产范围界定不够明确，如装修是否包含地砖地板、家具设备等财产；对估价委托人提供的资料仅进行了检查而未核查验证；价值类型表述不准确，抵押价值不是市场价值而应为谨慎价值；估价依据缺少法律法规施行日期等信息、部分依据有误；风险提示针对性不强；对估价对象实物、权益、区位状况的分析不够详细；采用比较法测算租金存在比较因素考虑不全面、比较因素权重未设置、装修价值未扣除等问题；房地产收益变化趋势与市场背景分析不完全一致；转售收益的测算有待商榷等。

收益法应用
估价报告

二、收益法相关问题

(一) 收益法自身的局限性

收益法是将未来收益转换为估价对象价值的方法。在出租型房地产估价中，房地产收益通常以租金表示，因此出租型房地产的收益法也可以称为"租金资本化法"。本节有关收益法自身的局限性问题主要针对出租型房地产的收益法估价。

1. 租金只体现了部分房地产效用

根据效用理论，商品的价值来源于其效用，因此房地产价值也取决于其效用。在其他条件相同的情况下，房地产效用越大，其价值也就越高。房地产效用非常丰富，以住宅为例,它可以为人们提供居住生活空间、生理和心理安全保障、融资担保条件、相关社会保障与福利(如户籍、学籍等),也是个人和家庭幸福感的重要来源。从房地产价值与效用的关系范畴看,房地产售价和房租分别是房地产全部效用和承租人所享有的房地产效用的货币表现。不得不承认的是,在当前的市场环境、社会保障条件与价值观念下,拥有自己住房的效用要远高于承租他人住房的效用。例如,居住在自己住房里的稳定性比承租他人住房的稳定性更高,业主比承租人更容易获得就近入学的资格,承租的房地产无法提供担保条件等。换言之,在目前情况下,租赁房地产获得的效用难以与购买房地产获得的效用等同。通过"租金资本化"得到的房地产价值只是部分房地产效用的体现,不能反映全部的房地产效用,因此也不是全部的房地产价值。

2. 租金只体现了部分房地产权益

根据产权相关理论,完备的房地产产权是由一系列权利所构成的权利束。所有权是房地产权利中最完整、最充分的权利,包括占有、使用、收益、处分四项权能,其中的处分权包括出售、出租、抵押、赠与、继承等。在所有权的基础上,可以派生出使用权、地役权、抵押权、典权、质权、留置权和租赁权等,这些派生的权利是对房地产所有权的限制。从权利束的角度来看,以租金形式获得的租赁权利只是房地产权利束中的一项权利。房地产价格本质上是房地产权利或权益的价格,房地产的权利越多,权益就越大,相应的价格就越高。房地产买卖价格是包括房屋所有权在内的完全产权的价格,房地产租赁价格(即租金)是一定时间内房地产使用权的价格。通过"租金资本化"得到的房地产价值只是部分房地产权利的货币体现,不能反映全部的房地产权益,也不是全部的房地产价值。

以上从效用和权益两个角度分析了房租与房地产效用和房地产权益的关系。在实际估价中,比较法和收益法的估价结果往往存在较大偏差(通常收益法估价结果小于比较法估价结果)。有人认为,比较法估价的结果更接近市场价格,收益法估价的结果更接近市场价值,两者存在较大偏差的原因主要在于比较法估价结果偏高,如房地产价格存在泡沫等。但是根据前文分析,以"租金资本化法"测算的出租型房地产价值只是房地产整体权益价值的一部分,必然小于其正常情况下的市场价值。因此,比较法和收益法的估价结果存在较大偏差的原因既有可能是因为比较法估价结果偏高,也有可能是因为收益法估价结果偏低,两者的差异大致相当于房地产价格泡沫与承租房地产无法享受到的房地产权益价值之和。需要注意的是,不同类型房地产的收益法估价结果与比较法估价结果或房地产市场价值的差异也有所不同,一般来说,对于住宅房地产,两者差异最大;对于商业房地产,两者差异最小;其他房地产次之。对同一种房地产来说,承租房地产所能享受到的权益越多,收益法估价结果与比较法估价结果或房地产市场价值的差异越小,反之越大。

【思考与讨论】如何规避收益法自身的局限性?

(二) 收益法估价中的常见问题

收益法估价中的常见问题主要有收益法估价公式选择不合理、收益期设置过长导致租金预测不准确以及报酬率确定随意性大等。针对前面两个问题,《房地产估价规范GB/T

50291—2015》第4.3.2条规定："当收益期较长、预测收益期内各期净收益难度较大时，宜选用持有加转售模式。"因此，本节主要针对报酬率确定随意性大的问题进行讨论。

1. 报酬率取值随意性大

在实际估价中，报酬率取值随意性大的问题主要表现为报酬率取值偏低。部分估价师通过人为压低报酬率来调高收益法估价结果，这违反了估价师的职业道德和操守。如果是抵押评估，这样做还违反了《房地产估价规范GB/T 50291—2015》和《房地产抵押估价指导意见》要求的谨慎原则，加大了金融机构抵押贷款风险。

要避免报酬率取值的随意性，需要明确以下两个问题：第一，房地产报酬率能否被相对准确地测定？第二，是否存在一个固定不变的房地产报酬率？房地产报酬率可以通过累加法、市场提取法以及投资收益率排序插入法等方法求取，虽然各种方法都存在一定的不足，但是理论上房地产报酬率是能够被相对准确测定的。例如，如果能搜集到数量较多的可比实例且能够获得成交价格和净收益等资料，则通过市场提取法得到的该类房地产近期的报酬率相对比较准确，再通过合理预测就可以得到未来的报酬率。那么估价中有没有一个统一不变的报酬率呢？根据本章第五节的分析，房地产报酬率是动态的，不存在一个固定不变的报酬率，无法事先确定一个报酬率并长期使用，而必须根据特定估价对象的用途、类型、区位以及所处的市场状况等因素来综合判断。

2. 确定报酬率的几个要点

根据上述所说，虽然房地产没有一个固定不变的报酬率，但是以下一些要点可以帮助我们更好地理解和把握房地产报酬率取值问题，保证报酬率取值的合理性与准确性。

(1) 房地产报酬率不应低于安全利率。由于报酬率和投资风险正相关，确定房地产投资报酬率的大小首先要明确房地产投资的风险。从历史上看，人们曾经将购买土地看作特别可靠的投资。正如马克思所说，当人们把土地所有权看作所有权的特别高尚的形式时，土地的报酬率就要低于其他较长期投资的报酬率，甚至低于银行利率。但是，在现代社会中，拥有土地和房地产不仅不再具有任何特殊的社会地位，反而会因为价值量大且不可移动等特点以及政治经济社会各种因素的影响使得土地和房地产投资的收益不稳定，报酬率要高于其他较长期投资的报酬率。因此，相对国债投资与银行存款，房地产投资具有较高风险，相应的房地产投资报酬率不能低于同期安全利率(即国债利率或银行存款利率)。

(2) 房地产报酬率应考虑房地产折旧因素。假设甲、乙两个投资人各有100万元资金，分别用于存银行和购买房地产出租，存银行和购买房地产出租均可获得5万元净收益，假设不考虑利率、房地产租金和房地产价格波动，那么这两种投资的报酬率是否相等呢？在上述问题中，表面上看这两种投资的报酬率均为5%。但是，房地产是一种具有使用期限的资产，不管是建筑物经济寿命还是土地使用权期限都是有限的，随着时间的推移，建筑物剩余经济寿命和土地剩余使用期限不断减少，房地产价值也随之不断减少直至消失，而存入银行的本金理论上可以永续产生利息收益。因此，房地产投资要想获得与存银行同样的收益，必须在建筑物经济寿命和土地使用期限结束时重新建造或购买相应房地产，也就是需要在经营过程中计提折旧以收回投资,而折旧费用同样需要从房地产租金收益中获取。也就是说,房地产报酬率需要比银行存款利率更高才能实现房地产投资与存银行的收益实质相等,高出部分的报酬率可以大致相当于该类房地产的折旧率。

(3) 房地产报酬率是预期的综合报酬率而非实际的"租售比"。由于当前不少房地产的"租售比"很低,估价师对取较高的报酬率心存顾虑,认为不符合实际的房地产市场状况。实际上,不能将房地产报酬率简单等同于"租售比"。首先,收益法中的报酬率是预期的报酬率,是市场上典型投资者心中所期望的报酬率,不是估价对象房地产过去或现在的实际报酬率;其次,收益法中的报酬率是综合的报酬率,不仅包括租金收益率,还包括房地产价格上涨带来的转售收益率。因此,收益法中的报酬率与实际的"租售比"是两个内涵不同的概念,报酬率的范围与数额要比"租售比"更大。如果房地产报酬率很低,甚至低于同期银行存款利率,房地产就不会有人去投资,因为还不如将资金存入银行来得划算,这从另一面说明房地产投资的报酬率一般不会太低。实际上,对房地产投资实例进行分析就能发现,考虑转售收益等在内的房地产综合报酬率并不低。

"租售比"

(4) 通过其他方式解决收益法估价结果偏低问题。根据以上分析,房地产报酬率取值不能太低。但是较高的房地产报酬率取值又会导致另一个问题,即收益法估价结果低于市场法估价结果或市场价值。在实际估价中,如果收益法估价结果确实明显低于市场价值,可以根据实际情况通过设定净收益按照一定比率递增而不是人为压低报酬率的方法来适当提高收益法估价结果。但是,根据本节第一部分的分析,收益法的估价结果只是房地产整体价值的一部分,通常小于房地产市场价值,特别是对于住宅而言差距更为明显。因此,不能为了追求与比较法估价结果一致而随意调整收益法估价结果。当收益法估价结果与市场价值存在较大偏差时,也不能直接将收益法估价结果作为房地产市场价值,但是可以通过设定权重等方法将收益法估价结果与其他方法估价结果进行综合作为最终的估价结果。

复习题

1. 什么是收益法?其理论依据是什么?
2. 收益法适用于哪些房地产估价?其适用条件是什么?
3. 收益法的基本步骤有哪些?其重点难点是什么?
4. 报酬资本化法与直接资本化法有哪些异同与优缺点?
5. 报酬资本化法有哪几种估价模式?
6. 全剩余寿命模式有哪些估价公式?
7. 为什么要优先选用持有加转售模式?
8. 直接资本化法有哪些类型?
9. 什么是收益期?如何测算收益期?
10. 什么是净收益?有哪些收益类型的房地产?
11. 出租型房地产净收益如何测算?
12. 自营型房地产净收益如何测算?

13. 净收益测算需要注意哪些问题？

14. 什么是报酬率？报酬率有哪些特点？

15. 求取报酬率有哪些方法？分别有哪些优缺点？

16. 收益法还有哪些估价参数？如何测算？

17. 收益法估价结果为何低于比较法估价结果？

18. 收益法运用中有哪些常见问题？

拓展阅读

[1] 陈媛, 王刚. 房地产估价中收益法的运用研究[J]. 价值工程, 2012(34): 152-153.

[2] 陈作昌, 杨春. 关于房地产估价中资本化率计算方法的探讨[J]. 土木与环境工程学报, 2002, 24(3): 82-85.

[3] 王吓忠. 房地产估价资本化率的国内外比较分析及启示[J]. 中国资产评估. 2003, (1): 29-33.

[4] 王晶, 高建设, 宁宣熙. 收益法评估中折现率研究[J]. 管理世界, 2011(4): 184-185.

[5] 许军, 任婷珍. 城市房地产基准报酬率研究与应用——收益法5年转售公式中的折现率[J]. 中国房地产估价与经纪, 2014(3): 21-25.

[6] 唐莹. CAPM模型构建中无风险报酬率的选择与修正——基于企业价值评估收益法[J]. 财会月刊, 2017(9): 63-65.

[7] 朱晓刚. 房地产评估收益法评估改进研究[J]. 建筑经济, 2021(9): 62-66.

[8] 宋协法, 燕鹏, 黄志涛, 等. 基于成本法和收益法的海域价值评估研究——以山东荣成某海带筏式养殖海域为例[J]. 中国海洋大学学报(社会科学版), 2018(3): 33-38.

[9] 陈芳, 余谦. 数据资产价值评估模型构建——基于多期超额收益法[J]. 财会月刊, 2021(23): 21-27.

[10] 何卫红, 许世珍. 收益法评估参数应用现状、效果及优化——基于软件信息业的90个评估样本[J]. 现代管理科学, 2021(3): 67-75.

本章测试

第九章

成本法及其应用

成本法是传统的三种基本估价方法之一,也是假设开发法、修复成本法等估价方法的基础。本章介绍成本法的含义、理论依据、适用对象与条件、基本步骤以及重点难点,房地产的价格构成,房地产重新购建成本与折旧的测算,成本法的具体应用以及相关问题。

■ 教学要求

1. 了解成本法的理论依据、适用对象与条件以及相关问题;
2. 熟悉成本法的步骤以及房地产的价格构成,熟悉成本法应用要求;
3. 掌握成本法的含义,掌握房地产重新购建成本和折旧的测算要求。

■ 关键概念

成本法,重新购建成本,重置成本,重建成本,土地成本,建设成本,管理费用,销售费用,投资利息,销售税费,开发利润,实际成本,客观成本,单位比较法,分部分项法,工料测量法,指数调整法,估价路径,房地分估,房地合估,房地产折旧,土地折旧,土地费用摊销,建筑物折旧,物质折旧,功能折旧,外部折旧,年限折旧,直线法,成新折扣法,市场提取法,分解法,建筑物有效年龄,建筑物实际年龄,建筑物经济寿命,建筑物自然寿命,可修复,不可修复,修复成本,成本价值

导入案例

影响深远的江西宜黄拆迁冲突事件

2010年9月10日,江西省抚州市宜黄县发生一起因拆迁冲突引发的自焚事件。冲突当事人钟某曾以40元/平方米的价格向当地政府购买了120多平方米的荒地,于1999年自建了一栋建筑面积约400平方米的三层楼房。2007年,宜黄县政府因建设河东新区客运站,需要对包括钟家房屋在内的项目附近的居民房屋进行拆迁。由于当地居民对拆迁补偿价格和安置条件不满意,拆迁工作进展缓慢。直到2009年下半年,除钟家外,其余居民才陆续完成房屋拆迁安置工作。但是当地政府与钟家先后经过五十余次协商仍无法就拆迁安置条件达成一致,钟家也因此成为远近闻名的"钉子户"。2010年4月18日起,钟家被强行停电。2010年9月10日,宜黄县分管城建的副县长带领房管、城管、公安等11家单位共180多人对钟家进行强制拆迁,最终导致钟家三人自焚并造成一人死亡、两人重伤的惨剧,引发舆论广泛关注以及对强制拆迁的激烈声讨。新华社和《人民日报》也对当地政府拆迁工作中的不当做法提出尖锐批评。2010年9月17日,事件中的8名相关责任干部被处理,其中县委书记和县长被免职。

引发该事件的直接原因是双方在拆迁补偿与安置条件上的巨大分歧,分歧点主要在于政府确定的补偿额度是42万元左右,但是钟家要求在此基础上再给三块宅基地用于自建房。政府相关部门认为,钟家的房屋位置偏僻,其市场价格原本不高,正是因为有政府主导的新区开发与拆迁工作,钟家才能拿到如此高的补偿款,该补偿额度已经超过被拆迁房屋的建设成本,所以钟家应当积极配合拆迁工作而不应该"漫天要价",否则就会影响当地的新区建设、经济发展以及社会公共利益。钟家则认为,以当时当地2700元/平方米左右的毛坯商品房价格为标准,补偿款只能够购买100多平方米的住房,难以解决钟家十几口人的居住问题,因此无法接受政府的补偿条件。钟家还说,"我们一家是在30年前从安徽要饭到宜黄的,原来住的是茅草屋,所以这个房子对我们家的意义和对别人不一样。"双方的巨大分歧在强制拆迁等因素的刺激下,最终酿成了一起"多输"的社会悲剧,钟家家破人亡,政府形象和公信力受到极大损害且要承担巨额善后费用,相关项目和新区建设一度停滞并影响经济社会发展,违章建筑大肆蔓延增加了城市治理难度。

宜黄拆迁冲突事件对我国房屋拆迁工作带来了深远影响,并因此入选中国法学会案例研究专业委员会2010年中国十大影响性诉讼事件。该事件发生后不久,公安部发出通知,严禁公安民警参与征地拆迁等非警务活动,最高人民法院出台规定要求地方政府必须经过法院审查同意方能对"钉子户"执行强制拆迁。该事件与2009年底发生的成都唐福珍拆迁自焚事件直接加速了《城市房屋拆迁管理条例》的修订过程。2011年1月21日,国务院废止了原《城市房屋拆迁管理条例》,同时颁布实施《国有土地上房屋征收与补偿条例》并规定:"对被征收房屋价值的补偿,不得低于房屋征收决定公告之日被征收房屋类似房地产的市场价格。""被征收房屋的价值,由具有相应资质的房地产估价机构按照房屋征收评估办法评估确定。""任何单位和个人不得采取暴力、威胁或者违反规定中断供水、供热、供气、供电和道路通行等非法方式迫使被征收人搬迁。"从此,"拆迁"被"征收"所取代,强制拆迁从制度层面上成为历史。

(资料来源:根据网络资料整理)

根据上述案例材料,请从房地产估价的角度分析我国当年房屋拆迁冲突频发的原因,被拆迁人有关其房屋具有"特殊意义"而要求更多补偿的说法有无理论依据?

第一节 成本法概述

本节介绍成本法的含义、理论依据、适用对象与条件、基本步骤以及重点难点。

一、成本法的含义

成本法是预测估价对象在价值时点的重新购建成本和折旧,将重新购建成本减去折旧或乘以成新率得到估价对象价值的方法。成本法是以成本为导向来求取房地产价值的方法。采用成本法测算的估价对象的价值称为成本价值。

成本法中的"成本"不完全是通常意义上或会计上的成本费用概念,主要体现在两个方面:一是成本法中的"成本"包括了开发估价对象房地产应得的正常利润,而利润不是通常意义上的成本费用。从这个角度看,成本法中的"成本"可以理解为"价格构成要素",成本法也可以理解为"价格累加法"。二是成本法中的"成本"不是估价对象的实际成本和会计成本,而是客观成本。实际成本是指购置估价对象的实际支出,或开发建设估价对象的实际支出及所得利润。客观成本是指购置估价对象的必要支出,或开发建设估价对象的必要支出及应得利润,或实际成本经剔除特殊的、偶然的因素后的成本。

【思考与讨论】"成本"与"价格"的区别是什么?

二、成本法的理论依据

成本法的理论依据体现在估价原理和估价技术两个层面。

(1) 在估价原理层面,成本法的理论依据是劳动价值理论。根据马克思主义劳动价值理论,价值是价格的基础,价格是价值的货币表现,围绕价值上下波动。商品价值由不变资本价值(生产资料价值)、可变资本价值(劳动力价值)和剩余价值构成。在市场竞争的作用下,剩余价值转化为平均利润,商品价值转化为生产价格。商品生产价格等于成本价格与平均利润之和，成本价格等于不变资本价格(生产资料价格)与可变资本价格(劳动力价格)之和。在商品价值转化为生产价格的条件下，价值规律也就以生产价格规律的形式发挥作用，即商品市场价格不再以商品价值为中心，而是以商品生产价格为中心并随供求关系上下波动。因此，房地产市场价格等于成本价格加平均利润，房地产的成本价格包括土地、建筑原材料与半成品、建筑设备等生产资料价格以及各种人工费用等劳动力价格。

(2) 在估价技术层面，成本法的理论依据是生产费用价值理论。根据生产费用价值理论，商品价值由土地、劳动、资本以及其他生产要素共同创造，地租、工资和利息分别是土地、劳动和资本的补偿，从生产费用的角度看，地租、工资和利息构成了商品价值。就房地产而言，地租体现在土地成本，工资体现在各项建筑材料与建筑机械等物化劳动以及各项费用中的人工费用，利息体现在投资利息，再加上应得的开发利润(含税金)，这就是房地产的生产费用，它决定了房地产价格的基础和下限。从卖方的角度看，卖方愿意接受的最低价格不能低于开发建设该房地产已经付出的成本，即不能低于过去的生产费用及应得利润之和，否则就要亏损，而不会投资开发该房地产；从买方的角度看，买方愿意支付的最高价格不能高于重新开发建设该房地产的必要支出及应得利润之和，否则还不如自己开发建设或委托他人代为开发建设。可见，买卖双方虽然对估价对象价值的认知存在差异，但都是以估价对象的生产费用及应得利润之和为基础进行协商和讨价还价的，因此估价对象的价值可以根据重新开发建设估价对象的必要支出及应得利润来求取。

三、成本法的适用对象与条件

成本法是通过将估价对象各个价格构成要素逐项累加来估算估价对象价值的方法。从理论上讲，成本法适用于所有的房地产估价，包括新近开发完成的房地产、可假设重新开发建设的既有房地产和正在开发建设的房地产。《房地产估价规范GB/T 50291—2015》第4.1.2条规定："估价对象可假定为独立的开发建设项目进行重新开发建设的，宜选用成本法，当估价对象的同类房地产没有交易或交易很少，且估价对象或其同类房地产没有租金等经济收入时，应选用成本法。"但是在实际估价中，由于成本法自身的特殊性，成本法主要适用于以下三类房地产估价：①既无现实或潜在直接收益又很少发生交易的房地产，如行政办公楼、公立学校、公立医院、图书馆、体育场馆、公园、军事设施、公共基础设施等；②设计独特或只针对特定使用者特殊需要而开发的房地产，如特殊厂房、油田、码头、机场等；③整体房地产中的建筑物或其组成部分，如单独的建筑物、建筑物中的装饰装修部分、建筑物中的毁损部分等。如果估价对象过于老旧，则测算其重新购建成本和折旧的难度与误差较大，不适合采用成本法进行估价。

【思考与讨论】成本法是不是一种"没有办法的办法"？

成本法估价的前提是房地产价值等于"成本加平均利润"，而实际的房地产价值取决于其效用而非成本。因此，按照"成本加平均利润"(即成本法)估价的结果具有合理性需要满足以下两个假设前提：①房地产开发成本是有效成本而非无效成本，即要求房地产开发成本与其效用成正比,投入的开发成本都能相应地提高房地产效用;②房地产市场是供求平衡的市场,具体又包括两个方面:一是房地产市场是自由竞争的市场,市场主体有进出市场的自由;二是该类房地产可以大量重复开发建设。在实际估价中,上述条件很难同时满足或者需要在较长时间内才能得到满足,导致成本法估价结果与市场价值出现偏差,需要根据实际情况对成本法的估价过程与结果进行适当调整。

四、成本法的基本步骤

运用成本法估价主要有以下四个基本步骤:①根据估价对象状况选择成本法估价公式;②测算重新购建成本,可选择房地分估或房地合估的估价路径;③测算房地产折旧,包括土地折旧和建筑物折旧;④利用相应成本法估价公式计算成本价值。

五、成本法的重点难点

成本法估价的重点在于房地产重新购建成本和折旧的测算。成本法估价的难点在于房地分估或房地合估路径的运用、房地产价格构成要素的确定、房地产折旧的处理等。由于成本法自身的局限性,运用成本法估价的结果与估价对象的市场价值往往存在一定偏差。

第二节 房地产的成本构成

运用成本法估价必须熟悉房地产的成本构成。由于成本法本质上是一种"价格累加法",这里的成本实际上是价格。本节以"房地产开发企业取得开发用地进行商品房开发然后销售"这一典型的房地产开发经营模式为例,分析房地产成本的构成要素,包括土地成本、建设成本、管理费用、销售费用、投资利息、销售税费和开发利润。本节按照房地合估的思路对房地产的成本构成进行介绍。如果按照房地分估的思路,相关成本构成要素的内容会有所不同。房地合估和房地分估的概念及其相关要求详见本章第四节。

一、土地成本

土地是房地产开发的基础与载体,土地成本是房地产价格的主要组成部分。土地成本也称为土地取得成本、土地费用,是指购置土地的必要支出或开发土地的必要支出与应得利润。土地成本的构成要素和大小根据土地开发成熟程度(如"三通一平"或"五通一平"或"七通一平")和取得土地的途径不同而有所不同。取得房地产开发用地的途径主要有三个：一是市场购买，如通过政府"招拍挂"方式购置；二是征收集体土地；三是征收国有土地上房屋。目前，房地产开发企业不能直接参与土地和房屋的征收工作，征收工作通常由政府征收部门或委托非营利征收实施单位来完成，征收完成后再以"招拍挂"方式出让建设用地使用权，因此市场购买是房地产开发企业取得土地的主要途径。但是要更详细地了解土地成本的构成，就有必要了解不同土地取得途径的价格构成及其内涵。

土地"招拍挂"

(一) 市场购买土地的成本

市场购买是指通过"招拍挂"方式向政府购买或者以协议等方式向其他企事业单位转让建设用地使用权。通过"招拍挂"方式取得建设用地使用权是目前房地产开发企业取得开发用地的主流方式。通过市场购买的土地通常为熟地，其土地成本包括土地购置价款和相关税费。土地购置价款是指购买建设用地使用权的价格，包括征地费用、土地使用权出让金、土地开发成本以及相应的管理费用、销售费用、投资利息、销售税费和开发利润，通过比较法、基准地价修正法、成本法来测算。相关税费包括契税、印花税、手续费等，通常根据相关税法以及政府部门的有关规定，按照土地购置价款的一定比例来测算。

(二) 征收集体土地的成本

征收集体土地的成本一般包括土地征收补偿费、相关税费和其他费用。

1. 土地征收补偿费

土地征收补偿费一般包括土地补偿费、安置补助费、农房补偿费、其他地上定着物和青苗补偿费以及被征地农民的社会保障费用。

(1) 土地补偿费。征收农地的，由省、自治区、直辖市通过制定公布区片综合地价确定。征收农地以外土地的，补偿标准由省、自治区、直辖市制定。征收集体建设用地的，可按照集体建设用地的市场评估价格给予补偿。

(2) 安置补助费。征收耕地的安置补助费按照需要安置的农业人口数计算。需要安置的农业人口数按照被征收的耕地数量除以征地前被征收单位平均每人占有耕地的数量计算。征收其他土地的安置补助费标准由省、自治区、直辖市制定。土地补偿费和安置补助费的总和不得超过土地被征收前3年平均年产值的30倍。

(3) 农房补偿费。征收集体土地时，农房的补偿方式有重新安排宅基地建房、提供安置房、货币化补偿等，实际补偿时可选择其中的一种或某种组合，并对因征收造成的搬迁、临时安置等费用予以补偿，补偿标准由省、自治区、直辖市制定。

(4) 其他地上定着物和青苗补偿费。其他地上定着物补偿费是对被征收土地上农房以外的建筑物、构筑物、树木、鱼塘、农田水利设施、蔬菜大棚等给予的补偿费；青苗补偿费是对被征收土地上尚未成熟、不能收获的农作物给予的补偿费。其他地上定着物和青苗的补偿标准由省、自治区、直辖市制定。

(5) 被征地农民的社会保障费用。社会保障费用主要用于符合条件的被征地农民的养老保险等社会保险缴费补贴，按照省、自治区、直辖市的规定单独列支。

【思考与讨论】被征收的农房价值如何评估？

2. 相关税费

相关税费一般包括耕地开垦费、耕地占用税、新菜地开发建设基金、征收评估费、征收管理服务费以及政府规定的其他有关税费。

(1) 耕地开垦费。国家实行占用耕地补偿制度，非农业建设经批准占用耕地的，按照"占多少，垦多少"的原则由占用耕地的单位负责开垦与所占用耕地的数量和质量相当的耕地；没有条件开垦或者开垦的耕地不符合要求的，应当按照规定缴纳耕地开垦费，专款用于开垦新的耕地。

(2) 耕地占用税。占用耕地等农用地建房或从事非农业建设的，应当按照实际占用的耕地面积和适用税额一次性缴纳耕地占用税。

(3) 新菜地开发建设基金。征收城市郊区菜地的，用地单位应当按照有关规定和标准缴纳新菜地开发建设基金，新菜地开发建设基金的缴纳标准由省、自治区、直辖市制定。

(4) 征收评估费，是征收部门向估价机构支付的农房、其他地上定着物和青苗等征收评估费用。

18亿亩耕地红线

(5) 征收管理服务费，包括征收部门的征收管理费和向征收实施单位支付的征收服务费用。

(6) 政府规定的其他有关税费。具体税费项目和收取标准根据国家和当地政府的有关规定执行。

3. 其他费用

其他费用包括地上物拆除费、废弃物和渣土清运费、场地平整费、城市基础设施建设费、建设用地使用权出让金等，通常依照规定的标准或采用比较法求取。

(三) 征收国有土地上房屋的成本

征收国有土地上房屋的成本一般包括房屋征收补偿费、相关税费和其他费用。

1. 房屋征收补偿费

房屋征收补偿费用一般包括房屋补偿费、搬迁费、临时安置费、停产停业损失补偿费以及补助和奖励。

(1) 房屋补偿费。房屋补偿费是对被征收房屋价值的补偿，包括被征收房屋及其占用范围内的土地使用权和其他不动产的价值，补偿标准不得低于被征收房屋类似房地产的市场价格，通常由估价机构评估确定。

(2) 搬迁费。搬迁费是对因征收房屋造成搬迁的补偿，通常根据需要搬迁的家具、电器、机器设备等动产的拆卸、搬运和重新安装费用给予搬迁费补助。对征收后虽未到使用寿命但不可继续利用的动产，根据其残余价值给予相应补偿。

(3) 临时安置费。临时安置费是对因征收房屋造成临时安置的补偿，通常根据被征收房屋的区位、用途、建筑面积等因素，按照类似房地产的市场租金结合过渡期限确定。

(4) 停产停业损失补偿费。停产停业损失补偿费是对因征收房屋造成停产停业损失的补偿，通常根据房屋被征收前的效益、停产停业期限等因素确定。

(5) 补助和奖励。为更好地推进房屋征收工作，根据相关规定对被征收人给予的补助和奖励费用，如提前搬家奖励等。

2. 相关税费

相关税费一般包括房屋征收评估费、征收管理服务费和政府规定的其他有关税费。
(1) 房屋征收评估费，是征收部门向估价机构支付的房屋和其他定着物征收评估费用。
(2) 征收管理服务费，包括征收部门的征收管理费和向征收实施单位支付的征收服务费用。
(3) 政府规定的其他有关税费。具体税费项目和收取标准根据国家和当地政府的有关规定执行。

3. 其他费用

其他费用包括地上物拆除费、废弃物和渣土清运费、场地平整费、城市基础设施建设费、建设用地使用权出让金等，通常依照规定的标准或采用比较法求取。

【思考与讨论】集体土地和国有土地的征收补偿有何区别？

二、建设成本

建设成本是指进行房屋和基础设施建设所必要的费用，包括前期工程费、建筑安装工程费、市政基础设施建设费、公共配套设施建设费、其他工程费以及开发期间的税费。

(一) 前期工程费

前期工程费包括市场调研、可行性研究、项目策划、环境影响评价、交通影响评价、工程勘察、建筑规划与方案设计、工程设计、工程咨询、工程招标、"三通一平"或"五通一平"、项目临时用水用电等房地产开发项目前期工程的必要支出。需要注意"三通一平"或"五通一平"等费用与前述土地成本的衔接，避免漏算与重复计算。

(二) 建筑安装工程费

建筑安装工程费是指建造房屋建筑及其附属工程所发生的建筑工程费、安装工程费、装饰装修工程费。这里的建筑工程通常是指房屋建筑及其附属工程中的土建工程。安装工程是指房屋建筑及其附属工程中的给排水、电力、电气、暖通、空调、电梯、照明以及相关的各种设备、管道、线路、装置等安装工程；附属工程是指房屋周围的围墙、绿化、水景、建筑小品等。装饰装修工程是指为保护房屋建筑的各种结构免受风、雨、潮气的侵蚀，改善房屋建筑的保温、隔热、隔声、防潮功能，提高房屋建筑物的耐久性，达到美化效果，采用装饰装修材料或饰物，对其内外表面及空间进行的各种处理工作，常见的装饰装修工程有抹灰、门窗、饰面、涂饰、裱糊、隔断、吊顶、幕墙等。按照费用构成要素，建筑安装工程费可划分为人工费、材料费、施工机具使用费、企业管理费、利润、规费和税金；按照工程造价形成顺序，建筑安装工程费可划分为分部分项工程费、措施项目费、其他项目费、规费和税金。需要注意建筑安装工程费与市政基础设施建设费、公共配套设施建设费等的区分，避免漏算与重复计算。

建筑安装工程费用项目组成

(三) 市政基础设施建设费

市政基础设施建设费通常包括"小市政"建设费、"大市政"建设费或接口费。"小市政"建设费是指建设项目用地范围以内的道路、绿化、环卫、照明等设施以及建筑物外墙1.5米以外和建设项目用地范围以内的给水、排水、电力、通信、燃气、供热等管道建设费用；"大市政"建设费是指城市规划要求配套的建设项目用地范围外的道路、给水、排水、电力、通信、燃气、供热等设施的建设费用；"大市政"接口费是指建设项目内部各项设施与市政干道、干管、干线等的接口费用。在实际估价中，需要注意上述项目是否已经包含在土地成本和建筑安装工程费中，避免漏算与重复计算。

(四) 公共配套设施建设费

公共配套设施建设费包括城市规划要求配套的教育(如幼儿园、小学、初中)、医疗卫生(如社区医院、垃圾站等)、文化体育(如文化活动中心、体育设施等)、社区服务(如居委会办公场所、托老托幼设施、物业管理用房、会所等)等非营业性设施的建设费用。对于工业类房地产开发项目，该部分费用较少发生或没有发生，测算时应据实计取。

(五) 其他工程费

其他工程费包括工程监理费、工程检测费、竣工验收费等。

(六) 开发期间的税费

开发期间的税费是指由开发建设单位承担的相关税收和地方政府或其有关部门规定的费用，如人防工程费、水电增容费、白蚁防治费等。需要注意的是，建设过程中由建筑施工企业承担的税费已经包含在建筑安装工程费等费用里面了。

【思考与讨论】建设成本与一般的工程造价有何区别？

三、管理费用

管理费用是房地产开发企业为组织和管理房地产开发经营活动的必要支出，包括房地产开发企业的人员工资及福利费、办公费、差旅费等。管理费用可按照土地成本与建设成本之和的一定比例来计算。在实际估价中，管理费用比率通常取3%～5%。

四、销售费用

销售费用也称为销售成本，是预售或销售房地产的必要支出，包括广告费、销售资料制作费、售楼处建设费、样板房(间)建设费、销售人员费用或销售代理费等。为便于投资利息的测算，销售费用应分为销售完成之前发生的费用和销售完成时发生的费用。广告费、销售资料制作费、售楼处建设费、样板房(间)建设费一般是在销售完成之前发生的，销售代理费一般是在销售完成时发生。在实际估价中，销售费用一般按照开发完成后的房地产价值或房地产销售价格的一定比例来测算，一般取2%～5%。

五、投资利息

(一) 投资利息的含义

估价上的投资利息是指在完成房地产开发并实现销售之前发生的所有必要支出的应计算利息。与会计上的财务成本不同，估价上的投资利息是投资机会成本的概念，包括房地产开发企业全部投资的应计算利息，而不仅仅是借款部分的应计算利息。在完成房地产开发并实现销售之前投入的资金，无论它们是借贷资金还是自有资金，都应计算利息。因为资金是稀缺资源，在互斥的投资机会中，资金被用于某种用途意味着必须放弃其他用途，其他用途中最大的那个潜在收益可以被视为资金用于某种用途的代价(即机会成本)。为了提高估价的客观合理性，通常把资金存入银行获取的利息作为投资机会成本。

【思考与讨论】房地产估价为什么要测算全部投资的利息？

(二) 投资利息的计算

根据投资利息的含义，计算投资利息需要把握以下几个方面。

1. 计息项目

计息项目包括发生在房地产销售实现之前的土地成本、建设成本和管理费用。销售费用中的广告费、销售资料制作费、售楼处建设费、样板房(间)建设费一般是在销售实现之前发生，需要计算利息；销售费用中的销售代理费一般是在销售实现之时发生，无须计算利息。为简化计算，可以假设销售费用全部发生在销售实现之前或实现之时。销售税费通常在销售实现之时或之后支出，一般不计算利息。

2. 计息周期与计息期

计息周期是计算利息的单位时间，可以是年、半年、季、月等，通常为年。计息期也称为计息周期数，等于计息时间除以计息周期。计息期与房地产开发经营期相关。

房地产开发经营期是指自开始开发建设时起至房地产经营结束时止的时间，包括房地产开发期和房地产经营期，如图9-1所示。房地产开发期是指自取得房地产开发用地时起至房地产竣工日期止的时间。开发期的起点

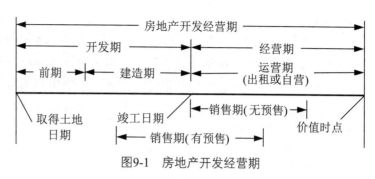

图9-1 房地产开发经营期

与开发经营期的起点相同，终点是房地产竣工日期，房地产开发期又可分为前期和建造期。根据经营方式不同，房地产经营期可分为销售期和运营期。如果房地产采用出售的经营方式，则经营期为销售期，是指自房地产开始销售时起至其全部售出时止的时间。在有预售的情况下，销售期与开发期有部分重合；在有延期销售的情况下，销售期与运营期有部分重合。如果房地产采用出租或自营的经营方式，则经营期为运营期，是指自房地产竣工日期起至其持有期或经济寿命结束时止的时间，即运营期的起点是房地产竣工日期，终点是房地产的一般正常持有期结束之时或经济寿命结束之时。

某项费用项目的计息时间应该是从该项费用发生的时点至房地产投资回收(即房地产销售完成)之时。由于每项费用的投入时间不完全相同，且房地产投资回收(即房地产销售)也不在同一个时点完成(存在预售和延期销售等情况)，完全按照实际发生的时间确定每项费用的计息时间极为复杂。在实际估价中，为简化测算通常做如下假设：①房地产开发完成后全部进行销售，不考虑出租和自营的方式；②在房地产开发完成时(竣工日期)集中完成销售，不考虑预售和延期销售的情况；③对于分散在一段时间内不断发生的费用，如建设成本、管理费用等，假设其在该时间段内均匀发生且在期中集中发生；④不考虑房地产开发期中的特殊情况。如此，房地产开发经营期就成为房地产开发期。房地产开发期可依据全国统一建筑安装工程工期定额结合房地产开发项目具体情况来确定，也可以采用类似于比较法的方法，即通过类似房地产已发生的建设期的比较、修正或调整来求取。在上述假设前提下，土地成本的计息时间从取得房地产开发用地时起至房屋竣工时止，即等于房地产开发期；建设成本与管理费用的计息时间从房地产开发期的中点时起至房屋竣工时止；需要计算利息的销售费用的计息时间从销售期的中点时起至房屋竣工时止。

【思考与讨论】"房地产开发完成时全部完成销售"这一假设合理吗？

3. 计息方式

计息方式包括单利和复利。单利是指每期均按原始本金计算利息，即只计算本金的利息，本金所产生的利息不计算利息。在单利计息方式下，每期的利息是个常数。复利是指以上一期的利息加上本金为基数计算当期利息。在复利计息方式下，不仅本金要计算利息，利息也要计算利息，即所谓的"利滚利"。投资利息通常采用复利计息方式。

假设P表示本金，i表示利率，n表示计息期，I表示总利息，F表示计息期末的本利和，则期末单利的本利和$F=P(1+i\times n)$，总利息$I=P\times i\times n$；复利的本利和$F=P(1+i)^n$，总利

息 $I=P[(1+i)^n-1]$。

根据上述公式，在本金、利率、计息期(大于1)等相同的情况下，复利计息的利息要大于单利计息的利息。但是进一步分析可知，如果在单利计息方式下每一计息周期结束时将本利一并取出后再存入银行即可实现与复利相同的计息效果。因此，单利与复利在资金成本的计算上并没有本质区别，主要是表达方式上的不同。

【例9-1】利息的计算

4.利率

利率是用百分比表示的单位时间内增加的利息与原金额之比。利率有单利利率和复利利率、存款利率和贷款利率、名义利率和实际利率等。房地产估价投资利息计算中一般采用价值时点的房地产开发贷款的平均利率，并采用名义利率。

六、销售税费

销售税费是预售或销售房地产应由卖方缴纳的税费，包括增值税、城市维护建设税、教育费附加、印花税等，前三项通常简称为"两税一费"。销售税费不包含应由买方缴纳的契税等税费以及应由卖方缴纳的土地增值税、企业所得税。不包含应由买方缴纳的契税等税费，是因为评估价值是建立在买卖双方各自缴纳自己应缴纳的交易税费下的价值。不包含应由卖方缴纳的土地增值税、企业所得税，是因为土地增值税和企业所得税分别取决于特定的转让增值额和企业经营状况，不包含土地增值税和企业所得税使估价结果更客观合理。销售税费一般按照房地产销售收入的一定比例计取。在成本法估价中，通常以开发完成后的房地产价值(即所要评估的成本价值)的一定比例来测算。

"营改增"

七、开发利润

(一) 开发利润的含义

开发利润是典型的房地产开发企业开发房地产应得的利润。开发利润是指房地产开发企业的利润，而不是建筑施工企业的利润，建筑施工企业的利润包含在建筑安装工程费中。需要注意的是，现实中的开发利润是一种结果，是由销售价格减去土地成本、建设成本、管理费用、销售费用、投资利息和销售税费后的余额。而在成本法估价中，销售价格是未知的，通常就是需要求取的成本价值，因此开发利润需要事先进行估算。

估算开发利润应注意以下两点：第一，开发利润是税前利润，即开发利润不扣除土地增值税和企业所得税，这样处理主要是为了保证开发利润的客观合理性且与销售税费的口径保持一致。第二，开发利润是典型的房地产开发企业在正常情况下应得的该类房地产项目的客观利润，而不是个别房地产开发企业的实际利润或期望利润。

(二) 开发利润的计算

开发利润可按一定基数乘以同一市场上类似房地产开发项目的平均利润率计算。开发利润计算基数与开发利润率主要有四种，估价时应注意开发利润率的内涵及其与计算基数的对应关系(见表9-1)：①以直接成本为基数，房地产开发的直接成本包括土地成本和建设成本，相应的利润率称为直接成本利润率，则房地产开发利润=(土地成本+建设成本)×直接成本利润率；②以开发投资为基数，房地产的开发投资包括土地成本、建设成本、管理费用和销售费用，相应的利润率称为投资利润率，则房地产开发利润=(土地成本+建设成本+管理费用+销售费用)×投资利润率；③以开发成本为基数，房地产的开发成本包括土地成本、建设成本、管理费用、销售费用和投资利息，相应的利润率称为成本利润率，则房地产开发利润=(土地成本+建设成本+管理费用+销售费用+投资利息)×成本利润率；④以销售价格为基数，房地产的销售价格就是拟求取的成本价值，包括土地成本、建设成本、管理费用、销售费用、投资利息、销售税费和开发利润，相应的利润率称为销售利润率，则房地产开发利润=(土地成本+建设成本+管理费用+销售费用+投资利息+销售税费+开发利润)×销售利润率。开发利润率是通过调查同一个市场上较多类似房地产开发项目的平均利润率得到的，并根据不同类型房地产开发项目投资风险的不同而有所不同。

表9-1 开发利润率与对应的计算基数

开发利润率	对应的计算基数
直接成本利润率	土地成本、建设成本
投资利润率	土地成本、建设成本、管理费用和销售费用
成本利润率	土地成本、建设成本、管理费用、销售费用和投资利息
销售利润率	销售价格(成本价值)

测算开发利润时，还要明确税前利润率、税后利润率、总利润率和年利润率等概念。税前利润率是指未扣除土地增值税和企业所得税的房地产开发利润与房地产开发投资或开发成本、销售价格等的百分比。税后利润率是指扣除土地增值税和企业所得税后的房地产开发利润与房地产开发投资或开发成本、销售价格等的百分比。总利润率是指房地产开发利润总额与房地产开发投资或开发成本、销售价格等的百分比。年利润率是指将总利润率平均到开发期每一年的房地产开发利润率。

通过成本法得到的估值通常是房地产总价。求取房地产单价还需要将该总价除以房地产开发项目中可销售房屋总面积，而不是除以房地产开发项目所有建筑物总面积。

房地产价格构成中的土地成本与建设成本以及建设成本内部不同成本项目的内涵可能存在交叉。在实际估价中应做好建设成本与土地成本、建设成本内部不同成本项目之间的衔接，避免漏算和重复计算。例如，要区分土地成本是生地成本、毛地成本还是熟地成本，土地成本是否与建设成本中的前期工程费、市政基础设施建设费重叠。如果项目用地是"三通一平"或"五通一平"或更高标准的熟地，则其已经包含了城市"大市政"建设费，建设成本中的市政基础设施建设费就无须考虑相应部分"大市政"建设费；如果项目

住宅房地产项目的成本构成

用地是生地，则建设成本中的市政基础设施建设费还应包括"大市政"建设费。建设成本中的建筑安装工程费应与公共配套设施相衔接，如工业厂房中的构筑物既可计入附属工程，也可计入公共配套设施，如果已经考虑在附属工程价值中，则公共配套设施建设费不能重复计算。

第三节 选择成本法估价公式

成本法估价的基本思路是房地产的成本价值等于房地产重新购建成本减去房地产折旧，具体可分为土地成本法、建筑物成本法、房地成本法和在建工程成本法等估价公式。

一、土地成本法公式

土地成本价值等于土地重新购建成本减去土地折旧，即

$$土地成本价值 = 土地重新购建成本 - 土地折旧 \tag{9-1}$$

土地重新购建成本和土地折旧测算的相关内容详见本章第四节和第五节。

二、建筑物成本法公式

建筑物成本价值等于建筑物重新购建成本减去建筑物折旧，即

$$建筑物成本价值 = 建筑物重新购建成本 - 建筑物折旧 \tag{9-2}$$

建筑物重新购建成本和建筑物折旧测算的相关内容详见本章第四节和第五节。

三、房地成本法公式

房地成本价值等于房地重新购建成本减去房地折旧，即

$$房地成本价值 = 房地重新购建成本 - 房地折旧 \tag{9-3}$$

式(9-3)中，房地重新购建成本可按照房地合估或房地分估的路径测算，房地折旧包括土地折旧和建筑物折旧。房地重新购建成本和房地折旧测算的相关内容详见本章第四节和第五节。

四、在建工程成本法公式

在建工程成本价值等于在建工程重新购建成本减去土地折旧,即

$$在建工程成本价值=在建工程重新购建成本-土地折旧 \qquad (9\text{-}4)$$

式(9-4)中,在建工程重新购建成本可以按照房地合估或房地分估的路径分别测算。在建工程重新购建成本和土地折旧测算的相关内容详见本章第四节和第五节。

【思考与讨论】新旧房地产的成本法公式有何区别?

第四节 测算重新购建成本

测算重新购建成本是成本法估价的重要内容和环节。本节主要介绍房地产重新购建成本的概念以及土地、建筑物、房地和在建工程的重新购建成本的测算。

一、重新购建成本的概念

房地产重新购建成本是指假设在价值时点重新开发建设全新状况的估价对象的必要支出及应得利润,或者重新购置全新状况的估价对象的必要支出。重新购建成本有重置成本和重建成本之分,采用重置成本还是重建成本进行估价,要根据估价目的和估价对象的具体情况确定。

房地产重置成本包括土地重置成本和建筑物重置成本。土地重置成本是指在价值时点重新购置土地的必要支出或重新开发土地的必要支出及应得利润;建筑物重置成本是指采用价值时点的建筑材料、建筑构配件和设备及建筑技术、工艺等,在价值时点的国家财税制度和市场价格体系下,重新建造与估价对象中的建筑物具有相同效用的全新建筑物的必要支出及应得利润。

房地产重建成本主要指建筑物重建成本。建筑物重建成本是指采用与估价对象中的建筑物相同的建筑材料、建筑构配件和设备及建筑技术、工艺等,在价值时点的国家财税制度和市场价格体系下,重新建造与估价对象中的建筑物完全相同的全新建筑物的必要支出及应得利润。

【思考与讨论】土地为什么没有重建成本?

理解重新购建成本的内涵需要把握以下几点:①重新购建成本是在价值时点的价格。重新购建成本应按照价值时点而非开发或购买时的国家财税制度、房地产价格构成以及类

似房地产市场状况来测算。这里的价值时点可能是现在，也可能是过去或将来。②重新购建成本是客观成本而非实际成本。重新购建成本不是估价对象开发或购买时的实际价格，也不是个别单位或个人开发或购买类似房地产的特殊价格，而是房地产市场上开发或购买类似房地产的正常平均价格，即客观成本。因为如果实际成本超过正常价格，超出部分会形成浪费，不会形成价格；如果实际成本低于正常价格，低的部分会形成超额利润，也不会降低价格。③重新购建成本是估价对象全新状况下的成本。本教材将估价对象的"全新"状况定义为两个方面，即土地的"全新"状况和建筑物的"全新"状况，土地的"全新"状况是指在估价对象现有条件下具有法定最高出让年限的土地状况，建筑物的"全新"状况是指新开发的与估价对象建筑物完全相同或具有相同效用的全新建筑物状况。相应地，土地重新购建成本是指具有法定最高出让年限的土地价格，而不是进行土地年限修正以后的价格；建筑物重新购建成本是指全新状况下、未扣除建筑物折旧的价格。本教材对土地重新购建成本做这样的定义是基于以下两个方面考虑：一是与重新购建成本定义中的"全新状况的估价对象"相一致；二是使后续房地产折旧体系和内涵更加清晰。

土地的"全新"状况

二、重新购建成本的测算

(一) 土地重新购建成本

土地重新购建成本是指在价值时点重新购置土地的必要支出或重新开发土地的必要支出及应得利润。除估价对象状况相对于价值时点应为历史状况或未来状况外，土地状况应为价值时点的估价对象的土地状况，土地使用期限应为法定最高出让年限而不是价值时点时的土地使用权剩余期限。重新购置或重新开发的土地重新购建成本计算公式如下所示。

1. 重新购置时的土地重新购建成本

$$土地重新购建成本 = 土地购置价款 + 相关税费 \qquad (9-5)$$

式(9-5)是市场购买土地的成本法公式。其中，土地购置价款可通过比较法、基准地价修正法测算；相关税费包括契税、印花税、手续费等，通常根据相关税法以及政府有关规定，按照土地购置价款的一定比例来测算。

2. 重新开发时的土地重新购建成本

$$土地重新购建成本 = 土地取得成本 + 土地开发成本 + 管理费用 + 销售费用 \\ + 投资利息 + 销售税费 + 开发利润 \qquad (9-6)$$

式(9-6)是新开发土地的成本公式。其中，①土地取得成本是指通过市场购买、征收集体土地、征收国有土地上房屋等途径取得待开发土地的必要支出，这里的待开发土地可以是生地、毛地或不同程度的熟地。②土地开发成本是指在已经取得的待开发土地上进行市政基础设施建设、场地平整等活动的必要支出，是狭义的土地开发成本，其构成要素及大小与待开发土地和开发完成后土地(即估价对象土地)的开发程度有关。例如，如果估价对象土地是"五通一平"熟地而待开发土地是毛地，则土地开发成本是将该土地从毛地开发成"五通一平"熟地的必要支出；如果估价对象土地和待开发土地均为"五通一平"熟地，则土地重新购建成本中无须再考虑土地开发成本。③管理费用、销售费用、投资利息、销售税费和开发利润是与土地取得成本和土地开发成本对应的房地产开发经营活动的管理费用、销售费用、投资利息、销售税费和开发利润，不含地上建筑物建设成本对应的房地产开发经营活动的管理费用、销售费用、投资利息、销售税费和开发利润，可参照本章第二节的相关内容执行。

式(9-6)适用于整体开发的土地重新购建成本的测算。如果估价对象土地是整体开发地块中的某一宗土地，则该宗土地单价的计算公式为

$$
\begin{aligned}
某宗土地单价 = &(土地取得总成本+土地开发总成本+土地开发总管理费用+\\
&土地总销售费用+土地总投资利息+土地总销售税费+\\
&土地总开发利润) \div (土地开发总面积 \times 开发完成的\\
&可转让土地面积的比率) \times 宗地区位、用途、使用期限、\\
&容积率、形状等因素调整系数
\end{aligned} \quad (9\text{-}7)
$$

式(9-7)中，开发完成的可转让土地面积的比率为开发完成的可转让土地总面积与土地开发总面积的比值。式(9-7)比较适用于新开发区土地分宗估价，因为新开发区在初期还没形成土地和房地产市场，难以采用比较法、收益法和假设开发法进行估价。

【例9-2】新开发土地的价值计算

(二) 建筑物重新购建成本

建筑物重新购建成本是指建造与估价对象建筑物相同或具有同等效用的全新建筑物的必要支出及应得利润，有重置成本和重建成本之分。对一般的建筑物，或因年代久远、已缺少与旧建筑物相同的建筑材料、建筑构配件和设备，或因建筑技术、工艺改变等使得旧建筑物复原建造有困难的建筑物，宜测算重置成本。对具有历史、艺术、科学价值或代表性的建筑物，宜测算重建成本。在实际估价中，测算建筑物重置成本有两种方式：一是利用当地政府或相关部门公布的相应类型的房屋重置成本扣除其中包含的土地价值并进行适当调整后确定；二是利用建筑物的成本构成公式进行测算，其公式为

$$
\begin{aligned}
建筑物重新购建成本 = &建筑物建设成本+管理费用+销售费用+\\
&投资利息+销售税费+开发利润
\end{aligned} \quad (9\text{-}8)
$$

式(9-8)是新建建筑物的成本法公式。①建筑物建设成本的构成与测算可参照本章第二节的相关内容执行，其中的建筑安装工程费可以采用单位比较法、分部分项法、工料测量法和指数调整法等方法测算；②管理费用、销售费用、投资利息、销售税费和开发利润是与建筑物建设成本对应的各项费用、投资利息、销售税费和开发利润，不含建筑物占用范围内的土地成本以及与之对应的各项费用、投资利息、销售税费和开发利润，可参照本章第二节的相关内容执行。

1. 单位比较法

单位比较法是以建筑物为整体，选取与该类建筑物的建筑安装工程费密切相关的某种计量单位为比较单位，调查在价值时点近期建成的类似建筑物的单位建筑安装工程费，对其进行处理后得到估价对象建筑物建筑安装工程费的方法，实质上是比较法。通过该方法可以将可比实例建筑物在其建造时的建筑安装工程费调整为价值时点的建筑安装工程费，并以此来估算估价对象建筑物的单位建筑安装工程费。单位比较法简单实用，是常用的建筑安装工程费测算方法。单位比较法中，一般的住宅、办公楼等建筑物通常采用单位建筑面积，仓库、储油罐等可能采用单位体积，车位(车库)可能采用个，医院可能采用床位数等。

2. 分部分项法

分部分项法是把建筑物分解为各个分部工程或分项工程，测算每个分部工程或分项工程的数量，调查各个分部工程或分项工程在价值时点的单位价格或单位成本，将各个分部工程或分项工程的数量乘以相应的单位价格或单位成本后相加得到估价对象建筑物建筑安装工程费的方法。运用分部分项法测算建筑安装工程费时，应根据各个分部工程或分项工程的特点选择相应的计量单位。例如，土石方工程、砌体工程、混凝土工程等通常采用体积单位，地面工程、墙面工程等通常采用面积单位，管道工程、栏杆工程等通常采用长度单位等。需要注意的是，不同项目分部分项工程的做法与特点差异较大，导致同类分部分项工程的客观成本较难统一，采用分部分项法测算的建筑安装工程费可能更偏向于估价对象的实际成本。

工程建设项目的划分

3. 工料测量法

工料测量法是把建筑物还原为建筑材料、建筑构配件和设备，测算重新建造该建筑物所需的建筑材料、建筑构配件、建筑设备、机械台班和人工的数量，调查价值时点的单价和人工费标准，将各种建筑材料、建筑构配件、建筑设备、机械台班和人工的数量乘以相应的单价和人工费标准后相加，并计取相应的措施项目费、规费和税金等得到估价对象建筑物建筑安装工程费的方法。该方法的优点是详细准确，主要用于求取具有历史价值的建筑物的建筑安装工程费，缺点是比较费时费力，通常需要造价工程师等提供专业帮助。

4. 指数调整法

指数调整法也称为成本指数趋势法，是利用有关指数或变动率，将估价对象建筑物的历史建筑安装工程费调整到价值时点的建筑安装工程费来求取估价对象建筑安装工程费的方法。将历史建筑安装工程费调整到价值时点的建筑安装工程费的具体方法，可以参考比较法中市场状况调整的方法，也可以选用第十一章第六节"长期趋势法"中的相关方法。该方法测算结果比较粗略，主要用于检验其他方法的测算结果。

【例9-3】建筑物重新购建成本的计算

(三) 房地重新购建成本

求取房地重新购建成本有房地分估和房地合估两个估价路径。实际估价时，应根据估价对象状况和土地市场状况选择合适的估价路径。根据《房地产估价规范GB/T 50291—2015》第4.4.2条规定，应优先选择房地合估路径。不管是采用房地分估还是房地合估，在考虑重新购建成本的构成项目时，都不能漏项，也不得重复计算。

1. 房地分估

房地分估是把房地产分为土地和建筑物两个相对独立的物，分别测算其重新购建成本，然后将两者相加得到估价对象重新购建成本的估价路径，其估价公式为

$$房地重新购建成本=土地重新购建成本+建筑物重新购建成本 \qquad (9-9)$$

式(9-9)中，土地重新购建成本和建筑物重新购建成本的测算可分别参照式(9-5)~式(9-8)的相关公式。

房地分估路径主要适用于两种情况：一是单宗土地的重新购建成本比较容易求取；二是有关成本、费用、税金和利润等较易在土地和建筑物之间进行分配。此外，需要单独或分别求取房地产中的土地或建筑物的价值时，也可以采用房地分估的路径。

2. 房地合估

房地合估是把土地当作房地产开发的"原材料"，通过模拟房地产开发建设过程测算估价对象重新购建成本的估价路径，其估价公式为

$$房地重新购建成本=土地成本+建设成本+管理费用+销售费用+\\投资利息+销售税费+开发利润 \qquad (9-10)$$

式(9-10)也是新开发房地产的成本法计算公式。其中，土地成本可能是生地、毛地、净地或熟地的取得成本，具体应根据估价对象所在地在价值时点的同类房地产开发建设活动取得土地的通常开发程度来确定；建设成本除了建筑物建设成本以外，还需要根据土地的开发程度考虑从生地、毛地变为净地或熟地的土地开发成本；管理费用、销售费用、投资利息、销售税费和开发利润是与土地成本和建设成本对应的房地产开发经营活动的管理费用、销售费用、投资利息、销售税费和开发利润。上述成本、费用、税费和利润项目可参照本章第二节"房地产的成本构成"的相关规定执行。

房地合估路径主要适用于估价对象是独立开发建设或可假设独立开发建设的整体房地产，如一栋办公楼、一幢厂房、一座商场、一个酒店、一个体育馆等。此外，采用成本法求取一个居住区或住宅小区的平均价格时，也可以采用房地合估的路径。

【思考与讨论】为什么《房地产估价规范》要求要优先选择房地合估路径？

(四) 在建工程重新购建成本

在建工程是一类特殊的房地，求取在建工程重新购建成本也有房地分估与房地合估两个估价路径，应优先选择房地合估路径。

1. 房地分估

采用房地分估求取在建工程重新购建成本的公式为

$$在建工程重新购建成本=土地重新购建成本+在建工程建筑物重新购建成本 \quad (9-11)$$

$$在建工程建筑物重新购建成本=已投入的建筑物建设成本+管理费用+\\销售费用+投资利息+销售税费+开发利润 \quad (9-12)$$

式(9-11)和式(9-12)中,土地重新购建成本可参照式(9-5)或式(9-6)测算;已投入的建筑物建设成本是指在价值时点之前已经投入的各项建筑物建设成本;管理费用、投资利息和开发利润是已投入的建筑物建设成本所对应的管理费用、投资利息和开发利润;销售费用和销售税费是销售在建工程建筑物所对应的销售费用和销售税费,应视项目具体情况而定,如果不发生销售行为,则不计算销售费用和销售税费。

2. 房地合估

采用房地合估求取在建工程重新购建成本的公式为

$$在建工程重新购建成本=土地成本+已投入的建设成本+管理费用+\\销售费用+投资利息+销售税费+开发利润 \quad (9-13)$$

式(9-13)中,土地成本同式(9-10)中的土地成本;已投入的建设成本是指在价值时点之前已经投入的各项建设成本,可参照式(9-10)中的建设成本测算;管理费用、投资利息和开发利润是土地成本和已投入的建设成本所对应的管理费用、投资利息和开发利润;销售费用和销售税费是销售在建工程(含土地)所对应的销售费用和销售税费,应视项目具体情况而定,如果不发生销售行为,则不计算销售费用和销售税费。

第五节 测算房地产折旧

折旧的测算是成本法估价的重要内容和环节。本节主要介绍房地产折旧的概念,以及土地折旧与建筑物折旧的含义、内容与测算方法。

一、房地产折旧的概念

折旧分为会计折旧和估价折旧两种类型。会计折旧包括固定资产折旧和无形资产摊销,固定资产折旧是指在固定资产的使用寿命内按照确定的方法对应计折旧额进行的系统分摊,如达到规定价值标准的房屋、建筑物、机器设备等固定资产的折旧。无形资产摊销是指在无形资产的有效使用期限内按照一定的方法对无形资产原价进行系统分配,如专利权、商标权、著作权、土地使用权、非专利技术等无形资产的摊销。会计折旧注重的是资产历史成本的分摊、补偿或回收，扣除折旧以后的资产价值称为账面价值，它不一定等于资产的实际价值。估价折旧是指因各种原因造成的资产价值减损，本质上是减价修正，注重的是资产市场价值的真实减损，扣除折旧以后的资产价值是实际价值，它应当与资产的实际价值一致。本教材的房地产折旧是指估价折旧，其折旧额为房地产在价值时点的重新购建成本与在价值时点的实际价值之差，包括土地折旧与建筑物折旧两部分。

【思考与讨论】为什么资产需要折旧？

二、土地折旧

(一) 土地折旧的含义

从自然属性来看，土地不可毁灭，而且建设用地通常也不存在"变旧"问题，因此土地没有折旧。但是我国实行有偿有期限的土地使用制度，在一个特定的土地使用期限内，随着土地使用权剩余期限的缩短，土地价值逐渐减少，当土地使用权期限届满后，土地使用权将被国家收回，此时对土地使用权人来说土地价值为零，故从价值属性来看，土地价值随着时间的推移逐渐减少，符合资产折旧的规律，因此可以认为土地存在折旧。

由于行业惯例，土地折旧在不同领域有特定的称谓。在会计领域，折旧主要针对固定资产，而土地使用权属于无形资产，因此土地折旧被称为土地费用摊销。在估价领域，土地折旧通常被称为土地价值的年限修正。土地费用摊销和土地价值的年限修正两个概念都反映了土地价值随着其剩余期限的减少而减少的事实，符合资产折旧的特征。从字面意义上看，土地折旧是一个综合的价值减损概念，全面考虑了各种造成土地价值减损的因素，而不仅仅是期限减少因素，因此土地折旧的概念比土地价值的年限修正更为科学。

(二) 土地折旧的内容

土地折旧本质上就是土地价值的减损。土地价值减损主要包括两个方面：一是土地使用权剩余期限的减少引起的土地价值减少；二是土地以外的各种不利因素造成的土地价值减损。前者可称之为期限折旧，后者可称之为外部折旧。在会计领域和房地产估价中，分别以土地费用摊销和土地价值的年限修正来考虑土地的期限折旧，但是通常忽略了土地的外部折旧。外部折旧是指土地以外的自然、经济、社会以及制度政策等不利因素造成的土地价值的减损，相应的外部折旧可称为自然折旧、经济折旧、社会折旧以及制度政策折旧。不利的自然因素包括环境污染、景观破坏等；不利的经济因素包括经济结构转型、经济发展衰退、居民收入下降、贷款利率上升、更严格的贷款条件、市场不景气等；不利的社会因素包括人口减少、老龄化发展、政治不稳定、社会治安恶化、交通拥堵等；不利的制度政策因素包括严格的限价限购政策、落户政策、交易政策、规划变更等。分析外部折旧时，应重点比较两个方面，一是横向比较，即通过与周边其他地区进行比较，分析估价对象所在地区的不利环境因素；二是纵向比较，即通过与估价对象所在地区近几年的经济、社会以及制度政策进行比较,分析估价对象目前所处的经济、社会以及制度政策等不利环境因素。由于外部折旧比较复杂,实际估价中土地折旧通常以期限折旧为主,这也是某些教材将土地折旧直接称为土地价值的年限修正的原因。

【思考与讨论】处理土地外部折旧与建筑物外部折旧如何衔接?

(三) 土地折旧的计算方法

1. 土地期限折旧的计算方法

土地期限折旧的方法有直线法和年限修正法。

1) 直线法

直线法是利用无形资产摊销的方式将土地重新购建成本在土地使用期限内进行平均分摊来计算土地年折旧额的方法,通常用于会计领域,其计算公式为

【例9-4】
土地折旧的
计算(一)

$$d = \frac{C}{N} \tag{9-14}$$

$$D_t = dt \tag{9-15}$$

$$V_t = C - D_t \tag{9-16}$$

式(9-14)~式(9-16)中,d表示土地年折旧额;C表示土地重新购建成本;N表示土地折旧年限,即土地使用期限;D_t表示土地折旧额;t表示土地已使用期限,通常以年为单位;V_t表示使用t年以后的土地现值。

按照直线法计算的土地年折旧额在土地使用期限内每年相等,土地折旧额随着土地已使用期限的增加按比例递增,土地现值随着土地已使用期限的增加逐渐递减。

2) 年限修正法

年限修正法是利用报酬资本化法中不同期限房地产价格之间的换算公式来直接求取扣除折旧以后的土地现值,通常用于房地产估价领域,其计算公式为

【例9-5】
土地折旧的
计算(二)

$$V_t = CK_t \tag{9-17}$$

$$K_t = \frac{(1+r)^t - 1}{(1+r)^N - 1}(1+r)^{N-t} \tag{9-18}$$

$$D_t = C(1 - K_t) \tag{9-19}$$

$$d_t = C(K_{t-1} - K_t) \tag{9-20}$$

式(9-17)~式(9-20)中,K_t表示土地年限修正系数;r表示土地报酬率;d_t表示第t年的土地折旧额。其余参数含义同前。

年限修正法是一种非线性折旧法,土地年折旧额在土地使用期限内每年不等,开始时

土地年折旧额较小,随着土地使用期限的增加而逐渐增大。土地折旧额随着土地已使用期限的增加而加速递增,土地现值随着土地已使用期限的增加而加速递减。

【思考与讨论】上述哪一个土地折旧的计算方法更合理?

2. 土地外部折旧的计算方法

外部折旧需要根据外部不利因素对土地价值进行减价修正,具体可根据收益损失期限不同,利用收益损失资本化法求取各种外部不利因素导致的未来每年损失的净收益现值之和来确定外部折旧额,也可通过条件价值评估等方法直接测算。

三、建筑物折旧

(一) 建筑物折旧的含义

估价上的建筑物折旧是指因各种原因造成的建筑物的价值减损,其折旧额为建筑物在价值时点的重新购建成本与在价值时点的现值之差。将建筑物重新购建成本减去建筑物折旧,相当于把建筑物在其全新状况下的价值调整为在价值时点状况下的价值。

(二) 建筑物折旧的内容

建筑物折旧包括物质折旧、功能折旧和外部折旧三种类型。

1. 物质折旧

物质折旧又称为物质损耗、有形损耗、物质性价值减损,是因自然或人为原因引起建筑物老化、磨损或损坏而造成的建筑物价值减损。根据折旧原因不同,物质折旧又可分为四种:①自然老化折旧,是指在正常的使用和维护下,随着时间流逝由风吹日晒雨淋等自然原因引起的折旧,与建筑物的实际年龄成正比且与建筑物所处的自然环境有关;②使用磨损折旧,是指由正常使用引起的折旧,与建筑物的使用性质、使用强度和使用时间正相关;③意外损坏折旧,是指由偶发性的自然灾害或人为损坏引起的折旧,意外情况包括地震、水灾、风灾、雷击等自然灾害以及火灾、碰撞、破坏性装修等人为损害;④延迟维修损坏折旧,是指由维修不及时、不到位引起的折旧,如未适时采取预防、养护措施或修理不及时、不到位造成建筑物不应有的损坏或提前损坏或已有损坏进一步扩大等。

【思考与讨论】为什么无人使用的房屋可能损坏更快?

2. 功能折旧

功能折旧又称为无形损耗、功能性价值减损,是由科技进步、观念改变、建筑标准过低、建筑设计存在缺陷等导致建筑物功能不足或功能过剩,从而造成的建筑物价值减损。根据折旧原因不同,功能折旧又可分为三种:①功能缺失折旧,是指因建筑物中缺少某些部件、设施设备导致功能缺失而造成的建筑物价值减损。如缺少停车场地、电梯等配置导致的价值减损。②功能落后折旧,是指因建筑物中某些部件、设施设备、功能等低于市场一般标准而造成的建筑物价值减损。例如，建筑外观不美观，空间布局不合理，智能化水平落后等。③功能过剩折旧，是指因建筑物中某些部件、设施设备、功能等超过市场一般标准、对房地产价值的贡献小于其建设与运营成本而造成的建筑物价值减损。例如，过高的层高、过于繁复的立面装饰不能转化为价格或租金，从而形成无效成本。

【思考与讨论】举例说明房地产有哪些功能折旧？

3. 外部折旧

外部折旧是指建筑物以外的各种不利因素造成的建筑物价值减损。影响房地产价值的外部不利因素与前文分析的引起土地折旧的外部因素基本相同。

【思考与讨论】引起土地折旧与建筑物折旧的原因有何不同？

(三) 建筑物折旧的计算方法

建筑物折旧的计算方法有年限法、市场提取法和分解法①。年限法主要适用于建筑物物质折旧，市场提取法和分解法可用来求取建筑物物质折旧、功能折旧和外部折旧。

1. 年限法

年限法也称为年龄-寿命法，是指根据建筑物的有效年龄和预期经济寿命或预期剩余经济寿命来测算建筑物折旧的方法，具体又分为直线法和成新折扣法。

1) 折旧年限的概念

(1) 建筑物年龄。建筑物年龄分为实际年龄和有效年龄，实际年龄是指建筑物自竣工时起至价值时点止的年数，有效年龄是指根据价值时点的建筑物实际状况判断的建筑物年龄。建筑物有效年龄一般根据建筑物的使用、维护和更新改造等状况，在其实际年龄的基础上进行适当的加减调整得出，可能等于也可能小于或大于其实际年龄。

(2) 建筑物寿命。建筑物寿命也称为建筑物使用寿命、使用期限、耐用年限等，分为自然寿命和经济寿命。建筑物自然寿命是指建筑物自竣工时起至其主要结构构件自然老化或损坏而不能保证建筑物安全使用时止的时间，也称为物理寿命，通常以设计使用年限作为建筑物自然寿命。建筑物经济寿命是指建筑物对房地产能够产生正经济价值贡献的时间，即建筑物自竣工时起至其不再有正经济价值贡献时止的时间。建筑物经济寿命可在建筑物设计使用寿命的基础上，根据建筑物的使用、维护和更新改造等状况，以及周围环境、房地产市场状况等进行综合分析判断后确定。建筑物经济寿命短于建筑物自然寿命。建筑物剩余寿命是指建筑物寿命减去建筑物年龄后的寿命，分为剩余自然寿命和剩余经济寿命。剩余自然寿命是指建筑物自然寿命减去实际年龄后的寿命，剩余经济寿命是指建筑物经济寿命减去有效年龄后的寿命，即自价值时点起至建筑物经济寿命结束时止的时间。

(3) 建筑物折旧年限。建筑物折旧年限是指计算建筑物折旧时所用的年限，一般从建筑物竣工之日起计算。确定建筑物折旧年限应采用建筑物有效年龄和经济寿命的概念，并

---

① 柴强. 房地产估价[M]. 10版. 北京：首都经济贸易大学出版社，2022：350-362.

注意土地使用期限对建筑物经济寿命的影响，具体分为以下几种情况：①住宅建筑物不论其经济寿命是早于还是晚于土地使用期限而结束的，其折旧年限均为建筑物经济寿命。因为《民法典》第三百五十九条规定："住宅建设用地使用权期限届满的，自动续期。"②非住宅建筑物经济寿命早于土地使用期限而结束的，其折旧年限为建筑物经济寿命。③非住宅建筑物经济寿命晚于土地使用期限而结束的，又分为两种情况：一是土地使用权出让合同约定建设用地使用权期限届满时政府无偿收回建设用地使用权但根据收回时建筑物的残余价值给予土地使用者相应补偿的，其折旧年限为建筑物经济寿命；二是土地使用权出让合同约定建设用地使用权期限届满时政府无偿收回建设用地使用权及其地上建筑物的，其折旧年限为建筑物经济寿命减去其晚于土地使用期限的那部分年限后的寿命。

【思考与讨论】折旧年限与收益年限有何区别？

2) 直线法

直线法是指根据建筑物的有效年龄和经济寿命来测算建筑物折旧额的方法，是将建筑物重新购建成本在建筑物经济寿命期内进行平均分摊来计算建筑物年折旧额的方法，主要适用于建筑物物质折旧的测算，其计算公式为

$$d = \frac{C-S}{N} = \frac{C(1-R)}{N} \quad (9\text{-}21)$$

$$D_t = dt \quad (9\text{-}22)$$

$$V_t = C - D_t \quad (9\text{-}23)$$

式(9-21)~式(9-23)中，d表示建筑物年折旧额，按照直线法计算的建筑物年折旧额在折旧年限内每年相等；C表示建筑物重新购建成本；S表示建筑物净残值，是建筑物经济寿命结束时，预计拆除的旧料价值减去拆除清理费用后的余额；N表示建筑物折旧年限；R表示建筑物残值率，是指建筑物的净残值与其重新购建成本的比率；D_t表示建筑物折旧额；t表示建筑物有效年龄；V_t表示使用t年以后的建筑物现值。建筑物重新购建成本C扣除建筑物净残值S后的余额($C-S$)称为折旧基数。年折旧额d与重新购建成本C的比率称为年折旧率，如果用p来表示，则$p=d/C$。

在实际估价中，可以采用直线法对整体建筑物进行直接折旧，也可以先将建筑物分解为结构、设备、装修等部分或者更具体的组成部分，分别采用直线法求其各个组成部分的折旧额，然后进行加总，得到整体建筑物的折旧额。

【例9-6】建筑物折旧的计算（一）

3) 成新折扣法

成新折扣法是指通过建筑物成新率与其重新购建成本的乘积来求取建筑物现值的方法，建筑物成新率是指建筑物现值与其重新购建成本的比值，其计算公式为

$$V = Cq \quad (9\text{-}24)$$

$$D = C(1-q) \quad (9\text{-}25)$$

式(9-24)和式(9-25)中，V表示扣除折旧以后的建筑物现值；C表示建筑物重新购建成本；q表示建筑物成新率(%)，是建筑物在价值时点的现值与在价值时点的重新购建成本的百分比；D表示建筑物折旧额。

成新折扣法计算比较粗略，主要用于建筑物物质折旧的初步测算，或者同时需要对大量建筑物进行估价的场合，尤其是在大范围内开展建筑物现值摸底调查。

在实际估价中，建筑物成新率可以利用直线法并结合实地查勘的估价对象建筑物的实际新旧程度以及建筑物建成时间和使用、维护、更新改造等情况综合确定。

利用直线法计算建筑物成新率的公式为

$$q = \left[1 - (1-R)\frac{t}{N}\right] \times 100\% \tag{9-26}$$

当残值率R为0时，式(9-26)变为

$$q = \left(1 - \frac{t}{N}\right) \times 100\% \tag{9-27}$$

由式(9-26)和式(9-27)可知，当利用建筑物有效年龄、经济寿命来求取建筑物成新率时，成新折扣法就成了直线法的另一种表现形式。

2. 市场提取法

市场提取法是指通过与估价对象建筑物具有类似折旧状况的可比实例建筑物来求取估价对象建筑物折旧的方法。类似折旧状况是指可比实例建筑物折旧类型和折旧程度与估价对象建筑物相同或相当。

【例9-7】建筑物折旧的计算（二）

市场提取法利用房地成本法公式反算出可比实例建筑物的折旧。由前文可知，房地成本价值=房地重新购建成本-房地产折旧=(土地重新购建成本+建筑物重新购建成本)-(土地折旧+建筑物折旧)，则可比实例建筑物折旧的计算公式为

$$\begin{aligned}
&可比实例建筑物折旧\\
&=(土地重新购建成本+建筑物重新购建成本)-房地成本价值-土地折旧\\
&=(土地重新购建成本-土地折旧)+建筑物重新购建成本-房地成本价值\\
&=土地现值+建筑物重新购建成本-房地成本价值\\
&=建筑物重新购建成本-(房地成本价值-土地现值)\\
&=建筑物重新购建成本-建筑物现值
\end{aligned} \tag{9-28}$$

在实际估价中，从估价对象所在地的房地产市场中搜集并选取不少于3个与估价对象建筑物具有类似折旧状况的可比实例建筑物，测算各个可比实例建筑物的重新购建成本和现值，利用式(9-28)求取各个可比实例建筑物折旧。

将各个可比实例建筑物折旧除以其建筑物重新购建成本，得到各个可比实例的总折旧率，计算公式为

$$总折旧率=建筑物折旧/建筑物重新购建成本 \tag{9-29}$$

将各个可比实例的总折旧率除以其建筑物年龄，得到各个可比实例的年折旧率，计算

公式为

$$年折旧率 = 总折旧率 / 建筑物年龄 \qquad (9\text{-}30)$$

采用算术平均、加权平均、中位数、众数等适当方式将各个可比实例的年折旧率调整为估价对象的年折旧率，再将估价对象建筑物重新购建成本乘以年折旧率再乘以建筑物年龄，就可得到估价对象建筑物折旧，计算公式为

$$估价对象建筑物折旧 = 建筑物重新购建成本 \times 年折旧率 \times 建筑物年龄 \qquad (9\text{-}31)$$

利用年折旧率和总折旧率，还可求取年限法所需要的建筑物经济寿命和建筑物成新率。假设建筑物残值率为零，则建筑物经济寿命=1/年折旧率；建筑物成新率=1-总折旧率。

【例9-8】建筑物折旧的计算（三）

3. 分解法

分解法是指把建筑物折旧分为物质折旧、功能折旧、外部折旧等各个组成部分，再分别测算出各个组成部分折旧额后相加得到建筑物折旧额的方法。分解法是求取建筑物折旧最详细、最复杂的方法，适用于建筑物整体或局部折旧的测算，其思路如表9-2所示。

表9-2 分解法求取建筑物折旧的思路

建筑物折旧	物质折旧	不可修复	可修复
			短寿命
			长寿命
	功能折旧	功能缺乏	可修复
			不可修复
		功能落后	可修复
			不可修复
		功能过剩	不可修复
	外部折旧	不可修复	暂时性
			永久性

1) 物质折旧的测算

采用分解法求取建筑物物质折旧的思路是，先将建筑物折旧项目分为可修复项目和不可修复项目，然后针对各个可修复项目和不可修复项目分别求取其折旧，再将这些折旧相加得到建筑物物质折旧。修复是指采取修理或部分更换等方式恢复到新的或相当于新的状况。这里的可修复是指在技术上能够修复、法律上允许修复和经济上值得修复。修复成本是指采用合理的修复方案恢复到新的或相当于新的状况的必要支出及应得利润。

(1) 可修复项目的折旧。可修复项目是指预计修复成本小于或等于修复所能带来的房地产价值增加额的项目，即可修复项目的修复成本≤修复后的房地产价值-修复前的房地产价值。对于可修复项目，折旧额等于其在价值时点的修复成本。

(2) 不可修复项目的折旧。不可修复项目是指预计修复成本大于修复所能带来的房地产价值增加额的项目。根据其剩余寿命是否短于整体建筑物的剩余经济寿命，将不可修复项目分为短寿命项目和长寿命项目。短寿命项目是指剩余寿命短于整体建筑物剩余经济寿命的建筑构件、设施设备、装饰装修等，它们在建筑物剩余经济寿命期间需要更换甚至更换多次，如门窗、管道、电梯、空调、卫生设备、装饰装修等，短寿命项目根据其重新购建成本、寿命和年龄，采用直线法计算其折旧额。长寿命项目是指剩余寿命等于或长于整体建筑物剩余经济寿命的建筑构件、设施设备，它们在建筑物剩余经济寿命期间不需要更换，如基础、墙体、梁柱等，长寿命项目根据建筑物重新购建成本减去各个可修复项目的修复成本和短寿命项目的重新购建成本后的余额、建筑物的有效年龄、经济寿命，采用直线法计算其折旧额。

【例9-9】建筑物折旧的计算（四）

2) 功能折旧的测算

采用分解法求取建筑物功能折旧的思路是，先把功能折旧分解为功能缺乏折旧、功能落后折旧和功能过剩折旧，再根据是否可修复将功能缺乏、功能落后和功能过剩依次分为可修复和不可修复两部分，然后采用适当的方法分别求取各个部分的功能折旧，最后将这些折旧相加得到建筑物功能折旧。

(1) 功能缺乏折旧的测算。功能缺乏折旧分为可修复的功能缺乏折旧和不可修复的功能缺乏折旧。

① 可修复的功能缺乏折旧。可修复的功能缺乏折旧可采用以下两种方法测算：

方法一：先测算在价值时点在估价对象建筑物上单独增加该功能的必要费用，然后测算在价值时点重置估价对象建筑物时随同增加该功能的必要费用，将单独增加该功能的必要费用减去随同增加该功能的必要费用，即为可修复的功能缺乏折旧额。

【例9-10】建筑物折旧的计算（五）

方法二：先测算具有该功能的建筑物重置成本和缺乏该功能的建筑物重置成本，然后测算在价值时点在估价对象建筑物上单独增加该功能的必要费用，再将具有该功能的建筑物重置成本减去单独增加该功能的必要费用，得到扣除该可修复的功能缺乏折旧后的建筑物市场价值，最后将缺乏该功能的建筑物重置成本减去扣除该可修复的功能缺乏折旧后的建筑物市场价值，即为可修复的功能缺乏折旧额。

【例9-11】建筑物折旧的计算（六）

② 不可修复的功能缺乏折旧。先利用收益损失资本化法求取因缺乏该功能而造成的未来每年净收益损失的现值之和，然后测算随同增加该功能的必要费用，再将未来每年净收益损失的现值之和减去随同增加该功能的必要费用，即为不可修复的功能缺乏折旧额。

【例9-12】建筑物折旧的计算（七）

(2) 功能落后折旧的测算。功能落后折旧分为可修复的功能落后折旧和不可修复的功能落后折旧。

① 可修复的功能落后折旧。可修复的功能落后折旧额的计算公式为

可修复的功能落后折旧额=落后功能重置成本-落后功能已提折旧+
　　　　　　　　　　拆除落后功能费用-拆除落后功能后的残余价值+　　(9-32)
　　　　　　　　　　单独增加先进功能费用-随同增加先进功能费用

扣除可修复的功能落后折旧后的建筑物市场价值等于在价值时点具有落后功能的建筑物重置成本减去可修复的功能落后折旧额之差。如果采用具有先进功能的建筑物重置成本，则扣除可修复的功能落后折旧后的建筑物市场价值的计算公式为

扣除可修复的功能落后折旧后的建筑物市场价值
　　=具有先进功能的建筑物重置成本-落后功能重置成本+
　　　落后功能已提折旧-拆除落后功能费用+拆除落后功能后的残余价值+　　(9-33)
　　　单独增加先进功能费用

【思考与讨论】可修复的功能缺乏折旧与功能落后折旧的计算有何区别？

【例9-13】建筑物折旧的计算(八)

② 不可修复的功能落后折旧。不可修复的功能落后折旧是在上述可修复的功能落后折旧额计算公式中，将单独增加先进功能费用替换为利用收益损失资本化法求取的功能落后导致的未来每年净收益损失的现值之和，其计算公式为

可修复的功能落后折旧额=落后功能重置成本-落后功能已提折旧+
　　　　　　　　　　拆除落后功能费用-拆除落后功能后的残余价值+
　　　　　　　　　　功能落后导致的净收益损失的现值之和-　　　　(9-34)
　　　　　　　　　　随同增加先进功能费用

(3) 功能过剩折旧的测算。建筑物功能过剩通常是不可修复的。功能过剩折旧包括功能过剩造成的无效成本和超额持有成本。如果估价对象建筑物重新购建成本采用重置成本测算，则无效成本可自动消除，功能过剩折旧额等于超额持有成本。如果估价对象建筑物重新购建成本采用重建成本测算，则无效成本不能消除，功能过剩折旧额等于无效成本加超额持有成本。超额持有成本可利用超额运营费用资本化法(即功能过剩导致的未来每年超额运营费用的现值之和)来求取。

当采用建筑物重置成本时，功能过剩折旧额的计算公式为

　　　　　　　功能过剩折旧额=超额持有成本　　　　　　　　　　　(9-35)

　　扣除功能过剩折旧后的建筑物市场价值=建筑物重置成本-超额持有成本　(9-36)

当采用建筑物重建成本时，功能过剩折旧额的计算公式为

　　　　　　　功能过剩折旧额=无效成本+超额持有成本　　　　　　　(9-37)

　　扣除功能过剩折旧后的建筑物市场价值=建筑物重建成本-
　　　　　　　　　　　　　　　　　　无效成本-超额持有成本　　　(9-38)

3) 外部折旧的测算

外部折旧通常是不可修复的。求取外部折旧先要分清是暂时性的还是永久性的,然后可根据收益损失的期限不同,利用收益损失资本化法求取建筑物以外的各种不利因素导致的未来每年净收益损失的现值之和,即为外部折旧额。

【例9-14】建筑物折旧的计算(九)

四、房地折旧

房地折旧即房地产折旧,等于土地折旧与建筑物折旧之和。

第六节 成本法的应用与问题

本节先从算例和实例两个方面介绍成本法在房地产估价中的应用,然后总结成本法自身的局限性以及成本法在实际估价应用中的常见问题。算例主要针对土地和建筑物的重新购建成本以及折旧的测算,实例主要展示成本法在某工业房地产抵押估价中的实际应用及其问题。

一、成本法的应用

(一) 成本法应用算例

【例9-15】某宗工业房地产的总建筑面积为5000平方米,占地面积为1200平方米。据调查,建设单位于10年前以出让方式取得该房地产土地使用权,土地出让年限为50年,土地使用权出让合同内约定土地使用权期限届满后不可续期,土地使用期限届满时如果建筑物经济寿命未结束的可以获得相应补偿。当时取得该土地的成本为1000元/平方米,目前取得该类土地50年使用权的市场价格为4000元/平方米。该房地产为钢筋混凝土框架结构,开发期为2年,目前已使用8年,据悉当初建设成本与管理费用为1500元/平方米,目前该类建筑物的市场平均建设成本与管理费用为2000元/平方米,该建筑物经济寿命为50年、残值率为0。假设该类房地产的销售费用和销售税费各为100元/平方米,另假设销售费用和销售税费在销售时发生且开发完成之时全部完成销售,年利率为8%,年投资利润率为10%,不动产投资报酬率为6%。采用成本法测算该房地产的市场价值。

【解】该房地产的市场价值测算过程如下所述。

(1) 土地重新购建成本=1200×4000=480(万元)

(2) 建筑物重新购建成本=建筑物建设成本+管理费用+销售费用+投资利息+销售税费+开发利润

①建筑物建设成本与管理费用=5000×2000=1000(万元)
②销售费用与销售税费=5000×100×2=100(万元)
③投资利息=480×[(1+8%)²-1]+1000×[(1+8%)-1]≈159.87(万元)
④开发利润=(480+1000+50)×10%×2=306(万元)
则建筑物重新购建成本=1000+100+159.87+306=1565.87(万元)

(3) 土地折旧=$480 \times \left[1 - \frac{(1+6\%)^{10}-1}{(1+6\%)^{50}-1} \times (1+6\%)^{50-10}\right] \approx 255.86$(万元)

(4) 建筑物折旧=1565.87÷50×8=250.54(万元)
则估价对象成本价值=480+1565.87-255.86-250.54=1539.47(万元)
该成本价值就是成本法求取的房地产市场价值。

(二) 成本法应用实例

【例9-16】某工业房地产抵押估价，估价对象坐落于××市××区××街道××工业园，估价对象建筑面积为22 594.89平方米，土地使用权面积为8506.19平方米。采用成本法和收益法进行估价，其中成本法采用房地分估的技术路线，即土地采用比较法估价，建筑物采用重置成本法估价，最终确定该房地产于价值时点2017年12月10日的抵押价值为总价人民币4845万元、单价人民币2144元/平方米，估价报告可扫描下方二维码查看。本项目整体估价技术路线合理，估价方法选择正确，估价测算过程详细，估价报告内容丰富、完整。本估价报告以及成本法运用中存在的问题有以下几个：估价师声明部分内容写成免责声明；估价假设条件不够完整，如缺少对估价委托人提供的资料的真实性和完整性假设等；价值类型表述不准确，抵押价值不是市场价值而应为谨慎价值；估价依据缺少法律法规施行日期等信息；风险提示针对性不强；市场背景分析不够全面；不采用基准地价修正法测算土地价值的理由不够充分；三个可比实例均为整体房地产交易实例而不是单独的土地交易实例，需要在整体房地产价值中剥离建筑物价值后得到土地价值才能作为可比实例进行比较，但是报告中缺少相关处理过程的详细描述和测算过程。

成本法应用
估价报告

二、成本法相关问题

(一) 成本法自身的局限性

1. 房地产的成本与价值并不一定成正比

根据成本法的估价思路，房地产价值取决于其成本费用。但是在实际的房地产市场上，房地产价值尤其是土地价值本质上并不取决于成本，而是由其收益所决定的，如地价是地租的资本化。房地产的成本与其收益并不一定成正比。房地产开发成本高，其收益不一定就大；房地产开发成本低，其收益不一定就小。例如，一套住宅房地产即使造价很高，但是如果户型、朝向、楼层等不佳或者工程质量有问题，则其价值也不一定很大。因此，成本法隐含的前提是房地产开发成本都是有效成本，但是很多时候并不一定能够满足该前提，即开发成本可能是无效成本，甚至是一种浪费，不仅不能提升房地产价值，甚至还会降低房地产价值，从而造成成本法估价结果与市场价值产生偏差。

2. 成本法没有考虑市场竞争和供求状况

成本法隐含的另一个前提是房地产市场是充分竞争的均衡市场。因为只有在充分竞争的均衡市场上，房地产价值和价格才有可能等于"成本加平均利润"。如果房地产市场不是充分竞争的均衡市场，如房地产市场主体不能自由进出市场、市场要素无法自由流动等，会导致房地产市场失衡，市场偏离均衡状况，此时的房地产价格必然不等于"成本加平均利润"。当某类房地产市场供不应求时，卖方将获得超额利润，成本法的估价结果通常要低于该类房地产的市场价格；当某类房地产市场供大于求时，卖方获得的利润可能低于平均利润，成本法估价结果通常高于该类房地产的市场价格。如果估价对象所在的房地产市场不是充分竞争的均衡市场，则成本法的估价结果与市场价格之间会出现偏差。

3. 成本法没有充分考虑房地产无形价值

房地产的价值包括实体价值和无形价值。实体价值包括土地价值、建筑物价值以及其他定着物价值，无形价值包括房地产的环境价值、审美价值、文化价值、品牌价值等。除了部分环境价值在土地价值中有所体现以外，成本法通常无法完全体现上述无形价值，从而导致成本法估价结果偏低。例如，建筑外观优美气派的写字楼、具有文物价值的历史建筑、品牌开发商开发或品牌物业服务企业管理的高档住宅小区等房地产市场价格较高，但是成本法却无法完全体现上述因素。此外，住宅房地产还具有较强的禀赋效应，而成本法无法考虑相关权利人的心理等价格影响因素。

4. 成本法没有考虑房地产的增值价值

成本法的估价思路是房地产重新购建成本减去房地产折旧。房地产折旧包括了土地和建筑物的外部折旧，即土地和建筑物以外的各种不利因素造成的价值减损。成本法通过外部折旧的方法考虑了土地和建筑物以外各种不利因素造成的减价修正，但土地和建筑物的外部环境并不都是不利的，在现实的房地产市场上，因自然、经济、社会以及制度政策等外部环境发生有利变化带来房地产增值的现象是非常普遍的，而成本法通常无法衡量因外部各种有利因素导致的房地产增值效应，从而导致估价结果偏低。

5. 成本法没有考虑房地产的整体价值

成本法是将估价对象各个成本费用和应得利润逐项累加得到估价对象价值的方法，是一种"价格累加法"。但是房地产的整体价值通常并不等于其组成部分的价格之和。因此，基于价格累加的成本法估价结果难以全面反映房地产的整体价值。

例9-17和例9-18的核心都是房地产增值收益在土地和建筑物之间的分配问题。合理分配房地产增值收益首先需要明确房地产增值收益的来源，即其由房地产的哪一部分贡献产生。对此主要有三种观点：第一种观点，房地产增值效应由土地贡献产生。这种观点的理论基础有两个：一是房地产增值效应主要由城镇化发展带来的

【例9-17】房地价值如何分配(一)

【例9-18】房地价值如何分配(二)

包括市政基础设施和公共配套设施在内的区位环境不断改善所致，这些都与土地作为不动产所处的区位有关；二是房地产自竣工时起就进入折旧期，建筑物价值不断贬值，因此房地产增值效应必然由土地贡献产生。第二种观点，房地产增值效应由建筑物贡献产生。主要理由是土地作为房地产开发的"原材料"，人们对城市建设用地的需求主要是由对房屋的需求所导致的引致需求。如果土地不能用来开发建设，则城市建设用地就没有价值或价值很低，从这个角度看，土地价值本质上还是由建造其上的建筑物所决定的。第三种观点，房地产增值效应由土地和建筑物联合贡献所得。这种观点是对前面两种观点的融合与折中，认为土地和建筑物对房地产增值效应均有贡献。但是，房地产增值效应由哪一部分贡献产生，并不意味着其增值收益就应当全部归相应的权利人所有。例如，即使认为房地产增值效应由土地贡献产生，也不意味着其增值收益全部归土地所有人所有，对此存在土地涨价归公、涨价归私和公私兼顾等不同观点。

涨价归公还是归私？

(二) 成本法估价中的常见问题

1. 缺少估价结果修正项

成本法通过房地产折旧来考虑因房地产自身缺陷和各种外部不利因素导致的房地产减价修正。但是由于成本法所隐含的假设前提通常难以实现(如有效成本、市场均衡等假设)，或者未能全面考虑房地产价格构成要素(如整体房地产的无形价值、增值价值、整体价值等)，从而使成本法估价结果偏低，而现行成本法公式缺少加价修正。另外，成本价值是在不考虑租赁、抵押、查封等情况下的房屋所有权和土地使用权价值，当估价对象存在上述权利限制时，应对测算结果做相应的减价修正。因此，合理的成本法估价思路应当在现行成本法公式中增加一个价格修正项，以反映现行成本法未能全面考虑的房地产加价或减价要素，即房地产成本价值=重新购建成本-房地产折旧+房地产价格修正。

2. 估价结果处理不合理

由于成本法自身的局限性，成本法估价结果确实存在一些偏差。从实际估价结果来看，由于无法考虑诸多价格构成要素，成本法估价结果通常要低于比较法估价结果或同类房地产的市场价值。为解决实际估价中成本法估价结果偏低的问题，部分估价师会人为调高房地产价格构成要素，这种做法既不合理也不合规。

3. 估价方法运用不规范

成本法运用不够规范主要体现在以下几个方面：①成本费用存在漏项或重复计算。例如，在土地取得成本中已经以熟地的标准考虑了"五通一平"等基础设施建设费，但是在开发成本中又重复考虑了"大市政"建设费或接口费等；或者在土地取得成本中考虑了"大市政"建设费或接口费，但是在开发成本中忽略了"小市政"建设费等。②成本费用和开发利润的取值缺乏充分依据或充足理由，建设成本、成新率等取值随意性较大，投资利息和开发利润的计算基数不合理等。③成本费用测算未反映最新的法律政策要求。例如，在销售税费的测算中，"营改增"仅仅体现在文字表述上，具体费率仍然以"营改增"之前的"两税一费"标准进行测算。④房地产折旧考虑不够充分。例如，土地只考虑年限修正而未考虑外部折旧，建筑物只考虑物质折旧而未考虑功能折旧和外部折旧。

▍复习题

1. 什么是成本法？其理论依据是什么？
2. 成本法的适用对象有哪些？其适用条件是什么？
3. 成本法的基本步骤有哪些？其重点难点是什么？
4. 房地产成本由哪些要素构成？其含义分别是什么？
5. 房地产成本构成要素的划分如何合理衔接？
6. 成本法有哪些基本公式？
7. 什么是房地产重新购建成本、重置成本和重建成本？
8. 如何测算土地的重新购建成本？
9. 如何测算建筑物的重新购建成本？
10. 如何测算房地的重新购建成本？
11. 如何测算在建工程的重新购建成本？
12. 什么是房地分估和房地合估？有何区别？
13. 什么是房地产折旧、土地折旧和建筑物折旧？
14. 如何计算土地折旧？会计和估价上的土地折旧有何区别？
15. 建筑物折旧年限如何确定？如何计算建筑物折旧？
16. 建筑物折旧分解法如何运用？
17. 成本法估价结果为何偏低？
18. 成本法运用中有哪些常见问题？

▍拓展阅读

[1] 王辉龙. 房地产价值构成与价格分解——对房地产价格泡沫的政治经济学考察[J]. 社会科学辑刊，2009(3)：83-86.

[2] 王辉龙. 房地产价格构成及空间差异的理论解释——马克思主义政治经济学的视角[J]. 价格理论与实践，2009(1)：58-59.

[3] 程大涛. 房价与地价关系新解：土地重置成本决定房地产价格[J]. 价格理论与实

践，2009(6)：32-33.

[4] 常青，陆宁.房地产估价折旧及其与会计折旧的比较研究[J].经济管理，2006(10)：50-54.

[5] 黎泽林.对房地产评估中"折旧补偿模型"公式的质疑与探讨[J].中国资产评估，2004(3)：37-40.

[6] 殷琳.房地产估价中的折旧问题[J].西北建筑工程学院学报(自然科学版)，2001(2)：63-66.

[7] 周诚."涨价归农"还是"涨价归公"[J].中国改革，2006(1)：63-65.

[8] 崔文星.土地开发增值收益分配制度的法理基础[J].政治与法律，2021(4)：122-134.

本章测试

第十章

假设开发法及其应用

假设开发法是传统的房地产估价方法之一。本章介绍假设开发法的含义、理论依据、适用对象与条件、基本步骤与重点难点，同时介绍假设开发经营方案与假设开发法估价公式的选择，假设开发完成的房地产价值以及后续开发的必要成本与应得利润的测算，假设开发法的具体应用以及相关问题。

▍**教学要求**

1. 了解假设开发法的理论依据、适用对象与条件以及相关问题；

2. 熟悉假设开发经营方案与假设开发法估价公式的选择、假设开发法的基本步骤以及具体应用；

3. 掌握假设开发法的含义、假设开发完成的房地产价值以及后续开发的必要成本与应得利润的测算。

▍**关键概念**

假设开发法，待开发房地产，开发经营方案，开发模式，业主自行开发，自愿转让开发，被迫转让开发，资金时间价值，动态分析法，静态分析法，后续开发经营期，开发完成的房地产价值，后续开发的必要成本，后续开发的应得利润，开发价值

▍**导入案例**

开发商为何宁愿损失5000万元保证金也要放弃拿地？

2021年7月20日，杭州宋都基业投资股份有限公司(以下简称宋都股份)发布公告称：

"经与杭州市规划和自然资源局沟通协商后,公司收到了杭州市规划和自然资源局出具的决定书,公司全资子公司杭州绍辉企业管理有限公司前期获得的'杭政储出〔2021〕8号'地块的竞得资格取消,已缴纳的5000万元预约申请保证金不予返还。"调查发现,该地块位于杭州市拱墅区运河新城,用途为住宅用地,出让面积为34 025平方米,容积率为2.5,由宋都股份于2021年5月7日通过竞价以总价17.83亿元、楼面地价20 962元/平方米、溢价率29.86%、自持率21%竞得该地块建设用地使用权。但是截至公告之日,宋都股份尚未签署《杭州市国有建设用地使用权出让合同》,这意味着放弃已经竞得的土地是开发商的主动行为。资料显示,宋都股份并非财大气粗的一线开发商,2021年其房地产主营业务收入72.23亿元、净利润3.5亿元,5000万元保证金占其最近一年经审计净利润的14.19%。那么开发商为什么宁愿损失全年七分之一的利润也要放弃已经竞得的土地呢?市场分析普遍认为,在最高限价29 500元/平方米和精装修标准3000元/平方米的条件下,该项目后续几乎没有盈利空间,退地被认为是开发商在严峻的市场形势下"断臂求生"的无奈之举。

近年来,杭州开发商退地之举并非罕见。2019年9月,杭州赞成房地产开发有限公司以3.77亿元的价格竞得"萧政储出〔2019〕42号"地块后退地,前期缴纳的5853万元保证金也"打了水漂"。更早的退地案例还有,雅戈尔地产集团于2010年10月经过8轮竞价,最终以总价24.21亿元、楼面地价17 751元/平方米摘得杭州申花板块两块"地王",但是3年以后,雅戈尔宣布解除与杭州市国土资源局的土地出让合同,退还两宗土地的建设用地使用权,同时放弃相当于雅戈尔地产集团年净利润近五成的4.842亿元保证金,此次退地事件直接导致雅戈尔正式退出了杭州房地产市场。2011年7月,温州天元房地产有限公司经过3轮报价、20轮竞投保障房面积后,以楼面地价16 000元/平方米(剔除保障房面积后)、溢价45%、配建32%保障房比例摘得杭州市首块竞投保障房面积的住宅用地——"杭政储出〔2011〕18号"地块,在坚持16个月后无奈退地,巨额保证金也被没收。开发商的频频退地一方面释放了国家宏观调控背景下房地产市场保守观望的信号,另一方面反映了房地产开发投资决策中存在的巨大风险。

(资料来源:根据网络资料整理)

请根据上述案例材料,从房地产估价特别是假设开发法估价的角度分析在房地产投资决策中需要注意哪些问题。

第一节
假设开发法概述

本节介绍假设开发法的含义、理论依据、适用对象与条件、基本步骤以及重点难点。

一、假设开发法的含义

假设开发法是预测待开发房地产假设开发完成的价值减去预测的后续开发的必要成本和应得利润，得到估价对象价值的方法，又称为剩余法、预期开发法。待开发房地产是指具有开发或再开发潜力的房地产，包括可供开发建设的土地、在建工程以及可重新开发或更新改造或改变用途的房地产等。假设开发法是以开发潜力为导向来求取房地产价值的方法。采用假设开发法测算出的价值称为估价对象的开发价值。

【思考与讨论】在土地竞拍时，房地产开发企业均采用假设开发法确定最高报价，但是报价结果通常相差悬殊，这是否意味着假设开发法的估算结果不准确？

二、假设开发法的理论依据

假设开发法的理论依据体现在估价原理和估价技术两个层面。

(1) 在估价原理层面，假设开发法的理论依据是预期原理。假设开发法的预期原理是指假设开发完成的房地产价值以及后续开发的必要成本与利润都是未来发生的而不是过去和现在发生的，都是预测的而不是实际发生的。假设开发完成的房地产价值以及后续开发的必要成本与利润可以通过预期理论来测算，预期理论的相关内容详见第五章第三节"预期影响价格机制"。由于假设开发完成的房地产价值以及后续开发的必要成本与利润均发生在价值时点之后且不在同一时点上，需要考虑资金时间价值。根据考虑资金时间价值的方式不同，假设开发法分为动态分析法和静态分析法。

(2) 在估价技术层面，假设开发法的理论依据是生产费用价值理论。假设开发法在形式上是新开发房地产成本法的倒算。在成本法中，构成估价对象成本价值的各项必要成本与利润被认为是已知的(需要通过合适的方法进行测算)，最终求取的是开发完成的房地产价值，即已知房地产各个部分价值，求整体价值。在假设开发法中，开发完成的房地产价值被认为是已知的(需要通过预期原理和相应方法进行测算)，最终求取的是待开发房地产的价值，即已知房地产整体价值求某个部分价值。虽然成本法和假设开发法在形式上稍有区别，但两者本质上是相同的，即都是基于房地产价值等于"成本加平均利润"这一理论前提。因此，假设开发法的理论依据与成本法相同，即生产费用价值理论。

三、假设开发法的适用对象与条件

假设开发法适用于具有开发或再开发潜力且开发完成后的价值可采用除成本法以外的方法测算的房地产。这类房地产称为待开发房地产，主要包括以下类型：第一，房地产开发用地，包括生地、毛地、熟地等类型的土地，特别是具有较好的区位条件、景观条件、生态条件的土地。对于这类房地产，成本法估价结果通常偏低，比较法、收益法估价结果通常也难以完全反映其市场价值，而假设开发法是比较有效的估价方法。第二，在建工程，包括正在建设或停建或缓建的房地产开发项目。第三，可更新改造或改变用途的房地产，更新改造包括扩建、改建、改造、重新装饰装修等。这里的可更新改造需要遵循最高最佳利用原则，即技术上能够、法律上允许以及经济上值得更新改造。

假设开发法估价结果的准确性主要取决于能否选择最佳的开发经营方案、准确预测开发完成的房地产价值以及后续开发的必要成本与应得利润。能否选择最佳的开发经营方案主要依赖于估价机构和估价师对房地产市场和房地产开发的熟悉程度。准确预测开发完成的房地产价值以及后续开发的必要成本与应得利润除了要求估价师有较高的专业水平外，还需要具备以下外部条件：第一，相对稳定的政治、经济、社会、法律与政策环境，如宏观调控政策要相对平稳、市场没有大起大落；第二，理性健康的房地产市场，包括有公开、明确、合理的房地产业发展规划和土地供应计划；第三，全面丰富的房地产价格信息资料库，包括类似房地产的销售价格、开发成本、相关税费、开发利润等资料。

【思考与讨论】当前的房地产市场适合采用假设开发法估价吗？

假设开发法除了直接用于一般的房地产估价外，还可用于评估房地产投资价值或最高竞价、分析房地产开发项目经济可行性、估算房地产开发利润、测算房地产开发最高费用、确定配建保障性住房的最大面积或比例、确定待开发地块规划条件等业务。

四、假设开发法的基本步骤

运用假设开发法估价主要有以下五个基本步骤：①选择假设开发经营方案，包括选择合适的开发模式、最佳开发经营方式、合理的后续开发经营期等，其中开发模式分为业主自行开发、自愿转让开发和被迫转让开发三种；②选择假设开发法估价公式，首先明确是选择动态分析法还是静态分析法，再根据假设开发情形选择相应的具体细化公式；③测算假设开发完成的房地产价值；④测算扣除项目；⑤计算估价对象的开发价值。

五、假设开发法的重点难点

假设开发法估价的重点在于测算假设开发完成的房地产价值以及后续开发的必要成本与应得利润。这里的必要成本与应得利润不仅与开发经营方案有关，还与假设开发模式有关。假设开发法的难点在于选择最佳开发经营方式以及测算后续开发的必要成本与应得利润，要求估价师对房地产市场和房地产开发业务都要比较熟悉。

第二节 选择假设开发经营方案

在具体测算待开发房地产价值之前，需要确定一个假设的开发经营方案。潜在的房地产开发经营方案有多种，不同的开发经营方案对应有不同的估价结果，因此需要选择开发经营方案，包括选择合适的开发模式、最佳开发经营方式以及确定合理的后续开发经营期等。

一、选择合适的开发模式

假设开发法是站在后续开发的典型投资者角度来评估待开发房地产价值的。根据待开发房地产进行后续开发时是否变更开发主体，房地产后续开发可分为三种模式：一是业主自行开发模式，是指待开发房地产将由其业主继续开发建设完成；二是业主自愿转让开发模式，是指待开发房地产原业主自愿将待开发房地产转让给新业主开发建设完成；三是业主被迫转让开发模式，是指待开发房地产因故被人民法院采取拍卖、变卖等方式由原业主转让给新业主开发建设完成。不同的开发模式对应着不同的后续开发经营期、后续开发的必要支出和应得利润等，相应的待开发房地产价值也有所不同。从实际估价来看，对于同一个估价对象，业主自行开发的，估价结果最高；业主自愿转让开发的，估价结果次之；业主被迫转让的，估价结果最低。

"估价前提"与"开发模式"

以在建工程为例，在后续开发经营期方面，通常业主自行开发的后续开发经营期最短，业主自愿转让开发的后续开发经营期次之，业主被迫转让开发的后续开发经营期最长，原因在于后两者要在业主自行开发的基础上增加由原业主转换为新业主的交易时间，转让过程相当于增加了一个新的前期工作，如可能需要交易谈判、司法诉讼、司法拍卖、产权变更、施工招标、工程交接等事宜。在开发成本方面，业主自行开发的不存在转让相关费用，业主自愿转让和被迫转让的会产生额外的前期费用和交易费用，如交易税费、司法处置费用以及工程停滞产生的相关费用等，通常被迫转让的费用比自愿转让的费用更高。在开发利润方面，通常业主自行开发的开发利润最高，业主被迫转让开发的开发利润次之，业主自愿转让开发的开发利润最低，后两者中的开发利润指的是新业主的应得利润。在业主自愿转让开发模式下，原业主对于已投入开发建设的部分会要求获得相应的利润回报，否则就不会自愿转让估价对象；新业主要继续开发，必须先购置估价对象，购置估价对象的费用也是新业主为接手估价对象的整体投资的一部分，新业主对该购置费用与后续开发投资都会要求获得相应的利润回报。但是在房地产市场上，一个投资项目正常的利润率和总利润可以认为是相对固定的，原业主和新业主需要通过"讨价还价"来实现对已投入开发建设的部分相应开发利润的合理分配。因此，从新业主的角度来看，其所能获得的利润水平要低于原业主继续开发所能获得的利润水平。另外，在业主被迫转让开发模式下，原业主缺少谈判议价能力，其所能获得的利润水平要低于自愿转让开发模式下的利润水平，相应的新业主所获得的利润水平则要高于业主自愿转让模式下其所能获得的利润水平。

选择哪种开发模式并不是随意确定的，而应根据估价目的、估价对象所处开发建设状态或有关估价标准规范等情况来确定，并应在估价报告中充分说明理由。例如，对于房地产开发项目增资扩股、股权转让估价，一般应选择业主自行开发模式；对于建设用地使用权出让、转让和房地产开发项目转让估价，一般应选择自愿转让开发模式；对于房地产司法处置估价和房地产抵押估价,一般应选择被迫转让开发模式。

【思考与讨论】 抵押估价为什么应选择被迫转让开发模式?

二、选择最佳开发经营方式

最佳开发经营方式包括最佳开发方式和最佳经营方式。最佳开发方式就是最高最佳利用方式,包括最佳用途、最佳规模和最佳档次。通常根据估价对象的规划用途与自身状况以及估价对象所在地的类似房地产市场状况,在遵循合法原则的前提下,按照平衡原则、适合原则、规模效应和边际收益递减等经济学原理,确定最佳用途、最佳规模和最佳档次。最佳经营方式是指能够实现开发完成的房地产最大收益的经营方式,应根据已选择的开发完成的房地产状况,在出售、出租、自营及其经营方式的组合中进行选择。

在确定最佳开发经营方式之前,应深入调查与分析估价对象状况以及估价对象所在地的房地产市场状况。例如,要确定某待开发土地的最佳开发经营方式,首先应明确政府规划主管部门确定的该土地的法定用途是什么,是居住、商业还是工业用途?这是确定最佳开发经营方式的前提和基础。其次应调查该土地自身的实物、权益和区位状况,实物状况包括该土地的面积、形状、地形、地势、地质、开发程度等;权益状况包括在特定用途下的规划要求或规划条件,如容积率、建筑密度、建筑高度、绿地率、使用期限、能否续期,以及对开发完成的房地产转让、租赁、价格等的有关规定;区位状况包括所在城市的状况、所在城市中的区域状况以及具体的区位状况,具体的区位状况又包括该土地的地理位置、交通条件、配套设施以及周围环境等。最后应调查该土地的外部市场状况,包括国家宏观经济状况与政策、该土地所在城市的宏观经济状况与政策、该土地所在城市的整体房地产市场状况,以及该类土地的相应房地产市场状况、现有和潜在竞争项目情况等。

【思考与讨论】 一般的住宅项目应选择哪种开发经营方式?

三、确定合理的后续开发经营期

为测算后续开发的投资利息(静态分析法)或者后续开发完成的房地产价值以及各项必要支出的现值(动态分析法),应先确定待开发房地产的后续开发经营期。后续开发经营期简称开发经营期,是指自价值时点(即假设开始开发之时)起至未来开发完成后的房地产经营结束时止的时间,包括后续开发期和后续经营期,如图10-1所示。后续开发期简称开发期,是指自价值时点起至开发完成的

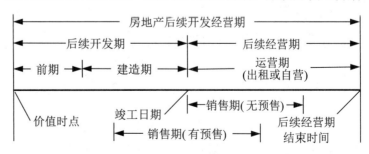

图10-1 房地产后续开发经营期

房地产竣工日期止的时间。后续开发期的起点与后续开发经营期的起点相同,终点是房地产未来竣工日期,后续开发期又可分为前期和建造期。后续经营期简称经营期,根据经营方式不同可分为销售期和运营期。如果未来开发完成的房地产采用出售的经营方式,则后续经营期为销售期,是指自未来开发完成的房地产开始销售时起至其全部售出时止的时间。在有预售的情况下,销售期与后续开发期有部分重合;在有延期销售的情况下,销售期与后续运营期有部分重合。如果未来开发完成的房地产采用出租或自营的经营方式,则后续经营期为运营期,是指自未来开发完成的房地产竣工日期起至其持有期或经济寿命结束时止的时间,即后续运营期的起点是未来开发完成的房地产竣工日期,终点是未来开发完成的房地产的正常持有期结束之时或经济寿命结束之时。

后续开发经营期的长短应根据估价对象状况、所选择的开发模式、未来开发完成的房地产状况、未来开发完成的房地产经营方式、类似房地产项目开发经营的一般期限、估价对象所处的开发建设状况以及未来房地产市场状况等情况综合确定。

竣工日期的确定

确定后续开发经营期需要注意以下几点:①将开发经营期分解为开发期(又分为前期和建造期)和经营期(又分为销售期或运营期),分别采用适当方法测算每个部分的开发或经营时间后累加得到开发经营期,避免各个部分在时间上的重叠或脱节。②应根据估价精度要求、开发经营期长短、估价所处开发建设阶段等来确定开发经营期的时间周期,如月、季、半年、年等。例如,开发经营期在一年以内的,时间周期应为月或季,开发经营期超过三年的,时间周期可为年。③开发期可依据全国统一建筑安装工程工期定额结合房地产开发项目具体情况来确定,也可以采用类似于比较法的方法,即通过类似房地产已发生的开发期的比较、修正或调整来求取。④销售期的预测要综合考虑商品房销售(包括预售、现售)相关规定、未来房地产市场景气状况等因素,在全部预售完毕、全部建成时销售完毕、全部延期销售以及它们的不同组合中进行选择,然后据此预测销售期。⑤运营期的预测主要是考虑开发完成的房地产的正常持有期或经济寿命。

【思考与讨论】成本法和假设开发法中的开发经营期有什么区别?

第三节 选择假设开发法估价公式

本节首先介绍假设开发法考虑资金时间价值的两种方式,即动态分析法和静态分析法及其比较,然后针对不同假设开发情形介绍相应的具体公式。

一、动态分析法和静态分析法

假设开发法需要考虑资金时间价值。考虑资金时间价值的方式分为折现和计息。运用折现方式考虑资金时间价值的假设开发法称为动态分析法，又称为现金流量折现法；运用计息方式考虑资金时间价值的假设开发法称为静态分析法，又称为传统的方法或计算利息的方法。

折现与计息

(一) 动态分析法

动态分析法是预测估价对象假设开发完成的房地产价值的现值减去预测的后续开发的必要成本的现值，得到估价对象价值的方法。动态分析法的计算公式为

$$\text{待开发房地产的价值} = \text{开发完成的房地产价值现值} - \text{后续建设成本现值} - \\ \text{后续管理费用现值} - \text{后续销售费用现值} - \\ \text{后续销售税费现值} - \text{待开发房地产取得税费} \tag{10-1}$$

开发完成的房地产价值和后续开发的必要成本，根据它们未来各自发生时的房地产状况确定，即测算假设未来开发完成的房地产在未来建成时和后续开发的必要成本发生时的价值，再将其折现到价值时点，利用折现后的金额测算估价对象的开发价值。

(二) 静态分析法

静态分析法是预测估价对象假设开发完成的房地产价值减去预测的后续开发的必要成本和应得利润，得到估价对象价值的方法。静态分析法的计算公式为

$$\text{待开发房地产的价值} = \text{开发完成的房地产价值} - \text{后续建设成本} - \\ \text{后续管理费用} - \text{后续销售费用} - \text{后续投资利息} - \\ \text{后续销售税费} - \text{后续开发利润} - \\ \text{待开发房地产取得税费} \tag{10-2}$$

开发完成的房地产价值和后续开发的必要成本，根据价值时点的相关市场状况确定，即假设未来开发完成的房地产在价值时点建成，测算在价值时点市场状况下的价值和必要支出，利用它们静止在价值时点的金额测算估价对象的开发价值。

上述动态分析法和静态分析法的计算公式适用于业主自愿转让开发和被迫转让开发模式。如果选择业主自行开发模式，则公式中无须扣除待开发房地产取得税费。

(三) 两种方法的比较

运用动态分析法和静态分析法处理开发完成的房地产价值和后续开发的必要成本与利润时，在发生时间、费用项目、是否折现以及价格波动等方面存在差异，如表10-1所示。

表10-1 动态分析法和静态分析法的比较

比较项目	动态分析法	静态分析法
发生时间	开发完成的房地产价值和后续开发的必要成本设定在各自发生的时间，是在各自发生时房地产市场状况下的价值	后续开发活动假设在价值时点时发生并完成，开发完成的房地产价值和后续开发的必要成本与利润是价值时点房地产市场状况下的价值
折现处理	需要将开发完成的房地产价值和后续开发的必要成本折现到价值时点，折现率既包含了利率，又包含了利润率	无须将开发完成的房地产价值和后续开发的必要成本与利润进行折现，而直接采用假设其在价值时点发生时的价值
费用项目	不单独考虑和显现投资利息和开发利润项目，而是将其隐含在折现的过程中	单独考虑投资利息和开发利润项目
价格波动	能够考虑从价值时点到房地产开发经营期结束期间的市场波动导致的房地产价格和各项必要成本与利润的变化情况	不考虑市场波动导致的房地产价格和各项必要成本与利润的变化情况

在动态分析法考虑折现时，由于通常假设估价对象价值和估价对象取得税费在价值时点一次性付清，无须考虑估价对象价值和估价对象取得税费的折现。由于动态分析法在测算开发完成的房地产价值和后续开发的必要成本时能够考虑从价值时点到房地产开发经营期结束期间的市场波动导致的房地产价格和各项必要支出和利润的变化情况，比较符合房地产开发的实际状况。因此，相对于静态分析法，动态分析法的测算过程更加复杂，但测算结果更加合理。如果不考虑假设开发经营期内房地产市场波动和价格涨跌，由于计息和折现是一个互逆的过程，则动态分析法与静态分析法本质上是相同的。

【思考与讨论】如何将投资利息和开发利润隐含在折现的过程中？

二、假设开发法的具体公式

运用假设开发法进行估价时，需要把握假设开发前后的状况，即估价对象状况和假设开发完成的房地产状况。估价对象状况有土地、在建工程、旧房，其中土地状况又有生地、毛地、熟地等。假设开发完成的房地产状况有熟地和新房，其中新房又可分为全部新建的新房、续建的新房或更新改造的房屋等。对上述开发前后的房地产状况进行组合，形成以下七种假设开发情形：①估价对象为生地，将生地开发成熟地；②估价对象为生地，将生地开发成新房；③估价对象为毛地，将毛地开发成熟地；④估价对象为毛地，将毛地开发成新房；⑤估价对象为熟地，将熟地开发成新房；⑥估价对象为在建工程，将在建工程续建成新房；⑦估价对象为旧房，将旧房更新改造成新房。各种开发情形下的假设开发法的具体公式如下所述。

(一) 将生地开发成熟地

运用动态分析法测算生地价值的计算公式为

$$生地价值=开发完成的熟地价值现值-由生地开发成熟地的成本现值-\\管理费用现值-销售费用现值-销售税费现值-生地取得税费 \quad (10\text{-}3)$$

运用静态分析法测算生地价值的计算公式为

$$生地价值=开发完成的熟地价值-由生地开发成熟地的成本-管理费用-\\销售费用-投资利息-销售税费-开发利润-生地取得税费 \quad (10\text{-}4)$$

(二) 将生地开发成新房

运用动态分析法测算生地价值的计算公式为

$$生地价值=开发完成的新房价值现值-由生地建成新房的成本现值-\\管理费用现值-销售费用现值-销售税费现值-生地取得税费 \quad (10\text{-}5)$$

运用静态分析法测算生地价值的计算公式为

$$生地价值=开发完成的新房价值-由生地建成新房的成本-管理费用-\\销售费用-投资利息-销售税费-开发利润-生地取得税费 \quad (10\text{-}6)$$

(三) 将毛地开发成熟地

运用动态分析法测算毛地价值的计算公式为

$$毛地价值=开发完成的熟地价值现值-由毛地开发成熟地的成本现值-\\管理费用现值-销售费用现值-销售税费现值-毛地取得税费 \quad (10\text{-}7)$$

运用静态分析法测算毛地价值的计算公式为

$$毛地价值=开发完成的熟地价值-由毛地开发成熟地的成本-管理费用-\\销售费用-投资利息-销售税费-开发利润-毛地取得税费 \quad (10\text{-}8)$$

(四) 将毛地开发成新房

运用动态分析法测算毛地价值的计算公式为

$$毛地价值=开发完成的新房价值现值-由毛地建成新房的成本现值-\\管理费用现值-销售费用现值-销售税费现值-毛地取得税费 \quad (10\text{-}9)$$

运用静态分析法测算毛地价值的计算公式为

$$毛地价值=开发完成的新房价值-由毛地建成新房的成本-管理费用-\\销售费用-投资利息-销售税费-开发利润-毛地取得税费 \quad (10\text{-}10)$$

(五) 将熟地开发成新房

运用动态分析法测算熟地价值的计算公式为

$$\text{熟地价值}=\text{开发完成的新房价值现值}-\text{由熟地建成新房的成本现值}-\text{管理费用现值}-\text{销售费用现值}-\text{销售税费现值}-\text{熟地取得税费} \quad (10\text{-}11)$$

运用静态分析法测算熟地价值的计算公式为

$$\text{熟地价值}=\text{开发完成的新房价值}-\text{由熟地建成新房的成本}-\text{管理费用}-\text{销售费用}-\text{投资利息}-\text{销售税费}-\text{开发利润}-\text{熟地取得税费} \quad (10\text{-}12)$$

(六) 将在建工程续建成新房

运用动态分析法测算在建工程价值的计算公式为

$$\text{在建工程价值}=\text{续建完成的新房价值现值}-\text{由在建工程续建成新房的成本现值}-\text{管理费用现值}-\text{销售费用现值}-\text{销售税费现值}-\text{在建工程取得税费} \quad (10\text{-}13)$$

运用静态分析法测算在建工程价值的计算公式为

$$\text{在建工程价值}=\text{续建完成的新房价值}-\text{续建成本}-\text{管理费用}-\text{销售费用}-\text{投资利息}-\text{销售税费}-\text{续建利润}-\text{在建工程取得税费} \quad (10\text{-}14)$$

(七) 将旧房更新改造成新房

运用动态分析法测算旧房价值的计算公式为

$$\text{旧房价值}=\text{更新改造的新房价值现值}-\text{更新改造成本现值}-\text{管理费用现值}-\text{销售费用现值}-\text{销售税费现值}-\text{旧房取得税费} \quad (10\text{-}15)$$

运用静态分析法测算旧房价值的计算公式为

$$\text{旧房价值}=\text{更新改造的新房价值}-\text{更新改造成本}-\text{管理费用}-\text{销售费用}-\text{投资利息}-\text{销售税费}-\text{更新改造利润}-\text{旧房取得税费} \quad (10\text{-}16)$$

需要注意的是，上述具体公式适用于业主自愿转让开发和被迫转让开发模式。如果选择业主自行开发模式，则公式中无须扣除待开发房地产取得税费。

【思考与讨论】除上述所列以外，你认为还有其他假设开发情形吗？

第四节 测算假设开发完成的房地产价值

假设开发完成的房地产价值是假设将估价对象继续开发建设或重新开发建设成为某种

状况的房地产时，预测的该房地产的价值，这是假设开发法计算公式中的重要估价参数。要测算假设开发完成的房地产价值，需要弄清楚假设开发完成的房地产财产状况、开发完成的房地产经营方式以及开发完成的房地产价值所对应的时间。

一、开发完成的房地产财产状况

开发完成的房地产财产状况是指开发完成的房地产价值对应的房地产状况。开发完成的房地产可以是熟地，也可以是新房。这里的新房按照估价对象状况可分为全部新建的新房(估价对象为土地)、续建的新房(估价对象为在建工程)、更新改造或改变用途的房屋(估价对象为旧房)等；按照装饰装修程度可分为毛坯房、简装房、全装房、精装房等。

【思考与讨论】如何选择开发完成的房地产财产状况？

在实际的房地产市场上，开发完成的房地产不一定是"纯粹"的房地产。这类房地产表现为两种形式，一种是包含动产、特许经营权等其他财产和权益的房地产，如酒店、加油站、影剧院等收益性房地产，此时求取的开发完成的房地产价值还应包括其他资产和权益的价值；另一种是以房地产为主的整体资产，即除了房地产外，还包含家具、机器设备等房地产以外的资产，如进行企业整体价值评估时，求取的开发完成的房地产价值还应包含家具、机器设备等房地产以外的资产价值。

二、开发完成的房地产经营方式

开发完成的房地产经营方式有出售、出租、自营等。不同的房地产类型通常具有不同的经营方式。在实际的房地产市场上，住宅房地产通常采用出售的经营方式，商业房地产通常采用出售或出租的经营方式，办公房地产通常采用出售或出租的经营方式，工业房地产通常采用出租或自营的经营方式，旅馆房地产通常采用出租或自营的经营方式。采用假设开发法估价时，应根据假设开发完成的房地产特点选择相应的经营方式。

三、开发完成的房地产价值对应的时间

在动态分析法下，开发完成的房地产价值一般是开发完成的房地产在其未来开发完成时的房地产市场状况下的价值，因此开发完成的房地产价值对应的时间一般是未来开发完成之时。在静态分析法下，开发完成的房地产价值一般是开发完成的房地产在价值时点的房地产市场状况下的价值，因此开发完成的房地产价值对应的时间一般是价值时点。

在实际的房地产开发经营中，开发完成的房地产价值实现情形多种多样，如出售方式就有预售和延期销售等情况。在动态分析法下，房地产市场较好而适宜预售的，开发完成的房地产价值是预售时的房地产市场状况下的价值，开发完成的房地产价值对应的时间是未来预售之时；房地产市场不够好而需要延期销售的，开发完成的房地产价值是延期销售

时的房地产市场状况下的价值,开发完成的房地产价值对应的时间是未来延期销售之时。一般的房地产项目同时存在预售和延期销售等情况,此时开发完成的房地产价值对应的时间是一段时间而不是一个时点。当考虑分批分期销售时,情况就更加复杂。为了简化测算,通常对开发完成的房地产价值的实现方式进行简化。例如,开发完成的房地产适宜出售的,则假设其在竣工之时全部集中完成销售,不考虑预售和延期销售的情况,此时开发完成的房地产价值对应的时间就是房地产开发完成之时,即房地产竣工之时。

四、开发完成的房地产价值的测算方法

测算开发完成的房地产价值时需要区分动态分析法和静态分析法,同时还要考虑未来开发完成的房地产的经营方式。开发完成的房地产适宜出售的,其价值适宜采用比较法进行估价;开发完成的房地产适宜出租或自营的,其价值适宜采用收益法进行估价。

当采用动态分析法时,假设未来开发完成的房地产在其未来开发完成时建成,需要测算开发完成的房地产在其未来建成时的市场状况下的价值。如果采用比较法估价,则应在估价对象所在地区附近选取若干个于价值时点近期成交的与开发完成后的房地产类似的可比实例,通过价格修正或调整得到开发完成的房地产在价值时点的价值,再根据与开发完成的房地产类似的房地产过去、现在的市场价格以及未来可能的价格变化趋势,采用长期趋势法(第十一章第六节)预测开发完成的房地产在其建成时的价值。如果采用收益法估价,则需要测算开发完成后的房地产在其未来建成之后的收益期限、净收益、报酬率和收益增长比率(如有),选择合适的收益法估价公式,测算开发完成的房地产在其建成时的价值。在得到开发完成的房地产在其建成时的价值后,再将其折现到价值时点时的价值。

当采用静态分析法时,假设未来开发完成的房地产在价值时点建成,需要测算开发完成的房地产在价值时点的市场状况下的价值。如果采用比较法估价,则应在估价对象所在地区附近选取若干个于价值时点近期成交的与开发完成后的房地产类似的可比实例,通过价格修正或调整得到开发完成的房地产在价值时点的价值。如果采用收益法估价,则需要测算开发完成的房地产在价值时点以后的收益期限、净收益、报酬率和收益增长比率(如有),选择合适的收益法估价公式,测算开发完成的房地产在价值时点的价值。

测算开发完成的房地产价值需要注意以下特殊情况:①当建设用地使用权出让中存在"限房价、竞地价""限地价、竞自持、竞配套"等政策限制时,开发完成的房地产价值应按照有关政策测算;②对于有预售的在建工程司法处置估价,因其受让人无法得到已预售部分的销售价款但仍需承担其续建义务,此时虽然不计算已预售部分的开发完成的房地产价值,但仍要扣除其后续开发的必要成本;③如果在建工程处于长期停工或烂尾状态,则应考虑市场接受度降低以及工程质量受损对开发完成的房地产价值的影响。

【思考与讨论】为什么不能用成本法测算开发完成的房地产价值?

第五节 测算扣除项目

假设开发法扣除项目包括后续开发的必要成本与应得利润以及待开发房地产取得税费，是假设开发法计算公式中的重要估价参数。本节介绍后续开发的必要成本和应得利润以及待开发房地产取得税费的具体测算，重点要把握"后续"的内涵与要求。

一、测算后续开发的必要成本与应得利润

后续开发的必要成本也称为后续开发的必要支出，是将待开发房地产开发完成所必须付出的各项成本、费用和税金。当采用动态分析法时，后续开发的必要成本是假设在未来开发完成并在开发完成时的市场状况下的开发成本、费用和税金，具体包括后续开发的建设成本、管理费用、销售费用、销售税费。当采用静态分析法时，后续开发的必要成本与应得利润是假设在价值时点开发完成并在价值时点市场状况下的开发成本、费用、利润和税金，具体包括后续开发的建设成本、管理费用、销售费用、销售税费、投资利息和开发利润。各项后续开发的必要成本与应得利润的概念、内容和测算方法与成本法基本相同，应根据估价对象状况、开发模式、假设开发完成的房地产状况、假设开发经营方式、类似房地产项目开发的必要成本、估价对象所处的市场状况等情况综合确定。

【思考与讨论】如何理解"后续开发"的含义？

(一) 测算后续开发的建设成本、管理费用、销售费用、销售税费

后续开发的建设成本、管理费用、销售费用、销售税费等必要成本应与开发完成的房地产状况相对应。当开发完成的房地产为以房地产为主的整体资产时，后续开发的建设成本通常还应包括家具、机器设备等房地产以外的其他资产的价值或购买价款，估价时需要注意甄别。当估价对象为长期停工的在建工程时，后续开发的建设成本还应考虑可修复工程的修复费用以及不可修复工程的拆除与重建费用。需要注意的是，现实中存在为了降低土地出让的名义地价，在土地出让条件中额外要求配建学校、道路、体育场馆等设施，这些设施配建费用需要在后续开发的必要成本中予以扣除。

(二) 测算投资利息和应得利润

投资利息只有在静态分析法中才需要单独求取，求取投资利息应把握应计息项目、计息周期、计息期、计息方式和利率。其中，应计息项目包括估价对象价值和估价对象取得税费，以及后续开发的建设成本、管理费用和销售费用等，销售税费一般不计算利息。计

息的时间起点是该项支出发生的时点,终点是开发完成的房地产价值实现之时。如果开发完成后的房地产用于出售,则计息的终点是销售完成之时,为简化测算,通常假设没有预售也不考虑延期销售,此时计息的终点就是建造期的终点,即房地产竣工之时。估价对象价值和估价对象取得税费通常假设在价值时点一次性付清,因此其计息的时间起点是价值时点,计息期为整个建设期。后续开发的建设成本、管理费用和销售费用一般不集中在一个时点发生,而分散在一段时间内不断发生,在计息时通常假设它们在所发生的时间段内均匀发生,可进一步简化为在该时间段的中间集中发生。因此,后续开发的建设成本、管理费用和销售费用的计息起点为该时间段的中点,计息期为该时间段的一半。计息期的时间划分一般与计息周期相同,通常按年来划分,也可按半年、季或月来划分。

后续开发的应得利润是指将待开发房地产开发成未来开发完成后的房地产应当获得的利润,只有在静态分析法中才需要单独求取。后续开发的应得利润通常为同类房地产开发项目在正常情况下所能获得的平均利润,其种类、内涵和求取方法与成本法中的开发利润基本相同。测算后续开发的应得利润需要注意以下几点:①要区分直接成本利润率、投资利润率、成本利润率和销售利润率的内涵和计算基数(见表10-2),利润率与计算基数要相互匹配;②在不同开发模式下,同一个利润率的大小和对应的计算基数也不完全相同;③确定开发利润率时要区分是总利润率还是年平均利润率。

表10-2 假设开发法中的开发利润率及其计算基数

开发模式	直接成本利润率的计算基数	投资利润率的计算基数	成本利润率的计算基数	销售利润率的计算基数
业主自行开发	后续开发的建设成本	后续开发的建设成本、管理费用、销售费用	后续开发的建设成本、管理费用、销售费用、投资利息	后续开发完成的房地产价值
业主自愿转让开发	估价对象价值、估价对象取得税费和后续开发的建设成本	估价对象价值、估价对象取得税费和后续开发的建设成本、管理费用、销售费用	估价对象价值、估价对象取得税费和后续开发的建设成本、管理费用、销售费用、投资利息	开发完成的房地产价值
业主被迫转让开发	估价对象价值、估价对象取得税费和后续开发的建设成本	估价对象价值、估价对象取得税费和后续开发的建设成本、管理费用、销售费用	估价对象价值、估价对象取得税费和后续开发的建设成本、管理费用、销售费用、投资利息	开发完成的房地产价值

【思考与讨论】业主自愿转让开发和业主被迫转让开发模式下的开发利润有何区别?

(三) 确定折现率与折现期

折现率和折现期只有在动态分析法中才需要求取。在采用动态分析法时,需要将开发完成的房地产价值以及后续开发的建设成本、管理费用、销售费用、销售税费等必要成本折现到价值时点。折现率是将开发完成的房地产价值以及后续开发的必要成本折现到价值时点的比率,其实质是房地产开发投资所要求的收益率,包含了利率和利润率两个部分,大小应等同于同一市场上类似房地产开发项目所要求的平均收益率。折现率的求取方法与报酬资本化法中报酬率的求取方法相同。在实际估价中，开发完成的房地产价值以及各项后续开发的必要成本的折现率一般是相同的。

折现期是指开发完成的房地产价值以及后续开发的必要成本从它们各自发生的时点往过去折现到价值时点的时间。由于开发完成的房地产价值以及后续开发的必要成本发生的时间不同，因此各个折现项目的折现期也各不相同。折现期与静态分析法中的计息期具有相关性。在静态分析法中，后续开发的必要成本的计息期是从它们各自发生的时点向未来计算到开发完成的房地产价值实现的时间，如果假设经营方式为在房地产竣工之时集中完成销售，则计息期的终点就是房地产竣工之时。某一项后续开发的必要成本的计息期越长，则其折现期就越短，即折现期+计息期=开发期。

【思考与讨论】动态分析法中的折现率如何包含利润率？

二、测算待开发房地产取得税费

待开发房地产取得税费是指假定在价值时点购置待开发房地产(即估价对象)时，应由待开发房地产购置者(买方)缴纳的契税、印花税和可直接归属于该房地产的其他支出，通常根据税法等有关规定，按照待开发房地产价值的一定比例来测算。当选择业主自行开发模式时，测算待开发房地产的开发价值无须扣除待开发房地产取得税费。

第六节 假设开发法的应用与问题

本节先从算例和实例两个方面介绍假设开发法在房地产估价中的应用，然后总结假设开发法自身的局限性以及假设开发法在实际估价应用中的常见问题。算例采用静态分析法和动态分析法分别评估土地的开发价值和土地、在建工程、旧房地产的开发价值，实例主要展示假设开发法在某工业房地产抵押估价中的实际应用及其问题。

一、假设开发法的应用

(一) 假设开发法应用算例

1. 采用静态分析法评估土地价值

【例10-1】某土地开发企业准备购买某成片生地并开发成熟地后分块转让。该土地总面积为2平方千米，其中可转让土地面积占土地总面积的70%；附近同类小块熟地的市场价格为1000元/平方米；开发期为2年；将该成片生地开发成熟地的建设成本、管理费用和销售费用为2亿元/平方千米，假设其在开发期中均匀投入；贷款年利率为8%，土地开发年平均投资利润率为10%；当地土地使用权转让的卖方和买方需要缴纳的税费分别为转让价格的6%和4%。采用假设开发法中的静态分析法测算该成片生地的总价和单价。

【解】本例是将生地开发成熟地，可选用业主自愿转让开发模式以及将生地开发成熟地的静态分析法公式。假设价值时点为现在且该成片生地的总价为V，则

(1) 开发完成的熟地价值=1000×2 000 000×70%=14(亿元)

(2) 生地取得税费=V×4%=0.04V(亿元)

(3) 后续开发的建设成本、管理费用和销售费用=2×2=4(亿元)

(4) 投资利息=$(V+0.04V)×[(1+8\%)^2-1]+4×[(1+8\%)-1]≈0.173V+0.32$(亿元)

(5) 销售税费=14×6%=0.84(亿元)

(6) 开发利润=$(V+0.04V)×10\%×2+4×10\%×1=0.208V+0.4$(亿元)

由$V=14-0.04V-4-(0.173V+0.32)-0.84-(0.208V+0.4)$，可得$V≈5.939$(亿元)

因此，该成片生地的总价=5.939(亿元)

该成片生地的单价=593 900 000÷2 000 000=296.95(元/平方米)

2. 采用动态分析法评估土地价值

【例10-2】某宗熟地的面积为10万平方米，容积率为2.5，适宜建造成住宅小区。预计取得该土地后将住宅小区建成需要2年，目前建筑市场上类似房地产的建筑安装工程费为每平方米建筑面积3000元，勘察设计和前期工程费及其他工程费为建筑安装工程费的8%，管理费用为建设成本的6%；建设成本和管理费用第一年需要投入60%，第二年需要投入40%。在该住宅小区建成前半年需要开始投入广告宣传等销售费用，并预计该费用为售价的2%。当地房地产交易中卖方和买方应缴纳的税费分别为正常市场价格的6%和4%。预计该住宅在建成时可全部售出，目前房地产市场上类似住宅的平均价格为每平方米建筑面积8000元。假设房地产价格及各项成本年均上涨5%，该类房地产开发折现率为12%。采用假设开发法中的动态分析法测算该宗熟地的总价、单价和楼面地价。

【解】本例是将熟地开发成新房，可选用业主自愿转让开发模式以及将熟地开发成新房的动态分析法公式。假设价值时点为现在且该宗熟地的总价为V，则

(1) 建成后的住宅总建筑面积=10×2.5=25(万平方米)

(2) 开发完成的住宅价值=$(8000×25)×(1+5\%)^2÷(1+12\%)^2≈175\ 781.25$(万元)

(3) 该土地取得税费=V×4%=0.04V(万元)

(4) 建设成本和管理费用=$3000×25×(1+8\%)×(1+6\%)×[60\%×(1+5\%)^{0.5}÷(1+12\%)^{0.5}+40\%×(1+5\%)^{1.5}÷(1+12\%)^{1.5}]≈81\ 055.25$(万元)

(5) 销售费用=$8000×25×2\%×(1+5\%)^{1.75}÷(1+12\%)^{1.75}≈3572.81$(万元)

(6) 销售税费=175 781.25×6%≈10 546.88(万元)

由$V=175\ 781.25-0.04V-81\ 055.25-3572.81-10\ 546.88$，可得$V≈77\ 506.07$(万元)

因此，该土地总价=77 506.07(万元)

土地单价=77 506.07÷10≈7750.61(元/平方米)

楼面地价=7750.61÷2.5≈3100.24(元/平方米)

3. 采用动态分析法评估在建工程价值

【例10-3】 某写字楼在建工程土地面积为5000平方米，规划容积率为4，土地使用期限自2021年5月1日起为50年。建设用地使用权出让合同约定不可续期，当时取得该土地的楼面地价为1000元/平方米。目前建筑市场上类似写字楼的正常建设成本和管理费用为每平方米建筑面积4000元，建筑设计使用寿命为50年。该工程至2022年11月1日完成了40%的投资进度，预计至全部建成尚需18个月。在建成前半年开始投入广告宣传等销售(招租)费用，预计建成半年后才能全部租出，可出租面积为建筑面积的70%。目前类似写字楼月租金为120元/平方米，出租率为90%，出租的运营费用为有效毛收入的25%。买方购买在建工程需缴纳的税费为购买价格的3%，同类房地产开发项目的销售(招租)费用和销售(出租)税费分别为售价(租金)的3%和6%。假设房地产各项收益、价格及成本年均上涨2%，该类房地产开发的报酬率和折现率分别为8%和12%。采用假设开发法中的动态分析法测算该在建工程2022年11月1日的正常购买总价和按规划总建筑面积折算的单价。

【解】 本例是将在建工程开发成新房，可选用业主自愿转让开发模式以及将在建工程开发成新房的动态分析法公式。假设价值时点为现在且该在建工程的正常购买总价为V，则

(1) 续建完成的写字楼价值采用收益法进行测算，计算公式为

$$V = \frac{A}{r-g}\left[1-\left(\frac{1+g}{1+r}\right)^N\right] \times \frac{1}{(1+Y)^t}$$

上式中，A为净收益，r为报酬率，g为收益年增长率，N为收益期，Y为折现率，t为折现期。根据题意，$A=120\times12\times5000\times4\times70\%\times90\%\times(1-25\%)\times(1+2\%)^2\approx1415.78$(万元)，$r=8\%$，$g=2\%$，$Y=12\%$，$t=2$(年)

建筑设计使用寿命为50年，土地使用期限为50年，但是至写字楼建成时土地使用期限只有47年，且建成半年后才可租出，因此收益期$N=50-3-0.5=46.5$年。

则续建完成的写字楼价值$=\dfrac{1415.78}{8\%-2\%}\left[1-\left(\dfrac{1+2\%}{1+8\%}\right)^{46.5}\right]\times\dfrac{1}{(1+12\%)^2}\approx17\,492.26$(万元)

(2) 购买该在建工程的税费$=V\times3\%=0.03V$(万元)

(3) 后续开发的建设成本与管理费用$=\dfrac{4000\times20\,000\times60\%\times(1+2\%)^{0.75}}{(1+12\%)^{0.75}}\approx4474.84$(万元)

(4) 销售(招租)费用$=17\,492.26\times3\%\times(1+12\%)^{1.5}\times\dfrac{1}{(1+12\%)^{1.5}}\approx456.08$(万元)

(5) 销售税费$=17\,492.26\times6\%\approx1049.54$(万元)

由$V=17\,492.26-0.03V-4474.84-456.08-1049.54$，可得$V\approx11\,176.50$(万元)

因此，该在建工程2022年11月1日的正常购买总价=11 176.50(万元)

该在建工程单价=11 176.50÷20 000≈5588.25(元/平方米)

4.采用动态分析法评估旧房地产价值

【例10-4】某旧厂房拟转让，建筑面积为8000平方米。根据其区位状况，准备改造成商场出售并可获得政府批准，但需补缴土地出让金等费用为每平方米建筑面积500元，同时取得40年的出让建设用地使用权。预计买方购买该旧厂房需缴纳的税费为购买价格的4%；改造期为1年，改造费用为每平方米建筑面积1200元；改造完成时即可全部售出，售价为每平方米建筑面积6000元；在改造完成前半年开始投入广告宣传等销售费用，该费用为售价的2%；销售税费为售价的6%。假设房地产价格和各项支出保持平稳，房地产开发折现率为12%。采用假设开发法中的动态分析法测算该旧厂房的正常购买总价和单价。

【解】本例是将旧房改造成新房，可选用业主自愿转让开发模式以及将旧房改造成新房的动态分析法公式。假设价值时点为现在且该旧房的正常购买总价为V，则

(1) 改造后的商场价值=6000×8000÷(1+12%)≈4285.71(万元)

(2) 购买该旧厂房的税费=V×4%=0.04V(万元)

(3) 需补缴土地出让金等费用=500×8000=400(万元)

(4) 改造费用=1200×8000÷(1+12%)$^{0.5}$≈907.11(万元)

(5) 销售费用=6000×8000×2%÷(1+12%)$^{0.75}$≈88.18(万元)

(6) 销售税费=4285.71×6%≈257.14(万元)

由V=4285.71-0.04V-400-907.11-88.18-257.14，可得V=2532(万元)

因此，该旧厂房总价=2532(万元)

该旧厂房单价=2532÷8000=3165(元/平方米)

(二) 假设开发法应用实例

【例10-5】某工业房地产抵押估价，估价对象坐落于××市××区××路××号，估价对象所在项目总用地面积为8879平方米、总建筑面积为44 343.09平方米、容积率为4.99，估价对象建筑面积为41 621.2平方米、分摊的土地使用权面积为8333.98平方米，总层数为12层。本项目为在建工程，工程完工率为87%。本项目已经设定了抵押权，抵押担保的债权数额为3802万元。采用成本法和假设开发法进行估价，最终确定该房地产于价值时点2013年8月21日未设立法定优先受偿权利下的价值为6012万元、扣除法定优先受偿款后的抵押价值为2210万元，估价报告可扫描下方二维码查看。本项目整体估价技术路线合理，估价方法选择正确，报告内容完整。本项目假设开发法应用中存在的问题有以下几个：测算开发完成后的房地产价值时，租金比较案例规模相差太大，未考虑可出租面积不合理，租金修正过程不够详细；部分参数取值依据不够充分。需要注意的是，该报告由于时间较早，参照的是《房地产估价规范GB/T 50291—1999》，报告的内容组成和格式规范没有完全符合《房地产估价规范GB/T 50291—2015》的要求。

假设开发法应用估价报告

二、假设开发法相关问题

(一) 假设开发法自身的局限性

在成本法测算过程中，房地产成本价值被视为构成房地产的各个组成部分的成本费用和利润之和，但由于整体房地产具有其各个组成部分所没有的整体价值，因此房地产整体价值通常大于其各个组成部分的价值之和。同时，成本法通常也不考虑房地产的无形价值以及外部环境改善带来的增值效应。在实际估价中，上述原因导致成本法估价的结果通常要低于比较法估价结果以及相应的市场价值。在假设开发法测算过程中，估价对象的开发价值等于开发完成后的房地产价值扣除后续开发的必要成本和应得利润，扣除的后续开发的必要成本和应得利润属于房地产的部分价值，这些价值不包含房地产的整体价值、无形价值和外部增值效应等，房地产的整体价值、无形价值和外部增值效应全部体现在扣除后续开发的必要成本和应得利润以后的估价对象价值中。因此，评估待开发房地产价值时，采用假设开发法估价的结果通常会比采用成本法估价的结果更大。

【思考与讨论】如何防范假设开发法自身的局限性？

(二) 假设开发法估价中的常见问题

在实际估价中，运用假设开发法进行估价的常见问题有以下几个：①未进行假设开发模式选择。没有根据估价目的和实际情况对业主自行开发、业主自愿转让开发和业主被迫转让开发三种情况进行选择，而是默认选择业主自行开发模式进行估价。②混淆静态分析法和动态分析法。测算估价对象价值时，在扣除投资利息和开发利润的同时，又对开发完成后的房地产价值和后续开发的必要成本项目进行折现。③动态分析法未考虑市场状况的变化。在动态分析法中，开发完成的房地产价值和后续开发的必要成本设定在各自发生的时间，是在各自发生时房地产市场状况下的价值。如果价值时点是"现在"，则"各自发生的时间"均在价值时点之后，测算开发完成的房地产价值和后续开发的必要成本应当考虑从价值时点至"各自发生的时间"的市场状况变化。④开发利润计算基数有误。假设开发法需要测算后续开发的应得利润，在测算开发利润时错误地理解"后续开发"的含义，认为开发利润的计算基数仅限于投资人取得待开发房地产以后的投入项目。实际上，除了业主自行开发模式外，在业主自愿转让开发和业主被迫转让开发模式下，开发利润的计算基数除了取得待开发房地产以后的必要投入外，还应包括取得待开发房地产的成本。

复习题

1. 什么是假设开发法？其理论依据是什么？
2. 假设开发法的适用对象有哪些？其适用条件是什么？
3. 假设开发法的基本步骤有哪些？其重点难点是什么？
4. 什么是假设开发经营方案？包括哪些内容？
5. 什么是假设开发模式？有哪些具体的开发模式？

6. 如何选择合适的开发模式和最佳经营方式?
7. 什么是后续开发经营期? 如何确定?
8. 动态分析法与静态分析法有哪些差异?
9. 假设开发法的具体公式有哪些?
10. 如何测算开发完成的房地产价值?
11. 如何测算假设开发法扣除项目?
12. 折现率的内涵是什么? 如何确定?
13. 假设开发法自身有哪些局限性?
14. 假设开发法运用中有哪些常见问题?

拓展阅读

[1] 纪益成, 吴思婷. 假设开发法的理论基础、假设思路及相关问题探讨[J]. 中国资产评估, 2021(4): 49-55.

[2] 金洪良. 假设开发法中的资金时间价值问题[J]. 中国房地产, 1998(4): 20-24.

[3] 王珍莲. 房地产评估之假设开发法运用探讨[J]. 财会月刊, 2014(10): 80-81.

[4] 李光洲. 地产假设开发法的两种不同算法比较[J]. 立信会计高等专科学校学报, 2000(4): 22-25.

[5] 马广林, 孙平. 小疏忽引出大问题——资产评估"剩余法"运用中存在的问题分析[J]. 中国资产评估, 2003(6): 39-41.

[6] 方冉. 基于假设开发法的土地价值评估模型优化研究[J]. 中国资产评估, 2022(11): 52-58.

[7] 曲卫东, 於洋. 基于蒙特卡洛模拟假设开发法对土地出让底价评估的改进[J]. 中国土地科学, 2014, 28(11): 11-18.

[8] 袁鹰. "两利"综合法在房地产估价假设开发法中的应用[J]. 中国市场, 2007(26): 82-83.

[9] 王宗礼. 从投资项目NPV评价的角度看假设开发法参数选取[J]. 中国资产评估, 2014(6): 43-46.

[10] 唐莹. 假设开发法下土地增值税测算扣减问题剖析[J]. 财会月刊, 2017(1): 112-114.

[11] 金建清. 在建工程抵押估价的假设开发法研究[J]. 天津师范大学学报(自然科学版), 2012, 32(1): 93-96.

[12] 孔昊, 胡灯进, 罗美雪, 等. 假设开发法在海域使用权价值评估中的应用——以游艇码头用海为例[J]. 海洋开发与管理, 2021, 38(11): 42-46.

本章测试

第十一章
其他估价方法

除了传统的比较法、收益法、成本法和假设开发法以外，房地产估价还有一些面向特定估价对象或针对特殊估价目的或采用特别估价手段的其他估价方法。本章分别简要介绍基准地价修正法、路线价法、价差法、损失资本化法、修复成本法、长期趋势法、条件价值法、资本资产定价模型以及实物期权定价法的相关概念与内容。

■ **教学要求**

1. 了解其他估价方法的类型；
2. 熟悉其他估价方法的概念、适用对象与条件；
3. 掌握其他估价方法的估价步骤与内容。

■ **关键概念**

基准地价修正法，路线价法，价差法，损失资本化法，修复成本法，长期趋势法，曲线拟合法，平均增减量法，平均发展速度法，移动平均法，指数修匀法，条件价值法，资本资产定价模型，期权，实物期权法，B-S模型，二项树模型

■ **导入案例**

阳光的价值有几何？

在杭州市天目山路上，一幢高层建筑正在打地基，而一些居民在施工现场高举"还我阳光"的标牌并阻挠施工，房地产开发企业无奈只得暂停施工。这些居民是居住在该工地

正北面六层居民楼里的业主,他们大多已在这里居住了十几年。六层居民楼的正南面以前是一些低矮的房屋,那时整幢居民楼阳光充足、视野开阔。业主们认为,南面即将建起的18层大厦与他们的居民楼仅有20多米间隔,大厦建成后居民楼的光照时间必将大打折扣甚至将"暗无天日",其合法的采光权受到了严重侵害,于是自发组织起来进行抗议。但是开发商也很"委屈":第一,大厦建成后,虽然居民楼的采光会受到一定影响,但是对居民楼的日照影响完全符合城市规划要求,即在每年大寒日这一天有超过2个小时的连续日照,并出示了专业机构提供的日照分析图;第二,该大厦的建设办理过合法的工程审批手续,有合法权利进行大厦建设。针对上述采光权纠纷,应当如何解读和处理呢?

按照庇古的福利经济学理论解读,就要从私人产品和社会产品之间的矛盾出发进行分析。假设大厦建成后,开发商可得到100单位的私人产品,但大厦对居民楼光照的影响使得该楼居民的产品价值下降20单位,则建成大厦的社会产品为80单位。由于私人产品与社会产品不符,开发商必须拿出20单位的私人产品赔偿给居民,使私人产品与社会产品相等。换句话说,根据福利经济学理论,开发商损害了居民的利益,必须做出赔偿。

按照科斯的产权理论解读,问题的核心不再是一方损害另一方的问题,而是哪一方有权损害另一方的问题,目的是尽可能地达到社会福利最大化。根据科斯的产权理论,居民与开发商冲突的本质是争夺阳光的产权。阳光通常是一种公共产品,但是居民和开发商之间的冲突使得阳光在这一特定的环境下变成了非公共产品。如何分配这个非公共产品?科斯的产权理论一言概之——"两害相权取其轻"。于是问题演变为,开发商建大厦对居民造成的损害与居民阻止建大厦对开发商造成的损害哪个更大?如果建大厦比不建大厦造成的损失更大,则应停止大厦建设;反之,则应允许大厦建设,但可能需要对居民进行赔偿。

(资料来源:卢现祥,朱巧玲. 新制度经济学[M]. 北京:北京大学出版社,2007:224-225.)

本案例中,不管是按照庇古理论,还是科斯理论,处理采光权纠纷都会涉及对居民采光权价值及其减损的评估问题。你认为采光权价值评估可以采用哪些估价方法?

第一节 基准地价修正法

我国大部分城市都已经建立了基准地价体系。基准地价修正法利用已经建立的基准地价体系进行宗地价值评估,是一种基于比较法的常用土地估价方法。本节介绍基准地价修正法的概念、适用对象与条件、估价步骤与内容。

一、基准地价修正法的概念

基准地价修正法是指在政府或有关部门已公布基准地价的地区利用有关调整系数对待估宗地所在位置的基准地价进行调整后得到待估宗地价值的方法，也称为基准地价系数修正法。基准地价是指在国土空间规划确定的城镇可建设用地范围内，对平均开发利用条件下，不同级别或不同均质地域的建设用地，按照商服、住宅、工业等用途分别评估，并由政府确定的某一估价期日法定最高使用年期土地权利的区域平均价格。有关调整系数包括土地市场状况调整系数、土地使用期限调整系数、容积率调整系数、土地开发程度调整系数等。待估宗地是指土地权属界线封闭的地块或空间，即估价对象。

基准地价修正法本质上是比较法，是传统比较法的派生方法。基准地价相当于传统比较法中的可比实例价格，对基准地价的有关调整相当于传统比较法中的价格修正或调整。同时，基准地价修正法又不同于一般的比较法，而是一种间接的比较法，因为基准地价不是实际的市场成交价格，而是评估价格。因此，基准地价修正法测算结果的合理性和准确性，主要取决于基准地价的合理性和准确性以及有关调整系数体系的完整性和合理性。

二、基准地价修正法的适用对象与条件

基准地价修正法主要适用于政府或有关部门已编制完备的基准地价修正体系并公布基准地价地区的土地估价，其适用条件为基准地价已及时更新、能够反映现时土地价格水平。根据《城镇土地估价规程GB/T 18508—2014》的规定，基准地价的基准日期与价值时点一般不超过3年。如果基准地价体系没有更新，则不宜采用基准地价修正法来评估。

三、基准地价修正法的估价步骤与内容

根据《城镇土地估价规程GB/T 18508—2014》，运用基准地价修正法进行宗地价值评估的基本步骤和主要内容如下所述。

(1) 搜集有关基准地价的资料。需要搜集的资料包括待估宗地所在地区的基准地价图、基准地价表、基准地价修正系数表、基准地价内涵说明(如基准地价对应的土地用途、权利类型、使用期限、容积率、开发程度和基准日期)等。有关基准地价的资料可以通过向当地政府土地资源(自然资源)行政主管部门查询得到。不同城市的基准地价内涵与表达方式可能不尽相同，相应的基准地价修正内容也会有所不同。

(2) 确定待估宗地所在位置的基准地价。通常是先根据待估宗地的规划用途，确定其所属的用途类别，是属于居住用途、商服用途还是属于工业用途；其次根据待估宗地的用途类别和具体位置，确定其所处的土地级别或均质地域；最后根据待估宗地所处的土地级别或均质地域，确定其对应且适用的基准地价。

(3) 确定待估宗地地价修正系数。首先分析待估宗地的地价影响因素，包括市场状况以及土地使用期限、容积率、土地开发程度和其他实物、权益、区位等影响因素；其次编

制待估宗地地价影响因素说明表和待估宗地地价影响因素的指标说明表；最后根据待估宗地地价影响因素指标说明表和基准地价修正体系，确定待估宗地地价修正系数。

(4) 确定市场状况、土地使用期限、容积率、土地开发程度等其他因素的修正系数或修正值。市场状况修正是将基准地价在其基准日期的值调整为在价值时点的值；土地使用期限修正是将基准地价在其土地使用期限下的值调整为在待估宗地土地使用期限下的值；容积率修正是将基准地价在其容积率条件下的值调整为在待估宗地容积率条件下的值；土地开发程度是将基准地价在其开发程度下的值调整为在待估宗地开发程度下的值。

(5) 计算待估宗地价值。通常采用以下公式进行测算

$$P = P_{1b} \times (1 \pm \sum K_i) \times K_j + D \tag{11-1}$$

式(11-1)为《城镇土地估价规程GB/T 18508—2014》中的基准地价修正法公式。其中，P为待估宗地价值；P_{1b}为某一用途、级别(或均质区域)的基准地价；K_i为宗地地价修正系数；K_j为市场状况、土地使用期限、容积率等其他修正系数；D为土地开发程度修正值。如果是房地产估价中涉及的土地价值评估，除式(11-1)外，也可按照《房地产估价规范GB/T 50291—2015》中有关比较法价格修正或调整的方法和步骤进行测算。

《城镇土地估价规程GB/T 18508—2014》

【思考与讨论】试比较《城镇土地估价规程GB/T 18508—2014》和《房地产估价规范GB/T 50291—2015》中有关基准地价修正法的规定。

第二节 路线价法

路线价法是一种基于比较法的土地批量估价方法，主要用于城镇临街商业用地估价。本节介绍路线价法的概念、适用对象与条件、估价步骤与内容。

一、路线价法的概念

路线价法是指在城镇街道上划分路线价区段并设定标准临街深度，在每个路线价区段内选取一定数量的标准临街宗地并测算其平均单价或楼面地价，利用有关调整系数将该平均单价或楼面地价调整为各宗临街宗地价值的方法。标准临街深度是指随着土地与道路距离的增加，道路对土地利用价值影响为零时的宗地临街深度，临街深度是指宗地与街道的垂直距离。标准临街深度处的连线称为里地线，里地线与道路之间的区域称为临街街地或表地，里地线以外的区域称为里地。标准临街宗地是指在城市某一区域内，沿主要街道的

宗地中深度、宽度、形状、用途、开发利用状况等特征在该区域内具有代表性，使用状况相对稳定，能够起示范及比较标准作用的临街宗地，标准临街宗地的价值称为路线价。

路线价法本质上是比较法，是传统比较法的派生方法。其中的标准临街宗地相当于传统比较法中的可比实例，路线价相当于传统比较法中经过交易情况修正与市场状况调整但未进行房地产状况调整的可比实例价格，对路线价进行临街深度、临街宽度、土地形状、临街状况等调整相当于传统比较法中的房地产状况调整。

路线价法与传统比较法存在以下区别：①价格修正或调整的内容不同。运用路线价法求取临街宗地的价值，只需要进行"房地产状况调整"，而无须进行"交易情况修正"和"市场状况调整"，后两项可视为已经体现在路线价求取过程中了。②价格修正或调整的顺序不同。路线价法先对多个"可比实例价格(标准临街宗地价格)"进行综合得出路线价，然后进行"房地产状况调整"；传统比较法先分别对每个可比实例价格进行修正或调整，然后进行综合。③一次能评估的宗地数量不同。路线价法一次能同时评估出多宗临街宗地的价值；传统比较法通常一次只能评估出一个估价对象的价值，因此路线价法属于批量估价方法。运用路线价法估价的关键是标准临街宗地的确定、路线价测算以及深度修正率的确定。

二、路线价法的适用对象与条件

路线价法一次可以同时评估多宗临街宗地的价值，具有高效率、成本低的优势，主要适用于城镇临街商业用地的批量估价，特别适用于城镇土地整理、土地课税、土地征收以及其他需要在较短时间内同时对多宗临街宗地进行估价的情形。采用路线价法估价的前提条件是街道比较规整，临街土地排列比较整齐，且存在较多的土地成交案例。路线价法最早起源于英美国家，20世纪90年代初被介绍到中国大陆，曾经在个别城市的城镇土地分等定级估价中得到应用。但是由于其实际操作性还有待加强，目前路线价法使用并不普遍。

三、路线价法的估价步骤与内容

运用路线价法进行土地估价时，应先在城镇街道上划分路线价区段并设定标准临街深度，再在每个路线价区段内选取一定数量的标准临街宗地并测算其平均单价或楼面地价作为路线价，然后利用有关价格调整系数将该平均单价或楼面地价调整为各宗临街宗地的价值。运用路线价法估价的基本步骤和主要内容如下所述。

城镇土地
分等定级

(一) 划分路线价区段

路线价区段是指具有同一路线价的地段，通常沿街道两侧带状分布。应将同一路线上位置相邻、通达性相当、地价水平相近的临街土地划为同一个路线价区段。地价水平有明显差异的十字路或丁字路两边一般划分为不同的路线价区段，两个路口之间的地段通常为一个路线价区段。但是某些较长的繁华商业街道,可以划分为两个或两个以上的路线价区段。而某些不繁华的商业街道,同一个路线价区段可延长至多个路口。同一条街道如果两侧的繁华程度、地价水平有明显差异的,应将街道两侧划分为不同的路线价区段。

(二) 设定标准临街深度

标准临街深度是街道对地价影响的临界点,里地线是街道对地价影响的分界线。由里地线朝街道方向,地价受街道影响逐渐升高;由里地线远离街道方向,地价可视为不受街道的影响。在实际估价中,通常将路线价区段内各宗临街宗地临街深度的众数或平均数设定为标准临街深度。

(三) 选取标准临街宗地

标准临街宗地是一个路线价区段内具有代表性的宗地,应符合以下条件:①一面临街;②土地形状为矩形;③临街深度为标准临街深度;④临街宽度为标准临街宽度,标准临街宽度为同一路线价区段内各宗临街宗地临街宽度的众数或平均数;⑤临街宽度与临街深度的比例(宽深比)适当;⑥用途具有代表性;⑦容积率或房屋层数为所在路线价区段具有代表性的容积率或房屋层数,即同一路线价区段内各宗临街宗地容积率或房屋层数的众数或平均数;⑧其他方面,如土地使用期限、土地开发程度等具有代表性。

(四) 测算路线价

路线价是标准临街宗地的价值。通常运用比较法、收益法等方法分别求取标准临街宗地的价值,然后计算其平均数、中位数和众数,即得到该路线价区段的路线价。路线价可以是土地单价,也可以是楼面地价。路线价可以用货币来表示,也可以用相对数来表示,两种表示方式各有利弊。用货币表示的路线价比较直观、容易理解,便于土地交易时参考;用相对数表示的路线价便于测算,可以避免因币值变动所引起的麻烦。

(五) 编制价格修正率表

价格修正率分为临街深度价格修正率和其他价格修正率。临街深度价格修正率是临街宗地各部分价值随着其与街道距离的增加而递减的幅度,简称深度价格修正率,也称为深度百分率、深度指数,可分为单独深度价格修正率(即临街深度价格递减率)、累计深度价格修正率和平均深度价格修正率等类型。其中,平均深度价格修正率=累计深度价格修正率×标准临街深度÷给定的临街深度。其他价格修正率是指根据宗地的形状、宽度、临街状况、容积率、使用期限、开发程度等其他因素编制的价格修正率。

编制临街深度价格修正率表的基本步骤[①]如下所述:①设定标准临街深度;②将标准临街深度划分为若干等份;③确定各等份的临街深度价格递减率;④求取单独深度价格修

---

① 中国房地产估价师与经纪人学会. 房地产估价原理与方法[M]. 中国建筑工业出版社,2021: 423-426.

正率或累计深度价格修正率、平均深度价格修正率,并用表格形式来表示。在上述步骤中,确定各等份的临街深度价格递减率是核心步骤。在不同的城镇以及同一城镇内不同的路线价区段,土地价值随着临街深度变化的幅度会有所不同,相应的深度价格递减率也会不同。在国际上,较简单且常用的一种临街深度价格递减率为"四三二一法则(four-three-two-one rule)"。"四三二一法则"是指将一块临街深度为100英尺的临街宗地划分为与街道平行的四等份,从街道方向算起的第一、二、三、四个25英尺等份的土地价值分别占整块临街深度100英尺宗地价值的40%、30%、20%和10%,临街深度超过100英尺的部分可以"九八七六法则"来设定,即超过100英尺的第一、二、三、四个25英尺等份的土地价值分别为100英尺的土地价值的9%、8%、7%和6%。表11-1是基于"四三二一法则"编制的临街深度价格修正率表。

表11-1 基于"四三二一法则"编制的临街深度价格修正率表

临街深度/英尺	25	50	75	100	125	150	175	200
四三二一法则/%	40	30	20	10	9	8	7	6
单独深度价格修正率/%	40	30	20	10	9	8	7	6
累计深度价格修正率/%	40	70	90	100	109	117	124	130
平均深度价格修正率/%	160	140	120	100	87.2	78.0	70.8	65.0

(六) 计算各宗临街宗地的价值

根据路线价、深度价格修正率表和其他因素修正率表,按照路线价法计算公式即可得到同一路线价区段内不同宗地的价值。但是由于路线价和深度价格修正率的内涵、表达方式、编制原则以及各宗地的形状、宽度、临街状况、容积率、使用期限、开发程度等因素的不同,路线价法的具体计算公式也会有所不同。

假设临街宗地的形状、宽度、临街状况、容积率、使用期限、开发程度等与路线价的内涵一致,当以标准临街宗地的总价为路线价时,应采用累计深度价格修正率计算临街宗地的价值,计算公式为

$$临街宗地总价 = 路线价(总价) \times 累计深度价格修正率 \tag{11-2}$$

$$临街宗地单价 = 临街宗地总价 \div 临街宗地面积 \tag{11-3}$$

当以标准临街宗地的单价为路线价时,应采用平均深度价格修正率计算临街宗地的价值,计算公式为

$$临街宗地单价 = 路线价(单价) \times 平均深度价格修正率 \tag{11-4}$$

$$临街宗地总价 = 临街宗地单价 \times 临街宗地面积 \tag{11-5}$$

如果临街宗地的形状、宽度、临街状况、容积率、使用期限、开发程度等与路线价的内涵不一致,则应在上述公式的基础上进行加价或减价调整,计算公式为

$$临街宗地总价 = 路线价(总价) \times 累计深度价格修正率 \times 其他价格修正率 \tag{11-6}$$

$$临街宗地单价 = 临街宗地总价 \div 临街宗地面积 \tag{11-7}$$

或

$$临街宗地单价=路线价(单价)\times 平均深度价格修正率\times 其他价格修正率 \quad (11\text{-}8)$$

$$临街宗地总价=临街宗地单价\times 临街宗地面积 \quad (11\text{-}9)$$

以土地宽度为例,如果临街宗地的临街宽度(简称临街宽度)与标准临街宗地的临街宽度(简称标准宽度)不同,则以总价表示的临街宗地价值的计算公式为

$$临街宗地总价=路线价(总价)\times 累计深度价格修正率\times 临街宽度\div 标准宽度 \quad (11\text{-}10)$$

$$临街宗地单价=临街宗地总价\div 临街宗地面积 \quad (11\text{-}11)$$

【例11-1】宗地价格的计算

【思考与讨论】为什么路线价法在实际估价中较少应用?

第三节 价差法

价差法是一种基于比较法的房地产价值减损额或增加额的评估方法,是间接的比较法。本节介绍价差法的概念、适用对象与条件、估价步骤及内容。

一、价差法的概念

价差法是指分别评估房地产在价值变化前后的价值,将两者之差作为房地产价值减损额或增加额的方法。例如,在某住宅附近建造高层建筑,使该住宅的日照、采光、通风受到影响从而造成价值减损。在其他条件不变的情况下,如果该住宅在附近未建造高层建筑情况下的市场价格为8000元/平方米,在建造了高层建筑之后的市场价格为6000元/平方米,则该住宅因附近建造高层住宅的价值减损为2000元/平方米。

价差法是以市场为导向来求取房地产价值的减损额或增加额,本质上是比较法,是传统比较法的派生方法。价差法与传统比较法的主要不同之处在于,传统比较法只需要按照估价对象状况比较"一次",而价差法需要按照估价对象改变前后的状况比较"两次"。

二、价差法的适用对象与条件

价差法主要用于评估房地产价值减损额或增加额,包括因房地产自身状况改变和房地产市场状况变化而造成的房地产价值减损额或增加额,特别是不可修复的房地产价值减损额。例如,由于错误查封、不按合同约定时间供应建筑材料和设备、工程不按时竣工、不按时交付房地产等,导致新建商品房不能如期上市销售而错过较好的市场机会所造成的房地产价值减损,以及不能按合同约定时间交付使用导致违约所造成的经济赔偿等。价差法还可用于评估房地产因各种其他原因导致的价值减损额或增加额,例如补地价的测算。价差法的适用条件主要是存在一定数量与估价对象价值减损或增加前后的房地产状况类似的房地产交易或租赁实例。

补地价

【思考与讨论】价差法适用于可修复的房地产价值减损评估吗?

三、价差法的估价步骤与内容

运用价差法进行房地产价值减损或增加评估的基本步骤和主要内容如下:①选择若干个与房地产价值减损或增加之前的估价对象类似的房地产交易案例或租赁案例作为可比实例,按照比较法或收益法测算出房地产价值减损或增加之前的估价对象价值;②选择若干个与房地产价值减损或增加之后的估价对象类似的房地产交易案例或租赁案例作为可比实例,按照比较法或收益法测算出房地产价值减损或增加之后的估价对象价值;③将房地产价值减损或增加前后的估价对象价值相减,得到估价对象的价值减损额或增加额。

除上述方法以外,还可以直接采用因房地产状况的改变所造成的价值减损额或增加额并利用有关房地产状况调整系数来计算,计算公式为

$$\text{估价对象价值减损额或增加额} = \text{房地产价值减损或增加之前的估价对象价值} \times \sum \text{估价对象状况改变对应的各种房地产状况调整系数} \qquad (11\text{-}12)$$

例如,采用价差法评估某办公楼因邻近建造高架桥而造成的价值减损额。第一,评估该办公楼在邻近未建造高架桥下的市场价值;第二,分析邻近建造高架桥而影响该办公楼市场价值的各种因素,如会妨碍该办公楼的日照、采光、视野,并带来噪声和空气污染;第三,分析该办公楼在上述各个方面的受影响程度,如该办公楼在建造高架桥前后的日照、采光、噪声、交通等差异程度,并将它们转化为对该办公楼市场价值的影响程度,如以百分比形式确定相应的各种减值系数;第四,将该办公楼在邻近未建造高架桥下的市场价值乘以相应的各种减值系数,即得到该办公楼因邻近建造高架桥而造成的价值减损额。

【例11-2】补地价的计算

第四节 损失资本化法

损失资本化法是一种基于收益法的房地产价值减损额的评估方法。本节介绍损失资本化法的概念、适用对象与条件、估价步骤与内容。

一、损失资本化法的概念

损失资本化法是指预测估价对象未来各年的净收益减少额或收入减少额、运营费用增加额，将其现值之和作为估价对象价值减损额的方法。损失资本化法可以分为净收益损失资本化法、收入损失资本化法、运营费用增加资本化法等不同类型。

损失资本化法本质上是收益法，是传统收益法的派生方法。其中，净收益减少额、收入减少额和运营费用增加额相当于传统收益法中的净收益，价值减损额相当于传统收益法中的收益价值。损失资本化法与传统收益法的区别在于，传统收益法中的"收益"是正的现金流，求取的是净收益的折现和；而损失资本化法中的"收益"是负的现金流，求取的是收益减损额的折现和。

二、损失资本化法的适用对象与条件

损失资本化法主要适用于不可修复的房地产价值减损评估。这里的不可修复是指经济上不值得修复而不是技术上不能修复，即预计修复的必要成本和应得利润大于修复带来的增值收益或估价对象原状的价值。例如，由于主体结构质量缺陷、噪声污染以及日照、采光、通风、景观、交通条件等受到不利影响，房地产租金减损、出租率下降等收入减少或者电费、燃气费、交通费等运营费用增加所造成的房地产价值减损额。损失资本化法的适用条件主要是估价对象房地产未来的租金减损、出租率下降、风险和费用增加等都能够较准确地预测。损失资本化法也可用于评估因租金增加、出租率上升、风险和费用降低导致的房地产价值增加额，但是收益增加的损失资本化法实际上就是传统收益法，因此以下只介绍收益损失的资本化法。

【思考与讨论】如何判断可修复项目和不可修复项目？

三、损失资本化法的估价步骤与内容

运用损失资本化法进行房地产减损价值评估时，应先分别测算估价对象在价值减损前后状况下的净收益减少额、收入减少额或运营费用增加额，然后选择适合的收益法公式计算估价对象的价值减损额,其估价公式和估价过程类似于传统收益法。以下以净收益减损资本化法为例,说明损失资本化法的基本步骤和主要内容。

(一) 搜集收益减损资料

需要搜集的收益减损资料主要是指房地产损害发生前后状况下的收益资料。当搜集估价对象在收益减损前后状况下的收益资料比较困难时,可以采用估价对象在损害前后状况下的类似房地产的收益资料来替代。"估价对象在损害前后状况下的类似房地产"是指与估价对象在实物、权益、区位以及损害性质和损害程度等方面具有相似性的房地产。

(二) 确定净收益减损额

估价对象的净收益减损额通常采用年租金减损额来表示。如果能搜集到估价对象在损害前后的市场租金资料,则损害前后的市场租金之差即为净收益减损额。计算公式为

$$\Delta A = A_1 - A_0 \tag{11-13}$$

式中,ΔA 为年净收益减损额,可用年租金减损额来表示;A_0 为估价对象在损害发生之前的年净收益;A_1 为估价对象在损害发生之后的年净收益。

根据收益法的预期原理,估价对象的净收益应该是价值时点之后预期的未来净收益,而不是估价对象当前的实际净收益。相应的,估价对象的年净收益减损额也应当是预期的未来的年净收益减损额,而不是当前的实际年净收益减损额。因此,还需要在估价对象当前的年净收益减损额的基础上估算出未来的年净收益减损额。

(三) 选择报酬资本化率

报酬资本化率的选择及要求可参见第八章第五节"测算报酬率"的相关内容。

(四) 确定减损年限

减损年限应当根据减损开始时点与结束时点来判断。减损年限的开始时点应当取减损发生之时。减损年限的结束时点要根据以下两种情况分别考虑:当估价对象的减损持续时间短于估价对象建筑物的剩余经济寿命和该建筑物所占用范围内的土地使用权剩余年限时,减损年限的结束时点就等于实际减损结束的时点;当估价对象的减损持续时间晚于估价对象建筑物的剩余经济寿命或该建筑物所占用范围内的土地使用权剩余年限时,减损年限的结束时点应根据建筑物的剩余经济寿命和该建筑物所占用范围内的土地使用权剩余年限综合确定,具体确定方法参考第八章第三节"收益期的测算"的相关内容。

(五) 求取价值减损额

求取价值减损额的过程与第八章有关收益价值的测算过程基本相同。估价师需要根据国家和当地的经济社会发展情况、房地产市场状况、人民群众的生活水平以及估价对象实际情况,选择合适的收益法公式进行计算。

房地产日照环境损害赔偿估价

第五节 修复成本法

修复成本法是一种基于成本法的房地产价值减损额的评估方法。本节介绍修复成本法的概念、适用对象与条件、估价步骤与内容。

一、修复成本法的概念

修复成本法是指测算修复的必要支出和应得利润，将其作为房地产价值减损额的方法。这里的修复指的是将估价对象从损害后的状况修复到损害前的状况，包括全部可修复和部分可修复。全部可修复是指可以把估价对象损害后的状况完全修复到损害前的状况，即可以恢复原状或修复后的质量、性能等状况不次于甚至优于损害前的相应状况。部分可修复是指不能把估价对象损害后的状况完全修复到损害前的状况，即不能恢复原状或修复后的质量、性能等状况不如损害前的相应状况，但不会影响安全使用。修复成本法本质上是成本法，是传统成本法的一个特殊应用，如修复成本法不包括土地成本。

二、修复成本法的适用对象与条件

修复成本法主要适用于可修复的房地产价值减损评估。这里的可修复是指不仅技术上能够修复，经济上也值得修复，即预计修复的必要支出及应得利润小于修复带来的增值收益。例如，屋面渗漏、门窗破损、水电线路故障、墙面空鼓或开裂等。修复成本法的适用条件主要是可以对修复成本进行比较准确的量化测算。

三、修复成本法的估价步骤与内容

修复成本法的估价步骤与传统成本法的估价步骤基本相同。首先需要搜集修复房地产损害的必要成本与应得利润资料，包括修复房地产的人工、材料、机械等费用，还包括相关的管理费用、税费、利润等，然后利用成本法公式进行测算。需要注意的是，由于可修复项目通常规模不大，修复过程属于小规模生产，单位修复成本一般高于大批量生产的单位新建成本。

【思考与讨论】比较价差法、损失资本化法和修复成本法的异同。

第六节 长期趋势法

长期趋势法是预测房地产未来价值和价格的一类评估方法。本节介绍长期趋势法的概念、适用对象与条件、估价步骤以及主要的长期趋势法。

一、长期趋势法的概念

长期趋势法是在预期理论的基础上,运用时间序列分析方法,来推测、判断估价对象未来价值和价格的方法。虽然房地产价格总是不断波动,但是从长期来看往往会呈现一定的变动规律和发展趋势。因此,可以根据该类房地产从过去到现在的历史价格资料,找出该类房地产价格随着时间变化而变动的规律与趋势,然后进行外延或类推,就可得到该宗房地产的未来价值和价格,这就是长期趋势法的估价原理。常用的长期趋势法有曲线拟合法、平均增减量法、平均发展速度法、移动平均法和指数修匀法等。

时间序列分析

长期趋势法除了主要直接用于预测未来的房地产价值和价格以外,还可以作为其他估价方法的辅助方法。例如,用于收益法中租金收入、运营费用、空置率或净收益等指标的预测,比较法中可比实例成交价格的市场状况调整,分析比较两宗(类)及以上房地产价值和价格的发展趋势或潜力,用来填补某些房地产历史价格资料的缺乏等。

二、长期趋势法的适用对象与条件

长期趋势法是根据房地产价格随时间的变动规律来预测房地产未来的价值和价格,因此比较适用于价格具有明显变动规律的房地产价值和价格评估,变动规律包括长期趋势规律、季节变动规律、循环变动规律和不规则变动规律等。运用长期趋势法估价需要具备的条件是拥有估价对象或类似房地产较长时期的价格资料。拥有越长时期、越真实的价格资料,作出的推测、判断就会越准确、越可信,因为长期趋势可以消除房地产价格的短期波动和意外变动等不规则变动情况。

三、长期趋势法的估价步骤

运用长期趋势法进行房地产价值和价格评估的基本步骤如下:①搜集估价对象或类似房地产的历史价格资料;②整理估价对象或类似房地产的历史价格资料,包括统一表达形式、补齐缺失的历史数据、按照时间序列排序或画出时间序列图等;③分析房地产价格的时间序列特征,找出房地产价格的变动规律,选择适当的长期趋势法,建立相应的数学模型;④运用得到的房地产价格变动模型,预测估价对象未来的价值和价格。

四、主要的长期趋势法

(一) 曲线拟合法

曲线拟合是指用适当的连续曲线来近似地比拟两组离散的观测数据之间的变化规律,或者说用曲线方程来刻画两组数据所代表的两个变量之间的函数关系。在拟合的曲线方程中,自变量是时间,因变量是对应的价值和价格。根据曲线形式或曲线方程不同,曲线拟合法可分为直线趋势法、指数曲线趋势法、二次抛物线趋势法等。如果估价对象或类似房地产历史价格的时间序列散点图表现出明显的直线趋势特征,则应选用直线趋势法进行拟合;如果估价对象或类似房地产历史价格的时间序列散点图表现出按照一定的比率递增或递减的特征,则应选用指数曲线趋势法进行拟合;如果估价对象或类似房地产历史价格的时间序列散点图表现出明显的抛物线特征,则应选用二次抛物线趋势法进行拟合。

以直线趋势法为例,如果用 V 表示各期的房地产价格,i 表示时间序数,则房地产价格与时间的关系可用直线方程式 $V=a+bi$ 来描述。建立直线趋势法模型的主要工作就是要确定方程式中的未知参数 a、b,a、b 的值通常采用最小二乘法来确定,计算公式为

$$a = \frac{\sum V - b \sum i}{n} \tag{11-14}$$

$$b = \frac{n \sum iV - \sum i \sum V}{n \sum i^2 - (\sum i)^2} \tag{11-15}$$

当 $\sum i = 0$ 时,

$$a = \frac{\sum V}{n} \tag{11-16}$$

$$b = \frac{\sum iV}{\sum i^2} \tag{11-17}$$

在实际估价中,曲线拟合法的建模过程可以利用通用的统计分析软件来完成。

【例11-3】运用曲线拟合法预测房价

(二) 平均增减量法

当房地产历史价格的时间序列的逐期增减量大致相同,即房地产历史价格的时间序列大致呈等差数列分布时,可以采用平均增减量法预测房地产价格,计算公式为

$$V_i = P_0 + di \tag{11-18}$$

$$d = \frac{p_n - p_0}{n} \tag{11-19}$$

式(11-18)和式(11-19)中，V_i为第i期房地产价格的趋势值；i为时间序数，$i=1, 2, \cdots, n$；P_0为基期房地产价格的实际值；d为逐期增减量的平均数；P_n为第n期房地产价格的实际值；n为房地产历史价格的时间序列期数。

运用平均增减量法进行预测的条件是，房地产价格的变动过程是持续上升或持续下降的，并且各期上升或下降的数额大致相同。

不同时点的历史价格对所预测的价格的重要性和影响程度是不同的。越接近所预测的价格对应的时间的历史价格越重要。因此，可以在计算过去各期的平均增减量时对不同时点的历史价格赋予相应的权重，以体现不同时点的历史价格对所预测价格的影响。

【例11-4】运用平均增减量法预测房价

【思考与讨论】为什么近期比远期的价格数据更重要？

(三) 平均发展速度法

当房地产历史价格的时间序列的逐期发展速度大致相同，即房地产历史价格的时间序列大致呈等比数列分布时，可以采用平均发展速度法预测房地产价格，计算公式为

$$V_i = P_0 t^i \tag{11-20}$$

$$t = \sqrt[n]{\frac{p_n}{p_0}} \tag{11-21}$$

式(11-20)和式(11-21)中，t为平均发展速度，其余参数同前。

运用平均发展速度法预测房地产价格的条件是，房地产价格的相对变动过程是持续上升或持续下降的，并且各期相对上升或下降的幅度大致相同。

与平均增减量法类似，可以在计算过去各期的平均发展速度时对不同时点的历史价格赋予相应的权重，以体现不同时点的历史价格对所预测价格的影响。

【例11-5】运用平均发展速度法预测房价

(四) 移动平均法

移动平均法是对房地产历史价格按照时间序列进行修匀，即采用逐项递移的方法分别计算一系列移动的时序价格平均数，派生出新的平均价格的时间序列，借以消除价格短期波动的影响，显现出价格变动的基本发展趋势。移动平均法包括简单移动平均法和加权移动平均法。简单移动平均法是将若干个价格加起来计算其移动平均数，建立一个新的移动平均数时间序列，再从中找出发展变动的方向和程度，进而预测该类房地产未来的价格。加权移动平均法是在计算移动平均数时，对较近的数据赋予较大的权重，对较远的数据赋予较小的权重，将各期房地产价格的实际值经过加权后，再采用类似于简单移动平均法的方法进行趋势估计。在运用移动平均法时，一般按照房地产价格变化的周期长度进行移动平均。

【例11-6】运用移动平均法预测房价

(五) 指数修匀法

指数修匀法是以本期的实际值和本期的预测值为根据，经过修匀后得出下一期预测值的方法。设：P_i为第i期的实际值，V_i为第i期的预测值，V_{i+1}为第$i+1$期的预测值，a为修匀常数，$0 \leq a \leq 1$，则运用指数修匀法进行预测的公式为

$$V_{i+1}=V_i+a(P_i-V_i) \tag{11-22}$$

式(11-22)中，第0期的预测值一般以第0期的实际值替代。运用指数修匀法进行预测的关键是确定a的值，可通过试算选择使预测值与实际值的绝对误差最小的a。

【思考与讨论】还有哪些基于时间序列的预测方法？

第七节 条件价值法

条件价值法(contingent valuation method，CVM)是一种基于调查的非市场价值评估方法。本节介绍条件价值法的概念、适用对象与条件、估价步骤与内容。

一、条件价值法的概念

条件价值法是通过调查的方式直接询问被调查者在模拟市场环境中对某项物品或服务的支付意愿(willingness to pay，WTP)或者放弃某项物品或服务而愿意接受的受偿意愿(willingness to accept，WTA)，以此揭示被调查者对某项物品或服务的偏好，并通过统计分析最终确定该项物品或服务货币价值的方法。条件价值法是应用较广泛的陈述偏好价值评估技术，又称为条件价值评估法、意愿调查法、意愿调查价值评估法等。

条件价值法从主观满意度出发，利用效用最大化原理，从WTP和WTA两个不同侧面衡量物品和服务的价值。从传统经济学来看，衡量等量物品和服务变化的WTP和WTA的结果应该是一样的。但是在实际应用中，两者差异很大，WTA通常是WTP的几倍、十几倍甚至几十倍不等。边际效用递减规律、收入效应、替代效应、禀赋效应、风险偏好、交易成本、获利动机、引导方式等通常被用来解释WTP和WTA之间的差异。

条件价值法的优点是能够直接反映被调查者对物品和服务价值的意愿，具有简洁、直观、形象等特点。但是条件价值法也存在一些不足，在实践中受到一些质疑，主要问题在于：一是调查对象无法覆盖所有的利益相关者；二是评估结果依赖于被调查者的主观观点而不是其客观行为，调查对象声称怎么做并不代表其实际就会这么做；三是被调查者在有些情况下会产生策略性行为，影响估价结果的客观性和可靠性。

二、条件价值法的适用对象与条件

条件价值法在20世纪60年代初被首次应用于美国缅因州林地的宿营、狩猎等娱乐价值评估,目前是西方国家进行非市场公共物品和服务价值评估较常用的方法,被广泛应用于旅游价值、美学价值、生物多样性、生态系统、健康风险、文化艺术等诸多领域的价值评估。我国从20世纪90年代开始尝试将条件价值法运用到环境资源、生态系统等价值评估领域。在房地产估价领域,条件价值法可以用来评估市场化程度不高且缺少交易或租金案例的房地产、具有较大无形收益的房地产以及其他特殊的房地产和房地产的某种权益或属性,如政策性住房、被征收房屋、农村房地产以及房屋采光权等。

非市场物品和服务

运用条件价值法评估需要满足几个前提:一是需要建立假想的市场环境;二是被调查者具有代表性并了解自己的偏好,有能力对物品和服务进行估价且愿意表达自己的意愿;三是条件价值法比较费时费力,需要有较充足的人力、物力、财力和时间条件。

三、条件价值法的估价步骤与内容

运用条件价值法进行房地产估价的基本步骤和主要内容如下所述。

(一) 构建假想市场

条件价值法评估的对象通常是非市场物品和服务,即没有交易市场或者市场发育不健全而无法完全通过市场形成价格的物品和服务。在房地产估价中,构建假想市场就是要阐明为评估特定房地产而提出的目的或理由,这是被调查者做出合理评价的前提和基础。因为被调查者对假想市场的理解不完全相同,可能会导致调查结果出现偏差,即出现假想偏差,所以在设计调查问卷时,要尽可能地对假想市场进行充分的描述,包括估价目的、估价对象及其所处的宏观政策与外部环境、其他背景资料等,以便被调查者对调查情况有一个全面、清晰的认识,减少信息偏差导致的调查结果偏差。在实际估价中,还可以采用一些其他方法和技术来减少假想偏差,如进行预调查,通过预调查掌握被调查者对假想市场的响应与认识偏差;通过图文并茂的方式尽量为被调查者营造假想市场的真实感。

(二) 制定调查方案

条件价值法通过调查得到房地产价值,估价结果的合理性依赖于调查过程的科学性。因此,在调查实施之前需要制定科学的调查方案。调查方案的内容包括调查目的、调查内容、调查对象、调查方法、调查人员、进度安排、费用预算、数据整理与分析方法等。根据大数定律,在其他条件不变的情况下,调查样本的数量越多,调查精度和可靠性越高,调查结果越接近于真实价值。一般来说,调查对象的范围越大越好。从理论上讲,假想市场范围(即物品和服务的受益群体)有多大,调查对象的范围就应该有多大。但是在实际工作中,一方面很难精确界定物品和服务的受益群体,另一方面受各种条件限制,调查全部的受益群体几乎不可能。因此，需要根据具体的估价目的和条件确定合适的调查对象的范围，此时得到的估价结果只是物品和服务对这个特定调查范围和调查对象的价值和价格。条件价值法的调查方法有问卷调查、电话调查、当面访谈、邮件调查以及德尔菲法等。其中，德尔菲法又名专家意见法，是采用背对背的匿名通讯方式征询专家意见，经过几轮反馈，使专家意见趋于集中，最后做出符合实际情况的结论。在咨询过程中，专家只与调查人员发生联系，专家成员之间不发生横向联系，不得互相讨论，以保持专家意见的独立性。

德尔菲法

(三) 选择引导技术

引导技术本意是指团体领导者诱发成员积极发言的方法。这里的引导技术是指通过合理的调查方式和问题设计引导出被调查者在假想市场中对估价对象因状况改善或损失的支付意愿和受偿意愿的方法。常见的引导技术有投标博弈、开放式问题、支付卡格式和二分式选择。在投标博弈中，调查者不断提高或降低报价水平，直到得到被调查者的支付意愿或受偿意愿为止，但是该方法容易受起点报价的影响。开放式问题要求被调查者直接说出支付意愿或受偿意愿，其优点是能克服起点偏差，缺点是被调查者有时很难准确说出自己真实的支付意愿或受偿意愿，尤其在对物品和服务不太熟悉的时候更是如此，而且被调查者还容易产生策略性行为。支付卡格式要求被调查者从一系列给定的价格中选择支付意愿或受偿意愿，该方法能够克服开放式问题中的零起点支付意愿或受偿意愿的缺点，但是结果也容易受报价范围的影响。二分式选择要求被调查者就给定的支付意愿或受偿意愿回答"是"或"不是"，其优点是比较符合讨价还价行为且容易回答，缺点是结果为离散型数据，需要较多的观察样本和比较复杂的数理统计分析模型，容易产生模型设定偏误。

(四) 确定意愿价值

在获得支付意愿或受偿意愿后，对于投标博弈、开放式问题、支付卡格式等连续型条件价值评估，可以将各个调查样本支付意愿或受偿意愿的平均值或中位数作为平均支付意愿或受偿意愿。对于二分式选择这一离散型条件价值评估，需要运用适当的数理统计模型分析计算被调查者支付意愿或受偿意愿的期望值，常用的数理统计模型有 Probit 模型和 Logit 模型等。在得到支付意愿或受偿意愿以后，还应对其进行可靠性检验。可靠性是指调查结果的稳定性和重现性，包括时间稳定性和重复试验可靠性。前者是指在不同时间点上用同一方式对同一总体的不同样本进行调查检验；后者是用同一种方式对同一样本在不同的时间上进行重复调查。要提高调查可靠性，可扩大样本容量，也可采用更有效的统计技术处理奇异值等。将通过可靠性检验的支付意愿或受偿意愿作为最终的意愿价值。

除了确定估价对象价值以外，条件价值法还可以用来分析支付意愿或受偿意愿的影响因素。这些影响因素主要是被调查者的个体特征及其经济社会属性，如性别、年龄、学历、职业、收入等，相关因素应在问卷设计与调查时一并加以考虑。

第八节
资本资产定价模型

房地产的未来收益具有不确定性。传统收益法通过安全利率加风险调整值的方法将投资风险补偿等因素纳入报酬率，以反映未来收益的不确定性，但是没有明确投资风险补偿的具体确定方法。根据资产定价理论，投资风险补偿可以通过资本资产定价模型来测算。本节介绍资本资产定价模型的概念、适用对象与条件、估价步骤与内容。

一、资本资产定价模型的概念

资产定价主要研究资产的预期收益与风险的关系问题。对资产定价问题的规范性研究最早可追溯到丹尼尔·伯努利于1738年发表的拉丁论文《关于风险衡量新理论的阐释》。1952年，哈里·马科维茨(Harry M. Markowitz)创立了投资组合理论。在马科维茨投资组合理论的基础上，威廉·夏普(William Sharpe，1964)、约翰·林特纳(John Lintner，1965)、杰克·特雷诺(Jack Treynor，1961、1962)、简·莫辛(Jan Mossin，1966)等人几乎同时提出了资本资产定价模型(capital asset pricing model，CAPM)。

根据资产定价相关理论，投资风险包括系统风险和非系统风险。系统风险也称为市场风险，是指无法通过投资组合、分散投资来消除的风险，如利率风险、通胀风险、自然风险、战争风险、经济衰退风险等。非系统风险也称为特殊风险，是具体投资活动所特有的风险，如与投资对象相关的竞争风险、财务风险、信用风险等，非系统风险可以通过改变投资组合、分散投资来消除。资本资产定价模型只考虑系统风险，不考虑非系统风险。

【思考与讨论】房地产投资具有哪些系统风险和非系统风险？

运用资本资产定价模型测算风险投资期望收益率的计算公式为

$$r_i = r_f + \beta_i \times (r_m - r_f) \tag{11-23}$$

式(11-23)中，r_i为资产i的期望收益率；r_f为无风险收益率，如银行存款利率或国债利率；r_m为市场平均收益率；β_i为资产i的系统风险水平。

式(11-23)表明：①资产i所能获得的期望收益率由无风险收益率和风险补偿两部分构成。其中，$\beta_i \times (r_m - r_f)$为资产$i$的风险补偿，$(r_m - r_f)$为市场平均风险的溢价。②在资本市场中，资产$i$的收益与风险存在比例关系，如果资产$i$的系统风险是市场平均风险的$\beta$倍，则其所获得的风险补偿也是市场平均风险补偿的$\beta$倍。式(11-23)表示的期望收益率与第八章第五节的报酬率本质相同，只是前者的测算过程更加精确。

式(11-23)需要满足如下假设：①投资者数量众多，单个投资者的投资行为对市场价格不会产生影响，投资者是市场价格的接受者；②投资者都是风险规避型的，并以期望收益率和风险为依据进行投资组合;③投资者都是理性的,可以获得充分的市场信息,知晓且对投资收益的概率分布预期一致;④投资者的投资范围仅限于公开金融市场上的资产,可以在相同的无风险利率基础上自由借贷任意额度的资产;⑤市场是完美的,资本、信息等可自由流通,不存在交易费用与通货膨胀,折现率保持不变。

【思考与讨论】房地产投资符合上述假设吗?

二、资本资产定价模型的适用对象与条件

资本资产定价模型主要用于测算金融市场上风险投资的期望收益率。在房地产估价中,资本资产定价模型可以用来测算收益性房地产的报酬率。运用资本资产定价模型测算报酬率的前提是,房地产市场是成熟、有效的市场,投资资金可在不同行业以及不同地区之间自由流动,且容易获得客观合理的房地产投资平均收益率数据。

三、资本资产定价模型的估价步骤与内容

(一) 确定无风险收益率

无风险收益率是指没有风险或风险极小的投资收益率,是完全能够确定的收益率,它与资产和资产组合的持有期有关。由于房地产持有期一般较长,流动性较低,房地产投资的无风险收益率可选取同一时期一定年期的国债利率或定期存款利率。

(二) 确定市场平均收益率

在成熟的市场经济国家或地区,宏观经济形势的变动可以通过股票的价格波动来体现,两者的变动在整体上是一致的。例如,美国的国内生产总值在1897—1976年间平均年增长5%,而同期道琼斯工业股票价格指数平均增长4.7%。在这样的市场环境下,股票价格增长率相当于社会平均收益率。但是我国目前的股票市场与实体经济相关性不够强,其价格变化无法完全反映宏观经济形势和市场平均收益率的大小。在当前的情况下,可以将国内生产总值的年增长率视为同期市场平均收益率[①]。

(三) 确定资产系统风险水平

资产系统风险水平β_i被定义为资产i的收益率r_i与市场平均收益率r_m的协方差除以市场平均收益率的方差σ_m^2,即$\beta_i=\text{Cov}(r_i, r_m)/\sigma_m^2$。$\beta_i$反映了该项投资风险与市场风险的相关程度,相关性越强,β_i的值就越大。在实际估价中,测算$\text{Cov}(r_i, r_m)$和σ_m^2难度比较大,因此可以通过式(11-23)来反算β_i。将式(11-23)变形后得到的计算公式为

$$\beta_i = (r_i - r_f)/(r_m - r_f) \tag{11-24}$$

---

① 王来福. CAPM在我国收益性房地产估价中的应用研究[J]. 东北财经大学学报,2015(4): 12-14.

式(11-24)中，β_i反映了资产i的收益率r_i相对于市场平均收益率r_m的敏感程度。

在计算β_i时，r_i可取房地产平均收益率，具体可根据房地产公司在股票市场上发布的年报数据确定的房地产企业平均税前总资产收益率来替代；r_f可采用一年期国债利率；r_m可用国内生产总值年增长率。采用上述相关指标的历史数据，将资产i的风险溢价(r_i-r_f)对市场平均风险溢价(r_m-r_f)进行回归，确定回归曲线的斜率，即确定资产系统风险水平β_i。

(四) 计算期望收益率

根据当年或上年的无风险收益率、房地产市场平均收益率和市场系统风险水平，按照式(11-23)计算房地产投资的期望收益率r_i。

第九节 实物期权定价法

房地产的未来收益包括波动收益和或有收益，前者是指确定发生但不确定大小的收益，后者是指不确定是否发生的收益。但是资本资产定价模型只考虑了波动收益而没有考虑或有收益，传统收益法虽然在累加法中通过"投资带来的优惠"因素考虑了部分或有收益，但是对"投资带来的优惠"分析不够全面深入，也没有给出具体的测算方法，导致实际估价中报酬率的取值比较随意。实物期权定价法是专门针对或有收益的估价方法，本节介绍实物期权定价法的概念、适用对象与条件、估价步骤与内容。

一、期权与实物期权的概念

(一) 期权的概念

期权是一种权利义务不对等的交易合约，它赋予期权持有人在合约规定的日期或该日期之前的任何时间有权利按照预先确定的价格购买或出售某项资产的权利。对期权持有人而言，期权是在未来一定时期内可以采取某种行动的权利，而不是必须采取某种行动的权利，是权利而不是义务。期权的执行通常会给持有人增加收益或减少损失，因此期权具有价值。与传统投资决策总是试图回避不确定性不同，不确定性恰恰是期权价值存在的基础。不确定性越大，期权的价值就越大。如果资产含有期权，那么资产的风险越大，其潜在价值也就越大。

根据期权执行方式不同，期权可分为买方期权和卖方期权。买方期权是指期权持有人按照约定价格购买的权利，也称为看涨期权，简称买权；卖方期权是指期权持有人按照约定价格出售的权利,也称为看跌期权,简称卖权。

根据期权执行时间不同,期权可分为欧式期权和美式期权。欧式期权的持有者只能在期权到期日行使其权利;美式期权的持有者可以在期权到期日之前任何时间行使其权利,在执行方面比欧式期权更加灵活。需要注意的是,欧式期权和美式期权没有地域方面的含义。在目前世界主要的期权市场上,美式期权的交易量要多于欧式期权的交易量。

根据合约的标准化程度不同,期权可分为标准化期权和非标准化期权。标准化期权是指期权的标的资产、约定价格和到期时间的选取以及合约的规模等方面都有标准化的规定,这些规定通常由期权交易所负责制定,因此标准化期权又称为场内期权。1973年,美国芝加哥期权交易所成立并正式推出股票期权,这是历史上首个标准化期权。相应地,非标准化期权也称为场外期权。

股票期权

根据期权所附着的资产(即期权的标的物或标的资产)不同,期权可分为金融期权和实物期权。金融期权的标的物通常是金融资产,如股票、债券、期货、货币、外汇、利率、汇率等,金融期权通常是人为设计的期权;实物期权的标的物通常是实物资产,如机器设备、房地产、项目等,实物期权是非人为设计的"天然"期权。

(二) 实物期权的概念

实物期权是指非人为设计的选择权,即现实中存在的发展或增长机会、收缩或退出机会等。1977年,斯图尔特·迈尔斯(Stewart Myers)提出实物期权的概念,他认为一个项目的利润来自目前所拥有的资产以及对未来投资机会的选择,即投资者在未来以一定价格购买或出售实物资产的权利,包括延迟期权、增长期权、收缩期权、转换期权、退出期权、混合期权等,实务中主要考虑增长期权和退出期权。增长期权是指在现有基础上增加投资和资产而扩大业务规模或者扩展经营范围的期权;退出期权是指在前景不好的情况下,可以按照合理价格(即没有明显损失)的部分或者全部变卖资产,或者低成本地改变资产用途,从而收缩业务规模或者范围以至退出经营的期权。

房地产是具有实物期权的资产,一方面,房地产的不可移动性、投资的长周期性以及难以变现性使得房地产投资具有较高的不确定性,投资者投资房地产后面临着多种选择,如延期开发、分期投资、延期租售、转售转租、转换用途、改变规模等;另一方面,房地产交易尤其是期房交易具有典型的期权交易特征。因此,购买或租赁房地产的同时也获得了相应的实物期权,房地产价值应当包括实物期权的价值。

(三) 实物期权定价法

收益法是评估收益性资产的常用方法,通过报酬率来反映未来收益的资金时间价值和收益的不确定性。但是收益法只考虑了不确定性带来的风险,不确定性越大,风险越高,报酬率越大,收益价值越小。实际上,不确定性不仅带来风险,同时也给投资者带来潜在投资机会和潜在收益,特别是在那些具有成长性和灵活性的企业和项目中,如独角兽企

独角兽企业

业。在一个充满不确定性的市场上，资产配置和经营管理的灵活性和战略适应能力已经成为投资者更好地把握投资机会从而赢得未来发展的关键。传统的收益法无法把握不确定性条件下因各种潜在投资机会而给投资者带来的新增价值，可能导致评估价值偏低。

实物期权定价法是指评估实物期权价值的方法，是在对传统收益法的批判、反思和修正的过程中发展起来的期权定价方法，简称实物期权法。实物期权定价法是金融期权定价法在实物投资领域的延伸和拓展，其估价方法可借鉴金融期权定价法。金融期权定价法有Black-Scholes模型(简称B-S模型)、二项树模型、有限差分模型、蒙特卡罗模型等，其中较常用的是B-S期权定价模型和二项树定价模型。

1. B-S模型

1973年，费希尔·布莱克(Fischer Black)和麦伦·舒尔斯(Myron Scholes)提出期权定价理论(简称B-S模型)，解决了期权这一重要的金融衍生品的定价问题。B-S模型假设未来资产价格变化是一个连续的过程，主要针对无红利流量情况下的欧式期权价值评估。

买方期权的B-S模型为

$$C_0 = SN(d_1) - Xe^{-rT}N(d_2) \tag{11-25}$$

$$d_1 = \frac{\ln\left(\frac{S}{X}\right) + \left(r + \frac{\sigma^2}{2}\right)T}{\sigma\sqrt{T}} \tag{11-26}$$

$$d_2 = d_1 - \sigma\sqrt{T} \tag{11-27}$$

式(11-25)～式(11-27)中，C_0为买方期权的价值；S为标的资产在价值时点的价值；X为期权执行价格，简称行权价格，是指执行实物期权时，购买或出售资产需要支付或者获得的金额；T为期权执行期限，简称行权期限，是指从价值时点起至执行实物期权时止的时间；r为无风险收益率；σ为标的资产价格波动率；e^{-rT}为连续复利下的现值系数；$N(d_1)$、$N(d_2)$为累积分布函数，表示在标准正态分布下变量小于d时的累积概率。

卖方期权的B-S模型为

$$P_0 = Xe^{-rT}N(-d_2) - SN(-d_1) \tag{11-28}$$

式(11-28)中，P_0为卖方期权的价值，其余参数含义同前。

2. 二项树模型

1979年，约翰·考克斯(John C. Cox)、斯蒂芬·罗斯(Stephen A. Ross)和马克·罗宾斯坦(Mark Rubinstein)等人以二项树模型的形式提出了另一种期权价值的计算方法，难得的是，这种方法与B-S模型虽然形式不同，但是计算结果却完全可以相互验证。二项树模型假设未来资产价格会经过多期变化且每期都只有上涨或下跌两种情况。二项树模型可以用于计算欧式期权价值，也可以在一定程度上计算美式期权的价值。

一期和两期二项树的期权价值模型分别为

$$f = e^{-rT}[pf_u + (1-p)f_d] \tag{11-29}$$

$$f = e^{-2rT}[p^2 f_{uu} + 2p(1-p)f_{ud} + (1-p)^2 f_{dd}] \tag{11-30}$$

$$p = \frac{e^{rT} - d}{u - d} \tag{11-31}$$

式(11-29)~式(11-31)中，f 为买方期权或卖方期权的价值；T 为行权期限；t 为每一期的时间长度(年)；p 为标的资产价格在一期中上升的概率，$(1-p)$ 为标的资产价格在一期中下降的概率，p 不需要经过专门估计而是依据其他参数计算出来的，因此又称为假概率；u、d 为标的资产价格在一期中上升或下降为原来的倍数，u、d 的取值可以根据实际情况进行专门估计，也可以根据公式计算确定，$u=e^{\sigma\sqrt{t}}$，$d=e^{-\sigma\sqrt{t}}$；f_u、f_{uu} 为标的资产价格一次和两次上升后期权的价值；f_d、f_{dd} 为标的资产价格一次和两次下降后期权的价值；f_{ud} 为标的资产价格一次上升和一次下降后期权的价值。

在应用二项树模型时，可以根据需要将期权的行权期限划分为任意多个变化期，从而可以增加在期权到期时标的资产价格及对应的期权价值的可能值。理论上讲，划分的期数越多，评估结论越精确。但当标的资产价格变动次数无限增加时，标的资产价格接近连续变化，二项树模型就成为B-S模型。但是在实物期权评估中，由于基础数据的估计不可能很准确，通过增加期数提高评估结论准确性的意义不大，且随着期数的增加，计算工作量将大幅度增加。从实际股价来看，采用一期或两期二项树模型就能基本满足要求。

二、实物期权法的适用对象与条件

房地产是典型的具有实物期权的资产，不能完全忽略房地产或有收益带来的实物期权价值，因此适合采用实物期权法对房地产实物期权进行估价。如待开发土地的房地产估价、具有再开发或再投资潜力的房地产估价、可转换用途或调整开发方案的房地产估价，以及限价商品房定价、公共租赁住房租金定价、共有产权住房定价、房屋征收安置及商业房地产转让估价等。运用实物期权法的前提条件有两个：一是房地产的投资收益与投资成本具有不确定性且服从某种随机分布规律，如正态分布等；二是房地产投资策略(如投资组合、投资时机选择等)具有柔性，即可根据实际情况进行适当调整。在实际估价中，可将实物期权法和收益法结合使用，实物期权法针对的是或有收益，收益法针对的是波动收益。

【思考与讨论】共有产权住房有哪些实物期权？

三、实物期权法的估价步骤与内容

实物期权法是针对实物期权评估的特定方法。实物期权评估是指估价机构及估价师遵守相关的法律法规与规范标准，根据估价委托对价值时点特定目的下附着于估价对象上的实物期权进行识别、评定、估算并出具估价报告的专业服务行为。根据《实物期权评估指导意见》，实物期权评估大致需要识别期权、选择模型、估计参数、估算价值等步骤。

(一) 识别期权

识别期权时，应搜集估价对象相关信息资料，全面了解估价对象状况及其未来发展前景与投资机会，明确房地产实物期权的标的资产、期权类型、行权价格、行权期限等。在实际估价中，估价师应当根据有关参数信息的可得性和可靠性，判断估价对象是否具备实物期权估价条件，不具备条件的应当终止实物期权评估。

(二) 选择模型

评估实物期权价值应当根据实物期权的类型，选择适当的期权定价模型。常用的期权定价模型包括B-S模型、二项树模型等。B-S模型针对欧式期权的定价，是连续时间下的期权定价模型；二项树模型是离散时间下的期权定价模型，理论上对于欧式期权和美式期权都适用，但多数情况下应用不是很方便。美式期权和欧式期权都只有一次执行机会。在其他条件相同的情况下，美式期权价值不会超过对应的欧式期权很多。当标的资产在行权期限内没有红利流量的情况下，美式买方期权和欧式买方期权价值完全相同。在行权期限内有红利流量的情况下，应用B-S模型评估可能会在一定程度上低估期权的价值，可以考虑采用针对红利的B-S模型的变形来评估。在极限意义上(即期数无限多或每期时间为无限短的情况下)，B-S模型和二项树模型的评估结论相同。在估算实物期权价值时，可以根据参数估计和计算方便的原则，选择采用B-S模型或者二项树模型。

(三) 估计参数

实物期权评估所需的参数通常包括标的资产在价值时点的价值S及其波动率σ、行权价格X、行权期限T以及无风险收益率r等。

标的资产即实物期权所对应的基础资产。增长期权的标的资产是当前资产带来的潜在业务或者项目；退出期权的标的资产是实物期权所依附的当前资产。在估算实物期权价值时，标的资产在价值时点的价值S可以根据比较法、成本法、收益法等方法进行评估，但应当明确标的资产的评估价值S中没有包含资产中的实物期权价值。

波动率σ是指预期标的资产收益率的标准差，即标的资产在行权期限内无红利流量的情况下，其价值相对变动的标准差。波动率σ可以通过类比风险相近资产的波动率确定，也可以根据资产以往价格相对变动情况确定历史波动率，再根据未来风险变化情况进行调整确定。

行权价格X是指执行实物期权时，购买或出售相应资产所支付或获得的金额。增长期权的行权价格是形成标的资产投资所需要的金额；退出期权的行权价格是标的资产在未来行权时间可以卖出的价格，或者在可以转换用途情况下，标的资产在行权时间的价值。

行权期限T是指价值时点至实物期权行权之时的时间长度。实物期权通常没有准确的行权期限，可以按照预计的最佳行权时间估计行权期限，或者根据估价目的和实际情况设定行权期限。通常可根据稳健原则通过适当低估行权期限而降低行权期限估计难度。

无风险收益率r是指不存在违约风险的收益率。无风险收益率r可以参照剩余期限与实物期权行权期限相同或者相近的国债到期收益率确定。

(四) 估算价值

将相关参数值代入相应的期权定价模型,即求得实物期权价值。为确保评估结论的合理性,建议对评估结论进行必要的合理性检验,防止出现方向性错误。合理性检验表如表11-5所示。确认实物期权评估价值无误后,将其与收益法估价的收益价值进行累加,以考虑估价对象实物期权的溢价效应,得到包含实物期权价值在内的最终估价结果。

表11-5 合理性检验表[①]

变量名称	变量符号	与买权价值的关系	与卖权价值的关系
标的资产价值	S	同向	反向
波动率	σ	同向	同向
行权价格	X	反向	同向
行权期限	T	同向	同向
无风险收益率	r	同向	反向

【思考与讨论】运用实物期权法评估房地产价值存在哪些难点?

复习题

1. 什么是基准地价修正法?主要适用于哪些情形?有哪些估价步骤?
2. 什么是路线价法?主要适用于哪些情形?有哪些估价步骤?
3. 房地产价值减损评估方法有哪些?
4. 什么是价差法?主要适用于哪些情形?有哪些估价步骤?
5. 什么是损失资本化法?主要适用于哪些情形?有哪些估价步骤?
6. 什么是修复成本法?主要适用于哪些情形?有哪些估价步骤?
7. 什么是长期趋势法?主要适用于哪些情形?
8. 长期趋势法有哪些具体方法?如何运用各种长期趋势法?
9. 什么是条件价值法?主要适用于哪些情形?有哪些估价步骤?
10. 什么是资本资产定价模型?如何利用该模型确定房地产报酬率?
11. 什么是期权和实物期权?如何运用实物期权法评估房地产或有价值?

拓展阅读

[1] 金栋昌. 中国城镇化进程中的土地级差收入研究[M]. 北京:中国社会科学出版社,2020.

[2] 毛政元. GIS支持下的城市基准地价估算——路线价法及其实现过程[J]. 中国土地科学,1995(6):36-38.

[3] 廖双波,闵遵荣. 浅议房地产损害赔偿估价[J]. 中国房地产估价与经纪,2020(3):

---

① 资料来源:《实物期权评估指导意见》(中评协〔2017〕54号)。

35-40.

[4] 姜向荣,郝静.时间序列分析与预测[M].北京:科学出版社,2020.

[5] 陈琳,欧阳志云,王效科,等.条件价值评估法在非市场价值评估中的应用[J].生态学报,2006,26(2):610-619.

[6] 张志强,徐中民,程国栋.条件价值评估法的发展与应用[J].地球科学进展,2003(3):454-463.

[7] 陈浪南,屈文洲.资本资产定价模型的实证研究[J].经济研究,2000(4):26-34.

[8] 景乃权.资本资产定价模型及其评述[J].经济学家,2000(4):116-120.

[9] 蔡晓钰,陈忠,蔡晓东.房地产投资的实物期权理论研究回顾与述评[J].管理工程学报,2006(3):108-112.

[10] 赵永生,屠梅曾,马国丰.基于有使用期限的房地产实物期权价值[J].上海交通大学学报,2007(12):2043-2047.

[11] 张志强.实物期权评估研究[M].北京:中国财政经济出版社,2019.

本章测试

第十二章
房地产批量估价

传统的房地产估价通常采用个案估价的形式。批量估价是相对于个案估价的一种估价模式。近年来，在税基评估等估价需求和大数据等技术的推动下，批量估价技术与方法得到了快速发展和应用。本章首先对批量估价的相关内容进行概述，然后介绍标准价调整法和特征价格法的含义、估价步骤与内容，最后介绍批量估价的实践应用。

▌教学要求

1. 了解批量估价的含义与种类、产生与发展以及实践应用；
2. 熟悉批量估价的理论依据、适用对象与条件；
3. 掌握准价调整法和特征价格法的含义、估价步骤与内容。

▌关键概念

批量估价，个案估价，税基评估，自动评估模型，计算机辅助批量估价，标准价调整法，特征价格法，多元回归模型

▌导入案例

如何防范"阴阳合同"形成的税收风险？

王先生在北京市昌平区民园小区有一套住房。2009年7月，他通过某房地产中介公司与李先生签订了房屋买卖合同，将该房以54万元的价格出售。为少缴税款，双方于2009年9月就该房屋在北京市住建委相关网站上网签了一份总价仅为27.5万元的房屋买卖合同，

并以此合同登记备案。房屋过户后,王先生收到了李先生28万元的房款。但没想到的是,此后李先生就不再支付任何后续房款。虽然中介公司曾两次向李先生发送支付剩余房款的催告函,但李先生一直未予支付。更让王先生没有想到的是,李先生竟将这套房屋转卖给他人,本人则离开北京且音信全无。王先生无奈诉至法院,要求李先生支付剩余房款。经法院缺席审理后认定,当事人之间就转让同一房屋先后签订数份买卖合同且合同中关于房屋价款等约定存在不一致,当事人就此产生争议的,应当依据当事人真实意思表示的合同约定继续履行。法院综合全案事实和房地产市场实际情况,认定先前签订的交易价款为54万元的房屋买卖合同是双方真实的意思表示,应依约履行,因此支持了王先生的诉讼请求,判决买房人李先生应向王先生支付剩余房款26万元。法院认为,像王先生这种签订"阴阳合同"的方式是错误的,出现两套标的一样的合同会使法院在对真实合同的认定上存在疑难。同时,也给对方留下了"假合同、真履行"的漏洞,一旦发生纠纷,原房屋所有人权利可能会遭受侵犯,自身也很难获得法律的救济,而且还可能涉嫌逃避税收。因此,从维护自身合法权益的角度来看,房屋买卖双方还是应该签订和履行真实的合同,避免"弄巧成拙"和因小失大。

  在二手房交易中,通过"阴阳合同"来实现逃税目的的现象屡见不鲜。2011年4月3日,《每日经济新闻》记者以买方身份来到北京东城区雍和家园小区,一家知名中介的工作人员极力向记者推荐该小区内一套两室一厅一卫一厨、面积为110平方米的二手房源,业主的报价为500万元,折算单价45 455元/平方米。在一番讨价还价后,这位中介人员最终给出的单价为44 000元/平方米。当记者显露出购买意愿并一再表示希望在过户时能少交税时,工作人员解释了"阴阳合同"的操作流程:如果以44 000元/平方米的单价成交,最终该套房的成交总价为484万元。如欲办理50%的房贷,按规定需先办理一个484万元的网签,然后以这个网签合同为购房依据去银行申请房贷。待房贷办理下来后,再将这个网签注销,然后以该房源所在小区的"最低过户价"为标准再办理一个过户网签(为避免有人通过"阴阳合同"逃避税收,北京市根据2005年房屋市场交易价格并考虑相关因素制定了二手房交易最低计税价格,俗称最低过户价。如果税务部门认定交易价格过低,则以最低过户价为计税基数。但是由于此后北京房价一路上涨,而最低过户价标准却未根据市场状况及时进行调整,导致实际成交价格与最低过户价之间的差距越拉越大。渐渐地,当初为了防止阴阳合同而制定的最低过户价,反而成了滋生逃税漏税的"最低避税价"),并以此为标准办理过户及缴税。根据该套二手房房源的实际情况,买方可以以总价不超过104.5万元的价格办理过户。如此一来,应缴税金仅为实际成交总价的21.59%,按照1.5%的税率计算,少缴契税近5.7万元。2012年7月20日,北京市住建委会同北京市地税局、北京市银监局联合发布《关于进一步加强房屋买卖合同管理的通知》(京建法〔2012〕12号),提出地方税务部门将综合运用房地产估价等技术来加强房屋交易税收征管。

  (资料来源:根据网络资料整理)

  根据上述案例,你认为可以采用什么样的房地产估价技术来防范二手房交易中的"阴阳合同"所形成的税收风险呢?

第一节 批量估价概述

批量估价不是一种估价方法,而是一种估价模式。本节介绍批量估价的含义与种类、产生与发展、理论依据、适用对象与条件以及与个案估价的异同。

一、批量估价的含义与种类

批量估价是与个案估价相对应的估价模式。《房地产估价基本术语标准GB/T 50899—2013》规定,批量估价是指基于同一估价目的,利用共同的数据,采用相同的方法,并经过统计检验,对大量相似的房地产在给定日期的价值进行评估。相似的房地产是指与估价对象的区位、用途、权利性质、档次、规模、建筑结构、新旧程度等相同或类似的房地产。国际估税官协会(International Association of Assessing Officers,IAAO)颁布的批量估价准则规定,批量估价是指采用标准的评估方法和通用的数据并考虑统计检验,对一系列房地产在特定时间的价值进行评估的过程。国际评估准则(International Valuation Standard,IVS)规定,批量估价是指在给定的时间,使用系统、统一并考虑对结果进行统计检验与分析的评估技术与方法,对多种类型的财产进行评估的过程。《美国专业评估执业统一准则》(Uniform Standards of Professional Appraisal Practice,USPAP)规定,批量评估是通过采用标准化方法、应用共同数据,并考虑统计检验结果,对一系列房地产在某一日期的价值进行评估的过程。由此可见,国内外对批量估价的定义基本相同,其核心要义有以下几个:运用统一标准的评估方法;运用共同的样本数据;对大批量的多宗房地产进行估价;要求评估结果的一致性和统一性。

个案估价

批量估价可以按照不同的标准进行分类。按照数学模型不同,批量估价可分为基于数理统计的批量估价和基于非数理统计的批量估价,前者如特征价格法,后者如路线价法,《房地产估价基本术语标准GB/T 50899—2013》对批量估价的定义主要是指前者;按照估价原理不同,批量估价可分为基于比较法、收益法、成本法的批量估价,如标准价调整法、路线价法都是基于比较法的批量估价;按照模型是否有可见参数,批量估价可分为参数化模型估价和非参数模型估价,前者应用参数化模型来表述房地产价格与其影响因素之间的定量关系,如特征价格法,后者是应用非参数模型、无模型的批量估价技术进行估价,如人工神经网络技术、遗传算法、粗糙集理论等;按照是否有计算机辅助分析系统,批量估价可分为手工批量估价和自动批量估价。本节以下内容主要对基于数理统计的批量估价技术进行介绍。

二、批量估价的产生与发展

房地产批量估价起源于对估价结果一致性和统一性的需求。最早的批量估价思想可以追溯到20世纪10-20年代，当时有人将基于统计学的多元回归分析方法应用于美国农业土地的估价。但是早期的批量估价只能依靠手工操作来完成，限制了批量估价技术的发展和普及。20世纪70年代以后，随着计算机技术的发展，多元回归分析与计算机技术相结合的计算机辅助批量估价(computer assisted mass appraisal，CAMA)逐渐兴起，相关研究与应用迅速发展，批量估价逐渐成为具有很大影响力的新型评估模式，尤其是在财产类从价税的税基评估中得到广泛应用。1977年，Carbone Robert和Longini Richard在*A Feedback Model for Automaled Real Extale Assessment*一文中首次提出批量估价的表述，并提出了基于反馈模型的房地产自动评估方法。

20世纪80年代以后，随着计算机的普及及其运算速度和可靠性的进一步提高，批量估价低成本、高效率的特点得到了充分发挥，在欧美国家的房地产税基评估以及其他价值评估和相关商务活动中得到了广泛应用，一些发展中国家也开始推行计算机辅助批量估价技术。中国香港地区在20世纪80年代初开始将批量估价技术运用于差饷税的估价和数据的

房地产税基评估

管理。随着实践的不断深入，国际上有关批量估价的技术标准也逐渐完善和成熟。1983年，IAAO颁布了《房地产批量估价准则》(*Standard on Mass Appraisal of Real Property*)，形成以比较法、收益法、成本法为基础并将计量经济学模型与计算机技术有机结合的批量估价体系，并在此后对该准则进行了多次补充与完善。20世纪90年代以来，互联网的出现推动了地理信息系统(GIS)与计算机辅助批量估价(CAMA)的有机结合。2003年，IAAO颁布了《自动评估模型准则》(*Standard on Automated Valua-tion Models*)，提出了通过数学建模自动得到房地产市场价值的自动评估模型。2005年，国际评估准则委员会(IVSC)

自动评估模型

也对批量估价的规则和评估人员的规范作了相应的规定。《美国专业评估执业统一准则》(USPAP)在标准6中对评估人员在进行批量估价时所运用的技术和方法进行了规范性的表述。

从21世纪初开始，国内学者在借鉴国际上成熟的批量估价理论与实践的基础上，开展了一系列有关批量估价原理、方法与技术的研究，为我国建立房地产批量估价系统积累了理论基础。同时，我国自2003年来在多个省市陆续开展了房地产模拟评税的工作试点，相应的批量估价技术和方法也逐渐得到应用。2011年1月开始，我国在上海、重庆两市开展对部分房地产征收房产税的试点工作。2020年5月，中共中央、国务院发布《关于新时代加快完善社会主义市场经济体制的意见》，指出要加快建立现代财税制度，稳妥推进房地产税立法。2021年10月，第十三届全国人民代表大会常务委员会第三十一次会议作出决定，授权国务院在部分地区开展房地产税改革试点工作。随着我国房地产税改革的稳步推进，批量估价技术与方法正在得到更广泛的研究与应用。

三、批量估价的理论依据

批量估价的理论依据体现在估价原理和估价技术两个层面。

(1) 在估价原理层面，不同的批量估价技术具有不同的理论依据，如特征价格法以特征价格理论为依据。特征价格理论从产品的异质性出发，认为产品是一系列特征属性的集合。消费者从产品中得到的效用并非产品本身，而是产品所拥有的特征属性。每一个特征属性都有其自身的价格，产品是作为内在特征组合的集合来进行出售的，其所包含的特征组合不同，价格也不相同。特征价格理论被广泛应用于非市场物品和异质性商品的价值评估，如湿地、森林、水资源、公园、气候变化以及其他公共物品价值等。房地产虽然一般是市场物品，但也是典型的异质商品，不同的房地产在面积、户型、楼层、朝向、房龄、外观、位置、交通、配套、环境等方面不完全相同，从而形成不同的房地产价格，比较适合采用特征价格理论进行分析。当前，特征价格理论也被广泛应用于房地产整体市场价格评估、房地产单个特征价格推断、房地产价格指数编制以及房地产公共政策绩效评价等。

(2) 在估价技术层面，批量估价的理论依据是统计学。统计学是研究如何搜索、整理、分析、描述反映数据总体特征的数据资料，并以此为依据对总体特征进行推断的原理与方法。在房地产批量估价中，无论是数据搜集整理还是估价模型构建以及评估结果检验等各个批量估价环节，均需要大量的统计指标、统计模型以及统计检验的支撑，以保证数据的准确性、模型的可行性以及估价结果的一致性与可靠性。更具体地说，批量估价的理论依据是统计学在管理学和经济学中的分支——管理统计学和计量经济学。管理统计学是一门以管理理论为基础，以统计学为工具，研究经济社会管理中的相关数据及其规律性的应用科学。计量经济学是一门以经济理论为基础，运用统计学方法与计算机技术，以经济计量模型为主要手段，定量分析研究具有随机性特性的经济变量关系的一门经济学学科。

计量经济学

四、批量估价的适用对象与条件

在估价对象方面，批量估价主要适用于数量众多且相似度较高的房地产，如成套住宅、小型商铺、写字楼、快捷酒店、标准厂房等，不适用于个别和特殊的房地产，如大型商场、星级饭店、特殊厂房等。目前，批量估价主要适用于存量房交易税收估价、房地产税计税价值评估、房地产抵押贷款后重估等，房地产抵押贷款前评估、房屋征收估价不宜采用批量估价。

在实际估价中，采用批量估价还需要满足以下条件：①相对理性成熟的房地产市场。批量估价的质量部分取决于用来建模的交易样本的数量与质量，而相对理性成熟的房地产市场是获得足够数量和质量的交易案例的前提，也是保证批量估价质量的市场基础。理性成熟的房地产市场一般包括以下特征：a.市场交易活跃，市场信息公正透明；b.买卖双方力量均衡、行为理性；c.房价总体平稳，无大起大落。②有完善的房地产信息系统，可以比较准确且全面地获取房地产信息数据。房地产批量估价需要利用国土、房管、规划、民政、财政、税务、工商、户籍、社保等部门的信息系统,要求各个信息系统能实现动态更新、数据扩展与有效整合,并与房地产批量估价系统实现数据对接,这是保证批量估价质量的信息基础。③成熟的自动评估技术。批量估价需要对大量的房地产信息数据进行搜集、管理和应用。基于计算机辅助批量估价(CAMA)的自动评估模型(AVM)是批量估价的关键技术,CAMA和AVM又依赖于成熟的计算机技术,这是保证批量估价质量的技术基础。④充分的人才支撑与丰富的经验支持。批量估价对估价师提出了更高的技术要求,要求估价师既要有扎实的房地产估价专业知识,也要具备一定的数学建模、统计分析与计算机知识,同时还要有丰富的市场经验以便对批量估价结果进行适当的人工干预,这是保证批量估价质量的人才基础。

【思考与讨论】为什么房屋征收不宜采用批量估价?

五、批量估价与个案估价的比较

批量估价与个案估价在理论依据、估价目的、适用对象、样本案例、估价方法、估价技术、估价过程、结果要求、估价质量、估价效率和估价成本等方面存在区别。表12-1以特征价格法和传统估价方法为例比较批量估价与个案估价的区别。

表12-1 批量估价与个案估价的比较

比较项目	批量估价	个案估价
理论依据	估价原理层面是特征价格理论,估价技术层面是统计学	劳动价值理论、效用价值理论、生产费用价值理论、地租理论、均衡价格理论、预期原理、替代原理等
估价目的	房地产税基估价、抵押贷款后重估等	所有的房地产估价目的
适用对象	数量多、相似度高的房地产	所有的房地产估价对象
样本案例	样本大,数据多	样本、数据相对较少
估价方法	基于数理统计的多元回归分析方法	传统的估价方法及其他估价方法
估价技术	基于计算机辅助估价的自动估价	手工估价
估价过程	确认估价对象、确定估价范围、确定价格影响因素、选择样本、建立模型、检验模型、应用模型、结果检验、结果解释	确定估价基本事项、编制估价作业方案、搜集估价所需资料、实地查勘估价对象、选择估价方法测算估价对象价值、确定估价结果、撰写估价报告
结果要求	强调估价结果的一致性和公平性,需要通过统计检验	强调估价结果的准确性处理
估价质量	依赖于样本的数量和质量、数据的完整性与准确性以及评估模型的合理性	依赖于估价参数的合理性和估价师的主观经验
估价效率	一次估价多宗房地产,估价效率高	一次估价一宗房地产,估价效率低
估价成本	建模成本高,单位估价成本低	无须建模,单位估价成本高

【思考与讨论】批量估价能完全取代个案估价吗?

第二节 标准价调整法

标准价调整法是一种基于传统估价方法的常用批量估价技术。本节介绍标准价调整法的含义、估价步骤与内容。

一、标准价调整法的含义

标准价调整法是对估价范围内的所有被估房地产进行分组，使同一组内的房地产具有相似性，在每组内选定或设定标准房地产并测算其价值或价格，利用有关调整系数将标准房地产的价值或价格调整为各宗被估房地产价值的方法，是一种批量估价方法。标准价调整法可分为基于比较法、收益法、成本法的标准价调整法。

基于比较法的标准价调整法主要适用于具有较多整体交易实例的房地产批量估价。其中的标准价是指标准成交价格。在实际估价中，先根据相似性原则对估价范围内的所有被估房地产进行分组，然后在每组内设定标准房地产并测算其价值或价格，再利用楼幢、楼层、朝向等调整系数，将标准房地产的价值或价格调整为各宗被估房地产的价值。基于比较法的标准价调整法是最简单、最常用的批量估价技术，但该方法也需要采集一定数量的交易实例及相关数据和信息，并通过一系列的数据清洗、统计分析和检验来测算标准价、确定有关调整系数，进而才能科学准确地计算出各宗被估房地产的价值。

基于收益法的标准价调整法主要适用于收益性房地产的批量估价。其中的标准价一般是指标准租金，即基于收益法的标准价调整法实际上是标准租金调整法。在实际估价中，先测算标准租金(如净租金、毛租金、净收益等)，然后利用有关租金调整系数将标准租金调整为各宗被估房地产的租金，再利用收益法公式将各宗被估房地产租金转换为各宗被估房地产的价值。有关租金调整系数根据影响收益性房地产租金的相关因素确定。

基于成本法的标准价调整法主要适用于建筑物的批量估价。其中的标准价一般是指标准建筑物重置成本，即基于成本法的标准价调整法实际上是标准重置成本调整法。在实际估价中，先测算标准重置成本，然后利用有关重置成本调整系数将标准重置成本调整为各宗被估房地产的重置成本，再经相关调整得到各宗被估房地产的价值。有关重置成本调整系数根据影响建筑物重置成本的建筑结构、层高、跨度等各种因素以及建筑物的新旧程度等确定，新旧程度一般采用按建筑物的年龄、寿命计算出的成新率。

不管是基于比较法的标准价调整法，还是基于收益法或成本法的标准价调整法，其本质上都是比较法。在标准价调整法中，标准房地产、标准租金房地产和标准重置成本房地产可看作比较法中的可比实例，标准价、标准租金和标准重置成本可看作可比实例价格，有关调整系数可看作对可比实例价格的各种房地产状况调整系数。此外，路线价法实质上也是标准价调整法，路线价相当于标准价，划分路线价区段相当于对房地产进行分组，标准临街宗地相当于标准房地产，价格修正率相当于有关调整系数。

【思考与讨论】为什么说标准价调整法本质上都是比较法？

二、标准价调整法的估价步骤与内容

在明确估价目的、价值时点和价值类型的基础上，运用标准价调整法估价主要有以下六个步骤：①确定估价范围；②进行房地产分组；③确定标准房地产；④测算标准价；⑤确定有关调整系数；⑥计算各宗被估房地产的价值。

(一) 确定估价范围

确定估价范围包括确定批量估价的区域范围和估价对象范围。区域范围是指一个批量估价项目的被估价地区范围，即需要对哪个地区的房地产开展批量估价。例如，是某个城市的全部行政区，还是其中某几个或某个行政区、规划区、街区、社区、居住区、住宅小区等。区域范围一般根据估价目的和估价委托人的要求来确定。估价对象范围是指一个批量估价项目的被估房地产的类型和数量，即需要对已经确定的批量估价区域范围内的哪些用途和类型的房地产进行批量估价。例如，是居住房地产，还是商业、办公、酒店、工业等非居住用房地产等。估价对象范围一般根据估价目的、估价委托人的要求、适用的房地产类型等来确定。明确估价对象范围后，还需要搜集批量估价所需资料，包括估价对象的实物状况、权益状况和区位状况以及其他对估价对象价值和价格有影响的资料等。

【思考与讨论】如何确定合适的批量估价区域范围？

(二) 进行房地产分组

在确定的批量估价区域内，按照用途、类型和区域对纳入批量估价对象的所有房地产进行分组，把相似的房地产分在同一组内。按用途分组简称"分用途"，如可将房地产分为居住、商业、办公、酒店、工业、仓储等用途的房地产；按类型分组简称"分类型"，如可将居住房地产分为低层住宅、多层住宅、高层住宅或分为商品住房、拆迁安置住房、自建住房等，把商业房地产分为大型商场、小型商铺等，把办公房地产分为高档办公楼、中档办公楼、普通办公楼等；按区域分组简称"分区域"或"分区"，是在批量估价区域内把纳入批量估价对象的所有房地产按区位状况进行划分，如按行政区、规划区、街区、社区、居住区、物业管理区域、道路、河流、铁路等，把房地产划分为不同片区，使房地产区位状况及同类房地产价格水平在同一片区内差异不大。

如果估价对象包含不同用途的房地产，则通常先按用途分成几个大类，然后进行分区域和分类型。如果批量估价对象具有相同用途或属于同类房地产，则应先分区域再分类型。例如，住宅通常按居住区或物业管理区域来分组，如果同一居住区或物业管理区域内有低层、多层或高层等不同类型,且它们的档次和价格水平存在明显差异的,则应在分区域的基础上再分类型。再如,临街小型商业用房一般按路线价区段来分组,但是如果小型商业用房分布在多个楼幢内,由于不同楼幢的商铺在位置、临街状况、开间、进深、层高、设施设备、建成年代以及业态限制等方面可能存在较大差异,还需要分楼幢。

一般来说,划分的组越小,同一组内的房地产相似度就越高,从而需要调整的价值和价格影响因素就会越少或调整幅度越小,批量估价模型中的自变量也就越少,模型的精度一般越高。但是如果分组过小,则同一组内的交易实例样本可能过少,难以满足测算标准房地产价值和价格或建立估价模型的需要。在实际估价中,可根据市场数据满足程度、估价结果精度要求、批量估价可操作性等情况来确定分组大小以及进行适当的房地产分组。

(三) 确定标准房地产

标准房地产是指每一个房地产分组内具有代表性的房地产。标准房地产一般情况下应从组内待估房地产中选定,在组内没有合适房地产的情况下,也可以根据组内房地产状况设定某种虚拟的房地产作为标准房地产。不管标准房地产是真实房地产还是虚拟房地产,都应明确标准房地产的状况,包括实物状况、权益状况和区位状况,特别是要明确界定影响同一组内房地产价值和价格的主要因素状况。例如,成套住宅的面积、户型、楼层、朝向、采光、房龄等,商业房地产的面积、开间、进深、楼层、层高、位置等,以便据此测算标准房地产的标准价以及有关调整系数。

(四) 测算标准价

标准价是指标准房地产的价值或价格,可根据标准房地产状况,选择比较法、收益法或成本法等方法,采用个案估价的方法求取。例如,住宅、写字楼、小型商业房地产的标准价通常采用比较法求取,商场、酒店、标准厂房的标准价通常采用收益法求取,工业房地产以及单独建筑物的标准价通常采用成本法求取。此外,还需对计算出的各个标准价进行适当的横向平衡与调整,以确定最终的标准价。

(五) 确定有关调整系数

基于被估房地产与标准房地产之间各种价值和价格影响因素的差异,如成套住宅的面积、户型、楼幢、建筑间距、楼层、朝向、采光、景观、房龄、建筑结构、与邻避设施的距离等,利用大量统计数据进行分析和测算,结合估价师的相关经验和专家意见,可得到每一个价值和价格影响因素的调整系数。

(六) 计算各宗被估房地产价值

利用测算出的标准价与调整系数以及有关公式,将标准价调整为各宗被估房地产的价值。标准价调整法的基本公式为

$$P = b_0 \times X_1 \times X_2 \times \cdots \times X_n \tag{12-1}$$

式(12-1)中，P为被估房地产价值；b_0为标准房地产的标准价，标准价的求取参考前述估价步骤；X_1，X_2，…，X_n为房地产各项价值和价格调整系数。

【思考与讨论】标准价调整法的重点和难点是什么？

第三节 特征价格法

特征价格法是基于特征价格理论和多元回归技术的批量估价方法，是比较常用的批量估价方法。本节介绍特征价格法的含义、估价步骤以及相关内容。

一、特征价格法的含义

特征价格法是基于特征价格理论的批量估价方法。特征价格法通过对估价范围内的被估房地产进行分组，使同一组内的房地产具有相似性，将每组房地产价值作为因变量，把影响房地产价值和价格的因素作为自变量(即特征变量)，建立多元回归方程，搜集大量房地产成交价格及其特征数据，经过试算优化和分析检验，确定模型参数，利用该模型计算出各宗被估房地产的价值。与标准价调整法相比，特征价格法对房地产数据特别是交易实例数量等要求更高，其适用的房地产类型和地区因此受到一定限制。

回归分析

二、特征价格法的估价步骤与内容

运用特征价格法估价主要有以下五个步骤：①确定估价范围；②进行房地产分组；③设定多元回归模型；④确定多元回归模型；⑤计算各宗被估房地产的价值。其中，第①、②的步骤与标准价调整法基本相同，此处不再赘述。

(一) 设定多元回归模型

设定多元回归模型首先要选择模型变量，然后选择适当的模型函数。

1. 选择模型变量

模型变量包括自变量与因变量，因变量是房地产价值，自变量是房地产价值和价格的影响因素。在选择模型自变量时，要避免遗漏重要的房地产价值和价格影响因素，否则不仅会降低模型的解释力，还会使参数估计产生误差。另外，模型的自变量也并非越多越好。一方面，将过多相关变量引入模型可能会导致效率损失和共线性问题；另一方面，过多考虑某些特殊因素可能会增加模型的复杂性。因此，在实际估价中，可不先将这些特殊因素作为多元回归模型的自变量，待利用多元回归模型计算出被估房地产的价值或价格后，再利用特殊因素调整系数对那些存在特殊因素的被估房地产的多元回归模型计算结果进行调整，从而得出这些被估房地产的价值。在确定模型自变量时，估价人员还需要事先根据常识及经验判断出这些因素是如何影响价值和价格的，它们之间是正相关还是负相关关系，以此作为后续模型校准阶段的基础。

模型自变量可以从房地产价值和价格的影响因素中筛选。国外的研究将模型自变量分为建筑特征、邻里特征和区位特征三大类。建筑特征包括建筑类型、建筑质量、建筑外观、建筑面积、建筑品牌、住宅年龄、户型布局、房间数目、朝向情况、装修程度、所在楼层、有无阁楼、有无车位等；邻里特征包括自然环境、小区环境、治安环境、物业管理、文体设施、生活配套、教育配套、临近大学、文化娱乐、体育休闲等；区位特征包括交通条件、离市中心(或CBD)距离等[①]。上述特征还可进行进一步细分，如生活配套可以分为菜场、超市、医院、银行、邮局等。根据我国房地产市场的特殊情况，还应增加权益特征和时间特征，权益特征包括土地使用权剩余年限、容积率等，时间特征主要考虑不同时期的交易实例所处的不同的市场状况与社会经济环境。

共线性

2. 选择模型函数

多元回归模型根据模型结构形式不同可分为加成模型、乘数模型和混合模型，应根据估价目的、估价精度、估价成本以及估价对象状况选择合适的回归模型函数。

1) 加成模型

加成模型又称为加法模型，包括线性模型、对数模型、对数线性模型和半对数模型。

(1) 线性模型

$$P = \alpha_0 + \alpha_1 Z_1 + \alpha_2 Z_2 + \cdots + \alpha_i Z_i + \cdots + \alpha_n Z_n + \varepsilon \tag{12-2}$$

在式(12-2)中，自变量和因变量呈线性关系。其中，P为模型因变量，即被估房地产价值；Z_i为模型自变量，即房地产特征变量；α_i为模型的回归系数(常数项α_0无实际意义)，对应着房地产特征的隐含价格，反映房地产价值和价格影响因素(即房地产特征)变化一个单位给房地产价值和价格带来的变动幅度。例如，房屋面积每增加一个平方米，房地产价格增加多少元；ε为随机误差项。由于线性模型的回归系数是一个常数，无法表现房地产特征的规模效应和边际效用递减规律。例如，房屋面积越大，总价越高，但当面积超过某个界限时，单位面积价格反而会逐渐降低。

(2) 对数模型

$$\ln P = \alpha_0 + \alpha_1 \ln Z_1 + \alpha_2 \ln Z_2 + \cdots + \alpha_i \ln Z_i + \cdots + \alpha_n \ln Z_n + \varepsilon \tag{12-3}$$

在式(12-3)中，自变量和因变量的对数呈线性关系。回归系数α_i对应着房地产特征的

---

① 温海珍. 城市住宅的特征价格：理论分析与实证研究[M]. 北京：经济科学出版社，2005.

价格弹性,即在其他因素不变的情况下,某特征变量Z_i每变动一个百分点,房地产价格随之变动的百分率。

(3) 对数线性模型

$$\ln P = \alpha_0 + \alpha_1 Z_1 + \alpha_2 Z_2 + \cdots + \alpha_n Z_n + \varepsilon \qquad (12\text{-}4)$$

在式(12-4)中,自变量采用线性形式,因变量采用对数形式。回归系数α_i对应着房地产特征价格与房地产总价格之比,即在其他因素不变的情况下,某特征变量Z_i每变动一个单位时,房地产价格随之变动的百分率。

(4) 半对数模型

$$P = \alpha_0 + \alpha_1 \ln Z_1 + \alpha_2 \ln Z_2 + \cdots + \alpha_i \ln Z_i + \cdots + \alpha_n \ln Z_n + \varepsilon \qquad (12\text{-}5)$$

在式(12-5)中,自变量采用对数形式,因变量采用线性形式。回归系数α_i对应着房地产特征的边际价格,即在其他因素不变的情况下,某特征变量Z_i每变动一个百分点,房地产价格随之变动的幅度。

2) 乘数模型

$$P = \alpha_0 \times Z_1^{\alpha_1} \times Z_2^{\alpha_2} \times \cdots \times Z_i^{\alpha_i} \times \cdots \times Z_n^{\alpha_n} + \varepsilon \qquad (12\text{-}6)$$

乘数模型又称为乘法模型,属于非线性模型,其最大优势是能够捕捉到房地产价格与其影响因素之间的非线性关系。但是该模型无法表示加成关系,也无法将土地和建筑物的价值和价格区分开来,通常适用于价格区间变动非常大的房地产类型。通过对公式两边取对数,可以将乘数模型转化为加法模型。

3) 混合模型

$$P = (\alpha_0 + \alpha_1 Z_1 + \alpha_2 Z_2 + \cdots + \alpha_i Z_i) \times \alpha_{i+1}^{z_{i+1}} \times \alpha_{i+2}^{z_{i+2}} \times \cdots \times \alpha_n^{z_{i+n}} + \varepsilon \qquad (12\text{-}7)$$

混合模型也属于非线性模型,可以根据不同的假设确定不同的模型形式。

在选择多元回归模型结构时,模型创建者可以凭借经验初步设定模型结构及其相应的函数形式,然后经过不断尝试和修正,直到认为函数形式能够解释样本数据的差异,并使得模型对样本数据的拟合满足要求为止。通常情况下,非线性模型比线性模型更能反映房地产价值和价格与其影响因素的关系。但是也有研究表明,非线性模型并不一定会使估价结果更精确,因为任何非线性都会导致参数估计的复杂化,会产生更多误差,而且变量越多,误差就越大。为方便估计和对参数进行解释,通常是把价值和价格与其影响因素的关系假设为线性。大多数的研究采用标准的简单函数关系,如线性、半对数和对数等。

【思考与讨论】上述模型分别具有哪些经济含义?

(二) 确定多元回归模型

设定多元回归模型以后,就要通过回归分析确定模型参数,通过模型检验选择拟合度最优的模型作为估价模型。具体步骤包括以下几个:①量化模型变量;②样本数据处理;③检验模型变量;④模型参数估计;⑤模型检验。

1. 量化模型变量

模型自变量的类型和数量通常较多，包括定量变量和定性变量等。自变量的量化方法主要有四种：①对于定量变量，采用实际数值或原始数值进行简单变换。这类变量主要有建筑面积、住宅年龄、楼层、距市中心(或CBD)距离、交通条件、房间数目、时间因素、土地剩余年限、容积率等。②对于定性变量，采用Likert量表法进行量化。将其分为五个等级，等级分别为极差、差、一般、好、非常好，各个等级对应的得分分别为1分、2分、3分、4分、5分。此类变量按照量化对象的总体情况进行分类，得分越高意味着在该方面对住宅的附加价值越高，一般对住宅价格具有正的影响。这类特征变量主要有装修程度、自然环境、小区环境、物业管理、治安环境等。③对于多级指标变量，采用综合指标打分法进行量化。根据变量所包含的二级指标数量进行打分，所包含的二级指标内容越多，得分越高，如小区内或附近一定距离(如1000米)内有无超市、菜场、银行、邮局以及医院等，每增加一项内容相应增加一定得分。这类特征变量主要有文体设施、生活设施、教育设施、生活设施等。④对于有无属性的变量，采用虚拟变量进行量化。这类特征变量有朝向情况、有无车位、有无阁楼、邻近大学等。例如，朝南的得1、其他为0，有车位的得1、其他为0。模型因变量通常就是房地产的价值，如果实际成交价格很难直接得到，也可以通过建立挂牌价格和实际成交价格的关系，进一步推算出实际成交价格。例如，有些研究得到如下关系：成交价格=-1.196+0.930×挂牌价格(万元)[①]。

2. 样本数据处理

批量估价结果的可靠性依赖于数据的真实性和合理性。如果存在特殊的样本或样本数据，需要先对其进行处理。处理样本或样本数据主要是查找奇异值和影响点，并将具有奇异值和影响点的样本删除。奇异值是指标准化残差过大的观测量，残差是指实际观察值与回归估计值的差，标准化残差等于残差与残差均值之差再与残差的比值，即标准化残差=(残差-残差均值)÷残差。影响点的非标准化残差有时并不太大，但对参数估计的结果有较大的影响，通常采用协方差比(covariance ratio，CR)来进行衡量。奇异值和影响点可以采用统计软件中默认的判据来确定，也可以采用地理信息系统(geographic information system，GIS)等工具进行数据检查。样本数据处理有时还需要补齐缺失的某些数据。

地理信息系统

3. 检验模型变量

检验模型变量，即分析各个自变量之间的相关系数，找出相关性较强的各对自变量，为防止出现共线性问题，保留更重要的自变量，删除另一个或另几个相对次要的自变量。例如，建筑面积和房间数量之间的相关性较强，通常保留建筑面积而删除房间数量。

4. 模型参数估计

参数估计是在已知系统模型结构的前提下，利用模型的自变量和因变量数据来计算模型参数的过程。常用的模型参数估计方法是最小二乘法(ordinary least square，OLS)。最小

---
① 温海珍. 城市住宅的特征价格：理论分析与实证研究[M]. 北京：经济科学出版社，2005.

二乘法通过最小化误差的平方和来寻找数据的最佳函数匹配。著名数学家高斯曾利用最小二乘法推导了谷神星的轨道。

以最简单的一元回归模型为例，假设P为房地产的价值，Z为房地产价值和价格的影响因素(即自变量)，且两者之间呈线性关系，则模型函数式为$P=a+bZ$。其中，a、b为待估参数。假设能获得一组Z和P的实测值，则根据最小二乘法原理可以得到参数a、b的值：$a=(\sum P-b\sum Z)/N$；$b=(N\sum ZP-\sum Z\sum P)/[N\sum Z^2-(\sum Z)^2]$，从而确定回归模型。其中，$N$为实测值的项数；$\sum Z$、$\sum Z^2$、$\sum P$、$\sum ZP$的数值可以分别从实测值中求得。

最小二乘法

谷神星的发现

5. 模型检验

模型检验包括经济检验、显著性检验、共线性诊断、拟合优度判定、方差齐性检验、D-W检验、残差正态性检验等统计检验。经济检验主要检验参数估计量在经济意义上的合理性，其方法是将参数估计量与预先设定的理论期望值进行比较，检验各参数的隐含价格的符号、大小、相互关系是否符合理论假设，如果模型系数有多个符号有误，该模型就不是一个好的模型。显著性检验主要检验模型关系能否成立，即是否能够拒绝系数为0的假设，其检验指标有Sig.和T等。共线性诊断主要检验各个自变量之间是否存在共线性，即变量是否独立，其检验指标有方差膨胀因子VIF等。拟合优度判定通常采用判定系数R^2表示，R^2越高，意味着模型的拟合优度越好，模型的解释力越强，经调整的R^2大小就是因变量P的总变异中由回归模型解释的那部分所占的比例或百分比。方差齐性检验主要检验预测值的离散程度，可以通过残差散点图来进行。D-W检验主要检验误差项是否独立，即模型是否存在异方差问题，检验指标有D-W值等。残差正态性检验主要检验残差是否正态分布，检验指标有残差直方图等。在实际估价中，还可采用预测值与观测值的比率、估价委托人或相关权利人对估价结果的认可程度(如投诉率)来衡量模型精度与预测结果的准确性。

某特征价格法估价结果

(三) 计算各宗被估房地产价值

将采集到的各宗被估房地产价值和价格的影响因素数据，如房龄、朝向、楼层、户型等数据，代入所确定的多元回归模型中，计算出各宗被估房地产的价值。

第四节 批量估价的应用

在实际估价中，批量估价通常需要构建完整的批量估价系统。本节简要介绍批量估价系统的组成以及国内外在批量估价系统开发应用方面的实践。

一、批量估价系统

(一) 数据管理系统

全面、真实、客观地掌握有关房地产信息资料是进行房地产批量估价的基础。数据管理系统主要包括数据的调查、搜集、录入、编辑、审核、保存、维护和管理等工作系统。数据管理系统虽然是批量估价系统开发与建设中耗时最长、花费最多的,但是高效的数据管理系统可以大大降低搜集数据的成本、提高数据搜集的效率。批量估价需要搜集的数据类型包括房地产状况数据、市场数据以及权利人相关数据等。

(二) 自动评估系统

自动评估系统是基于相应批量估价技术和自动评估模型开发的计算机估价系统。自动评估系统通过对一系列样本数据的分析建立相应的评估模型,将经过校正的模型应用于相同区域中相同或类似房地产的估价,自动生成基于对房地产状况与市场条件等已搜集的数据的分析结果并最终得出待估房地产价格的估价过程。自动评估系统是批量估价系统的核心和关键,其估价结果的科学性和准确性依赖于大量的数据运行与分析。自动评估系统基于相应的批量估价技术进行开发,用于自动评估系统的批量估价技术有标准价调整法、特征价格法,以及人工神经网络、遗传算法等非参数模型方法。

(三) 业务管理系统

估价业务管理系统包括估价业务的接洽、谈判与承接系统,估价项目的分配与进度管理系统,估价结果的审核系统,估价通知和评估报告的生成系统,其他日常估价管理工作系统等。业务管理系统所需要的大部分基础数据都来源于数据管理系统和自动评估系统。业务管理系统并非批量估价所特有,其内容、流程和要求与传统估价业务基本相同。

(四) 争议处理系统

批量估价系统为了实现估价结果的一致性和统一性以及提高估价效率,通常会忽略被估房地产的一些特殊因素,可能会导致批量估价结果与被估房地产实际价值出现偏差。在出现估价纠纷的情况下,建立争议处理系统能够更好地在相关权利人与估价机构之间建立有效的沟通与联系,从而减少或避免估价纠纷与矛盾。该系统主要负责与公众就估价事项进行沟通,处理各种估价申诉与调查以及相应的法律诉讼等事宜。

二、批量估价实践

(一) 国外批量估价实践

目前北美、欧洲、亚洲、大洋洲、非洲等开征了房地产税的国家和地区,普遍采用计算机辅助批量估价技术。很多国家和地区已经完成了基于批量估价的房地产税基评估系统的开发与建设，相关经验与做法值得我国地方政府和估价机构借鉴。

美国的房地产批量估价实践

英国的房地产批量估价实践

加拿大的房地产批量估价实践

南非的房地产批量估价实践

立陶宛的房地产批量估价实践

(二) 国内批量估价实践

我国房地产批量估价的实践主要得益于财政部、国家税务总局有关房地产模拟评税试点工作的开展以及房地产交易按评估价征税政策的实施。

自2003年起，财政部与国家税务总局先后批准北京、江苏、深圳、重庆、辽宁、宁夏六个省区市开展房地产模拟评税试点，2007年又增加了河南、安徽、福建、天津四个试点省市。2007年3月，国家税务总局发布了《关于个人转让房屋有关税收征管问题的通知》。2008年6月，国家税务总局颁布了《关于应用评税技术核定房地产交易计税价格的意见》，决定在北京、重庆、青岛、深圳、南京、杭州、丹东等城市，开展应用评税技术核定计税价格工作，所谓评税技术主要就是批量估价技术。2009年7月，财政部、国家税务总局发布《关于开展应用房地产评税技术核定交易环节计税价格工作的通知》，要求各省区市及计划单列市财税部门"选定城市开展应用评税技术核定交易环节计税价格工作"。2010年11月，财政部、国家税务总局发布《关于推进应用房地产估价技术加强存量房交易税收征管工作的通知》，要求各级财税征收机关"自2012年7月1日起，全面推行应用房地产估价技术加强存量房交易税收征管工作"。2011年1月开始，上海、重庆开展对部分个人住房征收房地产税试点。2011年7月，财政部、国家税务总局发布《关于推广应用房地产估价技术加强存量房交易税收征管工作的通知》，要求"自2012年7月1日起对纳税人所申报的存量房交易价格要进行全面评估，严格禁止不经评估即直接按纳税人申报的交易价格征税""要应用房地产批量估价技术确定存量房交易价格估值"。目前，国内不少城市在房地产批量估价方面进行了深入探索与实践。

杭州的房地产批量评估实践

深圳的房地产批量评估实践

南京的房地产批量评估实践

香港的房地产批量评估实践

【思考与讨论】房地产批量评估的发展前景如何？

复习题

1. 什么是批量估价？有哪些类型？
2. 批量估价产生与发展的背景是什么？
3. 批量估价的理论依据是什么？
4. 批量估价的适用对象与条件是什么？
5. 批量估价与个案估价相比有什么不同？
6. 什么是标准价调整法？具体有哪些类型？
7. 标准价调整法有哪些估价步骤和内容？
8. 什么是特征价格法？其理论基础是什么？
9. 特征价格法与多元回归分析有什么关系？
10. 多元回归模型有哪些估价步骤与内容？
11. 批量估价系统包括哪些子系统？
12. 批量估价的实践应用有哪些特点？

拓展阅读

[1] 肖历一. 房地产批量估价技术的应用分析[J]. 中国房地产，2016(9)：31-36.

[2] 仇晓洁，罗荣芸. MLP模型在房地产批量评估中的应用研究[J]. 中国资产评估，2022(1)：24-31.

[3] 杨智璇，张继瑜. 数据驱动下房地产批量评估方法研究——以大连市为例[J]. 中国房地产，2022(15)：54-59.

[4] 陈蕾，周艳秋，秦琦智. 房地产税税基批量评估的基准修正路径：创新与实践[J]. 中国资产评估，2021(7)：10-21，50.

[5] 金杰，罗婷婷. 空间计量模型在房地产批量评估中的应用研究——以昆明市盘龙区二手房挂牌价为例[J]. 中国资产评估，2021(2)：63-69.

[6] 刘华，杜康丽，伍岳. 美国房地产税批量评估体系及借鉴[J]. 国际税收，2018(1)：66-68.

[7] 杭州市财政局直属征收管理局课题组. 房地产批量评税技术的理论探索与实践创新[M]. 北京：经济科学出版社，2009.

[8] 耿继进，李妍，汪有结. 房地产整体估价：税基评估方法与技术[M]. 北京：人民出版社，2015.

本章测试

实务篇

房地产估价具有很强的实务性。学习房地产估价不仅要掌握相关的理论与方法,还要学会如何应用,即搞清楚房地产估价"如何做"。本篇共分为四章,主要介绍房地产估价的实务知识与操作。其中,第十三章从估价目的、估价对象两个方面介绍常见的房地产估价业务以及业务创新与拓展;第十四章介绍房地产估价程序及其要求;第十五章介绍房地产估价报告的撰写要求;第十六章针对不同的估价对象设计了相应的教学实训项目。

第十三章

房地产估价业务

根据不同的估价目的和估价对象,房地产估价形成了不同的估价业务类型,具有相应的估价特点与要求。为了使读者更加全面地了解不同的房地产估价业务,本章首先整体介绍房地产估价业务的类型、来源与获取渠道,然后重点介绍不同估价目的和估价对象的房地产估价的概念、特点与要求,最后介绍几种新兴估价目的、新型估价对象以及其他相关业务。

教学要求

1. 了解房地产估价业务的类型、来源与获取渠道,房地产估价业务拓展;
2. 熟悉常见估价目的和估价对象的房地产估价的概念、特点与要求;
3. 掌握房地产抵押、征收、司法处置、损害赔偿等估价的概念、特点与要求。

关键概念

房地产估价业务,房地产抵押估价,征收估价,司法处置估价,损害赔偿估价,转让估价,租赁估价,税收估价,保险估价,房地产纠纷估价,分割与合并估价,国有土地使用权出让估价,补地价评估,房地产抵押贷款估价,住房反向抵押贷款估价,住房抵押贷款支持证券估价,房地产投资基金估价,居住房地产估价,商业房地产估价,办公房地产估价,工业房地产估价,旅馆房地产估价,车库(车位)估价,在建工程估价,涉农房地产估价,涉海房地产估价,地下空间估价

导入案例

农村小产权房的价格如何评估?

近二十多年来,我国城市房地产价格经历过几轮快速上涨,城市居民购房压力较大,导致建造在城郊农村集体土地上的农民住宅(俗称"小产权房")因价格相对较低受到部分城市居民的青睐。某市市民许××也曾是"小产权房"购房队伍中的一员。当初为慎重起见,许××在购买前特意就有关政策及价格等问题向供职于甲房地产估价机构的朋友A估价师口头征询意见。在得到A估价师的意见和建议后,许××于2008年10月以单价1550元/平方米、总价30.7万元人民币的价格向农村居民金××购买了一套建造在其宅基地上的住宅并签订了购房协议。随着城镇化的快速发展,该房屋所在地区房地产价格不断上涨,且存在被征迁的可能性。2021年3月,金××以不了解国家相关法律和政策为由向法院起诉,要求许××返还其所售房屋。法院委托乙估价机构对该房屋进行评估,B估价师评估该房屋当前的市场价格为65.4万元。最终法院以"农村宅基地和住房不得向本村集体以外城市居民销售"为由,判决原房屋买卖协议无效,要求许××限期将房屋返还给金××,同时金××需要向许××补偿购房款以及其他相关费用共计人民币70余万元。

(资料来源:根据实际估价案例整理)

在本案中,估价师A和B的估价活动有何区别?你认为评估该房屋价格有哪些依据?结合案例谈谈如何理解房地产估价在经济社会中的作用以及房地产估价的合法原则。

第一节 房地产估价业务概述

房地产估价业务是房地产估价机构和估价师生存与发展的基础。随着房地产业和经济社会的发展,房地产估价行业正在拓展许多新兴房地产估价目的和新型估价对象,房地产估价业务将逐渐从单纯的价格评估向综合的房地产咨询方向发展。

一、房地产估价业务类型

根据估价结果用途(即估价目的)不同,房地产估价可分为房地产抵押估价、房地产征收征用估价、房地产司法处置估价、房地产损害赔偿估价、房地产转让估价、房地产租赁估价、房地产税收估价、房地产保险估价、房地产纠纷估价、房地产分割与合并估价、国有土地使用权出让估价、补地价评估、为财务报告服务的房地产估价、企业资产评估中的房地产估价等。根据估价对象用途不同,房地产估价可分为居住房地产估价、商业房地产估价、办公房地产估价、工业房地产估价、旅馆房地产估价、餐饮房地产估价、农业房地产估价、体育和娱乐房地产估价、特殊用途房地产估价、综合房地产估价等。根据估价对象形态不同，房地产估价可分为土地估价、建筑物估价和房地估价，或者分为在建工程估价和现房估价。根据估价对象组成不同，房地产估价可分为整体房地产估价和单项(或局部)房地产估价。根据估价对象是否实体，房地产估价可分为实体估价和权益估价。根据估价模式不同，房地产估价可分为个案估价和批量估价。

【思考与讨论】实际估价中较常见的估价业务有哪些？

二、房地产估价业务来源

房地产估价业务来源很多，按照估价委托人分类，常见的估价业务来源有政府部门、人民法院、金融机构、企事业单位、个人等。估价委托人可能是估价对象权利人，也可能是第三方。不同的来源渠道通常对应着不同的估价业务类型。例如，政府部门委托的估价业务主要有征收征用估价、国有土地使用权出让估价、税收估价等，人民法院委托的估价业务通常有司法处置估价、损害赔偿估价、估价纠纷估价等，金融机构委托的估价业务有抵押估价、保险估价等，企事业单位和个人委托的估价业务大多是房地产抵押估价、房地产损害赔偿估价、房地产转让估价、房地产租赁估价、房地产分割与合并估价、为财务报告服务的房地产估价、企业资产评估中的房地产估价等。

三、房地产估价业务获取

在社会主义市场经济环境下，房地产估价机构主要通过市场化方式获取估价业务。一是入围商业银行、人民法院和房地产征收征用部门的估价机构库名录。如果估价标的数量较多且单个估价金额不大，商业银行、人民法院和房地产征收征用部门通常会组建估价机构库，需要委托估价业务时，通过摇号等随机方式选择估价机构。二是通过招投标等方式获得估价业务。如果估价标的金额较大或者估价对象比较特殊，根据相关规定需要采用公开招标、竞争性磋商、竞争性谈判、单一来源采购等方式选择估价机构。估价机构可通过积极参与项目投标来获取估价业务。三是通过技术水平和口碑效应来获取业务。房地产估价市场竞争激烈，估价机构应通过提高估价技术水平和服务质量，提升估价机构的知名度和品牌，通过良好的口碑效应赢得市场和客户的信赖并获得估价业务，从长远看，这是最根本、最有效的业务获取途径。估价机构和估价师应积极"走出去"，向潜在的估价需求者宣传估价的必要性和价值，将潜在的估价需求转变为现实的估价业务。但是估价机构不得以不正当竞争手段招揽业务。

【思考与讨论】房地产估价机构有哪些不正当竞争手段？

第二节 不同目的的房地产估价业务

估价目的是指房地产估价报告的期望用途,是房地产估价基本事项之一。估价目的不同,即便是同一个估价对象,其价值时点、价值类型、估价原则、估价依据、估价假设前提、估价结果等均有可能不同。本节阐述几种常见估价目的的房地产估价业务的概念、特点以及估价要求。

一、房地产抵押估价

(一) 房地产抵押估价的概念

房地产抵押估价是指为确定房地产抵押贷款额度提供参考依据而对房地产抵押价值或抵押净值进行分析、估算和判断的活动,是目前较常见的房地产估价业务之一。房地产抵押估价分为房地产抵押贷款前估价和抵押贷款后重估。房地产抵押贷款前估价应包括以下内容:①评估抵押房地产假定未设立法定优先受偿权下的价值;②调查抵押房地产法定优先受偿权设立情况及相应的法定优先受偿款;③计算抵押房地产的抵押价值或抵押净值;④分析抵押房地产的变现能力并做出风险提示。房地产抵押贷款后重估,应根据监测抵押房地产市场价格变化、掌握抵押价值或抵押净值变化情况及有关信息披露等的需要,定期或在房地产市场价格变化较快、抵押房地产状况发生较大改变时,对抵押房地产的市场价格或市场价值、抵押价值、抵押净值等进行重新评估,并应为抵押权人提供相关风险提示。房地产抵押价值为抵押房地产在假设未设立法定优先受偿权下的价值减去注册房地产估价师知悉的法定优先受偿款。法定优先受偿款是指假定在价值时点实现抵押权时,已存在的依法优先于本次抵押贷款受偿的额度,包括已抵押担保的债权数额、发包人拖欠承包人的建设工程价款以及其他法定优先受偿款。房地产抵押净值为抵押价值减去预期实现抵押权的费用和税金后的价值。

"房地一体"抵押

(二) 房地产抵押估价的特点

1. 房地产抵押估价应遵循谨慎原则

房地产抵押估价除了要遵守一般性的估价原则外,还必须遵守谨慎原则。谨慎原则要求,在存在不确定因素的情况下,估价师做出估价相关判断时,应当保持必要的谨慎,充分估计抵押房地产在处置时可能受到的限制、未来可能发生的风险和损失,不高估假定未设立法定优先受偿权下的价值,不低估知悉的法定优先受偿款以及预期实现抵押权的费用和税金,并在估价报告中做出必要的风险提示。在运用比较法估价时,不应选取成交价格明显高于市场价格的交易实例作为可比实例,并应当对可比实例进行必要的实地查勘;在运用成本法估价时,不应高估土地取得成本、建设成本、有关税费和利润,不应低估房地产折旧;在运用收益法估价时,不应高估收入或低估运营费用,选取的报酬率或资本化率不应偏低;在运用假设开发法估价时,不应高估未来开发完成后的房地产价值,不应低估后续开发成本、有关税费和利润,且应选择被迫转让开发模式进行估价。

2. 房地产抵押估价报告的特殊组成

房地产抵押估价报告应当包括估价对象的变现能力分析和风险提示,估价报告附件还应包括法定优先受偿权利等情况的书面查询资料和调查记录。

(1) 变现能力分析。变现能力是指假定在价值时点实现抵押权时,在没有过多损失的条件下,将抵押房地产转换为现金的可能性。变现能力分析内容应包括以下几项:①估价对象的通用性、独立使用性、可分割转让性、区位、权属关系、开发程度、价值大小以及房地产市场状况等影响变现能力的因素及其对变现能力的影响。一般情况下,房地产的通用性、独立使用性、可分割转让性越好,变现能力就越强;反之,变现能力就越弱。房地产区位条件越好,权属关系越简单清晰,开发程度越高,价值量越小,市场状况越活跃,变现能力越强;反之,变现能力越弱。但是由于对房地产用途的管制,某些开发程度相对较高的房地产的变现能力不一定高。例如,生地、毛地、熟地的变现能力逐渐提高,但是在建工程的变现能力不一定比熟地高。②假定估价对象在价值时点拍卖或变卖时最可能实现的价格与其市场价值或价格的差异程度。③变现的时间长短以及费用、税金的种类、数额和清偿顺序。拍卖变现时的费用主要有拍卖费用和佣金、律师费、交易手续费、评估费、登记费、公证费、应补缴的土地出让金等,变现税金有增值税及附加、印花税等。

【思考与讨论】如何理解前述"没有过多损失的条件"?

(2) 风险提示。风险提示内容主要包括以下几项:①关注房地产抵押价值或抵押净值未来下跌的风险,对预期可能导致房地产抵押价值或抵押净值下跌的因素进行分析说明;②评估续贷房地产的抵押价值或抵押净值时,对房地产市场已经发生的变化予以考虑说明;③估价对象状况和房地产市场状况因时间变化对房地产抵押价值或抵押净值可能产生的影响;④抵押期间可能产生的房地产信贷风险关注点;⑤合理使用评估价值;⑥定期或者在房地产市场价格变化较快时对房地产抵押价值或抵押净值进行再评估等。

(三) 房地产抵押估价的基本事项

(1) 估价目的应表述为"为确定房地产抵押贷款额度提供参考依据而评估房地产抵押价值"。

(2) 价值时点原则上为估价师完成实地查勘之日,但估价委托合同另有约定的除外。价值时点不是完成实地查勘之日的,应当在"估价的假设和限制条件"中假定估价对象在价值时点的状况与在完成实地查勘

可以抵押和不得抵押的房地产

之日的状况一致，并在估价报告中提醒报告使用者注意。

(3) 价值类型为谨慎价值，即估价时应充分考虑导致估价对象价值和价格偏低的因素，慎重考虑导致估价对象价值和价格偏高的因素。

(4) 对于估价对象，应明确界定其空间范围和财产范围，财产范围包括房屋专有部分和共有部分，专有部分除房屋及其占用范围内的土地使用权外，还应明确是否包括家具、设备、装饰装修及其他债权债务等动产和不动产权利。

(四) 房地产抵押估价的主要依据

房地产抵押估价的主要依据

《房地产抵押估价指导意见》

(五) 房地产抵押估价的相关要求

(1) 抵押房地产的土地使用权是以划拨方式取得的，应当按照下列两种方式之一评估其假定未设立法定优先受偿权下的价值：①直接评估在划拨土地使用权下的价值；②先评估假设在出让土地使用权下的价值，然后扣除划拨土地使用权应缴纳的土地使用权出让金或者相当于土地使用权出让金的价款，出让土地使用权的使用期限应设定为自价值时点起计算的相应用途法定出让最高年限，土地使用权出让金等费用应按抵押房地产所在地政府规定的标准测算，没有规定的可参照同类房地产已缴纳的标准估算。市场比较成熟、交易较多的房地产可选择第二种方式，反之可选择第一种方式。

(2) 抵押房地产为政策性房地产的，即房地产产权人是享受国家优惠政策购买的，抵押价值或抵押净值应为房地产产权人可处分和收益份额的抵押价值或抵押净值。

(3) 抵押房地产为在建工程的，应要求抵押人出具在建工程发包人与承包人及工程监理机构签署的在价值时点是否存在拖欠建筑工程价款的书面说明，若存在拖欠建筑工程价款的应当以书面形式提供拖欠的具体数额。

(4) 抵押房地产有租约限制的，应当按照下列规定评估其假定未设立法定优先受偿权下的价值：①合同租金低于市场租金的，应按照合同租金评估出租人权益价值；②合同租金高于市场租金的，应按照市场租金评估无租约限制价值。

(5) 续贷房地产抵押估价时，应调查并说明自前次价值时点以来的房地产市场状况和抵押房地产状况发生的变化，并应根据已经发生变化的情况进行估价。对同一抵押权人的续贷房地产抵押估价，抵押价值或抵押净值可不减去续贷对应的已抵押担保的债权数额，但应在估价报告中说明并对估价报告和估价结果的使用做出相应限制。

某房地产房地一体抵押纠纷案件判决书

二、房地产征收估价

(一) 房地产征收估价的概念

1. 房地产征收与征收补偿

房地产征收是指国家基于公共利益需要,按照法律规定的权限和程序强制取得单位、集体和个人的房地产所有权并给予适当补偿的行政行为。房地产征收具有以下特点:①公益性,征收的目的必须是为了公共利益的需要;②强制性,征收行为是基于社会公共权力实施的强制行为,无须被征收人同意;③补偿性,必须给予被征收人公平、合理的补偿,维护被征收人的合法权益,征收个人住宅的,还应当保障被征收人的居住条件;④合法性,征收活动必须依照法律规定的权限和程序进行。《国有土地上房屋征收与补偿条例》第二条规定:"为了公共利益的需要,征收国有土地上单位、个人的房屋,应当对被征收房屋所有权人给予公平补偿。"第二十一条规定:"被征收人可以选择货币补偿,也可以选择房屋产权调换。"市、县级人民政府做出房屋征收决定前,应当组织有关部门依法对征收范围内未经登记的建筑进行调查、认定和处理。对认定为合法建筑和未超过批准期限的临时建筑的,应当给予补偿;对认定为违法建筑和超过批准期限的临时建筑的,不予补偿。

公共利益的范围

房屋征收部门应与被征收人就补偿方式、补偿金额和支付期限、用于产权调换房屋的地点和面积、搬迁费、临时安置费或者周转用房、停产停业损失、搬迁期限、过渡方式和过渡期限等事项,订立补偿协议。房屋征收补偿范围通常包括以下内容:①被征收房屋价值的补偿;②因征收房屋造成的搬迁、临时安置的补偿;③因征收房屋造成的停产停业损失的补偿。因征收房屋造成搬迁的,房屋征收部门应当向被征收人支付搬迁费。选择房屋产权调换的,产权调换房屋交付前,房屋征收部门应当向被征收人支付临时安置费或者提供周转用房。对因征收房屋造成停产停业损失的补偿,根据房屋被征收前的效益、停产停业期限等因素确定。

《国有土地上房屋征收与补偿条例》

2. 房地产征收估价

房地产征收估价是指为确定房地产征收补偿额度提供参考依据而对房地产的市场价格进行分析、估算和判断的活动。国有土地上房屋征收估价包括被征收房屋价值评估、被征收房屋室内装饰装修价值评估、被征收房屋类似房地产市场价格测算、用于产权调换房屋价值评估、因征收房屋造成的搬迁费用评估、因征收房屋造成的临时安置费用评估、因征收房屋造成的停产停业损失评估等。被征收房屋的价值应包括被征收房屋及其占用范围内的土地使用权和属于被征收人的其他不动产的价值,应由符合相应条件的房地产估价机构按照相关政策评估确定。被征收人选择房屋产权调换的,市、县级人民政府应当提供用于产权调换的房屋，并与被征收人计算、结清被征收房屋价值与用于产权调换房屋价值的差价。被征收房屋室内装饰装修价值、搬迁费用、临时安置费用以及停产停业损失补偿等，由征收当事人协商确定或由估价机构另行确定时，所评估的被征收房屋价值不应包括被征收房屋室内装饰装修价值、搬迁费用、临时安置费用以及停产停业损失补偿等，并应在被征收房屋价值评估报告中做出特别说明。

(二) 房地产征收估价的特点

房地产征收和征收估价的主要特点有以下几个：①社会影响广。一是房地产是我国大多数城镇居民家庭的主要财产，征收估价涉及千家万户的切身利益；二是征收不仅涉及经济补偿问题，还事关被征收单位的生产经营问题和相关职工家庭的生活问题。②政策性较强。房地产征收估价不仅要遵循一般的法律法规与标准规范，还要遵守专门的征收补偿条例和征收评估办法，同时要遵守当地有关部门的征收政策与补偿标准。③估价难度高。被征收房地产通常规模较大，而且物业类型多。例如，一个成片征收项目往往包括住宅、商铺、办公楼、车库以及其他构筑物等不同物业类型，估价对象的实物状况和产权状况复杂，估价难度比较高。

征收与征用的异同

(三) 房地产征收估价的基本事项

(1) 估价目的应当表述为"为房屋征收部门与被征收人确定被征收房屋价值的补偿提供依据，评估被征收房屋的价值"。用于产权调换房屋价值评估的目的应当表述为"为房屋征收部门与被征收人计算被征收房屋价值与用于产权调换房屋价值的差价提供依据，评估用于产权调换房屋的价值"。

(2) 价值时点为房屋征收决定公告之日。用于产权调换房屋价值评估的价值时点应当与被征收房屋价值评估的时点一致。

(3) 价值类型为被征收房屋的市场价值，其内涵是被征收房屋及其合法占用范围内的土地使用权在正常交易情况下，由熟悉情况的交易双方以公平交易方式在价值时点自愿进行交易的金额，但不考虑被征收房屋租赁、抵押、查封等因素的影响。不考虑租赁因素的影响是指评估被征收房屋无租约限制的价值。不考虑抵押、查封因素的影响有两方面含义，一方面是指评估价值中不扣除被征收房屋已抵押担保的债权数额、拖欠的建设工程价款和其他法定优先受偿款；另一方面是指假设估价对象可继续利用或经营，即评估的应该是市场价值而不是残余价值。对被征收房屋价值的补偿不得低于房屋征收决定公告之日被征收房屋类似房地产的市场价格。产权调换房屋估价的价值类型是被征收房屋的市场价值，其内涵是被征收房屋由熟悉情况的交易双方以公平交易方式在价值时点自愿进行交易的金额，但是政府对用于产权调换房屋价格有特别规定的除外。

(4) 估价对象的征收范围包括合法的被征收建筑物及其占用范围内的国有土地使用权和其他不动产，不包括违法建筑和超过批准期限的临时建筑。对于已经登记的房屋，其性质、用途和建筑面积一般以房屋权属证书和房屋登记簿的记载为准；房屋权属证书与房屋登记簿的记载不一致的，除有证据证明房屋登记簿确有错误外，以房屋登记簿为准。对于未经登记的建筑,应当按照市、县级人民政府的认定、处理结果进行评估。

(四) 房地产征收估价的主要依据

房地产征收估价的主要依据

《国有土地上房屋征收评估办法》

房地产征用估价

(五) 房地产征收估价的相关要求

(1) 估价机构应当对被征收房屋进行实地查勘。房屋征收部门、被征收人和注册房地产估价师应当在实地查勘记录上签字或者盖章确认。被征收人拒绝在实地查勘记录上签字或者盖章的,应当由房屋征收部门、注册房地产估价师和无利害关系的第三人见证,有关情况应当在估价报告中说明。在房屋征收估价过程中,房屋征收部门或者被征收人不配合、不提供相关资料的,估价机构应当在估价报告中说明有关情况。

(2) 估价师应当根据估价对象和当地房地产市场状况,对比较法、收益法、成本法、假设开发法等估价方法进行适用性分析后,选用其中一种或多种方法对被征收房屋价值进行评估。可以同时选用两种以上估价方法进行估价的,应当选用两种以上估价方法进行估价。房屋征收评估价值应当以人民币为计价的货币单位,精确到元。

(3) 当被征收房地产为正常开发建设的待开发房地产且采用假设开发法估价时,应选择业主自行开发模式进行估价。当被征收房地产为非征收原因已停建、缓建的未完工程且采用假设开发法估价时,应选择自愿转让开发模式进行估价。

(4) 估价机构应当向房屋征收部门提供分户的初步估价结果。分户的初步估价结果应当包括估价对象的构成及其基本情况和评估价值。房屋征收部门应当将分户的初步估价结果在征收范围内向被征收人公示。公示期间,估价机构应当安排注册房地产估价师对分户的初步估价结果进行现场说明解释,存在错误的应当修正。分户初步估价结果公示期满后,估价机构应当向房屋征收部门提供委托估价范围内被征收房屋的整体估价报告和分户估价报告。整体估价报告和分户估价报告应当由负责房屋征收估价项目的两名以上注册房地产估价师签字,并加盖估价机构公章。不得以印章代替签字。

(5) 被征收人或者房屋征收部门对估价结果有异议的,应当自收到估价报告之日起10日内,向原房地产估价机构提出书面复核估价申请。原估价机构应当自收到书面复核估价申请之日起10日内对估价结果进行复核。复核后,改变原估价结果的,应当重新出具估价报告;估价结果没有改变的,应当书面告知复核估价申请人。被征收人或者房屋征收部门对原估价机构的复核结果有异议的,应当自收到复核结果之日起10日内,向被征收房屋所在地房

某房屋征收行政补偿纠纷案件判决书

某房屋征收租赁合同纠纷案件判决书

地产估价专家委员会申请鉴定。

三、房地产司法处置估价

(一) 房地产司法处置估价的概念

房地产司法处置又称为涉执房地产处置，是人民法院依法对查封的房地产或以房地产为主的财产采取拍卖、变卖、以物抵债等方式予以变现，实践中以拍卖处置居多。对需要拍卖、变卖的财产，人民法院应采取当事人议价、定向询价、网络询价、委托评估等方式确定财产处置参考价。当事人议价不能或者不成，或者双方当事人一致要求直接进行定向询价，且财产有计税基准价、政府定价或者政府指导价的，人民法院应当向确定参考价时财产所在地的有关机构进行定向询价。定向询价不能或者不成，或者双方当事人一致要求或者同意直接进行网络询价，财产无须由专业人员现场勘验或鉴定且具备网络询价条件的，人民法院应当通过司法网络询价平台进行网络询价。法律、行政法规规定必须委托评估、双方当事人要求委托评估或者网络询价不能或不成的，人民法院应当委托估价机构进行估价。

司法变卖

房地产司法处置估价是指为确定房地产司法处置金额提供参考依据而对房地产的市场价格或价值进行分析、估算和判断的活动。人民法院采用委托评估方式确定参考价的，估价机构和估价师需要根据相关规定，客观合理地评估被处置房地产的市场价值或价格。

《最高人民法院关于人民法院民事执行中拍卖、变卖财产的规定》

(二) 房地产司法处置估价的特点

拍卖是较常见的司法处置形式，房地产司法拍卖的特点有以下几个：①强制性。司法拍卖属于强制性的司法行为，原房地产产权人没有讨价还价的权利。②快速变现性。一方面司法拍卖必须在规定的时间内完成，如果拍卖不成，通常由人民法院主持将拍卖标的物折价抵偿债务；另一方面，买受人需要在较短的时间内了解标的物、做出购买决策以及支付全部款项。③购买受众小。司法拍卖标的物通常为单宗或部分物业，难以进行广泛的市场营销，宣传推广力度小；司法拍卖标的物的实物和权益状况比较复杂，加上特殊的消费心理影响，市场需求面窄。④交易成本高。司法拍卖房地产需要支付拍卖佣金和处置费用，会额外增加交易成本。房地产司法拍卖估价应充分考虑上述房地产司法拍卖的减价因素。

【思考与讨论】司法拍卖和普通拍卖有何区别？

(三) 房地产司法处置估价的基本事项

(1) 估价目的宜表述为"为人民法院确定财产处置参考价提供参考依据"。
(2) 价值时点一般以人民法院明确的时点为准。人民法院明确的价值时点与实地查勘完成之日不一致的,应当在估价报告"估价的假设和限制条件"中假定估价对象在价值时点的状况与完成实地查勘之日的状况一致。人民法院未明确价值时点的,一般以完成实地查勘之日作为价值时点。

(3) 价值类型宜为市场价格或市场价值,难以评估市场价格的,一般评估市场价值。房地产拍卖估价宜评估市场价值。根据人民法院的书面要求,评估符合估价目的要求的其他特定价格或者价值的,应当在估价报告中明确其定义或内涵。

(4) 应明确界定估价对象的空间范围和财产范围。估价对象的财产范围不明确的,应当提请人民法院书面予以明确。估价对象的财产范围包含家具家电、机器设备、债权债务、特许经营权等非房地产类财产的,或者不包含属于房地产的房屋配套设施设备、装饰装修物、相关场地等财产的,应当在估价报告中具体列举说明。

网络司法拍卖

(四) 房地产司法处置估价的主要依据

房地产司法处置
估价的主要依据

《涉执房地产处置司法
评估指导意见(试行)》

(五) 房地产司法处置估价的相关要求

(1) 如果估价对象是具有完全产权的商品房,估价时可采用比较法、收益法、成本法直接评估其正常市场价值或价格。如果估价对象是划拨土地使用权的房地产,可以采用两种估价技术路线:一是评估估价对象在出让土地使用权下的正常市场价值或价格,并在"估价假设和限制条件"中予以说明,估价方法可采用比较法、收益法或成本法。估价对象拍卖后,从拍卖价款中扣除应补缴的地价款以及卖方税费。二是评估估价对象在划拨土地使用权下的房地产价值或价格,即先采用比较法、收益法或成本法评估估价对象在出让土地使用权下的正常市场价值或价格,再评估应补缴的地价款,然后将估价对象具有出让土地使用权的正常市场价值或价格减去应补缴的地价款。在实际估价中,由于在出让土地使用权下的房地产价值或价格比较容易获取或评估,而应补缴地价款存在较多变数,因此通常采用第一种技术路线。

(2) 如果估价对象是在建工程,估价方法可选用假设开发法或成本法。采用假设开发法估价时,应当选择被迫转让开发模式,充分考虑转让税费、重复投入的成本费用、开发期限延长等因素;采用成本法估价时,应当充分考虑被迫转让、各类折旧等因素所导致的价值减损。应当关注估价对象是否存在已预售情况,已预售部分一般不列入估价对象的财产范围;人民法院书面明确需列入估价对象财产范围的,应当充分考虑已预售部分对估价结果的影响。估价对象不能独立续建的,按照下列方式处理:①人民法院要求评估该部分现状价值的，应根据在建工程整体形象进度，采用假设开发法或成本法估价，采用假设开发法估价时应当选择被迫转让开发模式；②人民法院要求评估该部分期房预售价值的，应当参照类似预售房屋的价格进行估价，同时应当充分考虑查封、所在项目开发建设手续完备程度、在建工程整体形象进度以及是否取得预售许可、能否按期竣工交付等因素所导致的价值减损。

(3) 人民法院书面明确为违法占地、违法建设、超过批准期限的临时建筑等违法房地产的，不应当列入估价对象财产范围。未经登记或者缺乏合法建造证明，未依法认定为违法房地产的，应当根据估价对象的具体情况，恰当选择下列方式之一进行估价：①估价对象依法可以登记但未办理登记的，经书面征询人民法院同意，可以按照已登记房地产进行估价，估价结果应当为扣除办理登记需要发生的相关费用后的余额，并在估价报告中进行相应说明；②估价对象补充完善相关手续后可以办理登记的，经书面征询人民法院同意，可以按照已登记房地产进行估价，估价结果应当为扣除补充完善相关手续、办理登记需要发生的相关费用后的余额，并在估价报告中进行相应说明；③估价对象依法不予办理登记的，应当充分考虑无法办理登记对估价结果的影响，并在估价报告中进行相应说明。

(4) 估价对象由多宗房地产组合而成或者为大宗房地产但可分割为若干小宗独立处置的，应考虑不同处置方式对估价结果的影响，不应当低估整体处置方式的减价影响，估价报告中应当分别列示各宗房地产的估价结果。估价对象为某宗房地产的部分或者局部的，应当关注估价对象的独立使用和交易的受限情况，充分考虑估价对象所在整宗房地产的其他部分对估价对象价值的影响，不应当低估相关减价影响。估价对象包含房地产和其他财产的，估价报告中应当分别列示房地产和其他财产的估价结果。

(5) 估价对象状况存在不相一致情形的，应当按照下列方式进行处理，并在估价报告"估价假设和限制条件"中予以说明：①实际用途与登记用途不一致的，一般应当按照登记用途进行估价；人民法院书面要求按照实际用途进行估价的，应当关注由登记用途改变为实际用途所需补缴的土地使用权出让金、相关税费等成本费用，考虑其对估价结果的影响，并提示按照实际用途持续使用可能存在的相应风险。②房屋登记用途与土地登记用途不一致的，应当按照最高最佳利用分析得出的最佳用途进行估价。③实际面积与登记面积不一致的，应当根据人民法院书面明确的面积估价。人民法院不予书面明确的，对实际面积小于登记面积的，按照实际面积估价；对实际面积超出登记面积的部分，按照《涉执房地产处置司法评估指导意见(试行)》第二十六条的规定评估。

(6) 应当关注估价对象是否存在租赁权、用益物权及占有使用情况。人民法院未明确且经估价机构尽职调查后也未发现或掌握相关情况的，可以假定估价对象不存在租赁权、用益物权及占有使用情况，并在估价报告"估价假设和限制条件"的"一般假设"中予以说明。人民法院查明存在上述情况的，估价机构应当结合委托估价材料和实地查勘等情况，对相关情况进行核查验证。人民法院书面说明依法将租赁权、用益物权及占有使用情况除去后拍卖或者变卖的，应当不考虑原有的租赁权、用益物权及占有使用情况对估价结果的影响，并在估价报告"估价假设和限制条件"的"背离事实假设"中予以说明；人民法院未书面说明除去原有的租赁权、用益物权及占有使用情况后拍卖或者变卖的，估价结果应当考虑原有的租赁权、用益物权及占有使用情况的影响，并在估价报告中予以说明。

(7) 估价机构应当及时要求人民法院组织对估价对象进行实地查勘，并要求人民法院通知当事人到场。当事人不到场的，不影响实地查勘的进行，但应当有见证人见证。估价机构应当安排2名及以上人员共同对估价对象进行实地查勘，其中至少有1名注册房地产估价师。人民法院要求由1名及以上注册房地产估价师进行实地查勘的，从其规定。工作人员实地查勘时应当核对查勘对象与估价委托书载明的财产名称、坐落和财产范围等是否一致；不一致的，应当要求人民法院核实、明确。实地查勘记录应当由实地查勘的人员和在场当事人或见证人签名或盖章。在场当事人或见证人拒绝签名或盖章的，应当由其他第三人签名或盖章，并在估价报告中予以说明。当事人不到场或不予配合，无法进入估价对象内部查勘的，经书面征询人民法院意见，可以对估价对象内部布局、室内装饰装修物等情况进行合理假定，并在估价报告"估价假设和限制条件"中予以说明。

人民法院委托评估需要提供的材料

四、房地产损害赔偿估价

(一) 房地产损害赔偿估价的概念

房地产损害是指房地产因各种行为或不可抗力而遭受的损失。按照损害内容可分为实体损害、权益损害和环境损害；按照损害性质可分为可修复的损害和不可修复的损害，或者暂时性损害和永久性损害。造成房地产损害与价值减损的原因有以下几个：①房地产自身的缺陷。例如，因工程质量缺陷、建筑材料不合格对房地产使用功能、使用安全和使用人身体健康造成损害。②外部活动影响。例如，因建筑基坑开挖引起相邻建筑物的沉降、倾斜与开裂，因建造建筑物而妨碍相邻建筑物的通行、通风、采光或日照，因登记不当造成房地产权利人利益受损等。③城市规划修改，包括房屋自身规划修改、小区内部规划修改、小区周边规划修改、区域规划修改以及区域大型基础设施建设规划修改等。房地产损害赔偿估价是指对因房地产损害而导致的房地产价值减损以及其他损失的评估，包括赔偿性房地产价值减损评估、房地产价值减损评估、房屋质量缺陷损失估价。赔偿性房地产价值减损评估包括被损害房地产价值减损评估、因房地产损害造成的其他财产损失评估、因房地产损害造成的搬迁费用评估、因房地产损害造成的临时安置费用评估、因房地产损害造成的停产停业损失评估等。

房地产损害赔偿估价的理论与实践

(二) 房地产损害赔偿估价的特点

房地产损害赔偿估价具有如下特点：①专业性强。房地产损害往往涉及建筑、土木、环境、法律等专业知识，损害赔偿估价不仅可能需要专业帮助，还可能需要提前进行损害程度鉴定等，对相关专业知识要求较高。②内容多样性。房地产损害赔偿估价既可能评估被损害房地产自身的价值减损，也可能评估因房地产损害造成的其他财产损失、搬迁费用、临时安置费用以及停产停业损失等。③对象独特性。房地产损害情形往往多种多样，市场上较难找到类似房地产损害赔偿实例，较难直接采用比较法进行估价。

(三) 房地产损害赔偿估价的相关要求

(1) 估价目的可表述为"为确定房地产损害赔偿额度提供参考依据"或"为确定房地产价值减损额度提供参考依据"。价值时点应根据实际情况采用估价师完成实地查勘之日或者当事人约定的日期或者委托人要求的日期。价值类型应为市场价格或市场价值。

(2) 应调查并在估价报告中说明被损害房地产在损害发生前后的状况，分析、判断可修复和不可修复的房地产损害。对于可修复的房地产损害，宜采用修复成本法测算其修复成本作为价值减损额；对于不可修复的房地产损害，应根据估价对象及其所在地房地产市场状况，分析采用损失资本化法、价差法等方法进行评估。

(3) 因规划变更导致的房地产损害赔偿估价，既要计算直接损失，也要考虑间接损害；既要计算有形的损失，也要考虑无形的损失；既要计算当前的损失，也要考虑未来的预期损失。为了使估价结果客观、合理，还应当将损失和收益加以综合考虑。

房地产价值贬损评估典型案例

五、房地产转让估价

(一) 房地产转让估价的概念

房地产转让是指房地产产权人通过买卖、赠与或者其他合法方式将其房地产转移给他人的行为。其他合法方式主要包括以下几种：①以房地产作价入股或者与他人成立企业法人而使房地产权属发生变更的；②一方提供土地使用权，另一方或者多方提供资金，合资、合作开发经营房地产而使房地产权属发生变更的；③因企业被收购、兼并或合并而使房地产权属发生变更的；④以房地产抵债而使房地产权属发生变更的。房地产转让是较常见的房地产交易方式之一，其实质是房地产权属发生了转移。房地产转让时，房屋所有权和该房屋所占用范围内的土地使用权同时转让。也就是说，土地使用权转让时，该土地上的房屋所有权同时转让；房屋转让时，该房屋所占用范围的土地使用权同时转让。房地产转让可分为无偿转让和有偿转让，房地产无偿转让主要包括赠与、继承等行为，房地产有偿转让主要包括买卖、互换、作价入股等行为。房地产有偿转让需要确定转让价格，转让人和受让人可以协商确定转让价格，也可以委托估价机构进行评估(即房地产转让估价)。

房地产交易

房地产转让估价是指为确定房地产转让价格提供参考依据而对房地产市场价值进行分析、估算和判断的活动。

(二) 房地产转让估价的特点

房地产转让和转让估价具有如下特点：①普遍性。房地产转让行为非常普遍，包括土地使用权转让、整体房地产转让以及房地产的交换、赠与、继承等行为，转让实例较多。

②咨询性。房地产转让估价通常是为转让人或受让人一方或双方了解房地产交易行情而进行的估价，为确定房地产转让价格提供参考依据，具有一定的价格咨询性。估价师只对估价信息和结论是否合乎估价技术规范和职业规范负责，对房地产转让定价决策不负直接责任。③自愿性。是否委托估价机构进行转让估价由相关当事人自行决定，估价委托人可以自行选择相关估价机构，可以单方委托，也可以转让双方共同委托。

(三) 房地产转让估价的相关要求

(1) 房地产转让估价的价值时点通常是在估价作业日期之后。

(2) 应区分转让人需要的估价和受让人需要的估价，并应根据估价委托人的具体需要，评估市场价值或投资价值、卖方要价、买方出价、买卖双方协议价等。

(3) 根据实际情况可采用比较法、收益法、成本法、假设开发法和基准地价修正法等一种或多种方法进行估价。

(4) 已出租的房地产转让估价，应评估出租人权益价值；转让人书面设定或转让人与受让人书面约定依法将原有的租赁关系解除后进行转让的，可另行评估无租约限制价值，并应在估价报告中同时说明出租人权益价值和无租约限制价值及其使用条件。

(5) 以划拨方式取得国有土地使用权的房地产转让估价，估价对象应符合法律法规规定的转让条件，根据国家和估价对象所在地的土地收益处理规定，估价结果应给出需要缴纳的土地出让金等费用或转让价格中所含的土地收益。

(6) 保障性住房销售价格评估，应根据产权形式及相关规定，评估市场价值或其他特定价值和价格。对于采用共有产权的，宜评估市场价值；对于采用独享产权的，宜根据类似商品住房的市场价格、保障性住房的成本价格、保障对象的支付能力、政府补贴水平及每套住房所处楼幢、楼层、朝向等保障性住房价格影响因素，测算公平合理的销售价格水平。但是国家和当地政府对保障性住房销售价格有特别规定的，应按其规定执行。

六、房地产租赁估价

(一) 房地产租赁估价的概念

房地产租赁是指房屋所有权人、土地所有权人、土地使用权人作为出租人将其房屋、土地或土地使用权出租给承租人使用，由承租人向出租人支付租金的行为，是较常见的房地产交易方式之一，包括房屋租赁、土地租赁和土地使用权出租。房屋租赁应当签订书面租赁合同，约定租赁期限、租赁用途、租赁价格、修缮责任以及双方的权利义务。租赁价格(即租金)是租赁合同的核心内容之一。为避免租赁双方遭受损失，有必要进行租赁估价。

房地产租赁估价是指为确定房地产租赁价格(即租金)提供参考依据而对房地产的市场租金进行分析、估算和判断的活动。除了确定租金以外，租赁期间的租金调整、承租人的租赁权价格以及出租人提前收回租赁房屋需要给予承租人的补偿等均需要房地产估价提供参考依据。此外，为了防止租赁利害关系人之间进行利益输送，或者为了对房地产类资产租赁经营状况进行考核等,都需要进行估价以便为确定客观合理的租赁价格提供参考依据。房地产租赁估价应当区分出租人需要的估价和承租人需要的估价,并应根据估价委托人的具体需要,评估市场租金或其他特定租金、承租人权益价值等。

估价在住房租赁市场中的作用

【思考与讨论】土地租赁和土地使用权出租有何区别?

(二) 房地产租赁估价的特点

房地产租赁估价具有如下特点:①咨询性。房地产租赁估价通常是为出租人或承租人一方或双方了解房地产租赁行情而进行的估价,为确定房地产租赁价格提供参考依据,具有价格咨询性。估价师只对估价信息和结论是否合乎估价技术规范和职业规范负责,对房地产租赁定价决策不负直接责任。②自愿性。由于房地产租赁估价的咨询性,估价委托人可以自行选择相关估价机构,可以单方委托,也可以转让双方共同委托。

(三) 房地产租赁估价的相关要求

(1) 房地产租赁估价的价值时点通常是在估价作业日期之后。

(2) 以营利为目的出租划拨国有土地使用权上的房屋租赁估价,应根据国家和估价对象所在地的土地收益处理规定,给出租金中所包含的土地收益。

(3) 保障性住房租赁价格评估,应根据货币补贴、实物补贴等租金补贴方式,评估市场租金或其他特定租金。对于采取货币补贴的,宜评估市场租金;对于采取实物补贴的,宜根据类似商品住房的市场租金、保障性住房的成本租金、保障性住房供应对象的支付能力、政府补贴水平及估价对象所处楼幢、楼层、朝向等影响因素,客观公平地测算租金水平。但是国家和保障性住房所在地对保障性住房租赁价格有特别规定的,应按其规定执行。

对房地产租赁价格的认识

七、房地产税收估价

(一) 房地产税收估价的概念

税收是国家对有纳税义务的组织和个人所征收的货币和实物,是国家参与社会剩余产品分配的一种方式。我国现行的房地产税收有房产税、城镇土地使用税、耕地占用税、土地增值税、契税。此外,与房地产紧密相关的税种有增值税、城市维护建设税、企业所得税、个人所得税、印花税等。房地产税收估价又称税基评估或计税价值评估,是指为征税需要而评估房地产价值。房地产税收评估是增强房地产税收征管透明度,保证房地产税收公平性的必要手段。除了城镇土地使用税和耕地占用税以占地面积作为计税依据的从量税以外,其他房地产税收均为从价税,征税时需要确定计税依据。例如,房地产契税的计税依据是成交价格,土地增值税的计税依据是房地产转让增值额。

(二) 房地产税收估价的特点

房地产税收估价具有如下特点：①公平性。房地产税的征税对象通常是有形的房地产，税收透明度较高，不同纳税人的类似房地产的计税依据能够进行直观的横向比较，这对房地产税收估价的公平性提出了很高要求。同时，税收估价也要兼顾精准、效率和成本的要求。②周期性。以市场价值作为基础的房地产税收估价，必须要考虑到市场价值变动对计税依据的影响。因此，房地产税收估价应当定期或周期性进行。③批量性。房地产税收估价既有针对特定房地产的个案评估，也有面向大量同类房地产的批量评估。随着我国房地产税改革的持续推进，面向个人住房的房地产税收估价业务将大量涌现。为保证房地产税收估价的公平与效率，批量评估将成为居住房地产税收估价的主流方式。

【思考与讨论】估价机构如何参与税收估价？

(三) 房地产税收估价的相关要求

(1) 房地产税收估价应区分房地产持有环节税收估价、房地产交易环节税收估价和房地产开发环节税收估价，并应按相应税种为核定其计税依据进行估价。

(2) 进行房地产持有环节税收估价时，各宗房地产的价值时点应当相同；进行房地产交易环节税收估价时，各宗房地产的价值时点应为各自的成交日期。

八、其他目的的房地产估价

(一) 房地产保险估价

房地产在长期的使用过程中，可能会因为各种自然灾害或事故灾害而遭受损毁或灭失。房地产保险是加强风险管理、分摊事故损失的重要机制和手段。房地产保险估价通常分为房地产投保时的保险价值评估和保险事故发生后的财产损失评估。

评估房地产投保时的保险价值，需要在投保时确定保险标的的实际价值，为投保人和保险人约定保险标的的保险价值和保险金额提供参考依据。房地产投保时的保险价值评估应根据投保的险种确定估价对象范围，一般不包括即使保险事故发生也不会遭受损失的部分，如投保火灾险的保险价值评估对象一般不包括土地。评估假定在价值时点因保险事故发生而可能遭受损失的房地产重置成本或重建成本，可选用成本法或比较法进行估价。

评估保险事故发生后的财产损失，需要在保险事故发生后确定因保险事故发生而造成的财产损失，为保险人确定赔偿保险金的数额提供参考依据。保险事故发生后的财产损失评估应调查保险标的在投保时和保险事故发生后的状况，评估因保险事故发生造成的财产损失，可选用修复成本法、价差法、损失资本化法等方法进行估价。对其中可修复的部分，宜采用修复成本法测算其修复成本作为财产损失额。

【思考与讨论】保险估价的价值时点如何确定？

(二) 房地产纠纷估价

房地产纠纷是指相关当事人因房地产利益冲突而产生的一种对抗行为。房地产价值量大、权利义务关系复杂,当事人在房地产交易、征收、处置、赔偿等活动中容易就房地产价值和价格产生争议和纠纷。为合理解决纠纷,需要专业的估价机构对有争议的房地产评估价值、赔偿或补偿金额、交易价格、市场价格、租金、成本、费用分摊、价值分配等进行鉴别和判断,提出客观、公平、合理的鉴定意见,为调解、仲裁、行政裁决、行政复议、诉讼等方式解决纠纷提供参考依据或证据。房地产纠纷估价,应充分了解纠纷双方的利益诉求,估价结果应平衡纠纷双方的利益,以促进纠纷化解。

房地产纠纷估价是对不同纠纷类型和不同估价目的的房地产估价的统称。房地产纠纷估价应根据纠纷的类型、按照相应的估价目的进行。对估价结果有争议的,应按照该估价结果对应的估价目的、估价对象、价值时点、价值类型等进行估价,除非原估价对它们的确定有误;对赔偿金额有争议的,应按照相应的损害赔偿估价目的进行估价;对征收、征用补偿金额有争议的,应按照相应的征收、征用估价目的进行估价;对交易价格有争议的,应按照相应的转让、租赁等交易估价目的进行估价。

【思考与讨论】房地产纠纷估价和房地产估价纠纷有何区别?

(三) 房地产分割与合并估价

房地产分割与合并分为物理分割与合并、价值分割与合并。物理分割是指将一宗完整的房地产根据需要分割成若干宗房地产;物理合并是指将若干宗房地产合并成一宗房地产。价值分割是指将一宗完整的房地产价值分割为若干份;价值合并是指将若干宗房地产价值相加。在经济活动中,房地产分割比房地产合并更常见,房地产价值分割比房地产物理分割更普遍,原因在于房地产在物理上比较难以分割,强行分割往往会破坏房地产的使用功能与使用价值。在房地产价值分割中,通常对房地产进行拍卖、变卖或折价后对其价款进行分割和分配。由于房地产的异质性,有时即使可以采用物理分割的方式,也需要找补现金等。在这些过程中,通常都会涉及对房地产价值和价格的确定。

房地产规模对房地产价值有较大影响,房地产分割与合并之前和之后的价值之间通常不是简单的加减关系,而应根据分割与合并后的实际状况进行估价,即房地产分割与合并估价需要考虑分割与合并行为对房地产价值的影响。房地产分割(合并)估价,不应简单地将分割(合并)前的整体(各部分)房地产价值进行分摊(相加)得出分割(合并)后的各部分(整体)房地产价值,而应对分割(合并)后的各部分(整体)房地产进行估价,并应分析因分割(合并)造成的房地产价值的增减数额。

【思考与讨论】为什么分割或合并会影响房地产价格?

(四) 国有土地使用权出让估价

我国实行城镇国有土地使用权出让制度,出让方式包括招标、拍卖、挂牌、协议等。

无论采用哪种出让方式，都应当对拟出让的土地使用权进行估价。国有土地使用权出让估价分为出让人需要的估价和意向用地者需要的估价，估价目的分别是"为出让人确定相应的出让底价提供参考依据"和"为意向用地者确定相应出价提供参考依据"。

国有土地使用权出让估价应遵循以下要求：①出让人需要的估价应根据出让方式和出让人的具体需要，评估拟出让土地使用权的市场价值或相应出让方式的底价；②意向用地者需要的估价应根据出让方式和意向用地者的具体需要，评估拟出让土地使用权的市场价值或投资价值、相应出让方式的最高报价、最高出价、竞争对手的可能出价等；③估价方法通常采用假设开发法，一般宜选择自愿转让开发模式进行估价。

【思考与讨论】国有土地使用权划拨是否需要估价？

(五) 补地价评估

需要补地价的情形主要有改变土地利用条件、划拨土地改为出让土地以及土地使用权期限届满后续期等，相应的补地价评估要求如下：①土地用途、容积率、使用期限等利用条件改变时，以相关部门同意补缴地价的日期为价值时点，评估新土地利用条件下的总地价和原土地利用条件下的总地价，以两者之差作为评估的需要补缴的地价。②土地取得方式由划拨改为出让时，评估出让土地使用权价格并扣除原划拨土地使用权取得成本，以此作为评估的需要补缴的地价。③土地使用权期限届满后续期的补地价评估应根据有关的法律规定执行。《民法典》第三百五十九条规定："住宅建设用地使用权期限届满的，自动续期。续期费用的缴纳或者减免，依照法律、行政法规的规定办理。非住宅建设用地使用权期限届满后的续期，依照法律规定办理。该土地上的房屋以及其他不动产的归属，有约定的，按照约定；没有约定或者约定不明确的，依照法律、行政法规的规定办理。"此外，土地使用权期限届满前，因公共利益需要提前收回土地的，应当依据规定对该土地上的房屋以及其他不动产给予补偿并退还相应的出让金；土地使用权期限届满，土地使用人申请续期但未获批准，土地使用权和地上建筑物、构筑物及其附属设施由出让人无偿收回，但应补偿土地使用人地上建筑物、构筑物及其附属设施的残余价值，相关价值的确定也需要估价提供参考依据。

【思考与讨论】土地使用权续期补地价如何估价？

(六) 为财务报告服务的房地产估价

根据有关会计准则、信息披露以及监督管理等要求，通常需要对企业中的房地产开展为财务报告服务的估价。为财务报告服务的房地产估价，应区分投资性房地产公允价值评估，作为存货的房地产可变现净值评估，存在减值迹象的房地产可回收金额评估，受赠、合并对价分摊等涉及的房地产入账价值评估，境外上市公司的固定资产重估等。

为财务报告服务的房地产估价应遵循以下要求：①房地产估价机构和注册房地产估价师应与估价委托人及相关的注册会计师进行充分沟通，熟悉相关会计准则与会计制度，了解相关会计确认、计量和报告的要求，理解相关会计计量属性及其与房地产估价相关价值和价格的联系和区别；②应根据相关要求，选择某一特定日期为价值时点；③应根据相应的会计计量属性，选用比较法、收益法、成本法、假设开发法等方法评估相应的价值和价格。对采用公允价值计量的，应评估其市场价值。

【思考与讨论】比较会计与房地产估价领域的价值术语。

(七) 企业资产评估中的房地产估价

企业在其全寿命周期中涉及的设立、合并、分立、合资、合作、租赁、融资、上市、企业改制、资产重组、资产置换、资产收购、资产出售、对外投资、产权转让、抵债、破产、清算等活动通常涉及对企业局部或整体资产进行估价。作为企业资产的重要组成部分，房地产估价也是企业资产评估中的重要一环，为企业有关决策提供参考依据。

企业资产评估中的房地产估价应遵循以下要求：①界定房地产和其他资产的范围，明确房地产估价对象的财产范围；②应根据企业活动的类型，确定相应的房地产估价目的，如房地产权属发生转移的应按照房地产转让进行估价；③应调查估价对象房地产合法改变用途的可能性，并分析、判断按照"维持现状"或"改变用途"的前提进行估价。

《资产评估基本准则》

第三节 不同类型的房地产估价业务

房地产估价对象类型众多，不同类型的房地产在估价上具有一些特殊要求。本节主要针对居住、商业、办公、工业、旅馆、车库(位)以及在建工程等几种比较常见的房地产类型，从概念、特点以及估价技术要点三个方面进行阐述。

一、居住房地产估价

(一) 居住房地产的概念及其特点

居住房地产简称住宅，是指用于家庭或个人居住的房地产。根据居住形态不同，住宅可分为普通住宅、公寓、别墅。根据建筑层数不同，住宅可分为低层住宅、多层住宅、中高层住宅和高层住宅，市场上还有所谓的"小高层"住宅等说法。住宅只能自住或出租用于居住用途，不能作为注册公司或营业的场所。在房地产市场上，许多商务型公寓通常建造在商业或综合用地上。例如，常见的酒店式公寓、SOHO公寓、创业公寓等，虽然具有一定的居住形态和功能，但是其本质上仍然属于商业房地产。

【思考与讨论】酒店式公寓可以按照住宅进行估价吗？

住宅主要有以下特点：①市场交易频繁。不管是新房还是二手房，住宅交易都非常频繁，成交实例较多。②价格可比性强。住宅具有较强的相似性、替代性和可比性，特别是对于同一个居住区内的住宅，在实物、权益、区位等方面的相似性与可比性更高。③权益类型众多。我国的住宅类型有商品房、房改房、经济适用住房、廉租住房、公共租赁房、共有产权房、人才房、回迁房和集资房等，不同类型住宅的权益状况及其价格内涵存在较大差异，估价时需要充分把握其对估价结果的影响。

(二) 居住房地产估价的技术要点

(1) 除了一般的房地产价格影响因素外，住宅估价时还应关注楼层、朝向、学籍、物业管理、配建保障房比例等因素对住宅价值的影响。

(2) 住宅估价的常用方法有比较法、收益法、成本法，其中比较法是较常用的估价方法。如果是转让估价，可以只选用比较法进行估价。如果是抵押估价，为遵循谨慎原则，可以同时选用收益法进行估价，并优先选用持有加转售模式的收益法计算公式进行测算。对于住宅在建工程，成本法则是主要的估价方法。

(3) 对于单套商品住宅，由于市场上买卖和出租的实例较多，可以直接选用比较法和收益法进行测算，然后在不同估价方法测算结果的基础上综合得到最终的估价结果。对于整幢商品住宅，由于市场上交易实例很少，可以采用从小到大、从个体到整体的估价思路与技术路线进行测算，即先选择某一基准层的某套住宅作为估价对象，选取与估价对象类似的可比实例，利用比较法修正或调整测算出该套住宅的价格，然后采用类比法，经过楼层、朝向、景观、面积、户型等调整，得出各层以及整幢商品住宅的整体价值。

(4) 对于政策性住宅，需要考虑因产权不完整导致的减价调整。例如，对于经济适用住房，如果选用比较法估价，应先测算估价对象在出让土地状况下的市场价值，再扣除应缴纳的土地使用权出让金，也可选取同类经济适用住房交易实例直接进行比较。

【思考与讨论】为什么某些地区的住宅价格高于商业房地产价格？

二、商业房地产估价

(一) 商业房地产的概念及其特点

商业房地产是指具有商业用途的房地产，广义的商业房地产包括零售、批发、餐饮、酒店、娱乐、办公等房地产，狭义的商业房地产主要是指零售、批发房地产，如商场、超市、商铺、批发市场等。这里主要介绍狭义的商业房地产。

商业房地产主要有以下特点：①收益性强。商业房地产属于经营性房地产，其主要特点是能够获得经营收益。②业态丰富。一是商业房地产的类型众多，二是在同一宗商业房地产(特别是大体量商业房地产)内部，通常有多种经营业态和内容，如超市、餐饮、娱乐等，不同的经营业态和内容一般会有不同的收益水平。③产权复杂。商业房地产往往分割销售或出租，转租等现象比较普遍，产权分散且复杂，估价时需要调查清楚估价对象的产权状况，明确评估的是出租人权益价值还是承租人权益价值。

(二) 商业房地产估价的技术要点

(1) 除了一般的房地产价格影响因素外，商业房地产估价时还应关注商业繁华程度、可分割改造性、经营管理品牌等因素对商业房地产价值的影响。

(2) 商业房地产常用的估价方法有收益法和比较法。其中，收益法是首选方法，估价时应针对商业房地产不同的经营业态和内容，分别确定其净收益与报酬率。比较法可以用来直接测算成交实例较多的商铺价值，也可以用来测算商业房地产的客观租金。

(3) 应关注商业房地产的交易情况与租金价格内涵。例如，有些商业房地产销售时采取售后回租的形式，这种交易情况下的价格不同于正常交易情况下的价格，其差异大小取决于售后回租的条件；又如，商业房地产的租金是否包括物业管理与服务费、水电费等，是否存在续租、免租、税费转嫁、房屋修缮责任等情况，计租面积是建筑面积还是套内面积，租赁面积、租赁期限、支付方式以及违约责任等对租金水平有无影响等。如果估价对象与可比实例的租金内涵不一致，需要对其进行适当修正。

(4) 对于小型出租型商业房地产，可以采用收益法和比较法进行估价。采用收益法估价时，需要调查估价对象是否存在租约限制。有租约限制的，评估出租人权益价值时，已出租部分在租赁期间应按合同租金确定租赁收入，未出租部分和已出租部分在租赁期间届满后应按市场租金测算。但是如果合同租金明显高于或低于市场租金的，则应关注租赁合同的真实性、解除租赁合同的可能性及其对收益价值的影响。在求取净收益时，价值时点为"现在"的，应调查估价对象至少近3年的实际收入与费用等情况。

(5) 对于大型出租型商业房地产，通常有分割出租和整体出租两种出租方式。当其分割出租时，通常采用由局部到整体的估价思路。首先，调查不同楼层的商业业态、经营方式、收益水平，选择收益法或比较法测算典型的分割出租商铺价值；其次，了解同层商业房地产铺面的分布格局及价格影响因素，通过调整分割出租的商铺价值得到整层商业房地产价值；最后，汇总得到整幢商业房地产价值。当其整体出租时，在能够找到整层出租实例的情况下，可采用比较法或收益法进行估价；如果缺少类似整层商业房地产出租实例的，应先测算分割出租的商铺价值，再调整得到整层或整幢商业房地产价值。

(6) 对于自营型商业房地产，可采用收益法进行估价。通常将经营收入减去经营成本、经营费用、经营税金及附加、管理费用、财务费用以及应归属于商业房地产经营者的利润后的余额作为净收益。其中，如何剥离归属于商业房地产经营者的利润是难点，实践中通常基于估价师的经验来判断。

【思考与讨论】如何剥离自营性商业房地产中的经营收益？

三、办公房地产估价

(一) 办公房地产的概念及其特点

办公房地产是指用来进行信息搜集、决策管理、交流会谈、专业服务、文书处理和其他经营管理活动的场所,包括行政办公楼和商务办公房地产。以下主要针对商务办公房地产进行介绍,行政办公楼估价可参照商务办公楼进行处理。商务办公房地产俗称写字楼,按照档次可分为甲级、乙级和丙级,或者5A写字楼等。不同档次的办公房地产,其商业价值通常相差较大,估价师需要根据专业知识进行准确判断。

5A写字楼

办公房地产主要有以下特点:①功能配套要求高。办公房地产对楼宇建筑和设施设备要求较高,特别是甲级写字楼和5A写字楼等通常对建筑风格与装饰装修档次、软硬件配套设施的智能化与现代化水平等有更高要求,一般要求有智能中央空调、高速电梯、先进的通信系统等。②要求有专业服务。办公房地产通常要求提供各种专业服务,如前台服务、会议服务、酒吧、商场、餐厅、车库等,因此很多办公房地产业主会委托专业的物业服务企业管理和代理出租经营。③以出租经营为主。大多数办公房地产以出租为主,出租率的高低是办公房地产的生命线,也是评估办公房地产价值的关键指标。

(二) 办公房地产估价的技术要点

(1) 除了一般的房地产价格影响因素外,办公房地产估价时还应关注其外观形象、与中央商务区(central business district,CBD)距离、商务集聚程度、租户类型、物业管理等因素对办公房地产价值的影响。

中央商务区

(2) 办公房地产估价的常用方法有收益法和比较法。由于办公房地产通常采用出租经营,收益法是办公房地产估价较常用的方法之一。办公房地产销售比较常见,容易获得可比实例,因此比较法也是办公房地产估价的常用方法。已经建成的办公房地产一般不采用成本法和假设开发法估价,但是在建工程等特殊情况除外。

(3) 办公房地产的租金通常采用比较法求取。在求取过程中需要关注以下两点内容:①需要调查估价对象是否存在租约限制。有租约限制的,评估出租人权益价值时,租期内的应根据租赁合同约定的租金水平计算净收益,租期外的应根据市场客观租金水平采用比较法求取净收益。但是如果合同租金明显高于或低于市场客观租金水平的,则应关注租赁合同的真实性、解除租赁合同的可能性及其对收益价值的影响。②需要明确租金内涵。调查了解租金构成中是否包括物业服务费、水电费、车位使用权等,是否存在续租、免租、税费转嫁、房屋修缮责任等情况,计租面积是建筑面积还是套内面积、租赁面积、租赁期限、支付方式以及违约责任等对租金水平有无影响等。如果估价对象与可比实例的租金内涵不一致,需要对其进行适当修正。

(4) 对于整体办公楼中的局部房地产,由于办公房地产分割出租或转让的情况较多,可以直接采用收益法或比较法测算估价对象价值。对于整体办公房地产,由于市场上整层、整幢出租或转让的办公房地产交易实例比较少，需要采用从局部到整体的估价思路与技术路线进行测算。对于单纯的办公房地产，可以先采用收益法或比较法测算某一间或某几间办公房地产的局部价值，然后通过考虑面积大小、平面位置、装饰装修等因素将局部价值调整得到整层办公房地产的价值，再通过楼层差异系数得到其他楼层或整幢办公房地产的价值。对于综合性的办公房地产，要根据其内部不同功能区的业态类型、面积大小、经营方式、收益特点等有针对性地搜集出租或交易实例，采用收益法或比较法测算每个功能区的价值，最后汇总得到整层或整幢办公房地产的价值。此外，对于综合性的办公房地产，估价时还应考虑不同功能区和业态之间的相互影响等问题。

【思考与讨论】企事业单位的行政办公楼如何估价？

四、工业房地产估价

(一) 工业房地产的概念及其特点

工业房地产是指供工业生产使用或者直接为工业生产服务的房地产，包括工业园区、工业厂房、物流仓库及其他附属设施等，也包括相应的工业用地。其中，按照工业厂房设计建造标准是否统一，工业房地产可分为标准化厂房和非标准化厂房等类型。

工业房地产主要有以下特点：①估价对象差异性大。工业房地产涉及的工业门类众多，不同门类的工业房地产具有不同的工艺和流程要求。市场上的一些标准厂房也只是在特定行业内部具有一定的标准化，没有不同行业之间通用的标准化厂房。因此工业房地产特殊性较强，工程造价差异大，估价时需要了解其所处行业的特点以及相应的成本和收益信息。②需要区分建筑与设备的作用。工业房地产通常包括一些基础设备，这些设备在建造过程中往往与厂房建筑物一起安装，在生产经营过程中与厂房建筑物共同产生收益，估价时需要区分建筑和设备在工业房地产成本和收益构成中的作用。

标准厂房

(二) 工业房地产估价的技术要点

(1) 除了一般的房地产价格影响因素外，工业房地产估价时还应关注其地基承载力、生产过程的腐蚀性、相邻关系、环境污染等因素对工业房地产价值和价格的影响。

(2) 工业房地产通常采用成本法和收益法进行估价。如果是工业用地或在建工程，还可采用假设开发法进行估价。成本法是工业房地产估价时采用较多的方法，通过分别测算土地和建筑物的重置成本，再扣除折旧，得到估价对象价值。如果能从整体工业房地产的经营收益中剥离出房地产的收益，则可以考虑采用收益法估价。工业房地产通常缺少整体交易实例，特别是非标准厂房，所以一般不采用比较法估价，但是如果附近有较多标准厂房的出售或出租交易实例，则可以考虑采用比较法估价。

(3) 工业房地产成本法估价通常采用房地分估的技术路线，即土地根据实际情况采用比较法、基准地价修正法或成本法估价,建筑物采用重置成本法估价。如果估价对象周边近期有较多类似土地成交可比实例,则可以采用比较法评估土地价值;如果估价对象所在地具有近期公布的基准地价体系,则可以采用基准地价修正法评估土地价值;如果缺少比较法和基准地价修正法的使用条件,则可以考虑采用成本法评估土地价值。采用重置成本法测算建筑物价值时,应利用当地建设工程造价定额管理部门公布的计价标准或选用当地适宜的建筑技术经济指标,结合估价对象建筑物的用途、结构、高度、跨度、柱距、梁底标高、轨顶标高、装饰装修、设施设备、屋顶构造等因素,确定估价对象的重置成本。

【思考与讨论】工业园区内的办公楼如何估价?

五、旅馆房地产估价

(一) 旅馆房地产的概念及其特点

旅馆房地产是指供顾客住宿使用的房地产,有宾馆、饭店、酒店、旅店、招待所、度假村等不同称谓,其中酒店是较常见的类型。按照服务档次、管理水平、设施及功能的完善程度,酒店可分为星级酒店和非星级酒店,星级酒店通常分为五个等级。

旅馆房地产主要有以下特点:①多样性。旅馆房地产的多样性体现在两个方面,一是类型的多样性,例如,按照档次可分为经济型酒店和豪华酒店,按照产权形式和经营模式可分为普通酒店、产权式酒店、分时度假酒店、酒店式公寓等;二是旅馆房地产内部功能的多样性,例如,一般的星级酒店都有客房、餐饮、商务会议、娱乐健身、商场等功能。②整体性。一是转让的整体性,旅馆房地产通常以整体转让为主,很少采用部分转让的方式;二是估价的整体性,旅馆房地产估价也以评估整体价值为多,很少评估其中的部分价值。③指标特殊性。不同于一般房地产,客房(床位)数量、房间(床位)价格、入住率等指标是考察旅馆房地产盈利能力的核心指标,也是旅馆房地产估价的主要指标。

"七星级"酒店

(二) 旅馆房地产估价的技术要点

(1) 除了一般的房地产价格影响因素外,旅馆房地产估价时还应关注用品用具、经营管理等因素对旅馆房地产价值和价格的影响。

(2) 旅馆房地产估价较常用的方法是收益法。在实际估价中,要根据旅馆房地产内部的不同类型、档次、功能分别进行测算,再汇总得到整体旅馆房地产价值。由于旅馆房地产整体转让的交易实例较少,通常不适合采用比较法估价。但是比较法可用于测算旅馆房地产中的客房(床位)价格以及其他功能用房的市场客观租金等。

(3) 不同功能用房价值的测算。①客房。客房的经营收入主要来源于房间费或床位费,可以通过市场调查和比较法测算客房单价、折扣率、入住率等指标,再结合客房数量求取客房的净收益与价值。②餐饮用房。餐饮服务的经营方式主要有出租或自营,出租的餐饮用房净收益可以采用租约限定的租金或比较法求取，自营的餐饮用房净收益可以采用比较法求取，再采用收益法测算餐饮用房价值。③商场。商场一般采用出租经营，测算其净收益时应区分租期内和租期外的租金情况。④商务、会议用房。商务、会议用房一般采取自主经营，其净收益可根据市场客观的收费标准、使用面积、平均使用率等进行测算。⑤娱乐、健身用房。娱乐、健身用房的经营方式主要有出租或自营，出租的娱乐、健身用房净收益可以采用租约限定的租金或比较法求取，自营的娱乐、健身用房净收益可以根据不同功能用房的数量、平均消费标准、平均开房率等指标求取。需要注意的是，如果客房服务已经包含了部分其他功能服务，如房间费中包含了早餐费以及娱乐、健身场所使用费等，则不得重复计算。

【思考与讨论】如何剥离旅馆房地产中的非房地产收益？

六、车库(位)估价

(一) 车库(位)的概念及其特点

车库(位)是指专门用来停放汽车的场所。通常将有分隔墙体和顶板的停车场所称为车库，将只有平面范围标识的停车场地称为车位。车库(位)按照与主体建筑的关系可分为独立车库(位)和附建车库(位)；按照所处位置可分为地上车库(位)和地下车库(位)；按照归属可分为公共车库(位)和私人车库(位)。

车库(位)主要有以下特点：①功能属性特殊。车库(位)作为居住、商业、办公等房地产的配套设施，主要是为地上建筑使用提供方便，虽然其本身也具有一定的独立使用性，但是整体上属于地上建筑的附属设施，对地上建筑价值有一定影响。②产权关系复杂。地上车库(位)的产权归属相对比较明确，但是地下车库(位)的产权归属在学术和法律上还存在很多争议，现实中的地下车库(位)产权关系非常复杂，许多地方的地下车库(位)还无法登记，也不能获得权属证书。③计价单位特别。车库(位)售价的计价单位通常采用"元/个"，租金的计价单位通常采用"元/小时""元/天""元/月""元/年"。

小区地下车库(位)的初始产权归谁所有？

(二) 车库(位)估价的技术要点

(1) 除了一般的房地产价格影响因素外，车库(位)估价时还应关注设施设备(如充电桩等)、防水防漏、能否确权、内部位置、主体建筑状况等因素对车库(位)价值和价格的影响。

(2) 车库(位)估价主要采用比较法和收益法。车库(位)估价方法的选择取决于估价对象的权属状况，即判断其是否可以销售或出租，同时考察周边类似房地产的车库(位)的销售和出租情况，以此来决定采用哪种估价方法。如果估价对象可以销售且有较多车库(位)交易实例，则可以选择比较法估价。如果周边有较多类似房地产的车库(位)出租实例，则可以选择收益法估价。在前两种方法均不适用的前提下，也可以采用成本法估价。

【思考与讨论】无产权证的地下车库(位)如何估价？

七、在建工程估价

(一) 在建工程的概念及其特点

在建工程是指已经开始施工但尚未竣工的工程项目，可能是正在建设的工程，也可能是因某种原因停建或缓建的工程。在建工程不是按用途划分的房地产，而是房地产的一种特殊状态。在实际估价中，判定估价对象是否为在建工程，一般以其是否完成竣工验收为标志。未完成竣工验收的，即可作为在建工程。已完成竣工验收的，应有竣工验收报告。各种房地产都有可能处于在建工程状态，通常以工程形象进度来描述其完成程度。

工程形象进度

在建工程主要有以下特点：①形态不完整。在建工程是尚未完工的工程，无论是实体形态还是功能形态，都不是完整的房地产，不能发挥房地产的使用功能，也无法产生经营收益，无法采用收益法估价。②可比性差。不同在建工程在价值时点的形象进度不可能完全相同，通常缺乏可比性，难以直接采用比较法估价。③复杂性高。在建工程类型多样，权属状况也有可能比较复杂。例如，工程停建有资金、技术、质量、产权纠纷、市场需求等多方面原因。因此，在建工程估价难度较大，对估价师的专业水平要求较高。

(二) 在建工程估价的技术要点

(1) 除了一般的房地产价格影响因素外，在建工程估价时还应关注形象进度、停建原因、停建时间、维护状况、他项权利、权利纠纷以及后续工程建设等因素对在建工程价值和价格的影响。

(2) 在建工程常用的估价方法有假设开发法和成本法。如果在建工程已经完工但尚未完成竣工验收或者接近完工，可优先选用假设开发法估价，根据估价目的选择业主自行开发或自愿转让开发或被迫转让开发等模式。如果实际完成的工程量比较少，可优先选用成本法估价。如果只需要粗略估算在建工程价值，也可以采用工程形象进度法估价，即首先采用比较法或收益法测算在建工程开发完成后的房地产价值的现值，再乘以工程形象进度百分比来求取在建工程价值，但是需要考虑工程形象进度与投资进度是否存在偏差。

(3) 由于在建工程后续开发存在一定风险，特别是对于因技术、质量、产权纠纷或市场需求等原因停建的工程项目，可以在调查清楚停建原因的基础上适当考虑一定的折价，并在估价报告中予以说明。由于估价方法自身的特点与局限性，同等情况下，成本法和假设开发法的测算结果可能会存在差异，一般假设开发法的测算结果会高于成本法的测算结果，此时应当审慎选择和处理不同估价方法的测算结果。

第四节
房地产估价业务创新与拓展

随着房地产业以及经济社会的转型发展,新的估价业务和估价对象也在不断涌现。同时,为提高房地产估价的服务质量,挖掘新的业务增长点,估价机构也需要主动拓展估价服务,从传统以价格为中心逐渐拓展到全过程的房地产咨询服务。本节主要介绍几个新兴房地产估价目的的概念以及几种新型房地产估价对象,并从全过程房地产咨询服务的角度介绍几个相关的房地产咨询服务内容,为估价机构开展业务创新提供参考。

一、新兴估价目的

房地产是资金密集型产业,房地产及其相关产品具有较强的金融属性。常见的房地产金融产品包括房地产信贷和房地产证券。房地产信贷包括房地产开发贷款、个人住房抵押贷款、商业用房抵押贷款等。房地产证券包括房地产股票、房地产企业债券、住房反向抵押贷款、房地产抵押贷款支持证券、房地产投资信托基金等。由于我国房地产金融市场发展还不够成熟,这里主要介绍以美国为代表的发达国家和地区的相关做法和经验。

(一) 房地产抵押贷款估价

房地产抵押贷款是指借款人以房地产抵押为债务担保向贷款人借贷资金的行为。对于贷款人来说,房地产抵押贷款是债权投资,是贷款人的资产。房地产抵押贷款估价是指评估房地产抵押贷款资产价值的活动。如果贷款人需要将其持有的抵押贷款资产进行转让,或者投资人需要向持有人购买抵押贷款资产,则需要对拟转让或购买的抵押贷款资产在转让或购买时点的价值进行评估,因此需要相应的房地产抵押贷款估价。

【思考与讨论】房地产抵押贷款估价与抵押价值评估有何区别?

(二) 住房反向抵押贷款(RM)估价

住房反向抵押贷款(reverse mortgage,RM)是指拥有房屋产权的借款人(通常是老年人)将房屋产权抵押给金融机构,由金融机构对借款人的年龄、预期寿命、房屋现值、未来的增值及折旧等情况进行综合评估后,在保证借款人对房屋占有和使用的前提下,按月或按年支付一定数额的现金给借款人,用于其日常生活、长期护理、房屋维修或其他费用,直至借款人去世。在借款人去世后,金融机构获得房屋产权,通过处置房屋所得的价款偿还支付给借款人的本金和利息。RM是国外以房养老最为成功的模式,最早起源于荷兰,欧美国家的RM发展比较完善。目前,我国老龄化快速发展,但是社会保障体系还不够健全，RM对于增强老年人的自我保障能力、缓解社会养老压力具有重要意义。

RM不需要以借款人的收入或信用为保证，而是以其住房价值为保证。如果未来住房价值不足以偿付债务，贷款人可能面临债务不能全额偿还的风险。从中长期来看，反向抵押住房价值、借款人的剩余寿命以及相关政策等都具有不确定性，金融机构面临的RM风险较大，特别需要科学的估价服务。RM估价是指评估反向抵押住房价值的活动，不仅要评估房屋当前的市场价值，还要评估房屋在借款人预期寿命结束时的市场价值，为确定每月或每年借款人的养老资金等提供参考依据。

【思考与讨论】反向抵押贷款与传统抵押贷款的区别是什么？

(三) 住房抵押贷款支持证券(MBS)估价

抵押贷款证券化是金融机构将持有的流动性较差但具有未来现金流收入的抵押贷款资产打包成抵押贷款集合，经过担保或信用增级后以证券的形式出售给投资者的融资过程。通过抵押贷款证券化，可以缓解金融机构长期固定资产收益无法弥补短期高额负债成本以及资金短缺的困境，为固定资产投资开辟新的资金来源，为投资者提供新的投资选择。抵押贷款支持证券(mortgage-backed security，MBS)是最早的信贷资产证券化产品，起源于20世纪60年代的美国，并在20世纪80年代从住房领域扩大到商业地产领域，产生了商业抵押贷款支持证券。目前，抵押贷款支持证券已经成为美国规模最大的债券品种。欧洲的抵押贷款支持证券产品从20世纪80年代末开始出现，主要集中在英国、西班牙、荷兰、意大利等国家。日本、韩国、泰国等许多亚洲国家及我国香港和台湾地区在东南亚金融危机之后开始尝试发展抵押贷款支持证券业务。2005年11月，中国银行业监督管理委员会发布《信贷资产证券化试点管理办法》，正式开展抵押贷款支持证券业务试点。

MBS估价是指评估MBS价值的活动。MBS的价值等于其未来现金流的现值之和，其价值评估可以借鉴普通债券的估价方法。市场利率水平是影响MBS估价结果的重要因素。估价时，需要特别关注MBS的投资风险，如住房抵押贷款违约风险、提前还款风险等。

(四) 房地产投资信托基金(REITs)估价

房地产投资信托基金(real estate investment trusts, REITs)是一种以发行收益凭证的方式汇集特定多数投资者的资金，由专门投资机构进行房地产投资与经营管理，并将投资收益按比例分配给投资者的一种产业信托基金。REITs最早于1960年诞生在美国，是美国最重要的房地产金融产品之一。REITs为个人投资者提供了投资房地产行业的良好渠道，使中小投资者也能够分享大规模房地产投资的收益，在发达国家和地区广为通行。除了为个人和机构增加投资渠道以外，REITs还可以拓宽房地产企业融资渠道，完善房地产融资结构，降低房地产金融市场风险。2008年以来，国家有关部门一直在积极推动REITs试点。2008年12月，国务院办公厅《关于当前金融促进经济发展的若干意见》提出"开展房地产信托投资基金试点，拓宽房地产企业融资渠道"。2014年9月，中国人民银行《关于进一步做好住房金融服务工作的通知》要求"积极稳妥开展房地产投资信托基金(REITs)试点"。2016年5月,国务院办公厅《关于加快培育和发展住房租赁市场的若干意见》提出"稳步推进房地产投资信托基金(REITs)试点"。2018年4月24日,中国证监会、住房和城乡建设部《关于推进住房租赁资产证券化相关工作的通知》明确了开展住房租赁资产证券化的基本条件、优先和重点支持领域等事项。

为了保护投资者和相关当事人的合法权益,防范金融风险,REITs在设立、发行、运营、退出或清算等过程及其相关信息披露中都需要对所涉及的房地产及相关经济权益进行评估。REITs估价的内容包括物业状况调查与评价、物业市场调研与分析和物业价值评估等。①物业状况调查与评价。应对物业的实物、权益和区位状况进行调查、描述、分析和评定,并提供相关专业意见。对已出租的物业,应进行租赁状况调查和分析,查看估价对象的租赁合同原件,并应与执行财务、法律尽职调查的专业人员进行沟通,从不同的信息来源交叉检查估价委托人提供的租赁信息的真实性和客观性。②物业市场调研与分析。应对物业所在地区的经济社会发展状况、房地产市场状况及物业自身有关市场状况进行调查、描述、分析和预测,并提供相关专业意见。③物业价值评估。估价方法宜采用收益法中的报酬资本化法并选择持有加转售模式,并遵循一致性原则和一贯性原则。当为同一估价目的对同一REITs的同类物业在同一价值时点的价值进行评估时,应采用相同的估价方法;当为同一估价目的对同一REITs的同一物业在不同价值时点的价值进行评估时,应采用相同的估价方法;当未遵循一致性原则或一贯性原则而采用不同的估价方法时,应在估价报告中说明并陈述理由。

二、新型估价对象

(一) 涉农房地产估价

农村的土地和房屋通常不属于法律上的房地产范畴,但本教材为了统一表述,将涉农土地和房屋统称为涉农房地产。涉农房地产估价主要包括农村土地经营权估价、农村集体经营性建设用地估价、宅基地和农村住房估价等。

1. 农村土地经营权估价

根据相关法律规定,农村土地包括农民集体所有和国家所有由农民集体使用的耕地、林地、草地以及其他用于农业的土地。农村土地采取家庭承包方式的,承包方可以依法转让、互换、流转、抵押土地经营权,流转方式包括出租、入股和其他方式等。荒山、荒沟、荒丘、荒滩等可以直接通过招标、拍卖、公开协商等方式实行承包经营,也可以将土地经营权折股分给本集体经济组织成员后,再实行承包经营或股份合作经营。在依法登记取得权属证书后,土地承包经营权可以依法以出租、入股或者其他方式流转。上述活动需要对土地承包经营权或土地经营权的价值进行评估并提供相关专业意见。

2. 农村集体经营性建设用地估价

农村集体经营性建设用地是指具有生产经营性质的农村建设用地。《中共中央关于全面深化改革若干重大问题的决定》(2013年11月12日通过)指出:"建立城乡统一的建设用地市场。在符合规划和用途管制前提下,允许农村集体经营性建设用地出让、租赁、入股,实行与国有土地同等入市、同权同价。"农村集体经营性建设用地出让、租赁、入股、建设租赁住房等都需要科学准确、客观合理地评估集体建设用地的市场价值、市场价格、市场租金等,为恰当确定集体建设用地的出让价格、租赁价格、作价入股,以及相关经济收益在集体、农民个人和国家之间公平、合理的分配等提供参考依据。

3. 宅基地和农村住房估价

住房是我国农村居民最主要的财产之一。如果能通过制度创新将沉淀的农村住房资产盘活,必将有助于缓解农村资金短缺状况,促进农村经济社会发展。但是,由于我国法律有关"宅基地使用权不得抵押"等规定,限制了宅基地和农村住房的抵押与流转。十八大以来,国家进一步深化农村金融改革与创新,加大对"三农"的金融支持力度。《中共中央国务院关于实施乡村振兴战略的意见》(2018年中央"一号文件")提出:"完善农民闲置宅基地和闲置农房政策,探索宅基地所有权、资格权、使用权'三权分置',落实宅基地集体所有权,保障宅基地农户资格权和农民房屋财产权,适度放活宅基地和农民房屋使用权。"随着农村宅基地制度改革的持续深入推进,宅基地和农村住房的抵押与流转活动将逐步增加,相关的抵押价值和交易价格的确定也需要以估价为参考依据。

农地"三权分置"

【思考与讨论】农村住房估价有哪些特殊性?

(二) 涉海房地产估价

我国虽然地大物博,但单位国土面积资源丰度和人均资源占有量不足世界平均水平的一半。粗放式的经济发展模式进一步加剧了陆域资源紧张的局面,经济增长与资源环境的矛盾一直比较突出,资源环境问题已经成为我国能否实现可持续发展的关键。中国是海洋资源大国,实施海洋发展战略、大力发展海洋经济是充分发挥海洋资源禀赋、实现经济转型升级的重要选择。涉海房地产包括海域使用权、海岛、海滩、海岸线、海港、航道、盐田和海景旅游资源等涉海资源。2002年,我国颁布实施了《海域使用管理法》,标志着海域有偿使用制度的初步确立。此后,海域分等定级估价、海域使用权价格评估(含宗海价格评估)、海域使用金标准确定等也成为房地产估价业务之一。

【思考与讨论】海域使用权估价有什么特点?

(三) 地下空间估价

地下空间是指在土地一定深度以下的土层或岩层中天然形成或经人工开发而成的空间。地下空间被视为人类所拥有的,迄今尚未被充分开发的一种宝贵自然资源。1991年,东京"城市地下空间利用国际会议"通过的《东京宣言》认为"21世纪将是人类开发利用地下空间的世纪",说明地下空间开发将是城市发展的未来趋势。随着城市化的发展,我国城市普遍出现交通拥堵、内涝洪灾、环境污染等"城市病"。大规模开发利用城市地下空间是提高土地利用效率、扩大空间容量、优化空间功能、缓解交通压力、改善生态环境、提高城市综合承载能力、实现城市可持续发展的重要途径。

近年来,我国城市地下空间的开发利用已进入快速增长阶段,以人防工程、轨道交通、商业综合体、综合管廊、地下停车场等为代表的地下空间开发取得巨大成就,开发规模位居世界首位。特别是商业、娱乐、休闲、停车、仓储等经营性地下空间建设项目日渐增多,地下空间的经济价值受到越来越多的关注,如何合理确定地下空间的价值已经成为城市建设管理中的重要问题。但是长期以来,地下空间的价值在土地经济学和建设项目可行性研究中经常被忽视,导致地下空间的实际利用效率不高或者过度开发利用,造成了地下空间使用混乱和深层地下空间利用不足,影响地下空间产权流转以及利益的公平分配,阻碍了城市地下空间的进一步开发利用。因此,房地产估价行业有必要对此予以更多关注。

【思考与讨论】地下空间与地下工程有何区别?

三、其他相关业务

(一) 房地产市场调研

房地产市场调研是运用科学的调查理论与方法,搜集、整理、分析有关房地产市场信息资料,了解房地产市场发展状况,预测房地产市场发展趋势,识别房地产市场风险,为制定房地产业发展规划与政策以及房地产投资决策提供参考的活动。

房地产市场调研按照目的可分为探索性调查、描述性调查、因果性调查、预测性调查,按照范围可分为全面普查、重点调查、抽样调查,按照结果可分为定性调查、定量调查。房地产市场调研的服务对象有房地产开发企业、房地产投资人、金融机构、房地产专业机构、政府有关部门以及个人等。调研的内容一般包括市场环境、市场供求、市场竞争状况等,其中市场环境又可从国家或区域、城市、项目等层面分为宏观环境、中观环境和微观环境等,市场竞争状况又分为竞争对手和自身项目两个方面,估价机构可根据调研的目的选择相应的内容。调研的对象包括整体房地产市场调研、专业房地产市场调研以及特定房地产项目市场调研等。房地产市场调查的方法有文献调查、问卷调查、专家访谈、集体座谈、实地查勘等,市场分析的方法有统计分析、对比分析、总结归纳、演绎推理等。房地产市场调研需要提交调研报告,调研报告应该包括封面、摘要、目录、正文、附录等内容。其中,正文包括调研的背景、目的、对象、内容、方法、结果、结论与建议等。

【思考与讨论】撰写市场背景分析需要调查哪些内容?

(二) 房地产项目可行性研究

可行性研究是在项目建设必要性获得审批通过以后,从市场环境、资源条件等方面进行深入研究,对各种可能的建设方案进行技术经济分析、比较和论证,对项目的经济效益与风险进行科学的预测与评价,从而为投资决策提供科学依据。可行性研究不仅是项目投资决策的重要依据,也是项目前期管理的一项基础性工作。根据用途不同,可行性研究可分为审批核准用可行性研究和投资参考用可行性研究,前者的主要目的是向政府有关部门报批项目;后者主要是给估价委托人提供决策参考,具有咨询属性。

房地产项目可行性研究主要为房地产开发企业服务,可行性研究结束后需要提交可行性研究报告。报告的内容一般包括项目背景、项目概况、市场分析、项目分析、市场定位、开发与经营方案(包括项目规模、技术方案、进度安排等)、投资估算与资金筹措、经济效益、社会效益、不确定性分析、社会稳定风险评估、结论与建议等。

项目建议书

(三) 房地产项目评估

项目评估是在可行性研究的基础上,根据相关法律、法规、政策、方法和参数,投资人或贷款金融机构对拟投资项目或拟贷款项目进行全面技术经济论证和评估,其目的是判断项目投资或贷款的可行性。项目评估与可行性研究既有联系又有区别。可行性研究为项目评估提供工作基础;项目评估则是可行性研究的延伸与深化。两者的区别有三个:一是目的不同,可行性研究除了对项目的可行性进行论证外,还要通过方案比较选择最优方案;项目评估的主要目的是对项目的可行性进行系统审查与核实并提出合理建议。二是侧重不同,可行性研究侧重于项目盈利能力;项目评估则要兼顾项目的经济、社会、环境的综合效益。三是时序不同,可行性研究在前,项目评估在后。

房地产项目评估主要有两种情形:一是房地产贷款项目评估,即金融机构在发放贷款前对拟贷款的房地产开发项目进行的评估,主要考察借款企业资信、市场状况、项目的经济效益、社会效益和环境效益以及项目投资风险,是金融机构贷前审查的重要内容与发放贷款的重要依据。二是房地产投资项目评估,即投资人在参股房地产开发项目或收购存量房地产项目时进行的评估,主要考察拟投资项目的预期投资回报与风险。

【思考与讨论】房地产项目评估与房地产估价有何区别?

(四) 房地产项目测绘

房地产项目测绘是指运用测绘仪器、测绘技术和测绘手段,测定房地产的位置、界址、占地范围和面积数量等信息,为房地产权利人和管理部门提供信息服务的一项专业技术活动。房地产项目测绘的内容主要有房地产分丘平面图、房地产分层分户平面图,以及相关的图、表、册、簿、数据等,其中较常见的是不动产权属证书附图。房地产测绘为城乡建设、土地资源管理以及房地产权籍管理提供了基础数据。

房地产项目测绘是不动产统一登记的重要组成部分,是确认房地产位置、界址、范围以及相互关系等不可或缺的重要依据，也是行使财产所有权和监督权的重要基础。房地产项目测绘与房地产开发、交易、征收以及权属管理等房地产活动紧密相关。

复习题

1. 房地产估价有哪些常见业务？
2. 房地产估价业务有哪些获取渠道？
3. 房地产估价机构如何拓展业务？
4. 房地产抵押估价有哪些特点与要求？
5. 房地产征收估价有哪些特点与要求？
6. 房地产司法处置估价有哪些特点与要求？
7. 房地产损害赔偿估价有哪些特点与要求？
8. 房地产转让估价有哪些特点与要求？
9. 房地产租赁估价有哪些特点与要求？
10. 房地产税收估价有哪些特点与要求？
11. 房地产有哪些其他估价目的？
12. 居住房地产估价有哪些特点与要求？
13. 商业房地产估价有哪些特点与要求？
14. 办公房地产估价有哪些特点与要求？
15. 工业房地产估价有哪些特点与要求？
16. 旅馆房地产估价有哪些特点与要求？
17. 车库(位)估价有哪些特点与要求？
18. 在建工程估价有哪些特点与要求？
19. 房地产有哪些新兴估价目的？
20. 房地产有哪些新型估价对象？
21. 房地产估价有哪些相关业务？

拓展阅读

[1] 中国房地产估价师与房地产经纪人学会. 房地产估价基础与实务：房地产估价操作实务[M]. 北京：中国建筑工业出版社，中国城市出版社，2022.

[2] 王爱国. 我国农民住房财产权抵押价格评估研究[J]. 价格理论与实践，2017(5)：57-60.

[3] 余炳文. 在建工程抵押价值评估有关问题的探讨[J]. 中国资产评估，2013(10)：46-49.

[4] 中国房地产估价师与房地产经纪人学会. 估价业务深化与拓展之路——2020中国房地产估价年会论文集[C]. 北京：中国建筑工业出版社，2021.

[5] 尹航. 美国反向抵押贷款的制度评估及经验借鉴[J]. 世界经济与政治论坛，

2014(2): 163-172.

[6] 李婷婷, 孙宇剑. 基础设施公募REITs底层资产评估方法探析[J]. 建筑经济, 2021, 42(S2): 105-108.

[7] 张晓娟, 庞守林. 农村土地经营权流转价值评估: 综述与展望[J]. 贵州财经大学学报, 2016(4): 103-110.

[8] 张晓平, 崔燕娟, 周日泉. 农村土地"三权分置"下承包经营权价值评估研究[J]. 价格理论与实践, 2017(7): 62-65.

[9] 阙立娜, 苏芳, 常建新. 基于产权属性差异的农地经营权抵押评估价值影响因素研究[J]. 农业经济与管理, 2021(4): 103-112.

[10] 钟骁勇, 郭冬艳, 岳永兵. 宅基地基准地价评估关键问题探讨[J]. 中国土地, 2018(6): 47-49.

[11] 闻德美, 姜旭朝, 刘铁鹰. 海域资源价值评估方法综述[J]. 资源科学, 2014, 36(4): 670-681.

[12] 邹婧, 曲林静. 海域资源价值评估理论与方法研究[J]. 海洋信息, 2017(3): 22-26+40.

[13] 石忆邵, 周蕾. 上海市地下商业空间使用权估价及空间分异[J]. 地理学报, 2017, 72(10): 1787-1799.

[14] 克而瑞信息集团. 房地产咨询方法工具大全[M]. 北京: 中国经济出版社, 2014.

本章测试

第十四章
房地产估价程序

房地产估价活动有其内在逻辑，严格按照程序进行估价不仅是保证估价质量、提高估价效率的需要，也是规范估价行为、防范估价风险的要求。本章根据《房地产估价规范 GB/T 50291—2015》的要求，先介绍房地产估价程序的概念与作用，再介绍受理估价委托、确定估价基本事项、编制估价作业方案、搜集估价所需资料、实地查勘估价对象、测算估价对象价值、确定估价结果、撰写估价报告、审核估价报告、交付估价报告以及保存估价资料等工作的具体要求。

▌教学要求

1. 了解房地产估价程序的作用、估价机构不应承接的业务范围、估价委托书与估价委托合同的内容、估价报告审核与交付的要求、估价报告保存的期限；

2. 熟悉估价作业方案的内容和编制要求、估价所需资料的来源和要求、实地查勘估价对象的内容和要求、估价报告的组成；

3. 掌握房地产估价程序的概念、估价基本事项的概念与内容、估价方法的选用和估价结果的测算、估价结果的确定、估价报告的撰写要求。

▌关键概念

房地产估价程序，估价委托，估价委托书，估价委托合同，估价基本事项，估价作业方案，实地查勘，测算结果，估价结果，估价报告，估价报告审核，估价资料

▌导入案例

某房地产估价项目中的程序问题

某市房屋征收办公室(以下简称委托人)委托某一级房地产估价机构的分支机构(以下简

称分支机构)负责某国有土地上住宅房屋征收估价并与该分支机构签订了估价委托合同。合同约定,该项目的价值时点为估价委托合同签订之日,价值类型为房屋重置价值。根据估价委托合同以及委托人对估价结果的口头要求,分支机构编制了估价作业方案,确定了估价技术路线与估价方法,并安排了1名注册房地产估价师负责本项目估价。注册房地产估价师根据委托人提供的估价对象资料,选择成本法进行估价并完成了相应的房屋征收估价报告。分支机构在估价报告上加盖注册房地产估价师执业印章后提交给委托人。

(资料来源:根据实际估价案例整理)

请根据上述材料说明该项目估价程序中存在哪些问题?

第一节 房地产估价程序概述

《资产评估法》和《房地产估价规范GB/T 50291—2015》规定了相关估价程序的要求。估价机构和估价师应遵循规定的估价程序,不得随意简化或省略。

一、房地产估价程序的概念

房地产估价程序是指完成房地产估价项目所需要做的各项工作进行的先后次序,简称估价程序,也可称为估价流程、估价工作步骤等。房地产估价的基本程序包括以下11个步骤:①受理估价委托;②确定估价基本事项;③编制估价作业方案;④搜集估价所需资料;⑤实地查勘估价对象;⑥测算估价对象价值;⑦确定估价结果;⑧撰写估价报告;⑨审核估价报告;⑩交付估价报告;⑪保存估价资料。

在实际估价中,针对不同的估价目的和估价对象,具体的估价程序可能会有所差异。例如,根据《国有土地上房屋征收评估办法》,房屋征收评估中需要公示分户初步评估结果,并在公示期间要对分户初步评估结果进行现场说明解释。此外,上述估价程序中的某些工作之间还可能存在一些交叉甚至反复。例如,搜集估价所需资料可以在受理估价委托时要求估价委托人提供,在实地查勘估价对象时还可以进一步补充搜集。

【思考与讨论】上述11个步骤可以大致划分为几个阶段?

二、房地产估价程序的作用

按照科学、严谨、完整的估价程序开展估价工作,可以提高房地产估价的科学化、规范化和标准化水平,防止顾此失彼、疏忽遗漏或重复

管理流程

浪费，从而规范估价行为，保证估价质量，提高估价效率，降低估价成本，严格遵循估价程序是房地产估价机构加强流程管理和管理流程的重要组成部分。除非是有意高估或低估，一般情况下只要估价程序规范、到位，估价结果也不会出现太大的偏差。同时，履行必要的估价程序是完成任何估价项目的基本要求，也是估价机构和估价师防范估价风险、有效保护自己的重要手段。例如，因估价结果异议而引起的估价鉴定，其中一项重要的鉴定内容就是检查估价机构和估价师是否履行了必要的估价程序，即检查估价机构和估价师在履行估价程序方面是否存在简化、省略等问题或疏漏。因此，估价机构和估价师都不得随意简化或省略《房地产估价规范GB/T 50291—2015》规定的估价程序。

第二节 受理估价委托

受理估价委托是开展房地产估价活动的第一步。估价机构与估价师应当在规定的业务范围内，积极拓宽业务渠道，主动争取估价业务。估价机构受理估价委托，需要估价委托人出具估价委托书并与估价委托人签订估价委托合同。

一、承接估价业务

估价机构应当在规定的范围内承接估价业务。估价业务应当由估价机构统一接受委托并收费，估价师不得以个人名义承揽估价业务和收费，分支机构应当以设立该分支机构的估价机构的名义承揽估价业务。签订估价委托合同后，未经估价委托人同意，估价机构不得转让或变相转让受托的估价业务。为了保证估价质量，每个估价项目至少选派2名符合要求的注册房地产估价师共同进行估价，其中1名为项目负责人。除应采用批量估价的项目外，每个估价项目还应至少有1名注册房地产估价师全程参与估价工作。

虽然市场竞争激烈，但是估价机构也不能什么业务都承接。如果存在下列情形，估价机构就不应承接相关估价业务：①超出了本机构业务范围的业务。如果法律法规对估价机构的业务范围有明确规定或限制，则估价机构不应当超出其业务范围承接业务。②与本机构有利害关系或利益冲突的业务。如果估价机构(包括股东或合伙人、实际控制人)与估价当事人、估价报告使用人以及其他利害关系人存在利害关系，则不应承接该估价任务。③本机构专业能力难以胜任的业务。这种情况下，可以与其他估价机构合作完成估价业务，或聘请具有相应专业胜任能力的专家提供专业帮助。④可能存在较大风险的业务。例如，估价委托人要求高估或低估、恶性压价、索要或变相索要回扣等，估价机构不能为了承接业务而迁就、迎合估价委托人的不合理甚至不合法要求。

二、出具估价委托书

在实际估价中，某些估价前期工作需要在签订估价委托合同之前开始。为防止没有书面合同而产生纠纷，估价机构在受理估价委托时，应要求估价委托人向其出具估价委托书。估价委托书是估价委托人出具的委托估价机构为其提供估价服务的文件。估价委托书是在估价机构与估价委托人充分沟通的基础上，由估价委托人直接出具，或者由估价委托人在估价机构预先制作的格式文本上填写并签名或盖章。估价委托书的内容一般应载明以下事项：①估价委托人姓名或单位名称、受托估价机构名称以及相应的联系人与联系电话等；②委托估价的目的，包括估价报告的预期用途和预期使用人；③委托估价的对象，包括待估房地产的名称、坐落、四至等基本情况；④委托估价的要求，包括估价报告交付时间以及估价质量等其他要求；⑤委托日期；⑥估价委托人签名或盖章。估价委托书复印件可作为估价依据放入房地产估价报告附件中。某房地产估价委托书式样如图14-1所示。

房地产估价委托书

一、委托人
　　姓名(单位名称)：＿＿＿＿＿＿＿＿＿＿＿＿＿＿＿＿＿＿＿＿＿＿＿＿＿＿＿＿
　　联系人：＿＿＿＿＿＿＿＿　　地址：＿＿＿＿＿＿＿＿＿＿　　联系电话：＿＿＿＿＿＿＿＿＿＿
二、受托人
　　机构名称：＿＿＿＿＿＿＿＿＿＿＿＿＿＿＿＿＿＿＿＿＿＿＿＿＿＿＿＿＿＿
　　联系人：＿＿＿＿＿＿＿＿　　地址：＿＿＿＿＿＿＿＿＿＿　　联系电话：＿＿＿＿＿＿＿＿＿＿
三、委托估价事项
　　1. 估价目的：＿＿＿＿＿＿＿＿＿＿＿＿＿＿＿＿＿＿＿＿＿＿＿＿＿＿＿＿＿＿
　　2. 估价对象：＿＿＿＿＿＿＿＿＿＿＿＿＿＿＿＿＿＿＿＿＿＿＿＿＿＿＿＿＿＿
　　3. 价值时点：＿＿＿＿＿＿年＿＿＿＿月＿＿＿＿日
　　4. 报告提交日期：＿＿＿＿＿＿年＿＿＿＿月＿＿＿＿日
　　5. 其他要求及说明：＿＿＿＿＿＿＿＿＿＿＿＿＿＿＿＿＿＿＿＿＿＿＿＿＿＿

　　　　　　　　　　　　　　　　　　　　　　　委托方(签章)：＿＿＿＿＿＿＿＿＿＿＿＿
　　　　　　　　　　　　　　　　　　　　　　　委托日期：＿＿＿＿＿＿年＿＿＿＿月＿＿＿＿日

图14-1　某房地产估价委托书式样

三、订立估价委托合同

估价机构决定受理估价委托的，应当与估价委托人订立书面估价委托合同。估价委托合同是估价机构和估价委托人之间就估价服务事宜订立的协议。

为明确双方的权利和义务，估价委托合同一般应载明以下内容：①估价委托人和估价机构的基本情况，包括估价委托人的名称或姓名、住所、联系人与联系电话，估价机构的名称、地址、等级、联系人与联系电话。②负责本估价项目的估价师，包括估价师的姓名、注册号、联系电话。③估价目的和估价对象，包括估价报告的预期用途、预期使用人及其需求。④估价委托人应提供的估价所需资料，包括资料目录、数量及要求。例如，估价委托人应向估价机构提供估价对象的权属证明、历史成交价格、运营收益、开发建设成本以及有关会计报表等资料。⑤估价过程中双方的权利和义务。例如，估价机构和估价师等有关人员应保守在估价活动中知悉的估价委托人的商业秘密，不得泄露估价委托人的个人隐私；估价委托人保证所提供的资料是合法、真实、准确和完整的，没有隐匿或虚报的情况，应协助估价师对估价对象进行实地查勘，以及搜集估价所需资料。⑥估价报告及其交付，包括交付的估价报告的形式、份数、交付期限、交付方式等。例如，是仅提供估价结果报告，还是既提供估价结果报告又提供估价技术报告；在确定估价报告交付期限时，应保证有足够的时间以保质完成该估价目的。⑦估价费用及其支付的方式、支付期限。⑧违约责任。⑨解决争议的方法。⑩其他需要约定的事项。⑪估价委托合同签订日期、估价委托人和估价机构签章。

某些特殊的业务不一定采用签订估价委托合同的方式建立估价委托关系。例如，建立司法鉴定估价委托关系，是通过人民法院向估价机构发送估价委托书的方式，而不是签订估价委托合同。估价委托书与估价委托合同就同一事项所记载的内容应该一致，如两者记载的内容有不一致的，一般以估价委托合同为准。估价委托合同应存入估价档案。

【思考与讨论】既然要签订估价委托合同，为何还要估价委托书？

第三节 确定估价基本事项

房地产估价的核心内容是为了特定目的，对特定房地产在特定时间的特定价值进行分析、测算和判断。因此，必须首先弄清楚特定目的、特定房地产、特定时间和特定价值是什么，即要明确估价目的、估价对象、价值时点和价值类型。估价目的、估价对象、价值时点和价值类型称为估价基本事项。估价机构与估价师应在与估价委托人进行充分沟通交流及调查有关情况和规定的基础上确定估价基本事项。估价基本事项之间存在内在联系，其中估价目的是基础和龙头，只有确定了估价目的，才能确定其他估价基本事项。

【思考与讨论】估价基本事项由估价委托人确定吗？

一、估价目的

估价目的是指估价委托人对估价报告的预期用途。任何估价项目都有估价目的，一个估价项目通常只有一个估价目的。估价目的应根据估价委托人真实、具体的估价需要及估价报告的预期用途或预期使用者的需要确定。估价目的的表述应具体、准确、简洁，避免模糊、笼统，并应符合有关规定。例如，房地产抵押贷款前估价的目的应表述为"为确定房地产抵押贷款额度提供参考依据而评估房地产抵押价值"，房屋征收估价的目的应表述为"为房屋征收部门与被征收人确定被征收房屋价值的补偿提供依据，评估被征收房屋的价值"，涉执房地产处置司法评估的目的宜表述为"为人民法院确定财产处置参考价提供参考依据"。在实际估价中，估价师可根据估价委托人的需要以及有关要求将其表述出来，然后请估价委托人认可。

【思考与讨论】为何估价目的是基础和龙头？

二、估价对象

估价对象是指所估价的房地产等财产或相关权益。估价对象应在估价委托人指定及提供有关情况和资料的基础上，根据估价目的依法确定。

确定估价对象应明确以下几点：①明确估价对象的合法性。估价时要明确哪些财产可以作为估价对象，哪些财产不能作为估价对象。例如，法律、法规规定不得买卖、租赁、抵押、作为出资或进行其他活动的房地产，或征收不予补偿的房地产，不应作为相应估价目的的估价对象。②明确估价对象的空间范围和财产范围。估价对象的空间范围需要说明估价对象的坐落、四至、楼层、高度、进深等，不仅要包括专有部分的空间权利，也要考虑共有部分的空间权利。估价对象的财产范围一般为房屋及其占用范围内的土地以及不动产，但也有可能是以房地产为主的整体资产、部分或局部房地产、附属于房地产的其他资产、房地产的某种权益等。例如，是否包括停车位，建筑物内的家具、电器、机器设备等动产，以及特许经营权、债权债务等。在界定估价对象的财产范围时，要特别注意同一标的物在不同估价目的下的财产范围可能有所不同。③明确估价对象房地产状况。具体包括实物状况、权益状况和区位状况，特别需要说明是哪个时点的状况。其中，明确估价对象的实物状况是在界定估价对象范围的基础上，进一步搞清楚估价对象包括的具体内容；明确估价对象的权益状况，首先要搞清楚估价对象的现实法定权益状况，然后在此基础上根据估价目的来明确是估价对象在现实法定权益下的价值，还是在设定权益下的价值；明确估价对象的区位状况，是要搞清楚估价对象的地理位置、交通条件、配套设施以及周围环境，估价对象的用途和实物状况不同，对其区位状况界定的侧重点也会有所不同。

【思考与讨论】估价对象的财产范围与空间范围有何不同？

三、价值时点

价值时点是指所评估的估价对象价值或价格对应的某一特定时间。一个估价项目通常只有一个价值时点，也可以根据实际需要提供多个价值时点以及相应的价值。在实际估价中，价值时点应由估价师根据估价目的并经估价委托人认可后确定。价值时点采用公历表示，宜具体到日。回顾性估价和预测性估价的价值时点在难以具体到日且能满足估价目的需要的情况下，可到周或旬、月、季、半年、年等。价值时点可以是现在、过去或未来。例如，抵押价值评估的价值时点是估价师实地查勘之日；房屋征收评估的价值时点应为房屋征收决定公告之日；对估价结果有异议而引起的复核估价或估价鉴定的价值时点应为原估价报告确定的价值时点，除非原估价报告确定的价值时点有误。

【思考与讨论】价值时点就是"现在"吗？

四、价值类型

价值类型是指所评估的估价对象的某种特定价值，包括价值的名称、定义或内涵。价值类型应根据估价目的确定。大多数估价目的要求评估市场价值，但有些估价目的要求评估投资价值或现状价值、谨慎价值、清算价值、残余价值等。例如，房屋征收虽然是强制性的，但由于要"给予公平、合理的补偿"，被征收房屋价值评估应按照市场价值进行评估；房地产司法拍卖估价一般应评估市场价值，而不是清算价值或拍卖保留价；房地产抵押估价或抵押净值估价，应评估谨慎价值，而不是市场价值。一个估价项目通常只对应着某一种价值类型，但是也可根据实际情况给出多种类型的价值。

第四节 编制估价作业方案

估价作业方案是指为完成特定估价项目而制定的用于指导未来估价工作的计划和预案，包括估价工作主要内容及质量要求、估价作业步骤及时间进度、估价工作人员安排等。编制估价作业方案的目的是保质、按时完成估价项目。估价作业方案的核心是解决做什么、怎么做、什么时候做以及由谁做等问题，是未来估价的行动指南。

一、估价工作主要内容及质量要求

本节所讲的估价工作的主要内容是指在受理估价委托和确定估价基本事项以后所需要完成的后续各项工作，包括确定估价技术路线与选择估价方法、搜集估价所需资料、实地查勘估价对象、测算并确定估价结果，以及撰写、审核、交付、保存估价报告等工作。估价技术路线也称为估价技术路径，是指评估估价对象价值所遵循的基本途径和指导整个估价过程的技术思路，包括估价总体思路以及估价方法选用等。《资产评估法》第十七条规定："评估机构应当依法独立、客观、公正开展业务，建立健全质量控制制度，保证评估报告的客观、真实、合理。评估机构应当建立健全内部管理制度,对本机构的评估专业人员遵守法律、行政法规和评估准则的情况进行监督,并对其从业行为负责。评估机构应当依法接受监督检查,如实提供评估档案以及相关情况。"因此,估价机构应当依法建立健全估价工作质量控制制度,保证各项估价工作质量。

二、估价工作具体步骤及时间进度

在编制估价作业方案时,要对各项估价工作的先后次序及时间进度做出安排,以便按时完成估价工作。对于大型、复杂的估价项目,有时单纯依靠文字难以清晰表达估价工作的具体步骤和时间进度安排,为此可采用横道图和网络计划技术等进度管理工具。

横道图和网络计划技术

三、估价工作人员安排及任务分工

根据估价工作内容与进度要求,确定需要的估价师和辅助人员的数量及其工作分工。根据项目复杂程度以及估价精度要求,负责项目的估价师可以做适当的专业分工。同时,还可根据实际需要配备一定数量的辅助人员,协助估价师开展有关工作。有时根据估价项目的具体要求,还需要聘请其他专业领域的专家提供专业帮助,如建筑师、城市规划师、设备工程师、造价工程师、注册会计师、测绘工程师、律师等。

第五节 搜集估价所需资料

房地产估价的质量一定程度上取决于估价所需资料的数量与质量。估价机构和估价师要通过多种渠道积极主动地搜集估价所需的相关资料。

一、所需资料的内容和形式

估价师应尽可能多地搜集能够直接或间接影响房地产价值和价格的资料,主要包括以下内容:①估价对象实物、权益、区位状况的资料;②估价对象及其同类房地产的交易、收益、成本资料;③对房地产价值和价格有普遍影响的资料;④对估价对象所在地区的房地产价值和价格有影响的资料。估价所需资料应当根据估价对象、估价目的、拟选用的估价方法等来搜集。例如,拟采用比较法的,主要搜集交易实例资料;拟采用收益法的,主要搜集房地产收益与运营成本资料;拟采用成本法或假设开发法的,主要搜集成本资料。

二、搜集资料的方式和渠道

除了在估价时有针对性地搜集估价所需资料外,估价机构和估价师平时应当留意搜集和积累估价所需资料,建立包括交易实例、估价项目、法律法规等在内的估价资料库。同时,还应当要求估价委托人提供有关估价对象状况及其历史成本、收益与价格等资料。搜集估价所需资料的具体渠道有以下几种:①依法要求估价委托人提供;②查阅本机构估价资料库;③实地查勘估价对象时获取;④依法向有关政府部门或其他企事业单位查阅或购买;⑤咨询有关知情人士或单位;⑥通过媒体搜集。估价师依法要求估价委托人提供真实、完整、合法、准确的估价所需资料,是搜集估价所需资料最有效、最直接的方法。

三、所需资料的检查和整理

虽然估价委托人应当如实提供其掌握的估价所需资料,并对其提供的资料的合法性、真实性、准确性和完整性负责,但是估价师也要对估价委托人提供的有关文件、证明和资料的真实性、准确性、完整性进行核查和验证。当估价委托人是估价对象权利人时,应查看估价对象的权属证明原件,并应将复印件与原件核对,不得仅凭复印件判断或假定估价对象的权属状况。估价师难以验证的,应由估价委托人在其提供的文件、证明和资料复印件上签字或盖章,并在估价假设中做出相应的依据不足假设。估价师搜集估价所需资料后,应当对搜集到的资料及时进行登记、整理、分类及保管,以便需要时查阅。

【思考与讨论】如何保证估价所需资料的真实性与可靠性?

第六节 实地查勘估价对象

房地产具有不可移动性和独一无二性,其价值与实物、权益、区位状况密切相关,只有实地查勘才能真正了解和认识房地产实物状况、权益状况及其所处的区位环境。因此,实地查勘估价对象是做好房地产估价不可或缺的工作步骤。

一、实地查勘的内容

实地查勘是指估价师到估价对象或可比实例现场,观察、询问、检查、核对、记录估价对象或可比实例状况的活动。实地查勘估价对象的工作内容主要包括:①核实此前搜集的估价对象的实物状况、权益状况和区位状况;②检查询问估价对象的实际占有情况、目前使用状况以及权利限制情况等;③调查估价对象内部状况、外部状况和周围环境状况,拍摄有关照片、视频等影像资料；④补充搜集估价所需的其他资料，包括了解、搜集估价对象周边和当地同类房地产的市场行情等。在实际估价中，不仅要实地查勘估价对象，还要根据估价目的查勘可比实例和租赁实例。

二、实地查勘的实施

实地查勘需要做好以下工作：①估价机构和估价师应做好实地查勘预案。明确本项目估价的重点与难点以及实地查勘的要点；与估价对象权利人提前做好沟通协调，争取估价对象权利人的理解与配合。②应依法要求估价委托人或其代表到现场介绍情况、解答问题或见证查勘。估价委托人不是估价对象权利人的，应要求估价委托人通知估价对象权利人或当事人到现场参与查勘。当事人不在现场的，应有第三方见证。③实地查勘过程中，应仔细查勘估价对象的实物、权益和区位状况，认真听取当事人的情况介绍，完成实地查勘的各项工作内容。④做好实地查勘记录，包括实地查勘的对象、内容、结果、时间、参加人员以及特殊情况或事项等，记载的内容应真实、客观、准确、完整和清晰。

【思考与讨论】当无法进入估价对象内部进行实地查勘时，估价机构和估价师应如何处理？

三、实地查勘的要求

实地查勘的具体要求有以下几个：①对估价对象的质量缺陷、结构安全、环境污染、建筑面积、财务状况等房地产估价专业以外的其他专业问题，经实地查勘、查阅现有资料或向相关专业领域的专家咨询后，仍难以做出常规判断和相应假设的，应建议估价委托人聘请具有相应资质的专业机构或有相应资格的专家先行鉴定或检测、测量或审计，再以专业机构或专家出具的专业意见为依据进行估价，并应在估价报告中予以说明。②参与实地查勘的估价师、当事人、见证人等应当在实地查勘记录上签字或盖章。③除采用批量估价的项目和非正式的估价外，任何房地产估价项目应至少有1名参加该项目的估价师参与实地查勘。

【思考与讨论】特殊情境下如何开展在线查勘？

第七节
测算估价对象价值

测算估价对象价值是房地产估价的关键步骤与核心环节。估价师应选用理论上适用、实际中可行的所有估价方法，根据所选用的估价方法恰当选取计算公式和估价参数等进行测算。有关估价方法及测算要求的更多内容详见第七章至第十二章。

第八节 确定估价结果

广义的估价结果是通过房地产估价活动得出的估价对象价值及提供的相关专业意见，狭义的估价结果仅仅是指评估价值。本节主要介绍评估价值确定的三个步骤：①校核分析测算结果；②得到综合测算结果；③确定最终估价结果。

一、校核分析测算结果

在确定评估价值之前，应对所选用的估价方法的测算结果进行校核。同时选用两种或两种以上估价方法进行估价的，还应对不同估价方法的测算结果进行比较分析。校核和分析测算结果时，应该考虑以下几个问题：①估价方法选用是否正确？能用的方法是否都已经采用？②估价假设是否合理？理由是否充分？③估价原则是否完整、正确？④估价依据是否合理？有无遗漏或多列？⑤不同估价方法的估价对象财产范围是否一致？例如，评估旅馆房地产价值时，收益法估价结果包含家具及用品用具的价值，成本法估价结果则不包含。⑥估价基础数据和估价参数取值是否合理、正确？估价基础数据和估价参数等每个数字都应有其来源或确定的依据或方法。房地产估价行业组织公布了估价参数的，应优先选用。⑦估价公式是否恰当？计算过程是否正确？⑧房地产市场是否具有特殊性？

二、得到综合测算结果

对于选用一种估价方法进行估价的，可直接将其测算结果作为综合测算结果；对于同时选用两种或两种以上估价方法进行估价的，应在确认各个测算结果无差错及其之间差异的合理性后，根据估价目的、估价方法的适用程度、数据的可靠程度、测算结果的差异程度等情况，采用算术平均、加权平均等方法得出综合测算结果，并在报告中说明得出综合测算结果的方法与理由，不得通过随意调整权重来调整综合测算结果。当不同估价方法的测算结果存在较大差异时，不能简单地采取平均的方法得出一个综合测算结果，而应根据具体情况(特别是估价目的)，选择合适的估价方法的测算结果并综合为一个测算结果。

三、确定最终估价结果

由于房地产价值和价格的影响因素众多,且许多影响因素和影响结果难以量化,无法完全反映在估价公式和测算中。因此,还需要在综合测算结果的基础上,根据估价师的经验及其对房地产市场的了解,考虑其他未能在综合测算结果中反映的价值和价格影响因素,调整得到最终的估价结果,并在估价报告中陈述相关的调整理由。当确认不存在未能在综合测算结果中反映的价值和价格影响因素时,可直接将综合测算结果确定为最终的评估价值。此外,最终估价结果的精度还应满足估价目的的要求。

【思考与讨论】测算结果与估价结果有何区别?

第九节 撰写估价报告

房地产估价报告组成及撰写要求的相关内容详见第十五章。

第十节 审核估价报告

对估价报告进行内部审核是估价机构防范估价风险的最后一道防线。为了提高估价报告质量,估价机构应建立健全估价报告内部审核等质量管理制度。

一、估价报告审核的概念

估价报告审核是指估价机构选派本机构注册房地产估价师或外聘房地产估价专家担任审核人员,按照房地产估价的相关要求,对已完成撰写和校对但尚未向估价委托人出具的估价报告的内容和形式等进行审查核定,保证估价报告真实、客观、准确、完整、清晰和规范。《资产评估法》第二十六条第二款规定:"评估机构应当对评估报告进行内部审核。"估价报告审核可以是一级审核,也可以是多级审核。

二、审核估价报告的要求

担任审核人员的本机构人员应为注册后从事房地产估价工作五年及以上的注册房地产估价师,或曾经是注册后从事房地产估价工作五年及以上的注册房地产估价师、现年龄超过65周岁不予注册的人员;外聘的房地产估价专家应具有房地产估价师资格或具有高级专业技术职务,并从事与房地产估价相关的科研、教学、管理等工作五年及以上。

审核人员可依据《房地产估价报告评审标准(试行)》和其他相关规定进行审核。审核意见应具体指出估价报告存在的问题,对于审核认为需要修改的估价报告,应进行修改;对于审核认为不合格的估价报告,应重新撰写,甚至需要重新估价。经修改、重新撰写和重新估价后的估价报告,还应再次进行审核。估价报告审核完成后,应形成审核记录,记载内部审核的意见、结论、日期和人员及其签名。只有经审核合格的估价报告才可交付给估价委托人。估价中应避免以校对代替审核、简化审核内容和程序,缺少完整的审核记录等。

《房地产估价报告评审标准(试行)》

【思考与讨论】估价报告的审核与校对有何区别?

第十一节 交付估价报告

估价报告经审核合格后,应按有关规定和估价委托合同约定交付给估价委托人。估价报告应由不少于2名参加估价的注册房地产估价师签名并加盖估价机构公章。注册房地产估价师不得以盖执业专用章等个人印章代替签名;可以只签名不盖个人印章,也可以既签名又盖个人印章。估价机构不得以盖估价报告专用章等其他印章代替盖公章。估价分支机构应以设立该分支机构的估价机构的名义出具估价报告,并加盖设立该估价分支机构的估价机构公章。在估价报告上签名的估价师和盖章的估价机构,对估价报告的内容和结论负责并依法承担责任。交付估价报告时,为避免交接不清引起的麻烦和纠纷,估价机构可要求估价委托人或其指定的接收人在《估价报告交接单》上签收。

【思考与讨论】交付的估价报告包括哪些内容?

第十二节 保存估价资料

保存估价资料的目的是建立估价档案和估价资料库，为今后的相关估价及管理工作奠定基础，同时有助于解决日后可能发生的估价争议，有助于展现估价业绩，有助于房地产估价行业主管部门和行业组织对估价机构和估价师开展有关检查和考核等。估价机构应建立健全估价档案管理制度，保证估价档案完整、真实和安全。

一、保存估价资料的类型

保存的估价资料一般包括以下内容：①估价报告，包括估价结果报告和估价技术报告；②估价委托书和估价委托合同以及其他相关协议；③估价委托人提供的资料[①]；④估价项目来源和沟通情况记录；⑤估价作业方案；⑥估价对象实地查勘记录及影像资料；⑦估价报告内部校审记录；⑧估价中的重大不同意见记录；⑨外部专业帮助的专业意见。估价资料应采用纸质文档保存，同时可采用电子文档保存，电子文档应与纸质文档一致。

二、保存估价资料的要求

估价资料应当由估价机构集中统一管理。《资产评估法》第二十九条规定："评估档案的保存期限不少于十五年，属于法定评估业务的，保存期限不少于三十年。"《房地产估价规范GB/T 50291—2015》第3.0.14条规定："房地产估价机构应及时整理和保存估价资料，应保存到估价服务的行为结束且不得少于10年。保存期限应自估价报告出具之日起计算。"估价机构终止的，估价资料应移交政府相关行政主管部门或其指定机构保管。

【思考与讨论】上述保存期限的规定不一致，应如何执行？

复习题

1. 什么是房地产估价程序？为何要遵循估价程序？
2. 房地产估价有哪些基本步骤？
3. 房地产估价机构不应承接哪些估价业务？
4. 估价委托书和估价委托合同有哪些内容？
5. 房地产估价基本事项有哪些？
6. 房地产估价作业方案有哪些内容？

---

① 估价委托人提供的资料原件需退还给委托人，估价机构应当保留复印件。

7. 房地产估价需要哪些资料？如何获取？

8. 如何做好房地产估价的实地查勘工作？

9. 房地产估价方法的选用有哪些要求？

10. 如何审核房地产估价测算结果？

11. 交付的房地产估价报告需要哪些签章？

12. 哪些估价资料需要保存？保存期限是多长？

拓展阅读

[1] 卢锡雷. 流程牵引目标实现的理论与方法——探究管理的底层技术[M]. 北京：中国建筑工业出版社，2020.

[2] 柴强. 房地产估价业务的来源与获取[J]. 房地产估价与经纪，2020(4)：49-52.

[3] 柴强. 重视并做好估价对象实地查勘工作[J]. 房地产估价与经纪，2020(3)：45-48.

本章测试

第十五章

房地产估价报告

房地产估价报告是房地产估价结果的载体,是房地产估价活动的"产品",是估价机构向估价委托人提供的最终成果,最能反映估价机构的技术与管理水平和估价师的业务能力以及估价工作的质量。本章首先简要介绍房地产估价报告的含义、类型、组成和总体要求,再根据《房地产估价规范GB/T 50291—2015》和《房地产估价报告评审标准(试行)》的规定对估价报告各个部分的内容、撰写要求和常见问题进行梳理和总结。

▌教学要求

1. 了解房地产估价报告的类型;
2. 熟悉房地产估价报告的含义与常见问题;
3. 掌握房地产估价报告的组成内容与撰写要求。

▌关键概念

房地产估价报告,致估价委托人函,注册房地产估价师声明,估价假设与限制条件,估价结果报告,估价技术报告,附件,变现能力分析,风险提示

▌导入案例

某房地产继承纠纷中的估价问题

王××因与凌××发生房产继承纠纷,于2014年2月26日向沈阳市和平区人民法院提起诉讼。诉讼过程中,王××于2014年5月6日申请法院对位于沈阳市和平区株洲街××号建筑面积为66.2平方米的房产价值进行评估。法院委托沈阳市××房地产土地资产评估有

限公司(以下简称评估公司)进行评估。评估公司于2014年7月24日出具房地产估价报告，评估该房产总价为56.27万元，王××对评估结果未提出异议。法院依据评估价值对前述房产进行析产，并于2014年9月16日作出(2014)沈和民一初字第××号民事判决。

事后王××以评估公司工作失误损害其财产为由提出上诉，理由是评估公司在估价报告中将其"东西朝向、三室一卫"的房产写成"南北朝向、三室一厅一卫"，导致估价结果明显高于市场价值，给其造成巨大损失，要求评估公司赔偿损失5万元。2014年12月12日，评估公司出具情况说明："沈阳市××房地产土地资产评估有限公司2014年7月24日出具的'沈阳市和平区株洲街××号×××房产司法鉴定价值评估'××房估字〔2014〕第××号报告中，关于房屋朝向和房屋户型的描述出现错误，房屋朝向应为东西朝向，户型应为三室一卫，报告中误写为南北朝向及三室一厅。"同时，评估公司抗辩称，有关房屋朝向和户型的描述系笔误，其所做的房地产估价报告综合考虑了房屋所在地的自然情况、社会因素、基础设施状况、对外贸易发展、房地产市场状况及区域概况等各种因素，估价结果是按照房屋实际情况得出的，(有关描述错误)不影响受估房产的估价结果。

(资料来源：中国裁判文书网. https://wenshu.court.gov.cn/)

在上述案例中，你认为估价机构有哪些问题？有关描述错误对估价结果有什么影响？

第一节 房地产估价报告概述

一、房地产估价报告的含义

房地产估价报告是指房地产估价机构和注册房地产估价师向估价委托人所作的关于估价情况和结果的正式陈述，是估价机构关于估价对象价值和价格及相关问题的答复，也是估价机构和估价师关于估价对象价值和价格及相关问题的调查研究报告。

二、房地产估价报告的类型

房地产估价报告分为书面估价报告和口头估价报告。为提高估价报告的严肃性和规范性，应当采用书面估价报告。书面估价报告按照格式可分为叙述式估价报告和表格式估价报告，按照内容可分为估价结果报告和估价技术报告，按照作用可分为鉴证性估价报告和咨询性估价报告，按照范围可分为整体估价报告和分户估价报告，按照介质可分为纸质估价报告和电子估价报告。在实际估价中，大多采用叙述式书面纸质估价报告。

三、房地产估价报告的组成

叙述式估价报告的内容应包括封面、致估价委托人函、目录、注册房地产估价师声明、估价假设与限制条件、估价结果报告、估价技术报告和附件八个部分。根据估价委托人的需要或有关要求,估价机构可在完整的估价报告的基础上形成估价报告摘要。

四、房地产估价报告的总体要求

《资产评估法》第十七条第一款规定:"评估机构应当依法独立、客观、公正开展业务,建立健全质量控制制度,保证评估报告的客观、真实、合理。"《房地产估价规范 GB/T 50291—2015》第7.0.1条规定:"估价报告应采取书面形式,并应真实、客观、准确、完整、清晰、规范。"真实就是要求估价报告应按估价对象以及其他相关事物的本来面目进行描述和说明,不得虚假陈述;客观就是要求估价师理性、客观地进行叙述、分析和评论,不在估价报告中掺入个人偏见,不做误导性陈述;准确就是要求估价报告中的估价基础数据和资料全面、完整、正确,用语明确肯定,避免产生歧义和误解,对未予核实的事项不得轻率写入,对难以确定的事项及其对估价结果的影响应予以充分披露和说明,不得模棱两可、含糊其词;完整就是要求估价报告应全面反映估价情况和结果,包含估价报告使用者所需的必要信息及与其知识水平相适应的必要信息,正文内容和附件资料应齐全、配套,不得隐瞒事实,没有重大遗漏;清晰就是要求估价报告层次分明,用完整、简洁的文字或图表对有关情况和结果进行归纳总结,避免烦琐和重复,便于估价报告使用者理解和使用;规范就是要求估价报告的编制应符合规定的格式,文字、图表等使用应符合相应的标准,专业术语应符合规范要求。

估价报告的三大质量问题

第二节 封面

一、封面内容

估价报告封面的内容包括估价报告名称、估价项目名称、估价委托人、估价机构、注册房地产估价师、估价报告出具日期和估价报告编号。估价机构为展示企业形象可以在封面设置一些个性化内容和元素,或者在封面后设置扉页等。

二、撰写要求

估价报告封面应内容要素齐全，表述准确、清晰、简洁，具体要求如下：①报告名称。报告名称宜含有"房地产估价报告"字样，但是也可结合特殊的估价目的来给估价报告命名，如房地产抵押估价、房地产征收估价和房地产司法处置估价的报告名称可分别表述为房地产抵押估价报告、房地产征收评估报告和房地产司法处置评估报告等。②估价项目名称。应根据估价对象名称或位置和估价目的来提炼估价项目名称，项目名称应要素齐全且简明扼要。③估价委托人。估价委托人是单位时应写明其全称，是个人时应写明其姓名。④估价机构名称。应写明估价机构全称，不得用简称。⑤注册房地产估价师。应写明所有参与估价的注册房地产估价师的姓名和注册号。⑥估价报告出具日期。估价报告出具日期应与致估价委托人函中的致函日期一致。⑦估价报告编号。估价报告编号应能反映估价机构简称、估价报告出具年份等信息，不得重复、遗漏与跳号。

三、常见问题

估价报告封面表述不准确、不清晰、不简洁，主要表现有以下几点：①混淆估价项目、估价对象和估价报告。估价项目是一项工作和活动，估价对象是具体的房地产或相关权益，估价报告是估价工作和活动的成果。估价项目名称通常冠以"……估价或评估"字样，估价项目不是估价对象。②估价项目名称信息不全。例如，遗漏估价对象的类型、估价目的，估价对象地址信息不全等。③估价项目名称不够简洁。项目名称既要全面，也要简明扼要。如果估价对象的名称和地址等信息已经较长，估价项目名称中可以不体现权利归属等信息。④将估价报告出具日期写成估价作业日期。

【思考与讨论】估价报告封面可以自行设计吗？

第三节　致估价委托人函

一、致函内容

致估价委托人函是估价机构和估价师正式地向估价委托人报告估价结果、呈送估价报告的文件，是一种商务公函。致估价委托人函的内容应包括致函对象、估价目的、估价对象、价值时点、价值类型、估价方法、估价结果、特别提示和致函日期。

公函

二、撰写要求

致估价委托人函应内容全面、前后一致、简明扼要，具体要求如下：①致函对象应写明估价委托人的全称(单位委托人)或姓名(个人委托人)。②估价目的应写明估价委托人对估价报告的预期用途，或估价是为了满足估价委托人的何种需要。③估价对象应写明估价对象的财产范围及名称、坐落、规模、用途、权属等基本状况。④价值时点应写明所评估的估价对象价值对应的时间。⑤价值类型应写明所评估的估价对象价值的名称、定义或内涵；当所评估的估价对象价值无规范的名称时，应写明其定义或内涵。⑥估价方法应写明所采用的估价方法的名称。⑦估价结果应写明最终评估价值的总价，并应注明其大写金额；除估价对象无法用单价表示外，还应写明最终评估价值的单价。⑧特别提示应写明与评估价值和使用估价报告、估价结果有关的引起估价委托人和估价报告使用人注意的事项。⑨落款包括估价机构名称、估价机构法定代表人或主要负责人签名、致函日期。致函日期应注明致函的年、月、日，应与封面中的估价报告出具日期一致。致估价委托人函应加盖估价机构公章，不得以其他印章代替，法定代表人或执行事务合伙人宜在其上签名或盖章。

【思考与讨论】致估价委托人函的作用是什么？

三、常见问题

致估价委托人函的常见问题有以下几个：①内容不完整，如缺少对估价对象的简要描述、落款缺少签名等；②估价对象范围界定不清晰，如缺少对估价对象财产范围的描述和说明；③排版不够规范，将致函内容放在目录后。致函是估价机构和估价师发给估价委托人的一份公函，不属于估价报告正文的组成部分，需要将其放在正文目录前。

第四节 目录

一、目录内容

目录的基本内容应包括标题(即"目录"字样)、注册房地产估价师声明、估价假设和限制条件、估价结果报告、估价技术报告和附件。

二、撰写要求

目录应当内容完整，前后一致，具体要求如下：①按顺序列出估价报告各个组成部分的名称以及对应的页码，正文页码应从正文(即注册房地产估价师声明)开始编号；②估价结果报告、估价技术报告和附件需要列示下一级标题。

三、常见问题

目录的常见问题有以下几个：①目录内容与正文不一致；②页码不规范，如目录未标注页码、目录页码与正文页码不一致、正文页码从封面开始编号等；③目录不完整，估价结果报告、估价技术报告未列示下一级标题；④房地产抵押估价报告目录中缺少变现能力分析、风险提示的内容，或者变现能力分析、风险提示未在估价结果报告下列示，而在估价技术报告下列示；⑤附件具体名称未列示或不够详细，或者无对应页码。

【思考与讨论】如何编制自动生成的目录？

第五节 注册房地产估价师声明

一、声明内容

注册房地产估价师声明是注册房地产估价师在估价报告中对其估价职业道德、专业胜任能力和勤勉尽责估价的承诺和保证。鉴证性估价报告的注册房地产估价师声明通常是格式文本，应包括以下内容：①注册房地产估价师在估价报告中对事实的说明是真实和准确的，没有虚假记载、误导性陈述和重大遗漏；②估价报告中的分析、意见和结论是注册房地产估价师独立、客观、公正的专业分析、意见和结论，但受到估价报告中已说明的估价假设和限制条件的限制；③注册房地产估价师与估价报告中的估价对象没有现实或潜在的利益关系，与估价委托人及估价利害关系人没有利害关系，也对估价对象、估价委托人及估价利害关系人没有偏见；④注册房地产估价师是按照有关的房地产估价规范和标准的规定进行估价工作，撰写估价报告。非鉴证性估价报告的注册房地产估价师声明的内容，可根据实际情况在上述声明内容的基础上适当调整或增删。

二、撰写要求

注册房地产估价师声明应当全面、规范、针对性强，具体要求如下：①鉴证性估价报告的声明应严格按照规范规定的内容撰写，不得随意增删；②应具体列出有关房地产估价标准，包括国家标准与专项标准，前者如《房地产估价规范GB/T 50291—2015》《房地产估价基本术语标准GB/T 50899—2013》，后者如《房地产抵押估价指导意见》《国有土地上房屋征收评估办法》等；③不得将估价师声明的内容与估价假设和限制条件的内容相混淆，或把估价师声明变成估价机构和估价师的免责声明；④应有2名或2名以上估价师亲笔签名。

三、常见问题

注册房地产估价师声明的常见问题有以下几个：①未列示相关的房地产估价规范、标准或者列示不全，特别是经常遗漏专项标准，或者未注明标准号等；②未列明实地查勘的估价师姓名以及实地查勘日期；③将估价师声明写成免责声明，而不是估价师的承诺与保证；④没有2名注册房地产估价师的姓名、注册号和亲笔签名等内容。

【思考与讨论】如何避免将估价师声明写成免责声明？

第六节 估价假设和限制条件

一、内容组成

所有的估价都应有相应的假定前提。估价假设和限制条件是估价报告中对估价假设和估价报告使用限制的说明。估价假设和限制条件应说明以下内容：一般假设、未定事项假设、背离事实假设、不相一致假设、依据不足假设和估价报告使用限制。

二、撰写要求

估价假设和限制条件应当必要、合理、有依据，不得为了高估或低估、规避应尽的审慎检查和尽职调查等勤勉尽责义务而滥用估价假设，具体要求如下所述。

(1) 一般假设。该假设应说明估价师对估价对象的权属、面积、用途等资料进行了审慎检查，在无理由怀疑其合法性、真实性、准确性和完整性且未予以核实的情况下，对其合法性、真实性、准确性和完整性的合理假定；对房屋安全、环境污染等影响估价对象价值的重大因素给予关注,在无理由怀疑估价对象存在安全隐患且无相应的专业机构进行鉴定、检测的情况下,对其安全性的合理假定;对房地产市场为公开、平等、自愿交易市场的假定等。

(2) 未定事项假设。该假设应说明对估价所必需的尚未明确或不够明确的土地用途、容积率等事项所做的合理的、最可能的假定。例如,假设房地产转变用途需要补缴土地出让金。当估价对象无未定事项假设时,也应当明确说明无未定事项假设。

(3) 背离事实假设。该假设应说明因估价目的的特殊需要、交易条件设定或约定,对估价对象状况所作的与估价对象的实际状况不一致的合理假定。例如,在房地产抵押估价中,如果价值时点与实地查勘日期不一致,那么假定价值时点房地产状况与查勘日期的状况一致;在国有土地上房屋征收评估中,如果估价对象存在租赁、抵押、查封等情况,那么评估被征收房屋的价值时不考虑被征收房屋租赁、抵押、查封等因素对价值和价格的影响;在房地产司法拍卖估价中,不考虑拍卖财产上原有的担保物权、其他优先受偿权及查封因素,因为原有的担保物权及其他优先受偿权因拍卖而消灭,查封因拍卖而解除。当估价设定的估价对象状况与估价对象的实际状况无不一致时,也应当明确说明无背离事实假设。

(4) 不相一致假设。该假设应说明在估价对象的实际用途、登记用途、规划用途等用途之间不一致,或不同权属证明上的产权人之间不一致,或估价对象的名称、地址不一致等情况下,对估价所依据的用途或产权人、名称、地址等的合理假定。例如,权属证书上的门牌号与实际不一致时的假设。当估价对象状况之间无不一致时,也应当明确说明无不相一致假设。

(5) 依据不足假设。该假设应说明在估价委托人无法提供估价所必需的反映估价对象状况的资料及估价师进行了尽职调查仍然难以取得该资料的情况下,对缺少该资料及对相应的估价对象状况的合理假定。例如,估价时一般应查看估价对象的权属证明原件,但在估价委托人不是估价对象权利人且不能提供估价对象权属证明原件的情况下,估价师虽然进行了尽职调查,但也难以取得估价对象的权属证明,此时对缺少估价对象权属证明的说明以及对估价对象权属状况的合理假定。再如,因征收、司法拍卖等强制取得或强制转让房地产,房地产占有人拒绝估价师进入估价对象内部进行实地查勘,或估价对象涉及国家秘密,估价师不得进入其内部进行实地查勘的,对不掌握估价对象内部状况的说明以及对估价对象内部状况的合理假定。当无依据不足时,也应当明确说明无依据不足假设。

(6) 估价报告使用限制。这一部分内容应说明估价报告和估价结果的用途、使用者、使用期限,以及在使用估价报告和估价结果时需要注意的其他事项。其中,估价报告使用期限自估价报告出具之日起计算,应根据估价目的和预计估价对象的市场价格变化程度来确定,不宜超过一年。估价限制条件要有针对性。

【思考与讨论】估价报告使用期限是否等同于估价报告责任期?

三、常见问题

估价假设与限制条件的常见问题有以下几个:①估价假设与限制条件不全面,应说明的估价假设和限制条件不予以说明,如缺少上述六个方面的一个或多个部分;②随意编造估价假设,随意设定估价限制条件,假设设定缺少合理理由和依据;③估价假设和限制条件与本项目无关,缺乏针对性;④混淆估价假设与估价师声明的内容,将属于估价师声明的内容放入估价假设;⑤将估价假设与限制条件写成免责声明;⑥估价假设的内容未按上述五个方面进行分类;⑦当无相关情况时,未明确说明不存在相关估价假设。

第七节 估价结果报告

一、报告内容

估价结果报告的内容包括下列事项:估价委托人、房地产估价机构、估价目的、估价对象、价值时点、价值类型、估价原则、估价依据、估价方法、估价结果、注册房地产估价师、实地查勘期和估价作业期,房地产抵押贷款前估价报告还应包括变现能力分析和风险提示。估价结果报告如果缺少上述内容之一,则为重要内容缺失。

二、撰写要求

估价结果报告的内容及具体要求如下所述。

(1) 估价委托人。当估价委托人为单位时,应写明其全称、地址和法定代表人姓名;当估价委托人为个人时,应写明其姓名和住址。

(2) 房地产估价机构。本部分内容应写明估价机构的全称、注册地址、法定代表人或主要负责人姓名、等级和证书编号。

(3) 估价目的。本部分内容应说明估价委托人对估价报告的预期用途,或估价是为了满足估价委托人的何种需要。通常按照规定的格式表述估价目的,如房地产抵押贷款前估价的目的应表述为"为确定房地产抵押贷款额度提供参考依据而评估房地产抵押价值"。

(4) 估价对象。本部分内容应概要说明估价对象的名称与财产范围及其实物、权益、区位等基本状况。对土地基本状况的说明还应包括四至、形状、开发程度、土地使用期限;对建筑物基本状况的说明还应包括建筑结构、设施设备、装饰装修、新旧程度。

(5) 价值时点。本部分内容应说明所评估的估价对象价值对应的时间及其确定的简要理由。

(6) 价值类型。本部分内容应说明所评估的估价对象价值的名称、定义或内涵。

(7) 估价原则。本部分内容应说明所遵循的估价原则的名称、定义或内涵。

(8) 估价依据。本部分内容应说明估价所依据的有关法律、法规、司法解释、部门规章和相关政策，有关的估价规范、标准，估价委托书、估价委托合同、估价委托人提供的估价所需资料，估价机构、估价师掌握和搜集的估价所需资料。

(9) 估价方法。本部分内容应说明所采用的估价方法的名称和定义。当估价委托合同约定不向估价委托人提供估价技术报告的，还应说明估价测算的简要内容。

(10) 估价结果。本部分内容应说明不同估价方法的测算结果和最终估价结果以及确定最终估价结果的理由与依据。最终估价结果应注明以人民币表示的单价和总价，总价还应注明大写人民币金额。当估价对象无法用单位表示的，最终估价结果可不注明单价。

(11) 注册房地产估价师。本部分内容应写明所有参加估价的注册房地产估价师的姓名和注册号，并应由本人签名及注明签名日期，不得以个人执业印章代替签名。非注册房地产估价师和未参加估价的注册房地产估价师不得在其上签名或代为签名。

(12) 实地查勘期。本部分内容应说明实地查勘估价对象的起止日期，具体为自进入估价对象现场时起至完成实地查勘时止。

(13) 估价作业期。本部分内容应说明估价工作的起止日期，具体为自受理估价委托时起至估价报告出具时止。

(14) 变现能力分析。这是房地产抵押贷款前估价报告特有的内容，应详细分析、说明估价对象的通用性、独立使用性、可分割转让性、区位、开发程度、价值大小及房地产市场状况等影响估价对象变现能力的因素及其对变现能力的影响；假定估价对象在价值时点拍卖或变卖时最可能实现的价格与其市场价值或价格的差异程度；变现的时间长短以及相应的费用、税金的种类和清偿顺序；变现能力分析应内容完整、分析合理、依据充分、针对性强。

(15) 风险提示。这是房地产抵押估价报告特有的内容，包括关注房地产抵押价值未来下跌风险的提示；对预期可能导致房地产抵押价值下跌的因素进行分析说明；评估续贷房地产的抵押价值时，对房地产市场已经发生的变化予以考虑说明；估价对象状况和房地产市场状况因时间变化对房地产抵押价值可能产生的影响；抵押期间可能产生的房地产信贷风险关注点；合理使用评估价值的提示；定期或者在房地产市场价格变化较快时对房地产抵押价值进行再评估的提示等；风险提示应内容完整、分析合理、针对性强。

【思考与讨论】如何提高风险提示的针对性？

三、常见问题

估价结果报告的常见问题有以下几个方面：①估价对象方面，有关估价对象描述的内容完全复制于估价技术报告中的估价对象描述与分析的相应内容，对估价对象的描述不够简明扼要；对估价对象财产范围的界定不够明确，将估价对象空间范围作为财产范围。②价值时点方面，价值时点的确定没有简要说明理由。③估价依据方面，估价依据有遗漏或者滥列估价依据；估价依据过时或失效，如某些法律已经废止，有些法律已经合并；估价依据表述不全面、不准确，如未列标准编号、法律颁布和修订信息等。④估价方法方面，有关估价方法的说明部分或完全复制估价技术报告中的估价方法适用性分析的相关内容，不够简明扼要。⑤估价结果方面，估价结果内涵不清晰，如是否与假设和限制条件一致、是否扣除出让金、相关费用及税金等；估价结果单价表述不合理，如容积率较低的工业房地产价值以建筑面积单价表示。⑥估价作业期方面，估价作业期太短，难以保证高质量完成估价活动。⑦变现能力分析与风险提示方面，内容有漏项、缺乏定量分析、分析不合理、缺乏针对性等。

第八节 估价技术报告

估价技术报告是估价师记录估价测算过程的工作底稿，一般应提供给估价委托人，但因知识产权、商业秘密等原因也可以不提供给估价委托人。如果不给估价委托人提供估价技术报告，应事先在估价委托合同中约定。无论是否向估价委托人提供估价技术报告，估价机构和估价师都应严格按照规范要求完成估价技术报告并将其存档。

一、报告内容

估价技术报告的内容包括下列事项：估价对象描述与分析、市场背景描述与分析、估价对象最高最佳利用分析、估价方法适用性分析、估价测算过程和估价结果确定。如果估价技术报告缺少上述内容之一，则为重要内容缺失。

二、撰写要求

估价技术报告的具体要求如下所述。

(1) 估价对象描述与分析。在这一部分，应有针对性地描述、分析估价对象的实物状况、权益状况和区位状况，描述应全面、翔实，分析应客观、透彻。①实物状况描述与分析分为土地实物状况和建筑物实物状况两个部分。土地实物状况应包括土地的名称、四至、用途、面积、形状、地形、地貌、地势、地质、水文、土壤、开发程度等；建筑物实物状况应包括建筑名称、建筑用途、建筑规模、建筑外观、层数和高度、建筑结构、空间布局、建筑性能、设施设备、装饰装修、建成时间、维护状况、完损状况、新旧程度等。②权益状况描述与分析应包括土地和房屋的权利状况、权利限制状况以及其他权益状况。土地和房屋的权利状况包括所有权、使用权、共有情况、规划条件等；权利限制状况包括他项权利限制状况和其他因素限制状况，他项权利有抵押权、租赁权、典权、地役权、居住权等，其他因素限制主要是指使用管制和相邻关系限制，使用管制包括土地和房屋的用途、容积率、建筑密度、绿地率和建筑高度等,相邻关系限制主要体现在房地产权利人应当为相邻权利人提供必要的使用便利(如通行的便利),以及房地产权利人使用自己的房地产或者行使房地产相关权利时不得损害相邻房地产和相邻权利人的权益(如不得妨碍相邻建筑物的通风、采光和日照、不得危及相邻房地产的安全等),房地产权利限制状况还包括被司法机关或行政机关依法查封、被他人占用和使用等;其他权益状况包括附着在房地产上的额外利益、债权债务以及其他权利和义务等,如司法查封情况、欠税欠费欠款状况、物业管理状况等。③区位状况描述与分析应包括地理位置、交通条件、配套设施和周围环境以及未来变化趋势。地理位置包括方位与坐落、与重要场所的距离、临街(路)状况等。对于单套住宅,估价技术报告还应包括所处的楼幢、楼层、朝向、是否边套等事项。交通条件包括道路状况、可用交通工具、交通管制情况、停车便利程度以及交通费用情况等。配套设施包括市政基础设施和公共服务设施,市政基础设施包括道路、给水、排水、电力、通信、燃气、供热、绿化、环卫、室外照明等基础设施,公共服务设施包括生活设施、商业设施、教育设施、医卫设施、文体设施、休闲娱乐设施、社区服务设施等。周围环境包括自然环境、人文环境、景观环境以及其他环境等。

【思考与讨论】对估价对象的"描述"和"分析"有何区别?

(2) 市场背景描述与分析。在这一部分,应简明、准确、透彻、有针对性地描述与分析国家宏观经济政策因素、本地整体房地产市场形势、本地本类房地产今昔和未来状况,重点关注本地本类房地产市场状况。

(3) 估价对象最高最佳利用分析。在这一部分,应以估价对象的最高最佳利用状况为估价前提,并有针对性地分析、说明估价对象的最高最佳利用状况。当估价对象已经作为某种利用时,应从维持现状、更新改造、改变用途、改变规模、重新开发以及它们的某种组合或其他特殊利用中分析、判断何种利用为最高最佳利用。最高最佳利用分析应正确、透彻、具体,有合法依据和市场依据。当根据估价目的不以最高最佳利用状况为估价前提的,如评估房地产现状价值,可不进行估价对象最高最佳利用分析。

(4) 估价方法适用性分析。在这一部分,应逐一分析比较法、收益法、成本法、假设开发法等估价方法对估价对象的适用性。对于理论上不适用而不选用的估价方法,应简述不选用的理由;对于理论上适用但客观条件不具备而不选用的估价方法,应充分陈述不选用的理由;对于选用的估价方法,应简述选用的理由并说明其估价技术路线。

(5) 估价测算过程。在这一部分,应详细说明所选用的估价方法的测算步骤、计算公式和计算过程,以及其中的估价基础数据和估价参数的来源或确定依据等。

(6) 估价结果确定。在这一部分,应说明不同估价方法的测算结果和最终评估价值,并详细说明最终评估价值确定的方法和理由。

三、常见问题

估价技术报告的常见问题有以下几方面:①估价对象描述与分析方面:a.描述内容不

够全面,只有描述没有分析或者分析不够深入或缺少针对性;b.缺少区位状况未来变化趋势分析,或者表述过于简略、笼统。②市场背景描述与分析方面:a.内容不全面、不深入,分析过于笼统;b.宏观市场和因素分析较多,本地本类房地产市场分析较少;c.市场分析数据过早、过旧,缺少近期数据;d.分析过于烦琐、啰嗦,不够简明扼要;e.分析缺乏针对性。例如,对于工业房地产估价项目,其市场背景分析的内容却是住宅房地产市场状况;f.分析结论不明确,或者不能为估价测算及估价参数取值提供市场支持。③估价对象最高最佳利用分析方面:a.未进行利用前提选择表述;b.未结合估价方法应用进行分析或者分析不够具体;c.最高最佳利用分析缺乏针对性。④估价方法适用性分析方面:a.未说明不选用方法的理由或理由不充分或理由不合理;b.计算公式选择缺乏依据或与市场背景分析不一致。⑤估价测算过程方面,主要问题体现在相关估价方法的运用中,具体问题表现详见第七章至第十章的相关内容。⑥估价结果确定方面,主要问题体现在根据测算结果确定最终估价结果的依据不够充分。

第九节 附件

一、附件内容

附件是估价报告的重要组成部分,应包括估价委托书复印件、估价对象位置图、估价对象实地查勘情况和相关照片、估价对象权属证明复印件、估价对象法定优先受偿款调查情况记录(仅针对房地产抵押估价报告)、可比实例位置图和外观照片(采用比较法估价)、专业帮助情况和相关专业意见、估价所依据的其他文件资料、估价机构营业执照和估价资质证书复印件、注册房地产估价师执业资格证书复印件等。

二、撰写要求

附件资料应真实、完整、齐全,并做好排序和编号等。

三、常见问题

附件常见的问题有以下几个:①缺少可比实例位置图和外观照片;②内外部状况以及周围环境和景观的照片不完整,照片未标注编号、名称和内容。

第十节 文本质量

一、质量内涵

房地产估价报告的文本质量包括文字表述的逻辑性、术语与用词的规范性、排版与格式的美观度、各部分内容的一致性、报告装订质量等。

二、撰写要求

文本质量要求如下：①专业用语规范；②文字简洁、通畅、表述严谨，逻辑性强；③格式规范、无错别字、漏字，标点使用正确；④排版规整、前后一致、装订美观。

三、常见问题

常见的文本质量问题有以下几个：①文字表述存在缺陷，逻辑性不强，表述不够通畅，语言不够客观、冷静、平实，存在错别字、漏字、标点符号错误等；②专业术语和用词不规范，不同领域、不同时期的术语混用，如价值时点、估价时点、估价日期、估价基准日等在同一个报告中混用；③报告各个部分内容表述不一致，甚至前后矛盾，如市场背景分析与估价测算过程不一致；④报告各个部分之间存在大范围内容重复，特别是估价结果报告中的估价对象和估价方法部分内容与估价技术报告中的相应内容完全一致；⑤报告排版不够规整，标题序号使用不规范、顺序错误、层次混乱；⑥排版不够美观，装订质量较差。

【思考与讨论】估价报告是否需要追求文采？

复习题

1. 房地产估价报告有哪些类型？
2. 房地产估价报告由哪些内容组成？
3. 报告封面的内容、撰写要求与常见问题是什么？
4. 致估价委托人函的内容、撰写要求与常见问题是什么？
5. 目录的内容、撰写要求与常见问题是什么？
6. 注册房地产估价师声明的内容、撰写要求与常见问题是什么？
7. 估价假设与限制条件的内容、撰写要求与常见问题是什么？
8. 估价结果报告的内容、撰写要求与常见问题是什么？

9. 估价技术报告的内容、撰写要求与常见问题是什么？

10. 报告附件的内容、撰写要求与常见问题是什么？

11. 估价报告文本质量的要求与常见问题是什么？

拓展阅读

[1] 吴步昶. 房地产估价案例精选评析[M]. 杭州：浙江大学出版社，2019.

[2] 深圳市同致诚土地房地产估价顾问有限公司. 房地产估价案例精选[M]. 广州：广东经济出版社，2016.

本章测试

第十六章
房地产估价实训

学习房地产估价不仅要掌握房地产估价"是什么"和"为什么",还要掌握房地产估价"怎么做"。为了使读者"学以致用,学了能用,既学又用,学用结合",本章针对几类比较常见的房地产估价活动设计了实训教学环节,从房地产估价全流程的角度模拟估价活动过程,通过在相对真实的情境中开展估价实训,培养学生的房地产估价实务能力。

▎教学要求

1. 了解房地产估价实训的目的、内容与安排;
2. 熟悉房地产估价程序、不同估价对象与估价目的的估价内容与要求;
3. 掌握房地产估价报告的撰写。

▎导入案例

价值2.1亿元的土地为何被5798万元"贱拍"?

2004年9月,某银行与某娱乐公司、某房地产公司因借款合同纠纷,向武汉仲裁委员会申请仲裁。武汉仲裁委员会裁决某娱乐公司向某银行偿还贷款本息共计3590.45万元,某银行对担保人某房地产公司抵押的财产优先受偿。裁决生效后,某银行于2004年11月向湖北省武汉市中级人民法院申请强制执行,后因故申请暂缓执行,并于2013年1月申请恢复执行。2013年2月,武汉市中级人民法院对某房地产公司位于武汉市硚口区面积为1.3万余平方米的某地块进行查封。2014年7月,武汉市中级人民法院委托某评估公司对上述土地使用权进行估价,估价结果为5778.57万元。某房地产公司对上述估价结果不服并提出执行异议:武汉市中级人民法院未对估价过程中是否存在程序违法进行审查,亦未交估价机构对异议内容进行复核。2015年2月25日，涉案土地公开拍卖，某置业公司经两轮竞价，以5798.57万元的价格竞买成交。2016年6月，武汉市土地交易中心为竞买人办理变更使用权人登记时，为确定土地交易税费，委托估价机构对涉案土地再次进行估价，最终确定土地总价为21 300.7万元。为何两次估价结果存在如此大的差距？估价中有无违法犯罪行为？

2018年3月，某房地产公司以法院在执行程序中存在违法情形向湖北省武汉市人民检察院申请执行监督。武汉市人民检察院通过调查核实查明：武汉市国土资源和规划局保存的原始地籍资料显示涉案土地出让时的容积率为4.16，武汉市中级人民法院执行人员曾于委托估价前调取该地籍资料并入卷，但委托估价时并未向估价机构提供，估价人员在评估时也未查实涉案土地容积率，却自行依据周边情况设定容积率为2.0，导致估价结果严重失实，损害了被执行人的合法权益。同时查明，该案还存在程序违法、职务犯罪以及竞买人之间恶意串通等问题。针对本案移送的犯罪线索，有关部门分别对某置业公司法定代表人翟某、某评估公司法定代表人贾某和估价师黄某等人立案审查并提起公诉，经法院审理认定，最终以强迫交易罪判处翟某有期徒刑二年、缓刑二年并处罚金2万元，以提供虚假证明文件罪分别判处贾某和黄某有期徒刑一年零三个月、一年零六个月，并处罚金。

（资料来源：价值2.1亿元地块被5798万"贱拍".https://mp.weixin.qq.com/s/2w_TrFf6x51fkAThtUUMDQ.）

结合本案材料，你认为当事人对估价结果有异议时，估价机构应当如何处理？

第一节　房地产估价实训概述

一、实训目的

房地产估价实训教学的目的有以下几个：①巩固房地产估价知识。通过实训，复习、检验和巩固课堂知识，增强对房地产估价基础知识、相关理论、估价方法与基本要求的理解与掌握。②锻炼房地产估价能力。通过实训，熟悉房地产市场，掌握房地产市场分析、估价技术路线选择、估价方案编制、估价方法运用、估价报告撰写的能力，初步达到房地产估价师从业技术门槛。③提升房地产估价素养。通过实训，培养学生自主学习习惯、刻苦钻研精神与沟通表达能力，提升工作责任心与团队协作精神。④塑造房地产估价伦理。通过实训，全面客观地认识我国房地产市场与房地产制度，充分理解房地产价格的形成机理和"房住不炒"等政策的内在逻辑，培养独立、客观、公正的估价职业道德与职业伦理。

二、实训内容

在实训教学正式开始前，应完成复习房地产估价知识、组建估价实训小组等工作。正式的估价实训教学内容可大致分为三大模块、十项工作项目。

(1) 前期准备模块。①承接估价业务：洽谈估价业务；出具估价委托书；签订估价委托合同。②确定估价基本事项：明确估价目的；确定价值时点；熟悉估价对象；确定价值类型。③制定估价作业方案：制定估价技术路线；确定估价所需资料的搜集渠道和方法；制定实地查勘方案；制定估价进度计划；明确工作任务与分工。

(2) 估价实施模块。①搜集估价所需资料：根据估价作业方案搜集估价所需资料，检查、判断资料的真实性和可靠性。②实地查勘估价对象：完成实地查勘估价对象并做好查勘记录。③测算估价对象价值：结合具体采用的估价方法选择计算公式、确定估价参数、测算估价对象价值。④确定估价结果：分析测算结果；综合测算结果；确定最终估价结果。⑤撰写估价报告：完成估价报告文本撰写、排版与装订。

(3) 审核交付阶段。①审核估价报告：各个小组内部和小组之间交叉审核估价报告，提出审核意见。②交付估价报告：各个小组向指导教师提交估价报告。

任课教师可根据相关课程、学情及教学要求选择全部或部分实训内容。

三、实训安排

(一) 实训方式

(1) 方式一：随堂实训，即实训教学分散安排在正常教学周或课外进行。
(2) 方式二：集中实训，即实训教学集中安排在正常教学周或课外进行。

任课教师可根据教学计划灵活选择实训方式。

(二) 实训时间

若采用随堂实训，建议安排6周左右实训时间，占一个学期正常教学时间1/3左右；若采用集中实训，建议安排一周左右实训时间。随堂实训的进度计划建议如表16-1所示。

表16-1 房地产估价实训进度计划表

序号	模块	工作项目	第一周	第二周	第三周	第四周	第五周	第六周
1	前期准备	承接估价业务	√					
2		确定估价基本事项	√					
3		制定估价作业方案	√					
4	估价实施	搜集估价所需资料	√	√				
5		实地查勘估价对象		√				
6		测算估价对象价值			√	√		
7		确定估价结果				√		
8		撰写估价报告			√	√	√	
9	审核交付	审核估价报告						√
10		交付估价报告						√

(三) 人员安排

学生在教师指导下分组完成实训,每个实训小组3~5人,设组长1人。

(四) 实训考评

任课教师对每个实训项目(实训小组)进行考评。总分100分,每个实训项目的分值权重如表16-2所示。任课教师也可根据本课程的实训内容以及相关要求自行设定实训项目、分值权重与评分标准。其中,撰写估价报告的成绩可以根据中国房地产估价师与房地产经纪人学会制定的《房地产估价报告抽查评审标准(试行)》进行评分。

表16-2　房地产估价实训项目分值分配表

序号	实训项目	分值权重/%
1	承接估价业务	5
2	确定估价基本事项	5
3	制定估价作业方案	5
4	搜集估价所需资料	10
5	实地查勘估价对象	5
6	测算估价对象价值	60
7	确定估价结果	
8	撰写估价报告	
9	审核估价报告	5
10	交付估价报告	5

第二节　居住房地产抵押估价实训

居住房地产抵押估价实训

第三节
工业房地产抵押估价实训

工业房地产抵押
估价实训

第四节
商业房地产租赁估价实训

商业房地产
租赁估价实训

第五节
在建工程司法拍卖估价实训

在建工程司法
拍卖估价实训

第六节
国有土地上房屋征收估价实训

国有土地上房屋
征收估价实训

第七节
国有土地使用权出让估价实训

国有土地使用权
出让估价实训

第八节
居住房地产损害赔偿估价实训

居住房地产损害
赔偿估价实训

附录

附录一
房地产估价基本术语(中英文对照)

房地产估价基本术语(中英文对照)

附录二
房地产估价法律法规与技术标准

房地产估价法律法规与技术标准

参考文献

[1] 中华人民共和国住房和城乡建设部. 房地产估价规范GB/T 50291—2015[S]. 北京：中国建筑工业出版社，2015.

[2] 中华人民共和国住房和城乡建设部. 房地产估价基本术语标准GB/T 50899—2013[S]. 北京：中国建筑工业出版社，2013.

[3] 中华人民共和国国家质量监督检验检疫总局，中国国家标准化管理委员会. 城镇土地估价规程GB/T 18508—2014[S]. 北京：中国质检出版社，2014.

[4] 中华人民共和国建设部，中国人民银行，中国银行业监督管理委员会，房地产抵押估价指导意见：建住房〔2006〕8号[Z]. 2006.

[5] 中华人民共和国住房和城乡建设部. 国有土地上房屋征收评估办法：建房〔2011〕77号[Z]. 2011.

[6] 房地产估价报告评审标准(试行)[Z]. 中国房地产估价师与房地产经纪人学会，2010.

[7] 中国资产评估协会. 实物期权评估指导意见：中评协〔2017〕54号[Z]. 2017.

[8] 高鸿业. 微观经济学[M]. 7版. 北京：中国人民大学出版社，2018.

[9] 张玉明，聂艳华. 微观经济学[M]. 北京：清华大学出版社，2013.

[10] 吕建军. 微观经济学原理[M]. 广州：暨南大学出版社，2008.

[11] 江世银. 预期理论在宏观经济中的应用[M]. 北京：人民出版社，2012.

[12] 董潘，丁宏，陶菲菲. 房地产经济学[M]. 2版. 北京：清华大学出版社，2012.

[13] 孔煜. 城市住宅价格变动的影响因素研究[D]. 重庆：重庆大学，2006.

[14] 柴强. 房地产估价[M]. 10版. 北京：首都经济贸易大学出版社，2022.

[15] 孙峤，刘洪玉. 房地产估价与资产定价[M]. 北京：中国建筑工业出版社，2021.

[16] 中国房地产估价师与房地产经纪人学会. 房地产开发经营与管理(2021)[M]. 北京：中国建筑工业出版社，2021.

[17] 中国房地产估价师与房地产经纪人学会. 房地产估价相关知识(2021)[M]. 北京：中国建筑工业出版社，2021.

[18] 中国房地产估价师与房地产经纪人学会. 房地产估价原理与方法(2021)[M]. 北京：中国建筑工业出版社，2021.

[19] 中国房地产估价师与房地产经纪人学会. 房地产制度法规政策(2021)[M]. 北京：中国建筑工业出版社，2021.

[20] 中国房地产估价师与房地产经纪人学会. 房地产估价案例与分析(2021)[M]. 北京：中国建筑工业出版社，2021.